Der Hohenasperg

Die Festung Hohenasperg um 1600 (Skizzenbuch des Nikolaus Ochsenbach).
Am Fuß des Berges das Dorf Asperg.

Paul Sauer

Der Hohenasperg

Fürstensitz – Höhenburg – Bollwerk der Landesverteidigung

DRW-Verlag

Für Heidi, Arno und Eberhard

ISBN 3-87181-009-6

Produktion: Verlagsbüro Wais & Partner, Stuttgart
Gesamtherstellung: Karl Weinbrenner & Söhne GmbH & Co. KG,
Leinfelden-Echterdingen

Umschlagmotiv: Der Hohenasperg auf einem kolorierten Stich,
Anfang 19. Jahrhundert (Foto: Landesmedienzentrum Baden-Württemberg).

Bestellnummer: 009

INHALT

Vorwort

Der das Lange, das Ludwigsburger Feld beherrschende Hohenasperg ist der Schicksalsberg unserer engeren Heimat. Er spielte bereits in vor- und frühgeschichtlicher Zeit eine bedeutsame Rolle. So war er der Sitz keltischer Fürsten. Ende des 5. Jahrhunderts n. Chr. wurde er zum Grenzpunkt zwischen Franken und Alemannen, bald darauf auch zu einem frühen kirchlichen Mittelpunkt. Im Hochmittelalter wählten ihn wechselnde Hochadelsgeschlechter zu ihrem Herrschaftszentrum, zuletzt die Pfalzgrafen von Tübingen und ihre Seitenlinie, die Grafen von Asperg.

Auf dem Berg befand sich schon früh eine bürgerliche Siedlung, ein Dorf. Dieses erhoben die Grafen von Asperg Anfang des 14. Jahrhunderts zur Stadt. 1304 ist der Stadtstatus von Asperg erstmals schriftlich bezeugt. Mit dem Verkauf von Burg und Stadt im Jahr 1308 an die Grafen von Württemberg gelangte der Hohenasperg in den Besitz des Hochadelsgeschlechts, das mehr als 600 Jahre seine Geschicke maßgeblich bestimmen sollte. Unter den Grafen, seit 1495 Herzögen und seit 1806 Königen von Württemberg wurde der Hohenasperg im Spätmittelalter zur wehrhaften Höhenburg ausgebaut. Ihre spektakulärste Belagerung erlebten Burg und Stadt Asperg 1519 durch den Schwäbischen Bund. Albrecht Dürer hat sie in einer Federzeichnung festgehalten.

Herzog Ulrich (1503–1519 und 1534–1550) begann nach seiner Rückkehr aus 15-jährigem selbstverschuldetem Exil mit dem Ausbau des Hohenaspergs zur Renaissancefestung. Diesen Ausbau brachte dann sein Sohn Christoph (1550–1568) zum Abschluss. Die neue Festung beanspruchte die ganze, 6 Hektar große Bergkuppe. Das Städtchen wurde deshalb an den Fuß des Berges verlegt und bildete zusammen mit der dort schon bestehenden Siedlung Weihenberg das neue bürgerliche Gemeinwesen Asperg, das allerdings schon wegen seiner armseligen wirtschaftlichen Verhältnisse seinen Stadtstatus nicht behaupten konnte und wieder zum Dorf wurde.

Im Dreißigjährigen Krieg (1618–1648) wurde die von einer schwedisch-württembergischen Besatzung verteidigte Festung Hohenasperg 1634/35 durch kaiserliche Truppen zehn Monate lang belagert. Während dieser Zeit sanken die meisten Orte in der näheren und weiteren Umgebung in Schutt und Asche. Die Bevölkerung litt entsetzlich. Hunger, Seuchen und Übergriffen der zunehmend verrohenden Heere fielen in der Zeit der Belagerung, aber auch in den folgenden 13 Jahren bis zum Kriegsende Tausende von Menschen zum Opfer.

Nach dem Abzug der kaiserlichen und bayerischen Garnison im Herbst 1649 konnte Württemberg die Festung endlich wieder in Besitz nehmen. Herzog Eberhard III. (1633–1674) und sein nur drei Jahre regierender Sohn Wilhelm Ludwig (1674–1677) bemühten sich, die Schäden an den Befestigungsanlagen zu beseitigen und den Hohenasperg dem Wandel des Befestigungswesens und der Entwicklung der Waffentechnik anzupassen. Wegen der schlechten Wirtschaftslage des Herzogtums gelang dies aber nur unvollkommen. Als im Spätherbst 1688 französische Truppen große Teile des ihnen wehrlos preisgegebenen Herzogtums Württemberg besetzt hatten, musste der Kommandant auf Anweisung der Herzogin Magdalena Sibylla, um die angedrohte Einäscherung Stuttgarts zu verhindern, gegen seinen Willen die Festung kampflos der feindlichen Kriegsmacht übergeben. Doch schon zu Jahresbeginn 1689 zogen sich die Franzosen vor den anrückenden Schwäbischen Kreistruppen aus dem Mittleren Neckarraum zurück. Vor der Räumung des Hohenaspergs setzten sie das Zeughaus in Brand, demolierten einen Teil der Wehranlagen und sprengten den Pulverturm in die Luft.

In den folgenden Jahren wurde die Festung notdürftig wieder instand gesetzt. Allein, die große Zeit des Hohenaspergs war vorbei. Militärisch besaß er nur noch geringe Bedeutung. Er behielt zwar seinen Status als Landesfestung, war weiterhin mit einer starken Besatzung belegt und mit Geschützen, sonstigen Waffen und mit Munition ausgestattet, aber als Bollwerk der Landesverteidigung konnte er nicht mehr gelten. Mehr und mehr wandelte sich die Festung zum Staatsgefängnis. Dieses wurde im 19. Jahrhundert berühmt und berüchtigt, als die führenden Männer der politischen Opposition in Württemberg, die profiliertesten Köpfe der liberalen und der demokratischen Bewegung, namentlich aber zahlreiche Revo-

lutionäre von 1848/49, für kürzere oder längere Zeit hier inhaftiert waren. Als Demokratenbuckel stieg der Hohenasperg zu einer der bekanntesten deutschen politischen Strafanstalten auf.
1883 endete die Festungsära des Berges endgültig. Am 1. April jenes Jahres verließ das 3. Bataillon des Infanterieregiments Nr. 122, das zuletzt hier seine Garnison gehabt hatte, den Hohenasperg mit feierlichem militärischem Zeremoniell in Richtung Ludwigsburg. Die imposante Renaissance-Wehranlage, die als einzige der württembergischen großen Bergfestungen jahrhundertelang allen Stürmen getrotzt und sich als herausragendes monumentales Zeugnis militärischer Architektur der frühen Neuzeit behauptet hatte, wurde fortan ausschließlich als Anstalt des zivilen Strafvollzugs genutzt.
Über die Geschichte der Festungsstrafanstalt des 18. und 19. Jahrhunderts und ihrer berühmten Gefangenen liegt eine Vielzahl von Publikationen vor. Dagegen ist die Geschichte des Fürstensitzes, der Höhenburg und der Festung Hohenasperg bislang recht stiefmütterlich behandelt worden. Die einzige neuere Gesamtdarstellung über den Hohenasperg mit Schwerpunkt Höhenburg/Landesfestung stammt aus der Feder des bekannten Landesgeschichtsforschers Theodor Bolay (1900–1989), mit dem ich während seiner beiden letzten Lebensjahrzehnte freundschaftlich verbunden war. Sein in zwei Auflagen erschienenes Buch über den Hohenasperg ist seit langem vergriffen. Daher habe ich mich entschlossen, anlässlich der 700. Wiederkehr der ersten schriftlichen Nennung der Stadt Asperg eine Geschichte der Festung Hohenasperg herauszubringen, die mit der Zeit des keltischen Fürstensitzes beginnt und die auch die Zeit der mittelalterlichen Höhenburg einschließt. Die Arbeit, die unter Berücksichtigung der einschlägigen Literatur vor allem auf dem reichen Quellenfundus des Hauptstaatsarchivs Stuttgart und auf gedruckten Quellen beruht, hat mir viel Freude gemacht. Tatkräftig unterstützt hat mich wiederum meine Frau. Das Thema Hohenasperg hat uns beide in gleicher Weise interessiert und fasziniert.
Besonders herzlichen Dank schulde ich Frau Margot Adrion in Bietigheim-Bissingen. Sie hat als erfahrene und engagierte Lektorin das Manuskript sorgsam für den Druck überarbeitet, mich sehr sachkundig beraten

und mir bei der Bildauswahl geholfen. Viele wertvolle Hinweise und wichtige Bilddokumente verdanke ich Frau Gertrud Bolay, Herrn Paul Müller und Herrn Wolfgang Läpple in Asperg. Historisch bedeutsame Ansichtskarten vom Hohenasperg hat mir mein Sohn Arno Gerhard Sauer aus seiner Ansichtskartensammlung zur Verfügung gestellt. Ihm danke ich gleichfalls herzlich.
Eine große Freude für mich ist es, dass der DRW-Verlag in Leinfelden-Echterdingen meine Arbeit in sein Publikationsprogramm aufgenommen und das Buch sehr ansprechend gestaltet hat. Dankbar bin ich vor allem Herrn Verlagsleiter Bernhard Driehaus und Frau Nicole Janke für die ausgezeichnete Zusammenarbeit.

Tamm, im April 2004
Paul Sauer

I. Götterberg und Fürstensitz, Hochadelsburg und Herrschaftszentrum

Der Hohenasperg in vor- und frühgeschichtlicher Zeit

Die insgesamt recht nüchtern-sachlich informierende Beschreibung des Oberamts Ludwigsburg aus dem Jahr 1859 schlägt bei der Schilderung des Hohenaspergs einen beinahe schwärmerischen Ton an. Sie bezeichnet ihn als einen imposanten, isolierten Keuperhügel, der sich inmitten des Oberamtsbezirks frei aus dem weit gedehnten fruchtbaren Flachland erhebt und mit Ausnahme der Täler beinahe von überall her sichtbar ist. „Ersteigt man", so führt sie weiter aus, „die Kuppe des Berges, so erschließt sich hier dem Auge ein Panorama, das sich nicht nur über die ganze Fläche des Bezirks, sondern auch über die weitere Muschelkalkebene ausdehnt, welche beinahe ringsum von den terrassenförmigen Höhenzügen des Keupers wie von dem Strom- und Heuchelberg, von den Löwensteiner Bergen, von dem Mainhardter-, Welzheimer- und Schurwald, von dem Schönbuch und ihren freundlichen Ausläufern und Vorhügeln malerisch begrenzt wird. Über den Schönbuch und Schurwald hinweg ist im fernen Hintergrund ein Teil der Schwäbischen Alb und über den Heuchelberg hinweg der aus dem Odenwald sich kegelförmig erhebende Katzenbuckel zu sehen."[1]

Auch wenn sich in den letzten anderthalb Jahrhunderten die Besiedlung rings um den Zeugenberg, der sich an seiner höchsten Stelle 356 Meter über dem Meeresspiegel erhebt, ungemein stark verdichtet hat und aus ehedem kleinen Städten, Bauerndörfern und Weilern eine zu einem guten Teil geschlossene Städtelandschaft entstanden ist, fasziniert der Ausblick von der einstigen Festung Hohenasperg heute noch in gleicher Weise wie 1859. Zugleich drängt sich beim Ausblick von den Höhen der dominanten Landmarke der Eindruck auf, dass diese seit Jahrhunderten im Leben der Menschen unserer engeren Heimat eine zentrale Bedeutung gehabt hat.

Der etwa 70 Meter das umgebende Land überragende Berg mit einem immerhin sechs Hektar großen Hochplateau bot günstige Voraussetzungen

für eine gegen feindliche Überfälle gut zu verteidigende größere Siedlung. Wir können deshalb davon ausgehen, dass sich auf dem Hohenasperg schon früh Menschen niederließen und den Berg zu einer Wehranlage ausbauten. Leider sind insbesondere bei der von den Herzögen Ulrich und Christoph im 16. Jahrhundert erbauten Renaissancefestung die archäologischen Bodenschichten beseitigt worden. Lediglich einzelne Zufallsfunde im Bereich der Berghänge, aus dem Trümmerschutt oder Erdaushub des Festungsbaus, dokumentieren Siedlungsspuren aus der Jungsteinzeit.[2] Die relativ kleine Gemarkung der heutigen Stadt Asperg war schon seit Beginn der Jungsteinzeit (4400 v. Chr.) besiedelt. Keramik und Steinbeile, die hier gefunden wurden, bestätigen dies. So befand sich eine Niederlassung der Bandkeramiker in unmittelbarer Nähe des Bahnhofs, eine zweite an einem Südhang in Richtung Möglingen westlich des Kleinaspergles, eine dritte, vermutlich der Schussenrieder Kultur zugehörig, am Südostfuß des Hohenasperg. Diese dritte Siedlung erstreckte sich weit den Hang hinauf bis in die heutigen Weinberge, besaß demnach eine größere Ausdehnung.[3]
Niederlassungen aus der Bronzezeit (Ende 3. Jahrtausend bis 750 v. Chr.) konnten bis jetzt auf der Gemarkung nicht entdeckt werden. Doch stießen Archäologen bei der Untersuchung eines Grabhügelfelds im Osterholz auf mindestens zwei bronzezeitliche Gräber, auf das mit einem zweischneidigen Dolch ausgestattete Grab eines Mannes und auf das Grab einer Frau, das eine Nadel und Armringe enthielt. Nicht exakt festgestellt werden konnte bis jetzt der Fundort und die Zusammensetzung eines Depotfunds der Urnenfelderzeit (13. Jahrhundert bis 750 v. Chr.), der um 1930 vermutlich im Westteil der Stadt zu Tage kam. Von dem ursprünglich reichen Fund liegen noch zwei Lanzenspitzen, drei Beile sowie Teile von 13 Bronzesicheln vor. Eine Siedlung der Urnenfelderzeit dürfte westlich des Bahnhofs bestanden haben.[4]
Möglicherweise war der Hohenasperg schon in der Jungstein- und in der Bronzezeit ein Herrschaftsmittelpunkt, sicher aber war er es in der frühkeltischen Zeit, der Hallstattzeit (um 750 bis 500 v. Chr.). Damals erlebte der imposante Zeugenberg als Sitz mächtiger Fürsten eine glanzvolle Epoche. Freilich lässt sich auch dieser Fürstensitz aus den bereits genannten Gründen nur indirekt erschließen. Die tiefgreifende bauliche Umgestal-

tung der Kuppe des Berges im Mittelalter und besonders in der frühen Neuzeit haben sämtliche Spuren des einstigen keltischen Herrschaftszentrums vernichtet.

Im 6. vorchristlichen Jahrhundert vollzog sich ein grundlegender sozialer Umbruch in der Bevölkerung Südwestdeutschlands. Eine aristokratische Oberschicht bildete sich heraus; sie erlangte große wirtschaftliche Macht und übte über weite Gebiete den entscheidenden politischen und militärischen Einfluss aus. Die von ihr erbauten ebenso wehrhaften wie repräsentativen Burgen, so die Heuneburg bei Riedlingen, wurden zu bedeutenden Herrschaftsmittelpunkten; sie vermitteln in ihrer sorgsamen archäologischen Rekonstruktion einen Eindruck von mächtigen Fürstengeschlechtern, die kulturell auf einer erstaunlich hohen Stufe standen und enge Handelsbeziehungen mit dem griechischen Unteritalien, ja selbst mit den griechischen Stadtstaaten einschließlich Athens unterhielten.[5]

Dass der Hohenasperg in der Hallstattzeit zu den herausragenden frühkeltischen Fürstensitzen Südwestdeutschlands gehörte, beweisen die reich ausgestatteten Großgrabhügel in der näheren und weiteren Umgebung des Berges. Zu nennen sind das Kleinaspergle auf einem Höhenrücken am Südrand der Stadt Asperg, der Grafenbühl am Ostfuß des Berges (Teckstraße), zwei weitere noch nicht untersuchte, sehr stark verflachte Großgrabhügel westlich des Kleinaspergle, zwölf Grabhügel im Osterholz, die nur teilweise untersucht werden konnten, ehe sie nach dem Zweiten Weltkrieg der Überbauung weichen mussten. Weitere Großgrabhügel auf der Asperger Gemarkung dürften schon früher dem intensivierten Ackerbau oder aber Baumaßnahmen zum Opfer gefallen sein. Im Zusammenhang mit dem Hohenasperg stehen ohne Zweifel auch die hallstattzeitliche Begräbnisstätte in Ludwigsburg-Pflugfelden, die unter dem Namen „Römerhügel" bekannt ist, sowie das Fürstengrab in Eberdingen-Hochdorf.[6]

Als der renommierte Geologe Oscar Fraas 1879 im Stollenbau das Kleinaspergle angrub, stellte er fest, dass die zentrale Grabkammer vollständig ausgeraubt war. Möglicherweise war dies schon in der Antike geschehen. Doch konnte er in einer seitlich eingebrachten Nebenkammer bedeutsame Funde bergen, so Enden von Trinkhörnern, zwei um 450 v. Chr. in Athen gefertigte rotfigurige Trinkschalen und aus Italien importierte Bronzegefäße

(Amphore und Schnabelkanne).[7] Die Hohenasperger Fürsten standen also, wie schon erwähnt, in einem regen Handelsverkehr mit dem Mittelmeerraum, selbst mit dem Stadtstaat Athen in dessen Blütezeit.
Funde auf dem Grafenbühl erregten schon das Interesse der königlich österreichischen Regierung nach der Vertreibung Herzog Ulrichs im Jahr 1519 und ebenso das des Herzogs Ludwig von Württemberg 1580/81. Bei Grabungen wurden ein Kupferkessel und etliche andere Gegenstände entdeckt. Asperger Bürger stießen damals auch auf eine Römermünze aus dem Jahr 103 n. Chr. Herzog Ludwig war von den Funden so sehr fasziniert, dass er die gerade in Stuttgart versammelten Mitglieder des landständischen Ausschusses zum Essen einlud, um mit ihnen über diese Funde zu sprechen. Seine Berater rieten indes von weiteren Grabungen ab.[8] Es scheint, dass der Herzog ihrem Rat folgte. 1964/65 untersuchte Hartwig Zürn erstmals den Grafenbühl nach modernen archäologischen Methoden. Hierbei stellte er fest, dass der Grabhügel das bis dahin aufgedeckte reichste Fürstengrab barg. Allerdings waren durch antike Raubgräber die meisten Grabbeigaben entwendet worden.[9]
Auf der Gemarkung Ludwigsburg-Pflugfelden, nahe der Grenze zur Ludwigsburger Innenstadt, befindet sich der Römerhügel, ein imposantes hallstattzeitliches Fürstengrab, das einen Durchmesser von 60 Metern und eine Höhe von 6 Metern besaß. 1877 erstellte die Stadt Ludwigsburg mitten in diesem Hügel einen Wasserbehälter. Oscar Fraas führte damals eine baubegleitende archäologische Grabung durch. Er stieß dabei auf ein ungewöhnlich prunkvoll ausgestattetes Fürstengrab. Der Tote lag an der westlichen Wand der recht geräumigen hölzernen Grabkammer. Beigegeben waren ihm ein goldener Halsreif und ein verzierter eiserner Prunkdolch mit der zugehörigen Scheide. In der Grabkammer befanden sich ferner Bronzegefäße sowie ein aufwändig gestalteter vierrädriger Wagen. Alle diese Beigaben zeugen vom hohen sozialen Rang des Verstorbenen.[10]
Am weitesten entfernt vom Hohenasperg ist das Fürstengrab von Eberdingen-Hochdorf. Die 1978/79 vom Landesdenkmalamt durchgeführte Grabung brachte erstaunliche Funde zu Tage: eine noch unversehrte Grabkammer, in der ein etwa 40-jähriger Fürst bestattet war, mit einem reichen Schatz von Grabbeigaben. Ähnlich wie im Hügelgrab des Römerhügels lag

der Tote, ein stattlicher, über 185 cm großer Mann, auf einer kunstvoll verzierten Kline, einer Art Sofa, aus Bronze. Seinen hohen sozialen Rang bezeugten der goldene Armreif, der Dolch mit verzierter Bronzescheide, ein Armband, zwei goldene Gewandspangen, seine teilweise mit Goldblech überkleideten Schuhe, die zum Teil aus Hanfbast und Dachshaaren gefertigten Textilien. – Ein Glücksfall war es, dass sich infolge von Oxydationsvorgängen Reste von Stoffen, Leder und Fell erhalten hatten. – Neun mit Gold geschmückte Trinkhörner, an der linken Wand aufgehängt, und ein 400 Liter Honigmet fassender kunstvoller griechischer Bronzekessel, der mit drei Löwen und Henkeln verziert war, sollten dem Dahingeschiedenen ein Festgelage mit acht Freunden nach Art der Tafelrunde König Arthurs ermöglichen. Zum Füllen der Trinkhörner diente eine Goldschale. Auch ein Speiseservice für neun Personen und drei große Servierbecken standen bereit, ebenso war für Schlachtgerät zum Töten und zum Zerteilen von Tieren gesorgt. Wie in anderen Fürstengräbern fand sich ein fast vollständig mit verziertem Eisenblech überzogener vierrädriger Wagen, das Meisterstück eines hoch entwickelten Wagner- und Schmiedehandwerks. Auch das Schirrzeug für zwei Pferde war nicht vergessen. Die Grabkammer erhielt ein festliches Gepräge durch die Tücher, mit denen sie drapiert und durch die Spätsommerblumen, mit denen sie geschmückt war.[11]

Das Hochdorfer Fürstengrab, dessen Rekonstruktion, das 1992 eingeweihte Keltenmuseum Hochdorf/Enz, jetzt Jahr für Jahr tausende von Besuchern anzieht, ist das bislang älteste Fürstengrab im Land um den Hohenasperg; es wurde um 550 v. Chr. errichtet. Möglicherweise war der hier so glanzvoll bestattete Fürst der erste auf dem Hohenasperg residierende bedeutende keltische Herrscher, der Begründer einer Dynastie, deren Machtbereich einen Großteil des Mittleren Neckarraums umfasste. Es spricht viel dafür, dass sich der Fürst auf der Gemarkung Eberdingen-Hochdorf einen standesgemäßen Landsitz geschaffen hatte, lässt sich doch hier in der Flur „Reps“ eine frühkeltische Siedlung archäologisch nachweisen, die nach ihrer Anlage sowie nach der Größe und nach der Bauweise ihrer Häuser erheblich über dem Standard eines Bauerndorfes lag. Auch setzen zahlreiche hier gemachte Funde Bewohner mit hohem Lebens- und Wohnkomfort voraus. Beispielsweise kamen bei Grabungen sechs in

Athen hergestellte rotfigurige Trinkschalen sowie Bruchstücke von Trinkschalen, die aus Unteritalien stammen, ans Tageslicht. Geradezu sensationell war der Fund des Balkens einer aus Bronze gegossenen Feinwaage. Der 11,5 cm lange Balken zeigt die Markierungen für ein kleines Gewicht, mit dem Gewichtsunterschiede austariert und damit berechnet werden konnten. Diese in dem um 500 v. Chr. verfüllten Keller eines Schwellbalkenhauses entdeckte Feinwaage, die wahrscheinlich zum Nachprüfen des Münzgewichts von Edelmetallmünzen diente, ist die älteste Waage ihrer Art nördlich der Alpen. Da die Kelten erst um 250 v. Chr. eigene Münzen prägten, diente die Waage sehr wahrscheinlich zur Prüfung des Edelmetallgehalts griechischer Münzen. Bei dem lebhaften Handel, der im 6. und 5. Jahrhundert mit den Mittelmeerländern betrieben wurde, wie die zahlreichen Funde griechischer Keramik und südländischer Luxuswaren beweisen, wurden wohl die Waren zum Teil auch mit griechischen Münzen bezahlt.[12]

Die Funde im Hochdorfer Fürstengrab, in der dortigen frühkeltischen Siedlung und in den 24 Grabhügeln im nahen Pfaffenwäldchen, die meist schon 1911 durch den Freiherrn von Tessin geöffnet wurden, geben Zeugnis von einer erstaunlich hohen beruflichen Befähigung der keltischen Schmiede, Bronzegießer, Wagner und Textilhandwerker, die sich durchaus mit der entsprechender Handwerker in den Mittelmeerländern vergleichen ließ.[13]

Die späte Hallstattzeit ging ohne Kulturbruch in Südwestdeutschland in die La-Tène-Zeit (450 v. Chr. bis Christi Geburt) über. Der Hohenasperg blieb weiterhin Fürstensitz. Dies lässt sich aus der bereits erwähnten Nachbestattung mit ihren reichen Beigaben im Kleinaspergle schließen. Unter diesen Beigaben befanden sich eine Goldfibel (Gewandspange) und goldene Trinkhornbeschläge, beides beeindruckende Zeugnisse des charakteristischen keltischen Kunststils der frühen La-Tène-Zeit. Auch die in der Hallstattzeit gegründeten Siedlungen bestanden fort. In der Keramik vollzog sich indes ein allmählicher Formenwandel. Nach 400 v. Chr. kam es zu tiefgreifenden Änderungen in Kultur und Lebensweise der Bevölkerung als Folge der keltischen Wanderungen. Die Bestattungen in Grabhügeln hörten auf. An ihre Stelle traten Flachgräberfelder. Zudem wurden seit dem 3. Jahrhundert v. Chr. Brandbestattungen üblich.[14] Die glanzvolle

Fürstenära auf dem Hohenasperg scheint durch Übersteigerung und Degeneration in der dritten oder vierten Generation ihr Ende gefunden zu haben. Vermutlich stand dieser „Abstieg" im Zusammenhang mit einem allgemeinen gesellschaftlichen Niedergang der keltischen Bewohner unserer Gegend.[15]

Im 2. vorchristlichen Jahrhundert schufen die Kelten befestigte Großsiedlungen, wie sie Caesar für Gallien beschreibt. Solche „oppida" gab es in Württemberg im Heidengraben bei Grabenstetten auf der Uracher Alb oder in Finsterlohr im Taubertal. Daneben gab es auch Großsiedlungen, die Marktfunktionen wahrnahmen, sowie so genannte Viereckschanzen, d.h. von Wall und Graben umgebene befestigte Gutshöfe.[16] Die Vermutung, dass auch der Hohenasperg zu einem „oppidum" ausgebaut wurde, ist nicht ganz von der Hand zu weisen. Allerdings war die dafür zur Verfügung stehende Siedlungsfläche sehr klein. Archäologische Nachweise für ein „oppidum" Hohenasperg lassen sich aus den schon früher genannten Gründen indes nicht erbringen.[17] Überhaupt sind die Siedlungsspuren der keltischen Bevölkerung unserer engeren Heimat für die ausgehende La-Tène-Zeit spärlich. Dies bedeutet jedoch nicht, dass das Land menschenleer war. Der fruchtbare Boden des Langen Feldes und des Strohgäus bot von jeher günstige Bedingungen für den Ackerbau. Daher dürfte auch im 2. und im 1. Jahrhundert v.Chr. eine vor allem Landwirtschaft betreibende ansehnliche Zahl von Menschen hier ansässig gewesen sein.[18]

Um 85/90 n.Chr. fügten die Römer das Land westlich des Neckars ihrem Reich ein. In Walheim, Benningen und Cannstatt errichteten sie im Zug des Neckarlimes Kastelle. 60 Jahre später, um 150 n.Chr., verlegten sie ihre Grenze 25 Kilometer weiter nach Osten vor. Die Kastelle am Neckar verloren ihre militärische Bedeutung. Doch die bei ihnen entstandenen Zivilsiedlungen, die „vici", behielten dank ihrer günstigen Verkehrslage direkt am Neckar ihre wirtschaftliche Bedeutung als Zentren von Handel und Gewerbe. Das Land wurde durch Straßen erschlossen. Allenthalben entstanden größere und kleinere Landgüter oder Gutshöfe. Die größeren römischen Landgüter, auf denen bis zu 40 Personen, unter ihnen auch unfreie Arbeitskräfte, Sklaven, lebten, waren wirtschaftlich weitgehend autark, d.h. sie erzeugten die Lebensmittel, die sie benötigten, selbst. Auch waren ihnen Handwerksbetriebe wie Schmieden, Töpfereien, Ziegeleien, Kalkbrennereien usw. angeschlossen. Ihre landwirtschaftlichen Überschüsse vermarkteten sie offenbar mit großem Erfolg. Die reichen Gutsbesitzer verfügten über einen beachtlichen Wohnkomfort und über einen insgesamt hohen Lebensstandard.[19]

Ob die Römer den Hohenasperg militärisch nutzten, etwa durch die Errichtung eines Beobachtungspostens oder einer Signalstation, wissen wir nicht. Einiges spricht indes dafür. Das römische Heer verfügte bereits über eine gut entwickelte Signaltechnik.[20] Und von der Bergkuppe des Hohenaspergs aus hatte man einen weiten Blick über das Land, auch waren von hier ausgesandte Rauch- oder Feuerzeichen und andere optische Signale auf größere Entfernung noch deutlich sichtbar. Wie auf anderen Bergen dürften die Römer, wie Oscar Paret annimmt, auf dem Hohenasperg eine Kultstätte, einen Tempel, in der im westrheinischen Gebiet üblichen quadratischen Form erbaut haben.[21] Leider wird sich auch dafür wegen des späteren Festungsbaus und der völligen Umgestaltung der Bergkuppe wohl kaum einmal ein archäologischer Nachweis führen lassen.

Auf der Gemarkung der heutigen Stadt Asperg befanden sich mindestens drei römische Gutshöfe, die jedoch bislang noch nie systematisch untersucht wurden. Ein Gutshof lag nördlich des Hohenaspergs. Beim Bau der Bahn Ludwigsburg-Bietigheim 1847 wurde in der Flur Lehenfeld ein Gebäude angeschnitten. Steinschutt konnte auf den südlich anschließenden Äckern festgestellt werden. Am Südfuß des Berges ließen sich an verschiedenen Stellen Siedlungsspuren nachweisen, so Überreste von Holzkellern, außerdem Reste einer Metallwerkstätte mit einem 1,5 kg schweren Kupfergussbrocken. Funde in den Fluren „Weileräcker“ und „Wasserfall“ in der Nähe des Kleinaspergles deuten auf eine weitere römische Ansiedlung hin. Zu dieser könnten auch Reste von Gräbern gehören, die im keltischen Grabhügelfeld im Osterholz nachzuweisen sind.[22]

Alemannen und Franken

Im dritten nachchristlichen Jahrhundert bildete der Limes keine unbezwingbare Grenzbarriere mehr. Alemannische Kriegerscharen drangen wiederholt sengend und brennend in das römische Gebiet ein. Nichts war vor ihnen sicher. Gutshöfe gingen in Flammen auf. Ein Teil der seitherigen Bewohner floh nach Westen. Um 260 n. Chr. fiel das Gebiet östlich des Rheins mit seiner Aufgabe durch das Römische Imperium endgültig den germanischen Eroberern anheim. Der landwirtschaftlich genutzte Grund und Boden der römischen Bauern und Gutsbesitzer war ihnen willkommen. Mit den verlassenen und meist auch zerstörten Steinhäusern vermochten sie nichts anzufangen. Sie bauten ihre Holzhäuser neben die Ruinen der römischen Anwesen. Es scheint jedoch, dass mancherorts Angehörige der romanischen Unterschicht-Bevölkerung zurückblieben, sich den neuen Verhältnissen anpassten und sich umgekehrt auch die neuen Herren mit ihnen arrangierten. Funde aus unserer Gegend, so aus dem Bietigheimer „Weilerlen", legen dies zumindest nahe.[23]

Seit dem 5. Jahrhundert werden mit der beginnenden „Reihengräberzivilisation" breitere Bevölkerungsschichten archäologisch fassbar. Die nunmehr gegründeten Siedlungen waren auf Dauer angelegt. Ein Teil der heutigen Orte geht direkt auf sie zurück.[24] Wie andere germanische Stämme erlangten die lange in Teilstämme zersplitterten Alemannen jetzt auch eine vergleichsweise geschlossene staatlich-herrschaftliche Organisation. Der starke Expansionsdrang, der damit in ursächlichem Zusammenhang stand, wurde ihnen freilich zum Verhängnis. Es kam zur Konfrontation mit den unter König Chlodwig zur bedeutendsten Macht Westeuropas aufgestiegenen Franken. In der Schlacht bei Tobiacum, wohl Zülpich, am Niederrhein 496/497 erlitten die Alemannen eine vernichtende Niederlage. Sie mussten die Gebiete zwischen dem Unterlauf des Mains bis zur Linie Hornisgrinde-Hohenasperg-Hesselberg den siegreichen Franken überlassen. Die Grenze zwischen beiden Stämmen im heutigen Kreis Ludwigsburg, die in etwa mit der späteren Grenze zwischen dem Bistum Konstanz, dem „Schwabenbistum", und dem Bistum Speyer zusammenfiel, verlief entlang der Glems, dann ab Markgröningen in östlicher Richtung,

führte südlich am Hohenasperg vorbei zum Neckar und weiter südlich von Marbach, dem Markbach, dem Grenzbach, zum Lemberg bei Affalterbach. Das Land um den Hohenasperg wurde damit Grenzgebiet zwischen Franken und Alemannien. Zahlreiche Familien der alemannischen Oberschicht verließen ihre seitherige Heimat. Vielleicht wurden sie aber auch von den neuen Herren vertrieben. Die Angehörigen der unteren Bevölkerungsklassen blieben in ihren seitherigen Orten und Höfen zurück und passten sich den veränderten Gegebenheiten an.[25]
Hinweise dafür, dass sich auf dem Hohenasperg ähnlich wie auf dem Runden Berg bei Urach bereits in frühalemannischer Zeit eine Höhensiedlung befand, gibt es nicht. Ganz ausschließen lässt sich dies aber auch nicht. Der ein weites Umland beherrschende Berg bot für eine solche Niederlassung günstige Voraussetzungen. Auch lag er im Schnittpunkt uralter, in vorrömische Zeit zurückreichender Fernstraßen. Ein vom Lemberg bei Affalterbach kommender und bei Neckarweihingen den Neckar überquerender Weg führte durch den späteren Favoritepark über Eglosheim zum Hohenasperg und auf dem von diesem ausgehenden Höhenrücken nach Markgröningen und von dort über die Glemsfurt weiter nach Vaihingen an der Enz.[26] Ein anderer von den Fildern kommender Fernhandelsweg berührte das spätere Stuttgart (Birkenwaldstraße), führte dann nach Feuerbach und vorbei an Zuffenhausen nach Stammheim, Pflugfelden und Möglingen zum Hohenasperg. Von dort aus zog er über Bietigheim nach Besigheim und danach neckarabwärts in Richtung Heilbronn. Eine Schutzfunktion für diese Straße übernahm die Burg Frauenberg bei Feuerbach.[27] Für eine alemannische Höhensiedlung sprechen auch zwei Friedhöfe auf der Stadtgemarkung Asperg, die allerdings längst überbaut und nur durch vereinzelte Funde, unter ihnen ein Eisenschwert, lokalisiert werden konnten. Ein Friedhof befand sich im Bereich Bahnhofstraße, ein anderer südlich des Hohenaspergs im Bereich „Laiernweg".[28]
Dass die Franken im Zuge der Sicherung ihrer Südgrenze auf dem Hohenasperg eine Burg errichteten oder die dort schon bestehende Bergsiedlung entsprechend umfunktionierten, ist sehr wahrscheinlich, wäre es doch verwunderlich, wenn sie die strategische Bedeutung dieses Zeugenberges nicht erkannt und ihn nicht militärisch genutzt hätten. Freilich lassen sich

dafür gleichfalls keine archäologischen Beweise beibringen. Für die noch heidnischen Alemannen besaß der Hohenasperg wie andere Berge einen sakralen Charakter. Bäume und Flüsse, Hügel und Klüfte verehrten sie wie Götter und brachten ihnen Opfer. Leider ist über die alemannische Religion nur wenig bekannt. Hinweise geben vor allem christliche Quellen. Dass dies meist recht einseitige und tendenziöse Zeugnisse sind, nimmt kaum wunder.[29] Doch die religiöse Verehrung, die die Alemannen Bergen oder fließenden Gewässern, so insbesondere auch Quellen, entgegenbrachten, ist sicher belegt. Möglicherweise ist der Name der Siedlung Wihenberg (Wichenberg, Weihenberg) am südlichen Fuß des Berges, die im 16. Jahrhundert in dem damals vom Hohenasperg herabverlegten Städtchen Asperg aufging, auf diese vorchristliche Kultstätte zurückzuführen. Das Wort „wihen" („weihen"), das sich in Weihnachten oder auch in dem Ortsnamen Weihenstephan erhalten hat, bedeutet heilig. Wihenberg, Weihenberg ist demnach als Heiligenberg zu deuten.[30] Der heilige Berg aber war der Hohenasperg, die einstige vorchristliche Kultstätte.

Die christlichen Missionare erkannten die Bedeutung solcher Kultstätten für die Volksfrömmigkeit. Sie errichteten dort ihre ersten Kirchen, so auf dem Michelsberg, auf dem Wunnenstein und auch auf dem Hohenasperg. Dass solche Urkirchen auf beherrschenden Bergeshöhen häufig mit fränkischen Burgen oder Militärkolonien zur Grenzsicherung in Verbindung standen[31], war dem Missionszweck sicher nicht nachteilig. Das christliche Gotteshaus bot Schutz vor Überfällen. Auch bildeten die Angehörigen der Kolonie bereits eine Kerngemeinde.

Der Anonymus von Ravenna nennt in seiner im 7./8. (9.) Jahrhundert entstandenen Cosmographia, die aller Wahrscheinlichkeit nach auf älteren Quellen, darunter römischen Itinerarkarten (Straßenkarten), beruht, unter den nicht mit Sicherheit zu identifizierenden wenigen rechtsrheinischen Orten Ascis. Es spricht einiges dafür, dass es sich dabei um Asperg handelt, sicher ist dies aber keineswegs.[32]

Der Name Asperg, der in mittelalterlichen Urkunden in Formen wie Assesberg, Ascisberg, Ascisberc, Asperc, Aschperc, Aschperg, Aschperch überliefert ist, wurde früher gelegentlich als Asen-Berg, als Sitz der Asen, als Götterberg, gedeutet – Asen war die germanische Bezeichnung für

Götter. Eine solche Deutung liegt nahe, und sie verleitet zu allerlei fantasievollen Folgerungen, sprachgeschichtlichen Kriterien hält sie aber nicht stand. Der bekannte Ortsnamenforscher Lutz Reichardt erklärt Asperg mit Burg auf dem Eschenberg oder mit Burg des Ask. Hierbei gibt er der Deutung „Burg auf dem Eschenberg“ eindeutig den Vorzug, weil sie sich auf 42 von 47 Belegen stützen kann.[33] Im Wappen der Stadt Asperg, das in Gold auf grünem Dreiberg eine von zwei aufgerichteten, mit den Enden auswärts gekehrten schwarzen Hirschstangen begleitete grüne Aspe zeigt[34], sollte daher, wenn es ein „redendes Wappen“ sein soll, die Aspe (Zitterpappel) durch die Esche ersetzt werden. Um 700 besaß das nach der Schlacht von Zülpich den Alemannen verbliebene Gebiet unter der Oberhoheit der fränkischen Merowingerkönige eine weitgehende politische Eigenständigkeit; es wurde von Herzögen regiert. Bereits der Hausmeier Pippin der Mittlere, der die merowingische Königsdynastie weitgehend entmachtet und im Frankenreich eine beinahe unbeschränkte Machtstellung erlangt hatte, verschaffte in blutigen Kämpfen seinem Herrschaftsanspruch auch gegenüber den Alemannen Geltung. In gleicher Weise tat dies sein unehelicher Sohn Karl Martell. Die endgültige Unterwerfung Alemanniens und seine Eingliederung in das karolingische Frankenreich erfolgte dann in den 740er Jahren. Der Gerichtstag von Cannstatt 746, auf dem der ältere Sohn Karl Martells, Karlmann, offensichtlich in recht harter Herrschermanier seinen Willen gegenüber dem alemannischen Adel durchsetzte, bedeutete gewissermaßen den unter diese Entwicklung gezogenen Schlussstrich.[35]

Mit den frühesten Urkunden aus dem 8. und 9. Jahrhundert fällt ein erstes spärliches Licht auf die Lebensverhältnisse der Menschen in unserer Gegend. Das Land ist in Gaue gegliedert; ihm stehen fränkische Grafen vor. Die Gaue im alemannisch-fränkischen Grenzbereich umfassen alemannische und fränkische Gebietsteile. So gehören zum Glemsgau die Gemarkungen von Möglingen, Schwieberdingen, Heimerdingen, Asperg, Markgröningen, Pflugfelden, Stammheim, Kornwestheim, Geisnang (abgegangen auf Gemarkung Ludwigsburg), Aldingen, Zazenhausen, Zuffenhausen, Feuerbach und Weilimdorf. Der im Nordosten an den Glemsgau angrenzende Nachbargau ist der Murrgau.[36] Ob der Glemsgau über die Grenzziehung zwischen Schwaben und Franken um 500 hinweg seine Einheit bewahren konnte, wie die Oberamtsbeschreibung Leonberg meint[37], oder ob er im Rahmen der fränkischen Grafschaftsverfassung in der Mitte des 8. Jahrhunderts neu gebildet wurde, wissen wir nicht. Da aber die Franken um 500 sehr wahrscheinlich großen Wert auf die Grenzsicherung legten, dürften sie an einem Auseinanderreißen solcher Grenzgaue kein Interesse gehabt haben, zumal diesseits und jenseits der Grenze die bäuerliche Bevölkerung demselben Stamm angehörte.

Im Jahr 819 erscheint der Hohenasperg (Assesberg) erstmals in einer Urkunde. In jenem Jahr schenkte Gozbert als Almosen für sich und seinen Vater Berolf dem Kloster Weissenburg im Elsass vier Leibeigene. Die Urkunde ist „in villa Assesberg", also im Dorf Asperg, ausgestellt.[38] Ausdrücklich vermerkt wird, dass sich die Schenkung auf den „pagum Alsacinem" bezieht, also auf das Unterelsass. Überliefert ist die Urkunde im „Codex traditionum" des Klosters Weissenburg. Dieser Codex, der im 19. Jahrhundert in den Besitz des Speyrer Museums (Historischer Verein der Pfalz) gelangte, wurde nach Gustav Bossert im letzten Viertel des 13. Jahrhunderts auf Anordnung des Abts Edelin geschrieben. Es handelt sich bei ihm um die Abschrift einer Sammlung von Urkunden und Güterverzeichnissen, die ums Jahr 870 entstanden sein dürfte. Wie wissenschaftliche Untersuchungen ergeben haben, sind die geographischen Angaben des „Codex" nicht immer zuverlässig. Es ist deshalb durchaus denkbar, dass es sich bei den vier namentlich aufgeführten Leibeigenen um Männer handelte, die auf dem Hohenasperg selbst oder in dessen Umgebung ansässig waren.[39]

Bedeutsamer als diese Übereignung von Leibeigenen an das Kloster Weissenburg im Jahr 819 ist ein undatiertes Güterverzeichnis, das in etwa in derselben Zeit, also in der ersten Hälfte des 9. Jahrhunderts, angelegt wurde.[40] Nach diesem Verzeichnis besaß Kloster Weissenburg damals in „Assesberc" den Herrenhof, zwei Kirchen mit den Zehntrechten, zwei Bauernhöfe mit einem Weinberg, der einen Ertrag von zwei Fudern (Fuhren) Wein erbrachte, Wiesen mit einem Heuertrag von 13 Fudern, eine Mühle und 23 hörige Bauerngüter, von denen neun mit Gebäuden ausgestattet waren. Jedes dieser Güter hatte dem Kloster an jährlichen Abgaben zu entrichten: 13 Krüge Gerstenbier, ein junges Schwein im Wert von 1 Schilling (12 Pfen-

nigen), selbst gesponnenes Leinenzeug von 10 Ellen Länge und 4 Ellen Breite, drei junge Hühner und 15 Eier. Außerdem sollten die hörigen Bauern die Weinberge des Klosters bauen und dessen Heu- und Getreideernte einbringen, ebenso alle von Weissenburg geforderten Gespanndienste leisten.[41]
Woher der Besitz und die Einkünfte kamen, über die das Kloster Weissenburg in Asperg, d. h. auf dem Hohenasperg, verfügte, lässt sich nicht sagen. Dass Gozbert, der, wie erwähnt, 819 dem Kloster vier Leibeigene übereignete, diesen Besitz gestiftet hat, ist möglich, aber nicht nachweisbar.[42] Dass Gozbert ein fränkischer Graf war, der seinen Sitz auf dem Hohenasperg hatte und dem Glemsgau, möglicherweise auch dem Enzgau vorstand, kann als sicher gelten, denn 902 wird in einer Lorscher Urkunde der Enzgau als die Grafschaft des Gozbert bezeichnet.[43]
Das Kloster Weissenburg besaß im 9. Jahrhundert im Bereich des Hohenaspergs zwei Kirchen. Vermutlich befanden sich beide Gotteshäuser auf dem Berg. Ganz sicher ist dies aber nicht. Da sich der sonstige Asperger Besitz des Klosters über die gesamte zu der Bergsiedlung gehörende Gemarkung erstreckte, also zumindest über die Gemarkung der heutigen Stadt Asperg, könnte durchaus eine der Kirchen auch etwa in dem kleinen Ort Weihenberg errichtet worden sein. Nach späteren Quellen war die auf dem Berg befindliche Kirche dem heiligen Martin, dem Nationalheiligen der Franken, geweiht, die andere Kirche dem heiligen Michael.[44] Das heutige evangelische Gotteshaus der Stadt Asperg, deren Zentrum sich mit der einstigen Siedlung Weihenberg deckt, ist eine Michaelskirche. Dass die Kirche auf der vermutlich befestigten Siedlung Hohenasperg dem heiligen Martin geweiht war, liegt übrigens schon deshalb nahe, weil der fränkische Adlige Gozbert im Jahr 819 die Übereignung von vier Leibeigenen an das Kloster Weissenburg mit der Auflage verband, von den Abgaben dieser Leibeigenen jährlich vier Denare der Kirche des heiligen Martin zur Feier einer Seelenmesse für ihn und seinen Vater Berolf zu entrichten. Bei dieser Kirche handelte es sich aller Wahrscheinlichkeit nach um die Martinskirche auf dem Hohenasperg.[45]
Die Christianisierung des Landes um den Hohenasperg begann unmittelbar nach dem Sieg der Franken über die Alemannen, und sie machte im

6. und 7. Jahrhundert in dem nunmehr fränkisch gewordenen Grenzgebiet rasche Fortschritte. Die Missionierung ging vom nördlichen Oberrhein aus, und sie wurde im Bereich des Bistums Speyer wesentlich vom Kloster Weissenburg getragen, das mit der Speyrer Bischofskirche zeitweise eng verbunden war. Weissenburg brachte schon früh umfangreichen Grundbesitz in unserer Gegend an sich, vor allem aber betrieb es eine systematische Kirchengründungs- und -erwerbspolitik.[46] Die Weissenburger Mönche zeichneten sich durch großen Religionseifer aus. Sie wollten möglichst schnell das Land mit dem Geist des Christentums durchdringen. Nicht zufällig entstand in Weissenburg im 9. Jahrhundert die Evangelienharmonie des Mönchs Otfried, der „Krist". Dieses Buch schilderte in deutscher Sprache das Leben Jesu anhand einer Auswahl von Texten aus den Evangelien, gab erbauliche Anleitungen zu einer christlichen Lebensführung. In den Mittelpunkt seines Werkes stellte Otfried das Gotteslob. Die König Ludwig dem Deutschen gewidmete Evangelienharmonie begann mit einer Huldigung an die Franken. Diese hätten es dank ihrer Kühnheit und Weisheit ebenso wie die Römer verdient, die Botschaft Christi zu vernehmen. Otfried wollte mit seiner Dichtung die Mission der fränkischen Glaubensboten geistig unterstützen und fördern, und dies gelang ihm wohl auch deshalb, weil er sie in ihrer eigenen Sprache anredete.[47]

Der Hohenasperg war eines der führenden christlichen Zentren der hiesigen Gegend. Sein Pfarrsprengel dürfte anfänglich einen weiten Umkreis umfasst haben. Gustav Bossert nimmt an, dass zum Bezirk der Urpfarrei Asperg neben Eglosheim zunächst auch Bietigheim, Bissingen und Markgröningen gehörten, ebenso Schwieberdingen.[48] Doch dabei blieb es nicht lange. Kloster Weissenburg stiftete neue Kirchen. Im 9. Jahrhundert waren die Gotteshäuser in Bietigheim, Bissingen, Heimerdingen, Hemmingen und Riexingen (Ober- und Unterriexingen) und Sachsenheim in seinem Besitz.[49] Dass es sie meist auch gegründet hatte, dafür sind die Kirchenpatronen ein wichtiges Indiz. Die Weissenburger Klosterbasilika war den Heiligen Peter (Petrus) und Paul geweiht. Diese Heiligen übernahmen zum Teil auch die von Weissenburg ins Leben gerufenen Kirchen, so das Peterskirchlein in Bietigheim sowie die Peter- und Paul-Kirche in Markgröningen, die sich erst im 15. Jahrhundert nach dem Aufkommen des Schäfer-

laufs für einen neuen Patron entschied, den Patron ihrer Filialkirche in Tamm: Bartholomäus. Der Jahrestag dieses Heiligen fiel auf den 24. August, also auf einen Zeitpunkt, an dem die Felder bereits abgeerntet waren. Hingegen ließ sich der Peter- und Paul-Feiertag am 29. Juni mit dem nach der Ernte abzuhaltenden Schäferlauf nicht vereinbaren. Auch die später dem heiligen Georg geweihte Kirche in Schwieberdingen scheint ursprünglich eine Peter- und Paul-Kirche gewesen zu sein.[50]
Mit Weissenburg schließlich in Verbindung zu bringen sind die orientalischen Soldatenheiligen Sergios und Bacchos, die Patrone der einstigen Kirche des abgegangenen Dorfes Vöhingen bei Möglingen. Die Gebeine dieser beiden Heiligen hatte der Mainzer Erzbischof Otgar in das elsässische Kloster bringen lassen, und sie wurden dort bis 1252 in der Peter- und Paul-Basilika als Hauptreliquien verehrt. Durch die engagierte Seelsorgetätigkeit der Weissenburger Mönche gelangte dann wohl schon im 9./10. Jahrhundert dieses seltene Patrozinium in das Land um den Hohenasperg.[51]

Mittelpunkt wechselnder hochadliger Herrschaften

Der umfangreiche Besitz des Klosters Weissenburg weckte die Begehrlichkeit des weltlichen Adels. So riss der Schwabenherzog Otto I. (973–982) die zwei Weissenburger Höfe auf dem Hohenasperg und den Besitz des Klosters in Hemmingen gewaltsam an sich, und der Sohn Otto seines Nachfolgers Konrad, Graf des Worms- und Kraichgaus und frühere Herzog von Kärnten, der 19 Güter von Weissenburg als Lehen innehatte, nutzte die verworrene Situation im Reich nach dem Tod Kaiser Ottos II. 983, um sich der Reichsabtei Weissenburg selbst zu bemächtigen und nicht weniger als 68 ihrer Güterkomplexe an seine Anhänger zu verteilen. In unserer Gegend waren dies die Orte Bissingen, Riexingen (Ober- oder Unterriexingen) und Bietigheim. Dieser Gewaltstreich hatte den Tod des Abts Sandrat zur Folge. Erst zehn Jahre später setzte Kaiser Otto III. durch, dass der Schwabenherzog den Kirchenraub wieder herausgab.
Doch ebenso wie die großen Reichsklöster Lorsch und Fulda vermochte auch Weissenburg seine Besitzrechte auf Dauer nicht zu behaupten. Als

drei Jahrhunderte später, 1308, Graf Eberhard I., der Erlauchte, von Württemberg die Grafschaft Asperg kaufte und damit seinen Machtbereich im Mittleren Neckarraum beträchtlich vergrößerte, erregte dies den Unwillen des missgünstigen Markgrafen von Baden. Ums Jahr 1339 machte Markgraf Hermann VIII. den Abt des Klosters Weissenburg ausdrücklich darauf aufmerksam, dass bei dieser Veräußerung seine Rechte als Lehensherr verletzt, d. h. nicht beachtet worden seien. Indes war Graf Eberhard von Württemberg beim Erwerb der Grafschaft Asperg 1308 davon ausgegangen, dass diese insgesamt den Rechtsstatus eines Reichslehens besitze, die alten Lehensrechte des Klosters hatte er entweder gar nicht gekannt oder er hatte sich nicht um sie gekümmert. Auch um 1339 ließen sich die Württemberger von Ansprüchen des badischen Markgrafen nicht beeindrucken, und über einen Einspruch Weissenburgs gingen sie, falls ein solcher überhaupt erfolgte, zur Tagesordnung über.[52]

Im 14. Jahrhundert hatte das elsässische Kloster längst alle seine geistlichen und weltlichen Besitztitel in unserer Gegend eingebüßt; sie waren allesamt an die Württemberger und Vaihinger Grafen sowie an die anderen politisch einflussreichen Dynastengeschlechter gelangt.[53] Ebenso hatte die Pfarrei Hohenasperg (Asperg) die beherrschende Rolle, die sie in der Epoche der Christianisierung gespielt hatte, verloren. Sie war gewissermaßen auf das Normalmaß einer Landpfarrei geschrumpft. Verblieben war ihr als Filial bis Ende des Mittelalters nur die St. Katharinenkirche in Eglosheim. 1191 stand der Kirche auf dem Hohenasperg ein Dekan Rudolf vor. Hingegen besaß sie im 15. Jahrhundert lediglich einen „plebanus“, einen „Leutpriester“, also einen einfachen Pfarrer. Neben ihm gab es noch einen zweiten Priester, einen „Frühmesser“. Reicher als die bescheiden dotierte Mutterkirche war das Eglosheimer Gotteshaus ausgestattet; auch verfügte dieses über drei Altarpfründen.[54]

Der 819 urkundlich genannte Weissenburger Stifter Gozbert war mit Sicherheit ein Vorfahre des Enzgaugrafen Gozbert, der 902 nachzuweisen ist. Sehr wahrscheinlich handelte es sich bei dem ersten Namensträger Gozbert, der seinen Sitz auf dem Hohenasperg hatte, um eine Persönlichkeit von Rang, einen fränkischen Adligen. Möglicherweise nahm dieser bereits Grafschaftsfunktionen im Glemsgau wahr. Manches spricht dafür, dass die

Gozberte dem Geschlecht der Grafen von Ingersheim, die sich später nach ihrer 1037 erstmals erwähnten Burg Grafen von Calw nannten, angehörten. Seit dem 11. Jahrhundert, spätestens seit 1057, erstreckte sich der Machtbereich der Grafen von Ingersheim/Calw über den Glemsgau.[55] Diese Hochadelsfamilie beherrschte zunächst den Murrgau mit dem Vorort Ingersheim. Bald aber fielen ihr neben dem Glemsgau auch die Grafschaftsrechte im Zabergau, im Enzgau und im Würmgau zu. Sie stieg zum zeitweise mächtigsten Dynastengeschlecht unserer Heimat auf und knüpfte verwandtschaftliche Bande zu den ersten Fürstengeschlechtern des Reichs. Graf Adalbert I., Zeuge im Öhringer Stiftungsbrief von 1037, war verheiratet mit einer Gräfin von Egisheim, der Schwester des Bischofs Bruno von Toul (geboren 1002) und nachmaligen Papstes Leo IX. (1048–1054). Als Adalbert I. um 1049 starb, war sein gleichnamiger Sohn und Nachfolger erst etwa 20 Jahre alt. Adalbert II. hatte Wilcha, die Tochter Gottfrieds II., des Bärtigen, von Ober- bzw. Niederlothringen, eines streitbaren, politisch sehr umtriebigen Fürsten, zur Frau. Der Bruder Gottfrieds, Friedrich, erlangte 1057 als Papst Stephan IX. die Tiara, starb jedoch schon im folgenden Jahr 1058. So stand also Adalbert II. durch seine Mutter und seine Frau in enger verwandtschaftlicher Beziehung zu zwei Päpsten, vielleicht, wie Stälin vermutet[56], auch noch zu einem dritten, dem einem süddeutschen Adelsgeschlecht entstammenden, als Bischof von Eichstätt Kaiser Heinrich III. beratenden Papst Viktor II. (1055–1057). Der bereits als Bischof der Cluniazensischen Bewegung nahe stehende Leo IX. leitete die Ära des Reformpapsttums ein. Er kämpfte gegen die Verweltlichung des Klerus, gegen Simonie und Priesterehe. Seine Nachfolger Viktor II. und Stephan IX. führten das von ihm begonnene Reformwerk fort.[57] Es nimmt daher nicht wunder, wenn Graf Adalbert II. und seine Frau Wilcha Partei für die Kirchenreform ergriffen und schon bald in harte Konfrontation mit Kaiser Heinrich III. gerieten. Bereits Leo IX. hatte den Neffen, dem schon in jungen Jahren in Sindelfingen die Gründung eines Chorherrenstifts (zunächst eines Benediktinerklosters) zu verdanken gewesen war, aufgefordert, das verfallene Kloster Hirsau wieder aufzubauen und es zu einem Zentrum der Cluniazensischen Reformbewegung zu machen. Doch erst 1059 begann Adalbert II. mit dem Bau. 1065 trafen die ersten Mönche aus dem Kloster Einsiedeln in Hirsau ein, und 1071 konnte auf dem rechten Ufer der Nagold die Aureliusbasilika geweiht werden. Das Kloster blühte unter der tatkräftigen Leitung des aus St. Emmeran in Regensburg berufenen Abts Wilhelm rasch auf. 1082 bezog es links der Nagold einen wesentlich größeren Gebäudekomplex, dessen Kirche den Apostelfürsten Petrus und Paulus geweiht war. Die Vision Leos IX. wurde Wirklichkeit. Hirsau bildete den weit ausstrahlenden Mittelpunkt der Cluniazensischen Reformbewegung in Deutschland.[58]

Während der Auseinandersetzungen zwischen Kaiser und Papst im Investiturstreit gehörte Graf Adalbert II. der päpstlichen Partei an. Deshalb unterstützte er den Gegenkönig Rudolf von Rheinfelden. Kaiser Heinrich IV. sah in Adalbert II. einen seiner Hauptwidersacher in Deutschland. Bei der Rückkehr aus Italien nach der ihm von Papst Gregor VII. zugemuteten Demütigung in Canossa verwüstete er deshalb Besitzungen des Grafen im Mittleren Neckarraum.[59] Ob von der damaligen Strafaktion des Kaisers auch der Hohenasperg betroffen war, ist nicht bekannt.

Graf Adalbert II. verbrachte seine letzten Lebensjahre in mönchischer Zurückgezogenheit im Kloster Hirsau; 1099 starb er. Da der Tod seinen gleichnamigen ältesten Sohn (Adalbert III.) bereits vor ihm dahingerafft hatte, war seinem zweiten Sohn, Graf Gottfried, sofort nach seinem Herrschaftsverzicht die Nachfolge zugefallen. Gottfried war ein hoch befähigter, auf das Ansehen und die Macht seines Hauses bedachter politischer Kopf. Im Gegensatz zu seinem Vater aber setzte er auf die kaiserliche Karte. Er wurde einer der engsten Vertrauten Kaiser Heinrichs V. Im Frühjahr 1113 ernannte ihn dieser zum Pfalzgrafen, ein Amt, das er auch noch unter König Konrad wahrnahm. Bei seinem Tod ums Jahr 1133 hinterließ Gottfried, der mit Luitgard, der Tochter Herzog Bertholds II. von Zähringen, verheiratet gewesen war, eine sich über weite Gebiete erstreckende Herrschaft mit vielen Rechts- und Besitztiteln. Da sein einziger Sohn Gottfried bereits vor ihm gestorben war, kam es zwischen seinem Neffen Adalbert IV. und seiner Tochter Uta, der Frau von Herzog Welf VI., zu langwierigen Erbstreitigkeiten, die zum Teil mit Waffengewalt ausgetragen wurden. Am Ende erlangte Welf VI., der Onkel Heinrichs des Löwen und Kaiser Friedrich Barbarossas, den Löwenanteil aus dem Erbe des Grafen Gottfried.

Auch der Glemsgau mit der Feste Asperg fiel ihm zu.[60] Von Welf VI. gelangte zwischen 1165 und 1181 der Besitz des Grafen Gottfried von Calw und mit ihm der Glemsgau an den Neffen Welfs, Graf Hugo von Tübingen.[61] 1181 jedenfalls übergab Pfalzgraf Hugo von Tübingen dem Kloster Herrenalb ein Gut in Asperg unter der Bedingung, dass dieses an die Kirche des Ortes jährlich einen Zins entrichtete. Der Pfalzgraf stellte diese Urkunde auf dem Hohenasperg aus.[62] Wie schon die Gozberte und die Grafen von Ingersheim/Calw verfügte auch er hier über einen festen Sitz, also über die wehrhafte Burg. Ob er diese Feste für seine Zwecke nach der fortifikatorischen Bautechnik der Stauferzeit neu errichtete, ob er sie umgebaut oder ob er sie einfach übernommen hatte, lässt sich nicht feststellen. Bei den vielen Kriegen und Fehden, so bei den bewaffneten Auseinandersetzungen zwischen Kaiser Heinrich IV. und den Anhängern der päpstlichen Partei, zu deren Exponenten Adalbert II. von Calw zählte, könnte die Burg auf dem Hohenasperg einmal oder auch wiederholt in Flammen aufgegangen oder auf andere Weise beschädigt worden sein. Der Tübinger Pfalzgraf gab sich bestimmt nur mit einer kriegstechnisch auf dem Stand der Zeit befindlichen Feste zufrieden.

Als Pfalzgraf Hugo in unserer Gegend Fuß fasste, war seine Familie noch im Aufstieg begriffen. Sie hatte die Gunst der Staufer, deren Anhängerin sie war, genutzt, um sich in Südwestdeutschland Macht und Ansehen zu verschaffen. Die den Tübinger Grafen 1146 von König Konrad III. verliehene Pfalzgrafenwürde war ihnen hierbei sehr hilfreich gewesen. Die große Zahl von Ministerialen oder Dienstmannen, über die sie geboten, verstärkte noch ihre Machtstellung. Kein anderes südwestdeutsches Hochadelsgeschlecht verfügte im 12. und 13. Jahrhundert über eine ähnlich zahlreiche Ministerialenschaft.[63]

Der Sohn Hugos, Rudolf I. (gestorben 1219), heiratete Mechthild von Gießen-Gleiberg und gelangte dadurch in den Besitz der Grafschaft Gießen. Freilich schon unter seinen Söhnen setzte der Niedergang des Geschlechts ein. Das Hauptübel war die Aufteilung ihrer Herrschaftsgebiete und ihrer Rechte. Der jüngere Sohn Wilhelm erhielt die Grafschaft Gießen sowie einige Güter und Rechte in Schwaben, so in Böblingen. Der ältere Sohn Rudolf übernahm die eigentliche Grafschaft. Dessen beide Söhne Hugo und Rudolf (genannt der „Scherer“) machten Horb und Herrenberg zu ihren Herrschaftszentren, Tübingen allerdings blieb unteilbarer Besitz. Ein erheblicher Teil des Stammlands der Tübinger Pfalzgrafen um Nagold und Wildberg fiel als Ausstattungsgut ihrer Schwester an die Grafen von Hohenberg. Ein Sohn des Grafen Wilhelm, Rudolf, erlangte durch seine Heirat mit einer Calwer Erbtochter gräflich calwischen Stammbesitz; er firmierte unter dem Namen Pfalzgraf von Tübingen zu Asperg und Böblingen (gestorben 1272).

Der jüngere Sohn Wilhelms, Ulrich, verkaufte die Grafschaft Gießen 1264/65 an das Haus Hessen. Er hatte zuvor schon den Hohenasperg zu seinem Herrschaftssitz gewählt und wurde nun zum Begründer der Asperger Linie der Tübinger Pfalzgrafen, der Grafen von Asperg. Die vier Tübinger Teilpfalzgrafschaften mit den Zentren Horb, Herrenberg, Böblingen und Hohenasperg vermochten sich gegenüber anderen aufstrebenden Dynastengeschlechtern nicht lange zu behaupten. Mit Ausnahme von Horb, das 1294 durch die Heirat von Luitgard von Tübingen mit Burkhard IV. von Hohenberg an die Grafschaft von Hohenberg und mit dieser 1381 an Österreich fiel, konnten die Grafen von Württemberg im Lauf des 14. Jahrhunderts alle diese Teilpfalzgrafschaften durch Kauf an sich bringen einschließlich des Herrschaftsmittelpunkts Tübingen.[64]

Die Pfalzgrafen von Tübingen betrachteten den Hohenasperg als einen standesgemäßen Wohnsitz. Sie weilten, wie die Urkunden bezeugen, die sie auf der Burg ausstellten, häufig hier, und dies, seitdem sie durch Welf VI. mit dem Glemsgau in seinen Besitz gelangt waren. Sehr wahrscheinlich hielten sich auch Angehörige der damals recht großen Familie seit dem ausgehenden 13. Jahrhundert ständig auf der Feste auf. Am 30. Juli 1191 stellte Pfalzgraf Rudolf von Tübingen auf dem Hohenasperg eine sehr bedeutsame Urkunde für das Kloster Bebenhausen aus. In diesem Rechtsdokument befreite der Pfalzgraf mit Zustimmung seiner Frau Matild (Mechthild) und seiner Kinder das Kloster nach dessen Wechsel vom Prämonstratenser- zum Zisterzienserorden entsprechend den Vorschriften des Zisterzienserordens von vogteilichen Lasten und sicherte ihm verschiedene andere Vergünstigungen zu, namentlich umfangreiche, im Einzelnen exakt festgelegte Nutzungsrechte im Schönbuch. Die herausra-

gende Bedeutung des zwischen Pfalzgraf Rudolf und Kloster Bebenhausen auf dem Hohenasperg abgeschlossenen Vertrags wurde noch verstärkt durch die Anwesenheit einer großen Zahl hochrangiger Zeugen, u. a. durch die Gegenwart von Bischof Diethelm von Konstanz, Abt Gottfried des Klosters Schönau bei Heidelberg, von Abt Diepold von Bebenhausen, von Pleban Albert von Tübingen, von Dekan Rudolf von Asperg, von Graf Burkhard von Hohenberg sowie von einer Reihe Angehöriger weiterer Adelsgeschlechter und von zahlreichen Ministerialen der Pfalzgrafen.[65]
Es war also eine erlesene, ja erlauchte Gesellschaft, die sich am 30. Juli 1191 auf dem Hohenasperg versammelt hatte. Wie auch andere Mitglieder seiner Familie verstand es Pfalzgraf Rudolf, glanzvoll Hof zu halten. Freilich hatte dies seinen Preis. Die Tübinger Pfalzgrafen waren freigebig, machten großzügige Schenkungen an geistliche Institutionen, so namentlich an ihr Hauskloster Bebenhausen, und lebten wie manche andere großen Herren der Zeit über ihre Verhältnisse. Im ausgehenden 12. Jahrhundert konnte, wie schon erwähnt, von einem Niedergang noch nicht die Rede sein. Damals standen die Pfalzgrafen im Zenit ihrer Macht und ihres Ansehens. Allein schon als Grafen im Glemsgau verfügten sie über beträchtliche Besitz- und Rechtstitel sowie über großen Einfluss. Sie waren um die Wende vom 12. zum 13. Jahrhundert im Land um den Hohenasperg das tonangebende Adelsgeschlecht. Wenn sie auf eine ihrer Burgen, etwa auf ihre neu erworbene Burg Hohenasperg, einluden, brauchten sie sich nicht um Gästemangel zu sorgen.
Das Kloster Bebenhausen erfreute sich weiterhin der besonderen Gunst der Pfalzgrafen. Immer wieder machten sie ihm Stiftungen. Am 24. März 1244 befreite Pfalzgraf Wilhelm in einer auf dem Hohenasperg ausgestellten Urkunde durch eigenen Willensentschluss und auf Bitten seines Bruders Rudolf die Bebenhäuser Güter in Geisnang (heute Ludwigsburg) und Zuffenhausen von allen Dienstleistungen und sonstigen Lasten. Auch räumte er dem Kloster das Weiderecht in diesen Orten ein.[66]
In einer Urkunde des Bischofs Eberhard von Konstanz vom 1. Juli 1251 führte erstmals ein Angehöriger des Tübinger Pfalzgrafenhauses den Namen Asperg. Erwähnt werden hier die edlen Herren R. de Asperc und Ul[rich], sein Bruder, sowie R. von Tübingen, allesamt Grafen. R. steht

sicher für den bei den Tübingern sehr beliebten Namen Rudolf.[67] In den folgenden Jahren erscheint Graf Ulrich unter dem Namen Tübingen, obgleich er seinen ständigen Wohnsitz auf dem Hohenasperg hatte. Erst ab 1260 führte Ulrich die Bezeichnung Graf von Asperg. Bereits 1255 stand ihm dort für die Verwaltung seines Besitzes und seiner Einkünfte ein spezieller Bediensteter, ein „Keller", mit Namen Heinrich zur Verfügung. Die Brüder Rudolf und Ulrich waren, wie schon erwähnt, die Söhne des Grafen Wilhelm, Inhaber der Grafschaft Gießen. Während nun Rudolf durch seine Heirat mit einer Calwer Erbtochter calwischen Stammbesitz erhielt und die Linie der Pfalzgrafen in Böblingen begründete, folgte Ulrich seinem Vater Wilhelm als „Graf von Asperg".[68] Die Grafschaft Gießen, die ihm als Erbe zugefallen war, veräußerte er schon 1264/65 an das Haus Hessen.[69] Welche Gründe ihn dazu bewogen hatten, wissen wir nicht. Vielleicht erschwerte ihm diese weit entfernte und ihm wohl auch fremd gebliebene Herrschaft die Verwaltung seiner Besitzungen im fränkisch-schwäbischen Grenzgebiet und die Wahrnehmung seiner schwerpunktmäßig offensichtlich hier liegenden politischen Interessen, zumal es in Südwestdeutschland seit dem Untergang des hohenstaufischen Kaisergeschlechts nach der Mitte des 13. Jahrhunderts chaotisch zuging und sich die mächtigsten Hochadelsgeschlechter gegenseitig darin zu übertrumpfen suchten, aus dieser Katastrophe für ihre Häuser Nutzen zu ziehen.

Graf Ulrich I. von Asperg (gestorben 1283) war, wenn wir die historischen Quellen richtig interpretieren, mehr auf friedlichen Ausgleich und Verständigung bedacht als auf rücksichtslose Durchsetzung seiner Interessen mit Waffengewalt. Er galt als eine Art ehrlicher Makler. Wiederholt erscheint er als Zeuge und Siegler in wichtigen Verträgen. Beispielsweise übernahm er diese Funktion am 25. April 1269, als die Grafen Gottfried von Löwenstein und Hartmann von Grüningen Elisabeth, der Witwe Bertholds von Blankenstein, rechtsverbindlich zusicherten, dass sie, die Erbtochter der Herren von Steinheim, über die Hälfte ihres Besitzes, ausgenommen die Vogtei über Steinheim, frei verfügen könne. Dies ermöglichte der kinderlosen Elisabeth, diese Hälfte ihres Besitzes dem von ihr gegründeten Frauenkloster Steinheim zu schenken.[70] Im Jahr darauf übte Ulrich diese Funktion zugunsten der Brüder Graf Ulrich und Graf Eberhard von

Württemberg aus, als sich diese die seitherigen Eigengüter des Ritters Eglolf von Steusslingen als Lehen übertragen ließen.[71] Das hohe Ansehen, das sich Ulrich in jener turbulenten Zeit erworben hatte, zeigt sich daran, dass ihn Bischof Heinrich von Speyer als Zeuge und Siegler bemühte, als sich in einem Rechtsakt das Zisterzienserkloster Maulbronn der lästigen Vogtei der Herren von Enzberg entledigen konnte.[72] Gemeinsam mit seinem Bruder Rudolf wirkte Ulrich bei der Beilegung eines Streits in Vogteiangelegenheiten zwischen Propst und Konvent des Stifts Sindelfingen einerseits und Wolpert von Rohr andererseits mit.[73]

Auch beim Kauf von Gütern, Zehntanteilen und sonstigen Besitztiteln durch das Stift Sindelfingen, ebenso durch die Klöster Bebenhausen und Steinheim sowie durch andere geistliche Institutionen war Graf Ulrich von Asperg als Zeuge und insbesondere als Siegler beteiligt. Mitunter wird in der Urkunde ausdrücklich festgestellt, dass Ulrich wie übrigens gelegentlich noch andere hochgestellte weltliche und geistliche Würdenträger als Siegler tätig wurde, weil etwa niederadlige Verkäufer kein eigenes Siegel besaßen. So besiegelten am 31. März 1273 neben Graf Ulrich noch Bischof Eberhard von Konstanz sowie Graf Ulrich von Württemberg den Vertrag über den Verkauf eines Hofs von Judith, der Witwe Konrads von Maichingen, und von deren vier Kindern sowie von ihrem Bruder Hermann, in Hirschlanden an das Chorherrenstift Sindelfingen.[74]

Am 9. Mai 1283, ein Vierteljahr vor seinem Tod, bestätigte Graf Ulrich zusammen mit Bischof Friedrich von Speyer als Siegler die von seinem Schwiegersohn, dem Grafen Konrad von Vaihingen, vertraglich verfügte Befreiung der Güter des Klosters Maulbronn in Hohen- und Niederhaslach vom Vogtrecht (Vogteirecht).[75] Bereits in den Jahren 1277 und 1281 hatte sich Graf Ulrich für seinen stark verschuldeten Schwiegersohn in gleicher Funktion beim Verkauf des Dorfes Gündelbach und beim Verzicht auf die Vogteirechte im klösterlichen Bauhof Steinbach gleichfalls an das Kloster Maulbronn sowie bei der Überlassung von Gütern und Rechten an das Esslinger Katharinenspital betätigt.[76]

Im Jahr 1273 endete mit der Wahl Rudolfs von Habsburg zum deutschen König „die kaiserlose, die schreckliche Zeit". Rudolf von Habsburg, der Patensohn des Stauferkaisers Friedrich II., beabsichtigte zunächst, das

Herzogtum Schwaben wiederherzustellen, um so seinem Königtum eine starke Machtbasis zu verschaffen. Zur Wiedererlangung der entfremdeten Güter und Rechte des Reichs und zu deren Verwaltung, ebenso zur Wahrung und Festigung des Landfriedens setzte er Reichslandvögte für Niederschwaben (Esslingen), Oberschwaben (Ulm) und Ostschwaben (Augsburg) ein. Allein, sein Plan einer Wiedererrichtung des Herzogtums Schwaben scheiterte am Widerstand eines Teils seiner politisch erstarkten selbstbewussten adligen Standesgenossen. Auch bei der Rückforderung des entfremdeten Reichsguts war ihm nur ein mäßiger Erfolg beschieden. Zu seinen Hauptwidersachern zählten in Schwaben die Grafen von Württemberg und ihre Vettern, die Grafen von Grüningen-Landau.[77]

Graf Hartmann (I.) von Grüningen und Graf Ulrich der Stifter (Ulrich mit dem Daumen) von Württemberg waren im August 1246 unmittelbar vor der Schlacht bei Frankfurt am Main mit Zweidritteln des Heeres von Stauferkönig Konrad zu dem Gegenkönig Heinrich Raspe übergewechselt und hatten dadurch wesentlich zur Niederlage des Staufers beigetragen. In der Folgezeit konnten sie sich Reichslehen und -pfandschaften sowie Klostervogteien sichern und sich in größerem Umfang auch staufischer Eigengüter bemächtigen. Graf Ulrich dem Stifter gelang es, innerhalb weniger Jahre und ungeachtet wechselnder politischer Konstellationen die Grundlagen zu einer respektablen Herrschaft im Bereich der Rems und des mittleren Neckars zu legen. Auch Graf Hartmann (I.) ging keineswegs leer aus. König Wilhelm von Holland übertrug ihm im Jahr 1252 Stadt und Burg Markgröningen als nichtfürstliches Fahnenlehen des Reichs. Markgröningen verdankt Graf Hartmann die Errichtung der beiden Türme seiner Peter- und Pauls-Kirche (später Bartholomäuskirche), die Stiftung mehrerer Pfründen und einer Glocke sowie die Vollendung seiner Stadtbefestigung einschließlich des Ausbaus der dortigen Reichsburg nach dem damals neuesten Stand der Kriegstechnik.[78]

Nach dem frühen Tod des Vetters 1265 übernahm Hartmann (I.) aller Wahrscheinlichkeit nach die Vormundschaft über dessen verwaiste Söhne Ulrich und Eberhard. Gegenüber König Rudolf beharrte er nach 1273 auf einem harten Konfrontationskurs. Mit Waffengewalt suchte er dessen Forderung nach Rückgabe entfremdeten Reichsguts abzuwehren. Hierfür

konnte er aber den inzwischen mündigen Grafen Ulrich II. von Württemberg nicht gewinnen. Dieser strebte vielmehr den Kompromiss mit dem König an.
Im Oktober 1277 besiegte Hartmann (I.) bei Brackenheim ein ihm zahlenmäßig weit überlegenes königliches Heer. Im Triumph brachte er eine größere Schar von Gefangenen nach Markgröningen. Doch auf Dauer vermochte er sich militärisch nicht zu behaupten. Graf Albrecht II. von Hohenberg, der Schwager König Rudolfs und Reichslandvogt von Niederschwaben, und der ihn unterstützende Markgraf Rudolf I. von Baden, fielen Anfang 1278 in seine Besitzungen ein und richteten dort schlimme Verwüstungen an. Auch die Stadt Markgröningen musste ihnen die Tore öffnen. Die Peter- und Pauls-Kirche steckten sie in Brand. Am 6. April 1280 wurde Hartmann (I.) bei einem Treffen – der Ort ist nicht bekannt – gefangen genommen und auf dem Hohenasperg eingekerkert. Dort starb er bereits am 4. Oktober desselben Jahres. Seine letzte Ruhestätte fand er in der Markgröninger Stadtkirche. Sein Grabstein mit dem württembergischen Wappen – den drei Hirschstangen – und der Helmzier der Grafen von Landau befindet sich noch heute in der Kirche; es ist dies übrigens der älteste erhaltene Grabstein eines Angehörigen des Hauses Württemberg.
Markgröningen fiel an das Reich zurück. Der neue Herr der Stadt war zunächst Reichslandvogt Albrecht II. von Hohenberg, der nicht nur zu regieren und das Schwert zu führen verstand, sondern der sich auch der heiteren Muse des Minnesangs widmete.[79] Die späteren Versuche der Söhne Hartmanns (I.), Markgröningen zurückzugewinnen, scheiterten. Darüber hinaus verlor die Familie der Grafen von Grüningen-Landau – die Söhne Hartmanns (I.) bezeichneten sich seit 1269 als Grafen von Landau – ihren letzten Besitz in der heutigen Region Stuttgart, und auch in Oberschwaben und ebenso im Allgäu schmälerten Verkäufe, die durch Überschuldung notwendig wurden, zunehmend ihre territoriale Basis.[80]
Dass Graf Albrecht II. von Hohenberg 1280 den gefangenen Grafen Hartmann (I.) Graf Ulrich von Asperg übergab, um ihn auf der Burg Hohenasperg in sichere Verwahrung zu nehmen, ist nicht weiter verwunderlich. Die Pfalzgrafen von Tübingen, auch Graf Ulrich I. von Asperg, waren mit den Grafen von Hohenberg verwandt und pflegten damals zu ihnen freund-

schaftliche Kontakte.[81] Hinzu kam, dass Ulrich von Asperg in dem streitbaren und streitsüchtigen Grafen Hartmann (I.) einen gefährlichen Eindringling in das Neckar-Enz-Glems-Gebiet sah. Er hatte sich, die verworrenen Verhältnisse nach dem Tod Kaiser Friedrichs II. ausnützend, der dem Hohenasperg unmittelbar benachbarten Reichsstadt Markgröningen bemächtigt und sie zu seinem Herrschaftsmittelpunkt gemacht und war zudem auf weitere Expansion bedacht. Die Gefangennahme dieses gefährlichen Rivalen und der Übergang Markgröningens an Graf Albrecht II. von Hohenberg, den Sachwalter des Reichs, empfand er daher als eine günstige Schicksalswende. Auch stand er von Anfang an auf der Seite König Rudolfs von Habsburg und unterstützte dessen Politik. Dies beweist beispielsweise die Urkunde vom 26. Februar 1274. In ihr bestätigte und erneuerte König Rudolf dem Kloster Bebenhausen das ihm von Kaiser Friedrich II. im Jahr 1232 erteilte Privileg, nach dem dem Kloster für alle seine jetzigen und künftigen Güter in Esslingen Abgabenfreiheit eingeräumt wurde. Unter den hochrangigen geistlichen und weltlichen Sieglern wie dem Erzbischof von Mainz, dem Bischof von Lüttich, dem Pfalzgrafen bei Rhein und Herzog von Bayern befand sich auch Graf Ulrich I. von Asperg.[82]

Auf längere Sicht erwuchsen indes Graf Ulrich gefährliche Widersacher in den Verwandten Graf Hartmanns (I.) von Grüningen, den Grafen von Württemberg. Diese, ursprünglich wohl nur verhältnismäßig bescheiden im Umkreis ihrer Stammburg bei Stuttgart-Untertürkheim begütert, erweiterten im Gegensatz zu anderen Hochadelsgeschlechtern, so zu den Pfalzgrafen von Tübingen, unter Vermeidung von Erbteilungen zielstrebig und nach den Grundsätzen einer sparsamen Haushaltsführung ihren Besitz wie ihre politische Machtstellung. Einer ihrer ältesten Stützpunkte im heutigen Kreis Ludwigsburg dürfte die Wasserburg Brachheim auf der Gemarkung Tamm gewesen sein. In der Mitte des 12. Jahrhunderts befand sich Brachheim, damals als Gut (praedium) bezeichnet, im Eigentum des Grafen Ludwig von Württemberg. Wann und wie dieses Gut an die Württemberger gefallen war, lässt sich nicht mehr ermitteln. Dass Brachheim im 12. Jahrhundert vor allem als strategischer Punkt Bedeutung hatte, ist aus dem Interesse zu schließen, das ihm die Reichsgewalt entgegenbrachte. Um 1153 wollte Graf Ludwig dem 1138 in Eckenweiher bei Mühlacker gegründeten und 1147 an seinen endgültigen Standort an der Salzach verlegten Zisterzienserkloster Maulbronn das Dorf Elfingen samt dessen Kirche schenken. Elfingen, das später von den Maulbronner Mönchen in eine Grangie, einen Wirtschaftshof, umgewandelt wurde, war Reichslehen, das Ludwig von den Pfalzgrafen bei Rhein zu Lehen trug. Die Stiftung konnte indessen nur vollzogen werden, wenn Elfingen zuvor den Rechtsstatus eines württembergischen Eigenguts, eines Allods, bekam. Auf die Bitte des Speyrer Bischofs Günther erklärte sich König Friedrich I. Barbarossa, seit 1155 Kaiser, mit einer solchen Umwandlung einverstanden. Als Ersatz für Elfingen nahm jedoch der König das Gut Brachheim in Anspruch. Dieses Gut besaßen die Württemberger jetzt als Reichslehen.[83]

Wenn König Friedrich I. Barbarossa Brachheim mit Elfingen, das damals eine dörfliche Siedlung mit einer Kirche war, auf die gleiche Stufe stellte, dann musste es zu jener Zeit einen Rang besessen haben, der seine wirtschaftliche Bedeutung weit überstieg. Aus Lagerbüchern des 15. und 16. Jahrhunderts geht hervor, dass die Württemberger in Brachheim eine Wasserburg errichtet hatten. Diese Burg ermöglichte ihnen die Überwachung der Fernstraße Cannstatt–Stammheim–Möglingen–Hohenasperg–Bietigheim. Für das Reich war es wichtig, die Verfügungsgewalt über eine solche Wehranlage zu bekommen, durch die es in der Gegend präsent war und auch über den Hohenasperg eine gewisse Kontrolle auszuüben vermochte.[84]

Vielleicht schon mit dem Untergang der Hohenstaufer, spätestens aber um die Wende vom 13. zum 14. Jahrhundert büßte die Wasserburg Brachheim ihre strategische Bedeutung ein. Sehr wahrscheinlich wurde sie in den zahlreichen Fehden einmal oder auch mehrmals zerstört, die ihr angeschlossene bäuerliche Siedlung verheert. Ihr Reichslehenstatus geriet in Vergessenheit. Nach und nach verfiel die Wehranlage gänzlich. Die Bewohner Brachheims wanderten in die benachbarten Orte, insbesondere nach Tamm, ab. Die Sondergemarkung Brachheim blieb bestehen, sie wurde vor allem von Tamm aus landwirtschaftlich genutzt. Geringen Anteil an ihr, dem „Gemeinen Feld“, wie es im 16. Jahrhundert hieß, hatten außerdem Asperg und Bietigheim, ersteres vor allem an dem gemeinschaftlichen Schafweidedistrikt.[85]

Beinahe so etwas wie ein Pfahl im Fleisch war für Graf Ulrich I. von Asperg die Burg auf dem Engelberg und dicht dabei die neue Stadt Leonberg, die beide von Graf Ulrich I., dem Stifter, von Württemberg nach 1248 errichtet bzw. gegründet und zu stark befestigten Stützpunkten ausgebaut wurden.[86] Sie ermöglichten Ulrich von Württemberg und seinen Nachkommen den württembergischen Herrschaftsbereich vor allem nach Norden weiter auszudehnen. Ein besonderer Glücksfall für das württembergische Grafenhaus war die Ehe, die Graf Ulrich der Stifter vor April 1251 mit der badischen Markgräfin Mechthild (gestorben 1258/59) schloss; durch sie gelangte die vom Vater Mechthilds, Markgraf Hermann V., gegründete Stadt Stuttgart an Württemberg. Indes starb Graf Ulrich der Stifter, der durch seine die Gunst der Umstände nutzende Machtpolitik die Voraussetzungen für eine weitere territoriale Expansion geschaffen hatte, schon 1265, und sein ältester Sohn Ulrich II. aus der Ehe mit Mechthild von Baden taktierte nach dem Erlangen des Mündigkeitsalters um 1270 politisch eher zurückhaltend und zeigte sich nach 1273 den Forderungen von König Rudolf von Habsburg auf Rückgabe von Reichsgut zugänglicher. Damit gelang es ihm, im Gegensatz zu den nahe verwandten Grafen von Grüningen-Landau die starke Position zu behaupten, die die Württemberger durch den Untergang des staufischen Kaisergeschlechts erlangt hatten.[87]
Noch immer war Graf Ulrich I. von Asperg Graf des Glemsgaus und besaß damit eine herausgehobene Position im Land um den Hohenasperg. Der Glemsgau reichte 1270/80 bis Zuffenhausen, Feuerbach, Weilimdorf, Gerlingen, Heimerdingen, Leonberg und Eltingen. Er ging also damals wie wohl auch schon früher über die um 500 gebildete Stammesgrenze zwischen Franken und Schwaben hinweg.[88]
Trotz des politischen Rückhalts, den er bei König Rudolf und namentlich bei dessen Reichslandvogt in Niederschwaben, Graf Albrecht II. von Hohenberg, besaß, schaffte es Graf Ulrich I. von Asperg nicht, Besitz und Rechte zu behaupten, geschweige denn sie zu vermehren. Wie auch andere Angehörige des Hauses der Pfalzgrafen von Tübingen vermochte er offensichtlich nicht zu wirtschaften. Er gab sich großzügig und machte Stiftungen. Auch verursachte die standesgemäße Lebensführung, wie er und seine Familie sie verstanden, einen hohen Aufwand. Die wirtschaftli-

che Basis des gräflichen Hauses schrumpfte. Am 20. März 1276 übertrug Ulrich dem Kloster Denkendorf das Vogteirecht über einen Hof in Pflugfelden, behielt sich aber vor, dass er dieses Recht gegen die Summe von 10 Pfund Heller wieder einlöse.[89] Vier Monate später bestätigte er urkundlich dem Kloster Bebenhausen, dass sein verstorbener Vater zu Ehren der heiligen Jungfrau Maria und zum Seelenheil seiner Mutter, die zum Zeitpunkt der Stiftung des Vaters bereits nicht mehr lebte, sowie zu dem aller seiner Vorfahren die Kirche in Lustnau gestiftet habe.[90] Die Erfüllung der Wünsche Bebenhausens, das die Tübinger Pfalzgrafen gegründet und darüber hinaus zu ihrem Hauskloster bestimmt hatten, lag ihm auch sonst am Herzen. So stimmte er am 24. April 1281 in seiner Eigenschaft als Graf des Glemsgaus dem Verkauf von Gütern des Klosters Hirsau in Kornwestheim an dieses Kloster zu.[91] Am 3. November 1278 belehnte Graf Ulrich den Burggrafen Walther von Kaltental und dessen Söhne mit dem Dorf Aldingen samt allem Zubehör, sämtlichen Freiheiten und Rechten, insbesondere mit dem Patronatsrecht über die dortige Kirche.[92] Wenige Tage darauf befreite er die Güter des Esslinger Katharinenspitals in Münchingen und in Möglingen nebst ihren Inhabern von der Vogtei und allen sonstigen Lasten. Dieser Verzicht auf bislang ihm zustehende Rechte trug ihm die Summe von 142 Pfund Heller ein.[93]

Graf Ulrich I. von Asperg starb am 5. August 1283. Er hatte vier Kinder: Ulrich II., der seine Nachfolge im Glemstal antrat, Johann, über dessen Lebensweg nichts Näheres bekannt ist, Agnes (verstorben nach dem 18. Dezember 1298), Frau des Grafen Konrad von Vaihingen, und eine zweite Tochter Agnes, die 1300 Leutold von Kuenring heiratete.[94] Dass die beiden Töchter Graf Ulrichs I. denselben Vornamen hatten, erscheint fraglich, doch lassen die einschlägigen Quellen zumindest keinen anderen Schluss zu. Bei der im Nekrolog des Klosters Lichtental erwähnten Gräfin Elisabeth von Asperg handelte es sich möglicherweise um eine dritte Tochter Ulrichs I.[95] Graf Ulrich II. von Asperg heiratete Anna, die Tochter des Grafen Albrecht von Calw-Löwenstein, knüpfte damit wie zuvor schon andere Angehörige des pfalzgräflich-tübingischen Hauses verwandtschaftliche Bande zu dem renommierten Calwer Grafenhaus. Unter Ulrich II. beschleunigte sich der wirtschaftliche Niedergang des Asperger Zweigs der

Pfalzgrafen von Tübingen. Symptomatisch dafür war beispielsweise der Verkauf des seitherigen aspergischen Dorfes Kornwestheim an Graf Eberhard I. von Württemberg im Januar 1303. Dieser Verkauf brachte Ulrich II. immerhin die Summe von 370 Pfund Heller ein.[96] Seitdem Graf Eberhard I. in der Grafschaft Württemberg das Sagen hatte, betrieb er im Mittleren Neckarraum und darüber hinaus eine rücksichtslose Expansionspolitik. Ihr vermochten auf die Dauer auch die Asperger Grafen nicht standzuhalten.

Der friedsame Graf Ulrich II. von Württemberg war bereits 1279 im Alter von gerade 25 Jahren gestorben. Sein Stiefbruder Eberhard I., auch der Erlauchte genannt, der Sohn Ulrichs I., des Stifters, aus dessen zweiter Ehe mit Herzogin Agnes von Schlesien-Liegnitz, war damals mit seinen 14 Jahren noch kaum den Kinderschuhen entwachsen gewesen. Erst 1285 hatte er einen aktiven Part in der Politik übernommen.[97]

Rasch zeigte sich, dass der junge württembergische Graf ein skrupelloser Machtpolitiker war, dessen Bestreben darauf abzielte, seinen Herrschaftsbereich zu vergrößern, und die von seinem Vater auf zum Teil zweifelhafte Weise an sein Haus gebrachten Rechte und Besitztitel nicht nur zu behaupten, sondern auch weitere an sich zu ziehen. Hierbei scheute er vor List und Gewalt nicht zurück, und ebenso wie sein Vater suchte er durch politische Heiraten seine Machtbasis auszubauen und zu verbreitern. Seine erste Frau war die lothringische Herzogstochter Margarete, deren Familie zu den vornehmsten Fürstengeschlechtern des Reichs zählte. Und als Margarete schon 1290 starb, heiratete er Irmengard, die Tochter von Markgraf Rudolf I. von Baden. Die Mitgift Irmengards brachte ihm 1297 die Stadt Backnang, ferner die Vogtei über das dortige Chorherrenstift sowie die kurz vor 1231 von den Markgrafen erbaute Burg Reichenberg im oberen Murrtal.

Die badischen Markgrafen verfügten zwar weiterhin über ansehnlichen Besitz im Mittleren Neckarraum, so über Besigheim, Mundelsheim, Hoheneck sowie über eine größere Zahl verstreuter Güterkomplexe und Rechte. Doch verlagerte sich mit der Preisgabe ihrer Position Backnang-Reichenberg und in der Folgezeit mit der Veräußerung weiterer Besitzungen in unserer Gegend ihr Herrschaftsschwerpunkt zunehmend nach Westen in das Oberrheingebiet. 1302 kaufte Eberhard I. von dem in Geldnot befindlichen Herzog Hermann von Teck die Stadt Marbach, auf deren Gemarkung er zuvor schon Fuß gefasst hatte, sowie „Leut und Gut“ in Murr, in dem benachbarten Kirchberg an der Murr, in Rudersberg, in Neckarweihingen und in einem abgegangenen, nicht zu lokalisierenden Ort Laufen um die stattliche Summe von 10 000 fl.[98]

Indessen liefen solche friedlichen Erwerbungen gewissermaßen nebenher. Das eigentliche politisch-militärische Aktionsfeld Eberhards war der Abwehrkampf gegen berechtigte Rückforderungen von entfremdetem Reichsgut. Mitte der 1280er Jahre kam es zwischen ihm und König Rudolf sowie dessen Reichslandvogt in Niederschwaben, Graf Albrecht II. von Hohenberg, zu schweren kriegerischen Auseinandersetzungen, bei denen unsere engere Heimat schlimm in Mitleidenschaft gezogen wurde. Erst nach dem im Jahr 1291 erfolgten Tod des Königs flauten die Kämpfe ab. Mit dem Nachfolger, König Adolf von Nassau (1291–1298), arrangierte sich Eberhard. Anfänglich gelang ihm dies auch mit dem Habsburger-König Albrecht (1298–1308). Albrecht übertrug ihm sogar die Reichslandvogtei in Niederschwaben und ermöglichte ihm dadurch einen leichten Zugriff auf das Reichsgut, machte also gewissermaßen den Bock zum Gärtner.[99] Er sanktionierte großzügig Eberhards jüngste Gebietserwerbungen und förderte darüber hinaus dessen Pläne, die auf eine weitere territoriale Ausdehnung der Grafschaft Württemberg hinausliefen. So sicherte er in einer in Ulm am 25. Juli 1304 ausgefertigten Urkunde dem Grafen zu, ihn „nicht zu irren“, d. h. ihm keine Schwierigkeiten zu bereiten, wenn er die Besitzungen Graf Ulrichs II. von Asperg, ebenso wenn er Burg und Stadt Beilstein erwerbe. Ausdrücklich bestätigte er in dieser Urkunde auch, dass er Reichenberg, Backnang und andere Güter, die Eberhard von dem badischen Markgrafen bekommen habe, als dessen rechtmäßigen Besitz betrachte.[100] König Albrecht benötigte damals die Unterstützung des württembergischen Grafen für den bevorstehenden Feldzug gegen König Wenzel II. von Böhmen, an dem sich dieser dann auch beteiligte.[101]

Allem Anschein nach gab es danach schon 1304 erste konkrete Angebote von Graf Ulrich II. von Asperg über einen Verkauf seiner Herrschaft mit dem Zentrum Hohenasperg, und Eberhard wollte vorsorglich jede Behinderung durch das Reich ausschließen, falls er tatsächlich mit Ulrich II. handelseinig wurde. Offensichtlich gestalteten sich jedoch die Verhandlungen schwierig; sie zogen sich deshalb lange hin. Für Graf Ulrich II. musste es bitter sein, die Besitzungen zu veräußern, die er von seinen Vorfahren geerbt hatte. Doch schließlich rang er sich dazu durch. Am 24. März 1308 verkaufte er „Asperg Burg und Stadt", die auf dem Schlossberg südlich von Gerlingen gelegene Burg Richtenberg sowie den „Glemsgau mit der Grafschaft und anderer Zubehörde" zu einem unbekannten Preis an Graf Eberhard I. von Württemberg.[102]

Mit seiner Frau Anna siedelte er nach Beilstein über, wo er in der Burg über der Stadt seinen Wohnsitz nahm. Burg und Stadt Beilstein waren altes calwisch-löwensteinisches Besitztum und durch seine Heirat mit Gräfin Anna von Löwenstein an Graf Ulrich II. gelangt.[103] Das Ehepaar Anna und Ulrich II. hatte vier Kinder: Ulrich (III.), Wilhelm, Johann sowie Luitgard. Die Tochter Luitgard wählte den geistlichen Stand und war zuletzt Priorin in Pforzheim.[104] Über die drei Söhne ist nur wenig bekannt. Graf Ulrich II. verkaufte ihnen am 29. April 1338 Stadt und Amt Beilstein um 1200 Pfund Heller.[105] Dafür setzten ihm diese eine Woche später ein Leibgeding aus und räumten ihm nach dem Tod ihrer Mutter Anna noch bestimmte Güter im Zabergäu, in Bönnigheim und bei Magenheim zur Nutznießung ein.[106]

Der Sohn Ulrich (III.) starb wohl schon im nächsten Jahr. Die zwei überlebenden Söhne Wilhelm und Johann vermochten indes den Besitz von Stadt und Amt Beilstein nicht zu behaupten. Bereits am 20. März 1340 veräußerten sie die Herrschaft um 1600 Pfund Heller, also um 400 Pfund Heller mehr, als zwei Jahre zuvor ihr Vater von ihnen gefordert hatte, an Graf Ulrich von Württemberg, einen unehelichen Sohn Graf Eberhards I. und Propst zu St. Widen (St. Guido) in Speyer. Dieser überließ sie dem Stiefbruder Ulrich III. von Württemberg.[107] Vielleicht auf Drängen des Vaters, der hochbetagt – er starb vermutlich 1341 – auch die Verschleuderung des letzten Restes des Familienbesitzes miterleben musste, bekundeten Wilhelm und Johann zumindest den festen Vorsatz, Burg und Stadt Beilstein wieder einzulösen, wenn sie die erforderlichen Mittel zusammenbrächten. Deshalb hinderlegten sie den Kaufvertrag mit Propst

Graf Ulrich von Württemberg bei ihrer Schwester Luitgard, der Pforzheimer Klosterfrau.[108]

Zu einer „Wiedereinlösung" kam es, wie zu erwarten gewesen war, jedoch nicht. Johann zog es nach Italien, und Wilhelm suchte gleichfalls sein Glück in der Fremde. Von 1354 bis 1357 stand er in Neapel und Sizilien im Dienst König Ludwigs von Tarent und von dessen Frau Johanna. Beide Grafen sind noch in den 1360er Jahren urkundlich nachweisbar.[109] An die einstigen Stadtherren, die Pfalzgrafen von Tübingen und ihre Seitenlinie, die Grafen von Asperg, erinnert bis heute am Eingang des runden Treppenturms an der Südseite der allerdings erst im 16. Jahrhundert erbauten Michaelskirche ihr Wappen: in Gold (Gelb) an drei roten Trageriemen eine dreilatzige rote Fahne. Dieses Wappen führen seit dem 13./14. Jahrhundert die Städte Böblingen, Herrenberg und Tübingen, die Stadt Herrenberg allerdings mit vertauschten Farben (rotes Feld und goldene Fahne).

Im 9. Jahrhundert, sehr wahrscheinlich aber schon früher bestand neben dem gräflichen Herrschaftssitz, der Burg, auf dem Hohenasperg eine Siedlung, deren Bewohner sich, abgesehen von einigen Handwerksberufen wie beispielsweise Schmieden, Maurern, Zimmerleuten, in der Landwirtschaft und im Weinbau betätigten – bereits in der Karolingerzeit war der Südhang des Berges mit Reben bestockt.[110] Die damaligen zwei Kirchen, von denen sich zumindest eine, vielleicht aber auch alle beiden auf dem Berg befanden, weisen auf eine größere Siedlung, ein Dorf, hin. Ein von dort stammender Bürger der Stadt Esslingen erscheint in Urkunden von 1232 und 1238: Burchardus de Ascher bzw. Burquardus Achspergensis. Die in einer Urkunde des Esslinger Spitals am 12. Juli 1295 als Bürgerin der Stadt Marbach erwähnte „Adelheid de Marbach dicta de Asperch" (Adelheid von Marbach, genannt von Asperg) dürfte gleichfalls von Asperg stammen.[111] Nicht identisch dürfte mit ihr Adelheid, die Witwe Burkhards Hauenrose von Asperg sein, die am 6. November 1318 eine Güterstiftung ihres verstorbenen Mannes an das Markgröninger Spital bestätigte.[112] Im Dienst der Grafen vom Asperg bzw. der Pfalzgrafen von Tübingen stand der als Zeuge in Urkunden des Pfalzgrafen Gottfried von Tübingen genannte „Rudolfus advocatus de Asperc", Rudolf Vogt von Asperg.[113] Ebenfalls die Funktion des Vogts (Amtmanns) auf dem Hohenasperg übte ein gewisser Heinrich aus, ehe er im Jahr 1300 oder kurze Zeit davor mit dem Amt des Schultheißen in Stuttgart betraut wurde.[114]

Die Grafen von Asperg erhoben das Dorf auf dem Hohenasperg zur Stadt. Der Zeitpunkt dieser Stadterhebung ist nicht bekannt, dürfte aber spätestens um 1300 liegen. Im Urbar (Lagerbuch) des Katharinenspitals Esslingen von 1304 ist das mit einem Geldzins belastete Haus eines Hiltelin aufgeführt, das sich am Stadttor (porta civitatis) befand.[115] Vier Jahre später, 1308, verkaufte Graf Ulrich II. von Asperg u. a. Burg und Stadt Asperg an Graf Eberhard I. von Württemberg, wie in dem darüber abgeschlossenen Vertrag zu lesen ist.[116]

Die Umwandlung der dörflichen Siedlung auf dem Hohenasperg in eine Stadt bedingte eine erhebliche Vermehrung der Einwohnerzahl und damit eine Vergrößerung der zu überbauenden Fläche. Ein solches Areal stand aber auf der Bergkuppe mit ihren insgesamt 6 Hektar nur in recht beschränktem Umfang zur Verfügung. Der Ausdehnung der neuen Stadt waren also enge Grenzen gezogen.

In der Urkunde vom 27. Juni 1450, mit der Graf Ludwig I. von Württemberg der Stadt Asperg ihre alten Freiheiten bestätigte, wird eingangs berichtet: „Item da unser gnedige herschaft das schloß zuo Asperg an huob zu buwen, dasemal XVI erbern mannen von dem Dorff Thamm gebotten ward, ihr hainwesen [Heimwesen] in der statt zuo Asperg gesessen und all ir nachkommen wurde gefreit, das sy zuo der egeschriben burg zuo buwen daheinerlay [keinerlei] handreichi thon soltend, sunder hinfür desselben buws und anderer büw halb, ess wer zuo der genanten burg oder zuo der Statt oder Statt muren oder graben, zuo der Statt thor, thorhislin und brucken daselbs zuo buwen, dess alles yberhebbt sein sölttend, ussgenomen tagdienst, so vil als uns nach anzal gebürte ungeverlich."[117]

Dieser Bericht bezieht sich wahrscheinlich auf die Gründung der Stadt Asperg im ausgehenden 13. Jahrhundert durch die Grafen von Asperg. Die Stadtgründer waren bestrebt, das junge städtische Gemeinwesen möglichst rasch zu bevölkern. Um den ihnen untergebenen Tammer Einwohnern einen Anreiz zur Niederlassung auf dem Hohenasperg zu geben, sicherten sie ihnen große Freiheiten zu. So sollten sie zu Bauarbeiten am Schloss (an der Burg), an städtischen Gebäuden, an der Stadtmauer usw. nicht herangezogen werden. Lediglich die gewöhnlichen Tagdienste hatten sie zu leisten. Wenn indes 16 Tammer mit Familien zur Verlegung ihres Wohnsitzes in die Bergstadt Asperg bereit waren, so bedeutete dies ohne Zweifel einen empfindlichen Aderlass für den damals noch sehr kleinen Ort. Dass die Asperger Stadtgründung um 1300 oder kurz zuvor erfolgte, lässt sich auch aus einer Reihe von Familiennamen schließen, die um 1351 in Asperg wie in Tamm nachzuweisen sind.[118]

Tamm gehörte im ausgehenden 13. Jahrhundert zur Herrschaft der Grafen von Asperg, die zugleich Grafen im Glemsgau waren. Wäre dies nicht der Fall gewesen, hätte der Gründer der Stadt Asperg wohl kaum Bewohnern dieses Dorfes befehlen können, ihren seitherigen Wohnsitz zu verlassen und sich in seiner Neugründung anzusiedeln. Dem widerspricht auch nicht, dass Gräfin Katharina von Veringen bis 1351 das ganze Dorf Tamm innehatte und den Ort nunmehr an ihre Oheime, die Grafen Eberhard II. und Ulrich von Württemberg, verkaufte.[119] Da die Grafen von Veringen sonst in unserer Gegend nicht begütert waren, hat die Annahme Sebastian Lochers einiges für sich, bei dem Besitz Katharinas in Tamm, ebenso bei ihren Besitztiteln und Rechten in Benningen und Hoheneck könnte es sich ursprünglich um das Heiratsgut einer mit einem Veringer Grafen verehelichten Dame gehandelt haben, am ehesten um das Heiratsgut der Großmutter Katharinas, die wahrscheinlich dem Geschlecht der Tübinger Pfalzgrafen entstammte.[120] Unwahrscheinlich hingegen ist, dass die obrigkeitlich angeordnete Übersiedlung von 16 Tammern erst in württembergischer Zeit erfolgte. Zwar wurde nach der Zerstörung von Stadt und Festung Asperg im Jahr 1360 während des Reichskriegs gegen Graf Eberhard den Greiner von Württemberg in den folgenden Jahrzehnten ein umfassender Wiederaufbau durchgeführt[121], aus den jetzt reichlicher fließenden schriftlichen Quellen ergibt sich jedoch kein Hinweis, der auf eine solch folgenschwere bevölkerungspolitische Maßnahme schließen lässt. Wäre von den württembergischen Grafen damals eine solche Umsiedlungsaktion befohlen worden, hätte dies seinen Niederschlag vor allem in den Urbaren finden müssen, die aus der Mitte des 14. Jahrhunderts und aus dem Jahr 1424 erhalten sind und die sehr detailliert die Besitzverhältnisse in Tamm beschreiben. Das Gegenteil ist der Fall. Die Urbare und Urkunden

dokumentieren eine ungebrochene Kontinuität der landwirtschaftlichen Besitzverhältnisse. Übrigens deuten die Zehntrechte, die die württembergischen Grafen schon vor 1351 in Tamm besaßen[122], gleichfalls darauf hin, dass die Pfalzgrafen von Tübingen bzw. Grafen von Asperg in dem Dorf über umfassende Besitz- und Rechtstitel verfügten und dass diese zumindest zum Teil an die Grafen von Württemberg gelangten.
Das alte Tamm ist seiner Anlage nach ein regelmäßiges Straßendorf. Die in Ost-West-Richtung verlaufende Hauptstraße, von der kurze Seitenstraßen abzweigen, durchzieht den ganzen Ort. Die Häuser sind giebelseitig an ihr aufgereiht und verleihen insbesondere der Dorfmitte ein städtisches Aussehen. Das Dorf war früher mit Mauer und Graben umgeben und besaß zwei Tore: ein unteres und ein oberes Tor. Zwar ist in den Lagerbüchern immer nur vom Dorfetter die Rede, doch handelte es sich hierbei um eine Mauer, die 1859 noch „auf weite Strecken" erhalten war und zum Teil noch eine Höhe von acht bis zehn Fuß aufwies. Der Dorfgraben, der an der Bissingen zugekehrten Nordseite Bissinger Graben, an der Markgröningen zugekehrten Südseite Gröninger Graben hieß, war damals bereits teilweise eingeebnet, doch an manchen Stellen, so besonders an der Südseite des Orts, noch deutlich sichtbar.[123] Innerhalb der Dorfbefestigung befand sich an erhöhter Stelle an dem hier nach Norden vorspringenden Ortsetter als besondere Wehranlage die Kirche mit dem von einer starken Mauer umschlossenen Kirchhof: die letzte Zuflucht der Bewohner bei einem feindlichen Überfall. Wann das Dorf befestigt wurde, lässt sich nicht in Erfahrung bringen. Sicher wollte die damalige Ortsherrschaft mit dieser Befestigungsanlage eine militärisch-verkehrspolitische Konzeption verwirklichen. Nach sachkundigem Urteil besaßen spätmittelalterliche Dorfbefestigungen nicht den Rang überörtlicher militärischer Stützpunkte oder gar den von Festungen. Sie wurden aber nicht selten zu Territorialgrenzen und zu deren Schutz errichtet, so etwa das seiner Lage und seinem Siedlungsbild nach mit Tamm vergleichbare hohenbergische Grenzdorf Hirschau (5 km südwestlich von Tübingen), das von einer Mauer mit zwei Toren umgeben war.[124] Zum Zeitpunkt des Kaufs von Tamm durch die Grafen von Württemberg 1351 war das Dorf bereits nahezu ringsum von württembergischen Orten umgeben, und die letzten Lücken wurden we-

nige Jahre später vollends geschlossen. Die Neuanlage einer Dorfbefestigung wäre daher Mitte des 14. Jahrhunderts kaum sinnvoll gewesen. Diese Wehranlage muss in vorwürttembergischer Zeit, als das Dorf noch eine Grenzfunktion wahrnahm, errichtet worden sein. Dies war der Fall, als sich der Hohenasperg noch in der Hand der Nebenlinie der Pfalzgrafen von Tübingen, der Grafen von Asperg, befand, als Markgröningen noch den Status einer Reichsstadt hatte und die Grafen von Vaihingen noch die landesherrlichen Rechte über Bietigheim und Bissingen ausübten, also etwa um die Wende vom 13. zum 14. Jahrhundert oder noch früher.

Es ist also durchaus denkbar, dass die Grafen von Asperg Tamm zu einer Art vorgeschobener Bastion ihrer Bergfeste Hohenasperg ausbauten mit dem Zweck, zwei nicht unwichtige Straßen unter ihre Kontrolle bringen zu können: die von der Landstraße Cannstatt–Stammheim–Asperg–Bietigheim abzweigende Straße nach Bissingen und die von Markgröningen nach Bietigheim führende Straße. Von Interesse dürfte hierbei die Beobachtung Willi Müllers sein, dass die Straße Stammheim–Bissingen, die ursprünglich den Ort Tamm nicht berücksichtigte, sondern am Westausläufer des Hohenasperg in nordwestlicher Richtung direkt auf die durch Flurnamen erschlossene frühmittelalterliche Siedlung Böllingen und von dort auf Bissingen zustrebte, in ihrem Verlauf im Tammer Ortsbereich auf etwa einem Kilometer Länge verändert wurde. Sie wurde vom Osten her gewaltsam in den neu gegründeten Ort hineingezogen und gewissermaßen zu dessen Rückgrat gemacht. Erst am Westende Tamms erlangte die als Ortsachse von Osten nach Westen verlaufende Straße ihre nordwestliche Richtung zurück.[125] Sehr wahrscheinlich verfügte schon die Vorgängerin der Mitte des 15. Jahrhunderts erbauten spätgotischen Bartholomäuskirche einschließlich des ummauerten Kirchhofs über den Charakter einer Wehranlage, die dann im Zuge des Neubaus des Gotteshauses noch verstärkt wurde.

II. Unter der Herrschaft der Grafen von Württemberg

Wechselvolles Schicksal einer strategisch bedeutsamen Höhenburg im 14. und 15. Jahrhundert

Das gute Einvernehmen Graf Eberhards I. von Württemberg mit König Albrecht war nicht von Dauer. Eberhard ging zunehmend auf Konfrontationskurs zum König, unterstützte zeitweise massiv dessen böhmische Gegner und verwendete die ihm von dem neuen König Heinrich von Böhmen (zuvor Herzog von Kärnten) seit 1307 gezahlten Hilfsgelder, um seinen Machtbereich in Schwaben zu vergrößern, so auch zu dem bereits erwähnten Kauf der Burg und Stadt Asperg, der Burg Richtenberg und des Glemsgaus im März 1308. Eine schon im Herbst 1305 vom König gegen den aufmüpfigen und gewalttätigen Grafen unternommene Strafexpedition hatte diesem wenig anhaben können. Der Entzug des Amts des Reichslandvogts in Niederschwaben 1307 hatte das Verhältnis zwischen König Albrecht und Graf Eberhard I. nur noch mehr zerrüttet, zumal beide Kontrahenten von dem Bestreben geleitet waren, ihre Macht und ihren Einfluss im Südwesten des Reiches stetig weiter auszudehnen.[1]

Die Wahl des Luxemburgers Heinrich zum Nachfolger des im Mai 1308 von einem Neffen ermordeten Albrechts missfiel Eberhard I. Er verweigerte dem neuen deutschen König die Huldigung. Mit seinem rücksichtslosen Machtstreben brachte er Adel und Reichsstädte gegen sich auf. König Heinrich VII. verhängte über ihn die Reichsacht. In dem 1311 gegen den ehemaligen Reichslandvogt entfesselten Reichskrieg wurde unter der Führung des jetzigen Reichslandvogts in Niederschwaben, Konrad von Weinsberg, sein Territorium grausam verheert. Etliche württembergische Städte sanken in Schutt und Asche, als erste die offenbar noch recht mangelhaft befestigte Stadt Marbach. Nürtingen wurde niedergebrannt, Schorndorf erstürmt, nachdem die Schwäbisch Gmünder Belagerungsmaschinen entscheidende Vorarbeit geleistet hatten, zahlreiche Burgen ge-

brochen, so die anschließend zerstörte Stammburg Württemberg, außerdem wurde das Erbbegräbnis der gräflichen Familie in Beutelsbach verwüstet. Auch Stuttgart fiel in feindliche Hand.
Eberhard I. suchte auf dem Hohenasperg Zuflucht. Die Feste vermochte sich aber nicht zu halten. Unmittelbar vor ihrem Fall entkam der Graf, jetzt ein Potentat ohne Land, mit knapper Not in das badische Besigheim. Dort versteckte er sich in einem Turm. Sein Neffe, Markgraf Rudolf Hesso von Baden, hatte ihn bereitwillig in seinem Territorium aufgenommen und ihm Schutz und Sicherheit gewährt. Von Besigheim aus nahm er Kontakt zu den Feinden des nunmehrigen Kaisers Heinrich VII. in Italien auf und bekundete ihnen seine feste Absicht, sie gegen den gleichfalls noch in Italien weilenden Kaiser zu unterstützen.[2] Württemberg selbst schien für ihn verloren zu sein. Die württembergischen Städte hatten sich der Reichsstadt Esslingen unterworfen. Diese hatte jedoch auch in Markgröningen das Sagen. Mit dem Gebiet der Reichsstadt Markgröningen war vorübergehend auch die von den Siegern zerstörte Feste Hohenasperg und das Bergstädtchen Asperg vereinigt. Ein Esslinger Bürger namens Trutwin, der den Feldzug gegen Graf Eberhard I. mitgemacht hatte, feierte in einem schwer verständlichen lateinischen Gedicht diese Vereinigung, wobei er euphorisch den Hohenasperg den „Berg der Sterne", den Götterberg, nannte.[3]
Mit der Belagerung und dem Fall des Hohenaspergs im Jahr 1311 wird auch die bekannte Volkssage vom treuen Bartel, in deren Mittelpunkt gewöhnlich Graf Hartmann von Grüningen steht, in Verbindung gebracht: Graf Eberhard I. erkennt auf dem Hohenasperg den hinkenden Schäferburschen Bartel wieder. Dieser hat ihm schon einmal das Leben gerettet. Bartel zeigt dem nach Besigheim geflüchteten Grafen einen unterirdischen Gang, der vom Hohenasperg nach Markgröningen führt und den er selbst benutzt, wenn er heimlicherweise seine Liebste besuchen will. Der Graf nutzt den Gang, um die von den Belagerern schwer bedrängte Besatzung aus der Festung in Sicherheit zu bringen. Bartel aber bestimmt er zum Meister der Schäferzunft in Markgröningen, stattet ihn mit einem reichen Heiratsgut aus und stiftet aus Dankbarkeit und in Anerkennung der Treue Bartels den an dessen Namenstag, dem Bartholomäustag (24. August), alljährlich stattfindenden Markgröninger Schäferlauf. Nach einer anderen

Version der Sage rettet Bartel den Grafen durch den unterirdischen Gang und ist ihm dann bei dessen abenteuerlicher Flucht nach Besigheim behilflich.[4]
Der plötzliche Tod Kaiser Heinrichs VII. am 24. August 1313 in Buonconvento bei Siena und im folgenden Jahr die Doppelwahl der Gegenkönige Ludwigs des Bayern und Friedrichs des Schönen, Ersterer ein Wittelsbacher, Letzterer ein Habsburger, befreite Graf Eberhard I. aus einer verzweifelten Situation. Innerhalb kurzer Zeit gelang es dem geschickten Taktiker und wagemutigen Kriegsmann, sein gesamtes Herrschaftsgebiet zurückzugewinnen und es sogar noch zu vergrößern. Mit päpstlicher Genehmigung verlegte er das Stift Beutelsbach und ebenso das dortige Erbbegräbnis seiner Familie nach Stuttgart, das nunmehr fester Herrschaftsmittelpunkt und Residenzstadt wurde. Bei seinem Tod am 5. Juni 1325 bildete die Grafschaft Württemberg eines der größten und geschlossensten Territorien im Bereich des einstigen staufischen Herzogtums Schwaben.[5]
Bei der Zerstörung der Burg Hohenasperg 1311/12 scheint es sich um eine wenig gründliche Demolierung gehandelt zu haben, denn sie wurde von den Siegern, nachdem mit ihrer Rückeroberung durch den vertriebenen württembergischen Grafen nicht mehr zu rechnen war, wieder instand gesetzt und erhielt vermutlich durch den Reichslandvogt eine neue Besatzung. Im Frühjahr 1314 trotzte sie dann etliche Wochen der Belagerung durch ihren früheren und auch künftigen Herrn, den Grafen Eberhard I.[6]
Dass das Bergstädtchen Asperg 1311 durch die Kriegshandlungen gleichfalls in Mitleidenschaft gezogen worden war, legt die Zerstörung des dortigen Templerhauses 1312 nahe, über die Steinhofer in seiner Württembergischen Chronik berichtet, also die Zerstörung einer Niederlassung des Templerordens.[7] Freilich könnte diese Zerstörung auch im Zusammenhang mit der durch den französischen König Philipp IV. Anfang des 14. Jahrhunderts ausgelösten Verfolgung und Auflösung dieses geistlichen Ritterordens stehen. Wie die Kirche auf dem Hohenasperg, deren Patronat 1308 von den Grafen von Asperg an die Grafen von Württemberg übergegangen war – zwei Kirchen auf dem Berg gab es damals sicherlich nicht mehr –, die beiden Belagerungen der Bergfeste und damit auch des Städtchens überstand, ist nicht bekannt.

Im Gegensatz zur Burg Hohenasperg wurde die Burg Richtenberg über Gerlingen nach gründlicher Zerstörung nicht wieder aufgebaut. In dieser Feste, die für die Tübinger Pfalzgrafen bzw. die Grafen von Asperg durchaus strategische Bedeutung besessen hatte und die sie bei der Veräußerung von 1308 an Württemberg eigens in der Verkaufsurkunde aufführten, sah die junge Stadt Leonberg eine Bedrohung, zumindest wenn sie sich in fremden Händen befand. Nach der Niederlage Graf Eberhards I., wie andere württembergische Städte unter der Kuratel der Reichsstadt Esslingen, forderte sie deshalb 1311/12 eine gänzliche Beseitigung der Burg, und sie hatte damit auch Erfolg.[8]
Mit dem Sohn Graf Eberhards I., Ulrich III., der schon zu Lebzeiten des Vaters an der Herrschaft beteiligt gewesen war und sich durch diplomatisches Verhandlungsgeschick ausgezeichnet hatte, brach für Württemberg eine friedlichere Zeit an. Ulrich war kein Mann des Schwertes und des Alles oder Nichts. Dabei ging er bewaffneten Auseinandersetzungen und Fehden nicht aus dem Weg, wenn er glaubte, dass sie seinen politischen Zielen förderlich seien. Er setzte aber gemeinhin auf Diplomatie, auf friedlichen Interessenausgleich, auf gute Kontakte zu Standesgenossen. In der Reichspolitik unterstützte er Friedrich den Schönen, und nach dessen Tod Anfang 1330 erlangte er rasch das Vertrauen Kaiser Ludwigs des Bayern. Dieser übertrug ihm die Reichslandvogtei in Niederschwaben und bald darauf auch die im Elsass. Beide Vogteien verwaltete er vertragsgemäß zusammen mit seinem Schwager Graf Rudolf von Hohenberg. Mit Erfolg bemühte er sich in der ersten Hälfte seiner Regierungszeit um die Wahrung und Festigung des Landfriedens. Doch verminderten sich in diesem Bereich mit dem Aufkommen von Landfriedensbündnissen von Reichsstädten und Fürsten die Einflussmöglichkeiten der Reichslandvögte zunehmend.
Zielstrebig führte Ulrich III. die von seinem Vater und Großvater begonnene Erwerbspolitik fort, und es gelang ihm, die Grafschaft weiterhin beträchtlich zu vergrößern und ihr wichtige Rechte zu sichern. So kaufte er die Herrschaft Winnenden, die Grafschaft Aichelberg mit Weilheim/Teck, Grötzingen, Vaihingen an der Enz, Burg und Stadt Tübingen. Auch zog er die mit der Landvogtei verbundenen Schirmrechte über die Klöster Hirsau

und Denkendorf an sich, erlangte er die Vogtei über die Klöster Herrenalb und Bebenhausen. Mit dem Erwerb der Herrschaften Horburg und Reichenweier fasste er schon in den 1320er Jahren Fuß im Elsass.[9]
Die friedliche Erwerbspolitik Ulrichs III. kostete viel Geld. Kein Wunder, wenn er nicht immer gut bei Kasse war, er mitunter auch Schulden machen musste. Im Februar 1333 beispielsweise bestätigten ihm in einer in Marbach ausgestellten Urkunde Albrecht von Bönnigheim und seine Frau Adelheid von Pfäffingen, dass er die ihnen in Poppenweiler und Asperg versetzten Güter um 400 Pfund Heller wieder auslösen könne. Eine entsprechende Schuldverschreibung über 200 Pfund Heller für verpfändete Besitzungen in Groß- und Kleiningersheim stellten ihm im März 1342 Albrecht und Rögger von Bönnigheim aus.[10] Indes scheint die Schuldenlast bei ihm nie sonderlich drückend gewesen zu sein.
Waren schon 1308 mit dem Kauf der Glemsgaugrafschaft eine Anzahl Orte im Land um den Hohenasperg teilweise oder auch ganz an Württemberg gelangt, so Beihingen, Eglosheim, Möglingen, Geisingen, Stammheim, Oßweil und vermutlich auch Zuffenhausen, bemühte sich Graf Ulrich III. um eine weitere Arrondierung. 1327 kaufte er den badischen Anteil von Möglingen, 1339 von den Grafen von Vaihingen halb Bissingen und halb Schwieberdingen.[11] Mit dem Übergang der Glemsgaugrafschaft an Württemberg wechselte auch eine Reihe von Ministerialen ihren Herrn. Aus gräflich aspergischen Dienstmannen wie den Herren von Kaltental und von Nippenburg wurden württembergische.
Die wohl bedeutendste Erwerbung Graf Ulrichs III. in unserer Gegend war der Kauf der Reichsstadt Markgröningen am 1. Oktober 1336. Die kleine Reichsstadt war seit dem Tod König Rudolfs von Habsburg Objekt konkurrierender Machtinteressen gewesen. Vor allem Graf Eberhard I. von Württemberg hatte große Anstrengungen unternommen, sie seinem Territorium einzuverleiben. 1301 hatte sie ihm König Albrecht, den er finanziell und politisch nachhaltig unterstützt hatte, als Pfand überlassen müssen. 1312 nach der Niederlage Eberhards I. in dem gegen ihn geführten Reichskrieg hatte sie wieder ihre Eigenständigkeit zurückerlangt. Allein, diese war nur von kurzer Dauer gewesen. Eberhard I. hatte nach der Rückeroberung seines Landes beharrlich auf seinem Anspruch an der Stadt fest-

gehalten, bis ihm dann die Habsburger die schuldige Pfandsumme von 12000 Pfund Heller erstattet hatten. Nachdem im September 1322 in der Schlacht bei Mühldorf am Inn Ludwig der Bayer Friedrich den Schönen besiegt hatte, und ihm damit auch im Reich die entscheidende Macht zugefallen war, hatte er einem seiner Getreuen, dem fränkischen Edlen Konrad von Schlüsselburg, der ihm in der Schlacht von Mühldorf das Banner vorangetragen hatte, die Stadt als Lehen übergeben. Mit der Belehnung Konrads von Schlüsselburg hatte die reichsstädtische Epoche Markgröningens 1322 ein abruptes Ende gefunden. 14 Jahre später veräußerte der kinderlose Konrad von Schlüsselburg Burg und Stadt Markgröningen um 6000 Pfund Heller an den Oheim seiner Frau, Graf Ulrich III. von Württemberg. Dieser Verkauf erfolgte freilich nicht ohne äußeren Druck.

Möglicherweise bereits seit Graf Hartmann (I.) von Grüningen, sicher aber seit Konrad von Schlüsselburg war mit Markgröningen das Reichssturmfahnenlehen verbunden. Die Entstehung dieses Lehens, das oft mit dem alten schwäbischen Vorstreitrecht in Zusammenhang gebracht wurde, ohne dass es je gelang, einen quellenmäßig begründeten Nachweis zu liefern, ist unbekannt. Es scheint, dass die Reichssturmfahne zunächst eine personenbezogene Auszeichnung war, die dann aber rasch zum Attribut einer Stadt wurde. Am 24. Februar 1336 jedenfalls übertrug Kaiser Ludwig der Bayer Graf Ulrich III. von Württemberg und seinen Nachkommen Burg und Stadt Markgröningen mit der Verpflichtung, künftig die zu diesem Reichslehen gehörende Reichssturmfahne zu besorgen und zu bewahren. Der Kaiser, im Begriff gegen König Johann von Böhmen zu Felde zu ziehen, bedurfte des württembergischen Grafen als Heerführer, und er säumte daher nicht, ihm das Reichslehen Markgröningen einzuräumen. Damit erhob er die gewohnheitsrechtlich schon anerkannte Verbindung der Reichssturmfahne mit Markgröningen zum gültigen Reichsrecht. Konrad von Schlüsselburg ließ er wissen, er habe dem Württemberger befohlen, sich mit ihm Markgröningens wegen in Freundschaft und Liebe zu einigen. Konrad von Schlüsselburg verstand den kaiserlichen Wink. Wenige Monate darauf, am 22. September 1336, schloss er den oben schon erwähnten Kaufvertrag mit Ulrich III., und am 1. Oktober jenes Jahres überwies er die Bürger seiner seitherigen Stadt „Gröningen“ an die Grafschaft Württemberg.[12]

Die um 1240 von den Staufern gegründete ehemalige Reichsstadt Markgröningen im Jahr 1685 (Kieser'sches Forstkartenwerk).

In der Reichsgeschichte spielte die Reichssturmfahne kaum mehr eine Rolle. Für die württembergischen Grafen und Herzöge hingegen blieb ihr Besitz ein einzigartiges Vorrecht. Seit 1495, dem Jahr der Erhebung Württembergs zum Herzogtum, erscheint sie in ihrem Wappen. Auf zahlreichen Münzen und Medaillen wurden die württembergischen Regenten mit ihr, dem Symbol der Reichstreue und der Wehrhaftigkeit, dargestellt. Mit Erfolg vereitelte Württemberg um die Wende vom 17. zum 18. Jahrhundert den Versuch des neuen Kurfürstentums Hannover, die Würde des Reichsbanneramts an sich zu ziehen. Schließlich übernahm Herzog Eberhard Ludwig 1718 die Reichssturmfahne in das Wappen seiner neu gegründeten Residenzstadt Ludwigsburg.[13]

Markgröningen dagegen behielt auch nach dem Erwerb durch Württemberg mit Duldung des neuen Landesherrn sein seit 1299 nachweisbares

Wappen, den Reichsadler, dem im 16. Jahrhundert im Schildhaupt noch fünf Sterne beigegeben wurden. Der heutige Landkreis Ludwigsburg führt unter einer liegenden Hirschstange den Reichsadler in seinem Wappen, so dokumentierend, dass Markgröningen vor der Gründung der Stadt Ludwigsburg das bedeutendste städtische Gemeinwesen im Land um den Hohenasperg war und hier jahrhundertelang eine Mittelpunktsfunktion einnahm.[14]

Nach dem Tod Graf Ulrichs III. (1344) regierten dessen beide Söhne Eberhard II., der Greiner, und Ulrich IV. zunächst gemeinschaftlich die Grafschaft Württemberg. Allein bei dem sehr unterschiedlichen Charakter der zwei Brüder – Eberhard war voll Tatendrang, streitsüchtig und ständig darauf bedacht, günstige Gelegenheiten zu seinem Vorteil zu nutzen, Ulrich hingegen neigte zur Bequemlichkeit, ließ die Dinge treiben und schob Entscheidungen vor sich her – lag es auf der Hand, dass ihr gemeinschaftliches Regiment nicht von Dauer war. Es kam zu Spannungen. Das Verlangen Ulrichs nach einer Teilung des Landes nahm Eberhard zum Anlass, um den Bruder zu entmachten und sich mit Hilfe Kaiser Karls IV. die Alleinherrschaft zu sichern. Der kinderlos verheiratete Ulrich, auf die Stammburg Württemberg und die Stadt Marbach beschränkt, die ihm als persönliches Eigentum zugestanden waren, gab sich in den wenigen Jahren, die er noch lebte (er starb 1366), mit dem Dasein eines adligen Müßiggängers zufrieden. Eberhard hingegen verstrickte sich in viele Kriege und Fehden. Unter diesen hatten die Untertanen schwer zu leiden. Doch für sein Haus zahlten sich die skrupellose Macht- und Interessenpolitik Eberhards aus. Am Ende seiner Regierungszeit – er starb 1392 – war die Grafschaft Württemberg durch Erwerbungen gebietsmäßig weiter angewachsen und bildete vor allem im Mittleren Neckarraum ein relativ geschlossenes Territorium.[15]

Im Land um den Hohenasperg erwarben die württembergischen Grafen 1345 bislang badische Rechte in Hoheneck und Neckarweihingen, 1351 den Besitz der Gräfin Katharina von Veringen in Hoheneck, Tamm und Benningen. 1360 erlangten sie von den Grafen von Vaihingen das Dorf Bietigheim, und als dieses Adelsgeschlecht, ein Zweig der Grafen von Calw, vier Jahre später ausstarb, fielen ihnen laut Erbvertrag noch weitere vaihingische Besitztitel und Rechte zu. Das Dorf Bietigheim erhoben sie mit Genehmigung Kaiser Karls IV. 1364 zur Stadt, umgaben es mit Mauer und Graben und bauten es zu einer starken Wehranlage aus. Die neue Stadt, an der Mündung der Metter in die Enz und an einer alten Furt gelegen, an der die von Cannstatt zum unteren Neckar und zum Rhein führende Fernstraße die Enz überquerte, besaß für sie als Sperrriegel gegen das badische Territorium um Besigheim und Mundelsheim eine wichtige strategische Funktion. Doch auch als Marktort für den Wein-, Korn- und Viehhandel verfügte sie, wie sich rasch zeigen sollte, über ausgezeichnete Entwicklungschancen.[16] Um oder kurz nach 1350 dürften auch Pflugfelden, Heutingsheim und Poppenweiler Bestandteile des württembergischen Territoriums geworden sein.[17]

Einblick in die Rechts- und Besitzverhältnisse, die Einteilung in Ämter, die soziale Struktur der Bevölkerung, die landwirtschaftliche Nutzung von Grund und Boden sowie anderes mehr bietet ein um 1351 angelegtes Urbar (Lagerbuch) der Herrschaft Württemberg.[18] Der Hohenasperg war damals Mittelpunkt eines ausgedehnten Amts, einer „Pflege". Dieses Amt umfasste die Orte Burg Hohenasperg mit Stadt Asperg, Möglingen, Kornwestheim, Eglosheim, Pflugfelden, Heutingsheim, Tamm, Beihingen, Benningen, Murr, Steinheim, Rielingshausen und Kirchberg an der Murr.[19] Dies war ein eigenartig zugeschnittener Bezirk, und er hatte offensichtlich keinen Bestand. Die Einteilung der württembergischen Ämter war in der zweiten Hälfte des 14. Jahrhunderts und auch im 15. Jahrhundert noch im Fluss; sie konsolidierte sich erst nach und nach. Der Amtsbezirk Asperg schrumpfte schließlich auf die Festung Hohenasperg und die Stadt Asperg zusammen, bis er verwaltungsmäßig 1718 dem neu geschaffenen Stadtoberamt Ludwigsburg zugeschlagen wurde.[20]

Die Stadt Asperg zählte um 1351 bereits 64 Wohnstätten oder Häuser. Sie müssten sich neben der herrschaftlichen Burg und der Kirche alle auf dem Berg befunden haben. Auch wenn die Häuser – neben Häusern ist von Häuslein die Rede – nicht groß waren, benötigten sie doch Platz. Hinzu kam, dass die Stadt mit einer dicken Mauer umgeben war, und dass die herrschaftliche Burg als wehrhafte Anlage und als zeitweiliger Wohnsitz der württembergischen Grafen ein größeres Areal innerhalb der Stadt-

mauer oder in Anlehnung an diese einen nicht geringen Platz auf der Bergkuppe einnahm. 64 Wohnstätten lassen auf eine Einwohnerzahl von mindestens 340 Menschen schließen.[21] Hinzu kamen noch die Burgbesatzung und einige gräfliche Verwaltungsleute. Es muss also auf dem Berg eine drangvolle Enge geherrscht haben, zumal der größte Teil der Asperger damals Landwirtschaft und Weinbau betrieb und daher Scheunen, Ställe und Weinkeller benötigte.
Nun gibt es aber gewisse Indizien, dass ein Teil der Asperger um 1351 nicht auf dem Berg, sondern an dessen Fuß wohnte[22] – wahrscheinlich in dem nicht mit Namen genannten Weihenberg. So ist in dem Urbar von einer Wiese bei dem hinteren Bad die Rede. Es muss demnach auch noch ein vorderes Bad gegeben haben. Außerdem befanden sich Bäder, wie sie damals in Städten üblich waren, in festen Gebäuden. Andererseits herrschte auf dem Berg eine ständige Wasserknappheit, und Wasser für Badezwecke eigens auf den Hohenasperg zu schaffen, war zu mühselig und zu kostenaufwändig. Erwähnt werden ein Brunnen und ein neuer Brunnen zur Versorgung von Menschen und Haustieren, sicher auch zum Waschen. Da die beiden Brunnen im Zusammenhang mit zwei Gärten genannt werden und dazwischen Häuser, Hofraiten und Scheunen aufgeführt sind, dürfte es sich um Brunnen auf dem Berg handeln, ganz sicher ist dies aber nicht. Welcher Art diese Brunnen waren (Quellen, künstliche Brunnen, Zisternen), lässt sich aber nicht sagen. Unterhalb des Berges befand sich ziemlich sicher die „Hofstatt unter den Lehen". Ferner sind genannt ein Weingart „heißet die schmitte", ein Acker „an der schmitte" (Schmiede), ein halber Morgen „liegt auf dem gesezze". Es gab demnach vermutlich eine Schmiedewerkstatt am unteren Rande der Hangweinberge. Bei dem „gesezze" handelte es sich um ein Anwesen, ein Haus mit Nebengebäuden. Die Herrschaft unterhielt eine Kelter mit zwei Kelterbäumen. Auch diese Kelter könnte man sich eher am Fuß des Berges als innerhalb der Mauern des Bergstädtchens vorstellen. Neben dem Geistlichen, der der Pfarrer an der Asperger Kirche war, gab es mindestens noch einen zweiten Priester, den Frühmesser. Ihm war ein Haus und eine Scheune eingeräumt. In der Scheune brachte er die Erträge seiner Pfründe an Getreide und Heu unter. Da im Lagerbuch von 1523 ein Frühmesshaus in Weihenberg erwähnt

Die 1364 von den Grafen von Württemberg an der Mündung der Metter in die Enz gegründete Stadt Bietigheim im Jahr 1643 (Matthäus Merian, Topographia Sueviae).

wird[23], könnte dieses Haus mit dem im Urbar aus der Mitte des 14. Jahrhunderts genannten Haus des Frühmessers identisch sein. Sicher befand sich auch „des Zähen huse" (Haus), hinter dem ein Acker lag, nicht im Bereich des Städtchens, denn dort wo sich Häuser und Häuslein („huselin") dicht an dicht aneinander reihten, war allenfalls noch Platz für kleine Gärten.

Möglicherweise verbirgt sich hinter dem um 1351 mehrfach genannten „Wyler" (Weiler) der kleine Ort Weihenberg. Einen gesicherten Beleg dafür gibt es freilich nicht. Eine wahrscheinlich schon früh abgegangene Siedlung dürfte auch „Althain" (Altheim) sein, die nur als Flurname noch nachweisbar ist.

Mitte des 14. Jahrhunderts lässt sich auch noch der alte Herrenhof feststellen. Er umfasste insgesamt 183 Morgen Äcker und 16 Mannsmahd (24 Morgen) Wiesen, war damals aber als Erblehen etwa je zur Hälfte unter zwei Bauern aufgeteilt. Ein Indiz dafür, dass dieses Gut der einstige Herrenhof war, bilden die Wiesen; sie lagen nach dem Urbar größtenteils als ein zusammenhängendes Grundstück in der Flur Brühl, dem ertragreichsten Wiesenareal, das sich wie auch andernorts die Herrschaft vorbehielt.[24] Dass der Hohenasperg lange Sitz einer bedeutenden Herrschaft gewesen war und nunmehr in der Mitte des 14. Jahrhunderts das Zentrum eines großen württembergischen Amtsbezirks bildete, legt auch die Flurbezeichnung Galgen nahe. Auf dem Hohenasperg wurde regelmäßig Gericht gehalten, die hohe Gerichtsbarkeit ausgeübt, Todesurteile wurden gefällt und auf der nahe der Asperger Gemarkungsgrenze gelegenen Hinrichtungsstätte, dem Galgen, auch vollstreckt. Die Flurnamen „Schelmenwiese“ und „Schelmengraben“ dürften sich auf den Ort beziehen, an dem hingerichtete Übeltäter und vermutlich auch Selbstmörder begraben, „verscharrt“, wurden.

Vielleicht schon vor den Pfalzgrafen von Tübingen bzw. den Grafen von Asperg wurde ein Tiergarten angelegt. Dieser herrschaftliche Tiergarten, ein Wildgehege, bestand noch in der Zeit des Dreißigjährigen Kriegs im 17. Jahrhundert.[25]

Die herrschaftlichen Interessen im Amt Asperg vertrat der Vogt; in seinen Händen lag die Verwaltung des Bezirks. Für die wirtschaftlichen Belange der Herrschaft (Grundbesitz, Natural- und Geldeinkünfte usw.) war der Keller zuständig. Beide Bedienstete hatten ihren Sitz in der Burg. Die Verantwortung für die Burg und für die Instandhaltung ihrer Wehranlagen oblag dem Burgvogt; er organisierte im Kriegsfall auch die Verteidigung der Bergfeste.

In dem um 1351 angelegten Urbar erfahren wir die Namen von damals in Asperg ansässigen Bürgern. Der Schultheiß des Städtchens hieß Dyeme. An Bürgern werden u. a. genannt: Cuntzelin, Maygerlin, der alt Knusser, Cuntz Suter, Lieber, die Mengossin, der Derrer, Weber, Ulrich Vogeler, die Mûlnbachin, Chuentz Hetzer, Wissenhorn, Vetter, Schorndorfer, Abelin Mutzscheler, Herter, Alber der Mon, Baesenkain, Klûpfel, Hartmann Oucholin, Sibotin, Wernher Knoern, Mor, die Blenkin, Bentz Fridrich, der von Waybstat, Haintz Cloeuberer, Contz Raite, Liutolt Zueberin, Ruef der Rûde, Flach(e), Mertze, die Gnenlerin, Mengos, Walther Snider, Groz Chuentz, Haintzelin Insendrut, der alt Dyeme, Dyemelin Beten, Coentzelin, Kelner, Chuntz Knusser, Clouberer, Betha Voegtin, die Brehterin, die Schûtzin, Remme, Lucka Schellingin, Chuntz Vogt, Renbolt, die Engelschelkin, Liebenstain, Wernher der Wilderer, Albrecht (Aberlin) Mutscheler, Plangk, Schwer(n), Hoefer, Strobel, Aberlin, Katharin Knoerin, Haintz Plangk, Contz Hetzer, die Vetterin, der von Bunnenkain [Bönnigheim], Waltze, Albrecht der Spittaller, Goetze vom Route, Reme, Pfunt, Wernher Wise, Alber, der Bebenhûser, Rûde, der jung Hertlieb, Hans Dyeme, Ytelbrot, Muege, Gnenlin, Betha des Vogts Tochter, Conrad des Vogts sun [Sohn], Crogger, Fritz Bentzen sun [Sohn].

Die unvollständige Namensliste zeigt, wie sehr damals noch die Familiennamen im Fluss waren. Oft ist nur der Vorname, oft nur der Familienname erwähnt. Herkunfts- und Berufsbezeichnungen wandelten sich häufig zu Familiennamen. Ob sich hinter den Namen Herter und Liebenstein Angehörige niederadliger Familien verbergen, lässt sich nicht sagen. Zumindest eine adlige Dame besaß damals ein Haus in der Stadt Asperg: „das froevelin“ [das Fräulein] die Herterin, eine Angehörige der niederadligen Familie von Herteneck. Diese Familie hieß ursprünglich Herter von Dußlingen und verlegte im 15. Jahrhundert ihren Stammsitz auf die Burg Harteneck bei Ludwigsburg. Da der Schultheiß von Asperg um 1351 Dyeme hieß und dieser Vorname bei der Familie Herter sehr beliebt war, ist nicht ausgeschlossen, dass er ein Abkömmling der Herter von Dußlingen war.[26]

Vierzig Jahre später, 1394, war Heinrich von Schlettstatt (Schlettstadt) Bürger der Stadt Asperg. An ihn und an seinen Schwager Künzlin Fuchs verkaufte damals der reiche Marbacher Bürger Hans Häppelmann den Korn- und Weinzehnten, den er bisher auf der Asperger Gemarkung besessen hatte.[27] Die Familie von Schlettstatt, von der außer Heinrich Hans Richter in Ditzingen und ein Kaplan Johann in Leonberg nachweisbar sind, war eine aus dem Elsass stammende niederadlige Familie. Der Vater Heinrichs, Hans, war 1390 Burgherr in Grüningen (Markgröningen), wahrscheinlich Burgvogt, und mit der reichen Elsbet der Bopserin von Ditzingen verheiratet.[28]

Das Städtchen Asperg übte seit der zweiten Hälfte des 14. Jahrhunderts auch eine gewisse Anziehung auf Angehörige gehobener sozialer Schichten aus. Vielleicht war es die größere Sicherheit, die das Bergstädtchen bot,

vielleicht war es auch die Aussicht auf eine Anstellung im gräflichen Dienst, die für solche Menschen den Ausschlag gab, sich auf dem Berg niederzulassen. In verschiedenen Funktionen befanden sich im 14. und 15. Jahrhundert Angehörige ritterschaftlicher Familien auf dem Hohenasperg: Lediglich als Ritter wurde 1342 Bernolt von Urbach bezeichnet, sehr wahrscheinlich war er aber Burgmann oder Burgvogt. 1394 übte Werner von Neidlingen, ebenso 1440 Ott von Baldeck das Amt des Burgherrn aus. 1394 erscheint der bereits als Asperger Bürger genannte Heinrich von Schlettstatt als Burgmann. Als Vögte bzw. Burgvögte oder Hauptleute standen in württembergischen Diensten auf dem Hohenasperg 1421 und 1442 Berchtold (Berchthold) von Sachsenheim, 1464 Berchtolt Kaib und 1516 Hans Lienhard von Reyschach (Reischach).[29]
In der Stadt lebte offenbar schon im 14. Jahrhundert eine Reihe wohlhabender Bürger. Im November 1318 beispielsweise bestätigte Adelheid, die Witwe Burkhards genannt Hauenrose von Asperg, die Stiftung von Gütern im Wiesental (auf Gemarkung Asperg oder Markgröningen) an das Markgröninger Spital durch ihren Mann.[30]
Die seit Jahrhunderten herausgehobene Position des Dorfes bzw. der Stadt Asperg als kirchlicher Mittelpunkt für einen Bezirk mit etlichen Pfarreien bestand in vermindertem Umfang auch noch im 14. Jahrhundert. Um 1351 hatte der dortige „Techan", der Dekan, von seinem neuen Haus 1 Schilling Heller jährlichen Zins an die Herrschaft Württemberg zu leisten.[31] Wie schon sein erster namentlich bekannter Vorgänger, der 1191 in einer Urkunde des Pfalzgrafen Rudolf als Zeuge aufgeführte „Rudolfus decanus de Asperk"[32] stand er dem Rural- und Landkapitel, dem Dekanat, Asperg vor. Später gehörte die Stadt Asperg zum Landkapitel Vaihingen an der Enz.[33] Der Zeitpunkt, zu dem das Landkapitel Asperg aufgehoben wurde, ist nicht festzustellen. Aller Wahrscheinlichkeit nach geschah dies vor der Errichtung des Landkapitels Markgröningen, denn dieses neu gebildete Landkapitel schob sich mit der Stadt Markgröningen und dem Dorf Tamm zwischen Asperg und den Landkapitelsitz Vaihingen, machte also die Pfarrei Asperg mit ihrer Filialkirche Eglosheim zu einer Exklave des Kirchenbezirks Vaihingen.
Wenig wahrscheinlich ist, dass Burg und Stadt Asperg in dem von Kaiser

Karl IV. gegen den unbotmäßigen und herrisch seine Reichsvogtstellung missbrauchenden Grafen Eberhard II., den Greiner, und dessen Bruder Graf Ulrich IV. geführten Reichskrieg im Jahr 1360 erheblich beschädigt oder gar zerstört wurden. Im August jenes Jahres fielen drei Hauptheere von Norden, Osten und Süden in die Grafschaft Württemberg ein. Das erste Heer, das der Kaiser selbst befehligte, stieß gegen die Festung Schorndorf vor und nahm deren Belagerung auf. Das Heer der Reichsstädte konzentrierte sich auf die Festung Göppingen. Pfalzgraf Ruprecht drang mit seinem Heer durch das Zabergäu auf Markgröningen vor. Seine Truppen verwüsteten auf ihrem Kriegszug nicht weniger als 30 Dörfer.

Am 28. August langte der Pfalzgraf auf dem Hohenasperg an. Abgesehen von ersten bewaffneten Zusammenstößen kam es zu keiner größeren Schlacht. Eberhard II. handelte angesichts der gegnerischen Übermacht rasch. Er akzeptierte sämtliche Bedingungen des Kaisers und schloss Frieden. Kaiser Karl IV., der den bewährten Lehensmann nicht verlieren wollte, zeigte sich großmütig. Eberhard erhielt seinen Besitz und seine Herrschaftsrechte uneingeschränkt bestätigt. Die Belagerung der drei Städte Göppingen, Markgröningen und Schorndorf wurde aufgehoben. Am 17. September 1360 erlaubte der Kaiser den beiden württembergischen Grafen den Wiederaufbau ihrer Festungen. Diese Erlaubnis war sehr allgemein gehalten. Der Wiederaufbau der Festungen schloss auch die Höfe und „gesezze" (Häuser) der Grafen und ihrer Diener, ihrer Ministerialen, ein, die „abgebrochen, verbrennet oder vorterbet [verdorben]" worden waren.[34]

Den Grafen wurde also der Wiederaufbau der Burgen, Städte, Dörfer und Einzelgehöfte zugestanden, die durch Kriegseinwirkung zerstört worden waren. Es scheint indes, dass es sich hierbei vor allem um Burgen, Städte und Dörfer handelte, die die Heere des Kaisers bei ihrer Invasion zerstört oder stark beschädigt hatten. Von einem Wiederaufbau der Festungen Göppingen, Markgröningen und Schorndorf oder gar von einem solchen der Burg und Stadt Asperg ist nicht die Rede. Falls Letztere durch Kriegshandlungen Schäden erlitten hatten, waren diese offensichtlich gering. Sicher aber benützte Graf Eberhard II., der Greiner, die kaiserliche Erlaubnis dazu, um die für die Landesverteidigung wichtigen festen Plätze in seinem Land, Städte, Burgen usw. baulich und waffentechnisch den Anforderungen der Zeit anzupassen und sie dadurch für künftige kriegerische Verwicklungen militärisch besser zu sichern. Erstaunlich ist immerhin, dass Burg und Stadt Asperg Pfalzgraf Ruprecht am 28. August 1360 kampflos oder aber nach kurzem kriegerischem Geplänkel die Tore öffneten, und schon drei Tage später beugte sich Eberhard II., wie bereits erwähnt, den kaiserlichen Forderungen. Allem Anschein nach befanden sich die Befestigungsanlagen auf dem Hohenasperg damals in einem schlechten Zustand. 25 Jahre später, am 25. September 1385, erteilte übrigens König Wenzel Graf Eberhard II. erneut die Erlaubnis, seine im Krieg zerstörten Festungen wieder aufzubauen.[35] Um welche Festungen es sich handelte, wird auch hier nicht gesagt.

Graf Eberhard II. hielt sich hin und wieder auf seiner Burg Hohenasperg auf. Dies bezeugen Urkunden, die er hier ausstellte.[36] Dass die ehemalige Grafschaft Asperg, die seit mehreren Generationen fest in das Territorium der Grafen von Württemberg integriert war, selbst noch 1420 als Reichslehen galt, focht ihre jetzigen Herren nicht an.[37] Hingegen war längst in Vergessenheit geraten, dass das Kloster Weissenburg hier einst Lehensrechte besaß.

Ulrich, der Sohn Eberhards II., war 1388 bei Döffingen in der für die Württemberger und ihre fürstlichen Bundesgenossen siegreichen Schlacht gegen die Reichsstädte gefallen. Deshalb übernahm Eberhard III., der Milde, der Sohn Ulrichs, nach dem Tod des Großvaters 1392 die Regierung der Grafschaft Württemberg. Eberhard III., der Sohn einer bayerischen Herzogin, gab sich selbstbewusst. Er verstand zu repräsentieren. Sein glanzvoller Hof besaß fürstlichen Zuschnitt. Seine Fähigkeit, schwierige Situationen zu meistern, zeigte sich bereits 1395; sie verschaffte ihm bei den Fürsten und Städten Südwestdeutschlands hohes Ansehen und großes politisches Gewicht. Damals machte er die Rittergesellschaft der Schlegler, die sich der Bildung größerer Territorialherrschaften vehement widersetzte und die vornehmlich im Nordschwarzwald und in der Kurpfalz operierte, mit Plünderungen und Straßenraub das Land terrorisierte, durch einen militärischen Überraschungscoup unschädlich. Doch im Gegensatz zu seinem Großvater war er kein Mann des Schwerts, vielmehr ein auf Frieden und Ausgleich bedachter diplomatischer Kopf. Eines seiner wichtigsten Anlie-

gen, die Vergrößerung seines Landes, verlor er gleichwohl nie aus den Augen, und hier hatte er manchen Erfolg zu verbuchen.[38]
Mit den Hauptwidersachern seines Großvaters, den Reichsstädten, schloss er immer wieder Bündnisse. Auch war er stets um gute Kontakte zu geistlichen und weltlichen Fürsten bemüht. Einer seiner geschicktesten politischen Schachzüge gelang ihm mit dem Marbacher Bund von 1405. Auf lange Sicht war für sein Haus höchst bedeutsam der 1397 von ihm zustande gebrachte Ehevertrag zwischen seinem erst neunjährigen Sohn Eberhard und der etwa gleichaltrigen Henriette von Montbéliard-Montfaucon, der Erbin der Grafschaft Mömpelgard (Montbéliard) in Burgund. Auf diese Weise erlangte Württemberg ansehnlichen Territorialbesitz im französischen Sprachgebiet. Durch seine beiden Ehen, zuerst mit Antonia Visconti von Mailand und nach deren frühem Tod 1405 mit der Burggräfin Elisabeth von Nürnberg, einer Enkelin Kaiser Karls IV., knüpfte Eberhard III., der Milde, verwandtschaftliche Bande zu renommierten Fürstenhäusern.[39]
Sein einziger Sohn, Eberhard IV., der Jüngere, starb, 31-jährig, bereits 1419 nach nur zweijähriger Regierung. Dessen Witwe, die selbstbewusste, aber eigenwillige und auf das Wohl ihrer Familie bedachte Henriette von Montbéliard-Montfaucon, übernahm, für deutsche Verhältnisse ungewohnt, bis 1423 die Leitung einer aus 24 württembergischen Räten bestehenden Vormundschaftsregierung für ihre beiden noch minderjährigen Söhne Ludwig und Ulrich. Schon 1425, im Alter von 14 Jahren, wurde Graf Ludwig I. (1412–1450) zur Regierung zugelassen, sein nur um ein Jahr jüngerer Bruder, Graf Ulrich V., der Vielgeliebte (1413–1480), allerdings als Mitregent erst 1433. Ein folgenschweres Ereignis für Württemberg war die Landesteilung 1441/42. Ludwig erhielt den südlichen und westlichen Landesteil, zu dem der Hohenasperg gehörte und zu dem nach dem Tod seiner Mutter im Jahr 1444 auch noch die Grafschaft Mömpelgard kam. Zu seiner Residenz machte er Urach. Ulrich V. wurde der nördliche und östliche Landesteil mit der Haupt- und Residenzstadt Stuttgart zugewiesen.[40]
Ludwig I. war ein umsichtiger, politisch befähigter Regent. Wie seinem Großvater Eberhard III. lag ihm sehr an einer Festigung des Landfriedens. Er bemühte sich mit Erfolg um ein gutes Einvernehmen mit den Reichsstädten, mit den Fürsten und auch mit dem ritterschaftlichen Adel. Seine

Untertanen profitierten von seiner geschickten Bündnispolitik. Seine Teilgrafschaft blieb in einer Zeit ständiger Fehden und kriegerischer Unruhen weithin eine Oase friedlicher Entwicklung. Auch gelang es Ludwig I., die Grafschaft Württemberg durch Gebietserwerbungen im Norden, Westen und Süden zu vergrößern. Ein Anliegen waren ihm der Ausbau und die Modernisierung der Befestigungsanlagen der Städte, der Burgen[41] und der für Verteidigungszwecke geeigneten Kirchen. Auf dem Hohenasperg wurden damals gleichfalls die Wehranlagen verstärkt, in Tamm und Eglosheim der Ausbau der Gotteshäuser und Friedhöfe zu trutzigen Wehrburgen ins Werk gesetzt, in den Städten Bietigheim und Markgröningen wurden Mauern, Gräben und Türme zeitgemäßen militärischen Verteidigungserfordernissen angepasst.[42]

Leider starb Ludwig I. bereits 1450. Der erst 38-Jährige war sehr wahrscheinlich ein Opfer der Pest geworden. Verheiratet war er mit Mechthild von der Pfalz gewesen, einer vielseitig gebildeten und interessierten Frau, zu deren Lieblingsbeschäftigungen Kunst und Literatur gehörten. Sie hatte ihm zwei Söhne geschenkt: Ludwig (II.) und Eberhard, nachmals als regierender Graf der vielgerühmte Eberhard V., im Bart, Württembergs erster Herzog. 1450 waren die beiden Jungen gerade elf und fünf Jahre alt. Mechthild blieb nicht lange im Witwenstand. Bereits 1451 heiratete sie Erzherzog Albrecht VI. von Österreich, den Bruder Kaiser Friedrichs III. Zu ihrem Wohnsitz wählte sie die nicht allzu weit von Urach entfernte vorderösterreichische Stadt Rottenburg am Neckar, die sie zum Mittelpunkt regen geistigen, kulturellen, auch unbeschwerten geselligen Lebens machte. Auf ihre Söhne Ludwig und Eberhard behielt sie aber weiterhin großen Einfluss.[43]

In der Grafschaft Württemberg-Urach nahmen nach dem Tod Graf Ludwigs I. adlige Räte die Regierungsgeschäfte wahr. Vormund der zwei verwaisten jungen Grafen wurde deren Onkel Ulrich V., der Vielgeliebte. Dieser versuchte auf dem Weg über die Vormundschaft die Geschicke Württemberg-Urachs mitzubestimmen. Dagegen wehrten sich aber die dortigen Räte. Andererseits forderte der Pfälzer Kurfürst Friedrich der Siegreiche, im Volksmund auch der böse Fritz genannt, der Bruder Mechthilds, Anteil an der Vormundschaft über seine beiden Neffen. Es kam zu

starken Spannungen. Kurfürst Friedrich der Siegreiche setzte das von ihm beanspruchte vormundschaftliche Mitspracherecht mit konsequenter Härte durch.[44]
Um die Söhne angesichts der prekären Vormundschaftssituation vor Übergriffen zu schützen, veranlasste Gräfin/Erzherzogin Mechthild und der adlige Vormundschaftsrat, der im Schloss in Markgröningen seinen Sitz hatte, diese auf den Hohenasperg zu verbringen, dort für sie eine standesgemäße Hofhaltung einzurichten und dafür zu sorgen, dass sie eine gute Erziehung erhielten. Dies geschah. Über den Alltag der beiden jungen Grafen, ihre Erziehung und über die Dauer ihres Aufenthalts auf der Bergfeste Hohenasperg, die Graf Ulrich V., der Vielgeliebte (Leutselige), mit den ersten „werfenden Geschützen" ausstattete, liegen keine Quellen vor. Als Vormundschaftsräte residierten im Markgröninger Schloss, der einstigen Reichsburg, Hans von Sturmfeder, der Vertreter des Pfälzer Kurfürsten, und Albrecht von Speth, der Vertreter Graf Ulrichs V.[45] Vermutlich blieben Ludwig und Eberhard auf dem Hohenasperg, bis 1453 auf Drängen des Pfälzer Onkels Ludwig II. im Alter von 14 Jahren für volljährig erklärt wurde. Da jedoch der junge Graf an einer unheilbaren Krankheit litt und regierungsunfähig war, führte eine Regentschaft die Regierungsgeschäfte. Schon vier Jahre später starb Ludwig II.
Sein Bruder Eberhard war damals erst zwölf Jahre alt. Beide Vormünder wollten sich den entscheidenden Einfluss im Vormundschaftsregiment und ebenso auf den noch unmündigen Neffen sichern. Die Auseinandersetzungen zwischen den zwei streitsüchtigen und rechthaberischen Männern eskalierten, vor allem nachdem Kurfürst Friedrich der Siegreiche eine Mehrheit der adligen Uracher Räte für sich gewonnen hatte. Schon standen sich ihre Heere in Bretten und Vaihingen an der Enz kampfbereit gegenüber. Gewissermaßen im letzten Augenblick gelang es dem in Leonberg zusammengetretenen Landtag der Grafschaft Württemberg-Urach, an den Graf Ulrich V. notgedrungen appelliert hatte, die brisante Situation zu entschärfen, den bewaffneten Konflikt abzuwenden und den pfälzischen Vormundschaftsplänen eine eindeutige Absage zu erteilen. Erstmals hatte hier bei der Lösung einer wichtigen landespolitischen Frage, bei der Ausübung der Regierungsgewalt die bürgerliche Oberschicht der Städte,

die Ehrbarkeit, mitgewirkt, war erstmals in Württemberg der Gesamtheit der Städte und Ämter, der „Landschaft", von einem Landesherrn eine politische Mitverantwortung zugestanden worden. Dieser Landtag von 1457 begründete die jahrhundertelange parlamentarische Tradition Württembergs.[46]

1459 wurde Eberhard V., genauso wie etliche Jahre zuvor sein älterer Bruder, mit 14 Jahren, für mündig erklärt. Mit diesem zum Zeitpunkt der Regierungsübernahme kaum dem Knabenalter entwachsenen Grafen betrat ein hoch befähigter Regent die politische Bühne. Anfänglich besaß er gegenüber seinen Stuttgarter Verwandten noch den Rückhalt seiner Mutter Mechthild. Bald aber regierte er seinen Landesteil eigenständig. Nach der Niederlage des Onkels Ulrich V. im Pfälzer Krieg (1460–1462) und dessen monatelanger Gefangenschaft im Gewahrsam von Kurfürst Friedrich dem Siegreichen erlangte Eberhard auch zunehmenden politischen Einfluss auf die Stuttgarter Landeshälfte.[47] Wie andere Städte waren die Asperger froh, dass endlich wieder ein verantwortungsbewusster und weitschauender Landesherr, der einen Teil seiner Knabenjahre auf dem Hohenasperg verbracht hatte und der dadurch den meisten Einwohnern noch in persönlicher Erinnerung war, die Geschicke der Grafschaft lenkte. Als Eberhard 1468 von seiner berühmt gewordenen Palästinareise wohlbehalten zurückgekehrt war, verehrte ihm die Bürgerschaft 20 fl.[48]

1480 starb Graf Ulrich V., der Vielgeliebte. Sein Sohn Eberhard VI. übernahm mit der Grafschaft Württemberg-Stuttgart ein finanziell zerrüttetes kleines Staatswesen und musste sich mit widerspenstigen Räten herumschlagen. Außerdem drohten Auseinandersetzungen mit dem jüngeren Bruder Heinrich, der mit den linksrheinischen württembergischen Besitzungen abgefunden worden war. Eberhard zeigte sich diesen Belastungen nicht gewachsen und gab dem Drängen des nur wenig älteren gleichnamigen Vetters von Württemberg-Urach nach, der Teilung des Landes ein Ende zu bereiten. Diese Wiedervereinigung wurde 1482 durch den Münsinger Vertrag besiegelt. Unter den württembergischen Städten, die durch ihre Siegel dem Vertrag Rechtskraft verliehen, befand sich auch die Stadt Asperg. Eberhard VI. überließ die Regierung im Gesamtland gegen eine Art Apanage und etliche Reservatrechte sowie mit der Aussicht

auf die Erbfolge in der wieder vereinigten Grafschaft Eberhard V., im Bart. Mit der Unterstützung der Ehrbarkeit vor allem in der seitherigen Teilgrafschaft Württemberg-Stuttgart vermochte Eberhard im Bart sehr rasch das Gesamtland wirtschaftlich empor zu bringen und ihm weit über den Südwesten des Reiches hinaus politisches Gewicht zu verschaffen.[49]
1495 wurde die Grafschaft Württemberg zum Herzogtum erhoben. Nach dem Tod Eberhards im Bart, den der Dichter Sebastian Brant (1457–1521) einmal mit den Worten gerühmt hatte, es gebe „in ganz Deutschland nichts Herrlicheres als diesen Fürsten"[50], im Februar 1496 setzte sich der seither privatisierende einstige Landesherr von Württemberg-Stuttgart als Herzog durch. Allein schon zwei Jahre später entmachteten ihn Landtag und Regierungselite. Eberhard VI., als Herzog Eberhard II., musste aus dem Land fliehen und sich schließlich dem Horber Schiedsspruch König Maximilians beugen und gegen ein Jahrgeld den Regierungsverzicht und die Landesverweisung anerkennen. Ein mit königlicher Legitimation ausgestatteter Ständerat regierte fortan das Herzogtum, bis im Jahr 1503 Ulrich, der Sohn Graf Heinrichs und Neffe Eberhards II., nach der Volljährigkeitserklärung die Regierungsgewalt übernahm.[51]
Die Räte, die Herzog Eberhard II. bei seinen Eskapaden unterstützt hatten, wurden nach der Absetzung des Herzogs festgenommen. Sein engster Ratgeber, der entlaufene Augustinermönch Dr. Konrad Holzinger, verschwand auf Lebenszeit im Gefängnis des Bischofs von Konstanz. Die anderen verhafteten Helfershelfer Eberhards II. wurden nach ihrer Ergreifung gefoltert. Unter ihnen befand sich Hans Truchsess von Stetten. Er wurde auf den Hohenasperg gebracht und dort eingesperrt. Der abgesetzte und aus dem Land geflohene Herzog war empört. Er protestierte, weil dieser „wohlgeleumundete" Ritter, der seine Geschäfte besorgt habe, in den Diebsturm geworfen und durch den Nachrichter gefoltert worden sei. Doch erst nach mehrmonatiger Haft erhielt Hans Truchsess von Stetten, nachdem er Urfehde geschworen hatte, die Freiheit zurück; er starb schon sieben Jahre später.[52]

Der Hohenasperg wird zur „Frühfestung" ausgebaut

Mit dem Aufkommen der Feuerwaffen büßten im 15. Jahrhundert viele alte Höhenburgen ihre militärische Bedeutung ein. Hierunter fielen vor allem am Hang gelegene Burgen, die von oben aus beschossen werden konnten. Auch Burgen in Spornlage, die dereinst so beliebt gewesen waren, konnten nicht mehr optimal verteidigt werden. Seit Graf Ludwig I. suchte sich das Land solcher Burgen in seinem Besitz dadurch zu entledigen, dass es verpfändete Burgfesten nicht wieder einlöste, andere als Lehen ausgab oder auf sonstige Weise abstieß. Es verminderte so seine finanzielle Belastung, konnte sich andererseits auf den Unterhalt, die bauliche Modernisierung und Anpassung an die sich wandelnde Waffentechnik, die Ausstattung mit Geschützen und sonstigen Verteidigungswaffen sowie mit einem hinreichenden Vorrat an Munition und Nahrungsmitteln auf diejenigen Bergfesten konzentrieren, die durch ihre Lage strategisch bedeutsam waren und beste Voraussetzungen für die Verteidigung boten.[53]
Die neue Waffentechnik erforderte bei den Höhenburgen einen neuen Festungstyp. Jetzt musste der ganze Berggipfel in die Festungsanlage einbezogen werden, um dadurch eine Aufstellung von feindlichen Geschützen auf der Bergkuppe zu verhindern. Dies wurde durch die Errichtung geräumiger Vorburgen erreicht. Hohe Mauern und Türme nützten gegen die Gewalt der waagrecht auf sie treffenden Kugeln nichts. Als sehr viel zweckmäßiger erwiesen sich niedrige Zwingermauern. Wurden diese insbesondere an den Ecken durch vorspringende Rund- und Ecktürme flankiert, vermochten die Verteidiger durch Turmschießscharten das Gelände vor den Mauern unter Feuer zu nehmen, zu „bestreichen", und so eine Unterminierung der Mauern oder gar deren Ersteigung zu vereiteln. Die vorspringenden Wehranlagen waren meist Halbrondelle, d. h. nach innen geöffnet, um ihre Besetzung durch die Belagerer und ihre Benutzung gegen die Festungsbesatzung auszuschließen. An die Stelle der einfachen Schießscharten traten jetzt Schlüsselschießscharten in mannigfachen Formen. Zudem wurden Geschützschlitze in die Türme gebrochen.[54]
Hans-Martin Maurer bezeichnet diese erweiterten Burgen des 15. Jahrhunderts als eine Übergangsform zwischen den mittelalterlichen Burgen

und den Höhenfestungen des 16. Jahrhunderts, und er nennt sie „Frühfestungen". Für einen derart kostenaufwändigen Umbau eigneten sich nur recht wenige der alten Höhenburgen. Bei der Auswahl der Burgen, die zu so genannten „Frühfestungen" umgestaltet werden sollten, legten die württembergischen Landesherren und ihre militärischen Berater einen strengen Maßstab an. Entscheidend für sie waren strategische und topographische Gesichtspunkte. Nur ausnahmsweise nahmen sie jetzt bei der Modernisierung von Burgfesten eine wenig vorteilhafte Spornlage in Kauf, so in Beilstein, Tübingen oder Neuenbürg, weil die jeweiligen Orte strategische Bedeutung besaßen und sich kein topographisch besser geeigneter Berg in der Nähe befand.[55]

Dass der Hohenasperg im 15. Jahrhundert zu einer „Frühfestung" ausgebaut wurde, kann als sicher gelten. Im Verbund mit den Festungen Vaihingen und Beilstein und den befestigten Städten Markgröningen und Bietigheim hatte er die offene Nordwestgrenze Württembergs zu schützen. Weil indes im Zuge des gänzlichen Neubaus der Festung Hohenasperg im 16. Jahrhundert durch die Herzöge Ulrich und Christoph das Bergplateau völlig umgestaltet wurde, sind diese Umbau- und Erweiterungsmaßnahmen des vorangegangenen Jahrhunderts archäologisch-baugeschichtlich nicht mehr nachweisbar. Auf der Zeichnung Albrecht Dürers von 1519, über die später noch ausführlicher zu reden sein wird, sind zwei Halbrundtürme an der Westseite des Berges mit Schlüsselschießscharten und einem vorgekragten oberen Stockwerk dokumentiert; sie dürften im 15. Jahrhundert errichtet worden sein. Dagegen scheint das mächtige Rondell auf der Ostseite erst kurz zuvor erbaut worden zu sein, da es für den Festungsbau Herzog Ulrichs typisch ist.[56]

Völlig in die Festung integriert zumindest seit dem 15. Jahrhundert war die Stadt Asperg; sie hatte gewissermaßen die Funktion einer erweiterten Burg. Zusammen mit der Bergfeste nahm sie das Gesamtareal der Bergkuppe ein. Eine starke Mauer bildete den äußeren Verteidigungsring von Stadt und Burg.[57] In Dynastenburgen, u.a. in den Burgen Hohenstaufen, Württemberg oder Lauffen am Neckar, hatten die Einwohner der zugehörigen Ortschaften bzw. Städte bei feindlicher Bedrohung einen aktiven Part bei der Verteidigung zu übernehmen. Dafür waren sie von anderen Kriegsdiensten befreit. Hieran änderte sich auch bei einem Herrschaftswechsel nichts. Gleichfalls Verteidigungsaufgaben auf der Feste Hohenasperg oblagen seit alters den Bewohnern des Dorfes, seit dem 14. Jahrhundert denen der Stadt Asperg. Dafür waren ihnen besondere Rechte eingeräumt, ebenso die Befreiung von Steuern und Abgaben. Noch am 22. Dezember 1489 bestätigte ihnen Graf Eberhard im Bart diese Privilegien, und er begründete sie mit den großen Schwierigkeiten, Nahrungsmittel und andere lebensnotwendige Güter auf den Berg zu bringen.[58]

Auf die Zeit, in der Hohenasperg noch die Funktion einer Hochadelsburg besessen hatte, ging auch das der Stadt Asperg zugestandene Asylrecht zurück. Das Asyl schützte Menschen, die einen Totschlag begangen hatten, nicht jedoch vorsätzliche Mörder. Die Entscheidung darüber, ob nach einem Vergehen Zufluchtsuchenden Asyl gewährt werden durfte, traf der Asylherr, also der Burgherr, bei einer landesherrlichen Burg, wie sie ja der Hohenasperg dann im 14. und 15. Jahrhundert war, der Landesherr. Die Höchstdauer des Asylschutzes war hier ebenso wie auch in Entringen auf ein Jahr festgesetzt. Dagegen durfte in Neuenbürg einem Asylanten nur für sechs Wochen und drei Tage, in Lauffen am Neckar lediglich für 24 Stunden Schutz gewährt werden. In Asperg deckte sich der Asylbereich mit der Stadtgemarkung.[59] Dieses Privileg der Asperger hatten lediglich die Statthalter Graf Rudolf von Sulz, Hans von Stadion und Junker Hans von Sachsenheim außer Kraft gesetzt, als diese wohl Anfang der 1420er Jahre für den unmündigen Grafen Ulrich (V.) und dessen Schwester Anna die Vormundschaft ausübten.[60]

In der Urkunde von 1489 führte Graf Eberhard im Bart im Wesentlichen Rechte und Freiheiten auf, die schon sein Vater Ludwig I. den Aspergern im Jahr 1450 verliehen hatte. Er bestätigte, dass die Bürger der Stadt und ihre Nachkommen von Steuer und Schatzung auf liegende Güter wie von fahrender Habe im Gesamtbereich der städtischen Gemarkung befreit seien. Ferner dürften sie nicht zu „gemeinlichen Reisen“ (Kriegsdiensten), Jagdfronen oder anderen Diensten herangezogen werden. Dies schloss auch die Befreiung von Dienstleistungen für „Schloss“ (Burg) und Stadt Asperg, so Transporte mit Pferdefuhrwerken, ein. Lediglich sollten die

Bürger im Bedarfsfall während des Herbstes im herrschaftlichen Keller und in der herrschaftlichen Kelter Arbeiten wie den Transport von Fässern sowie das Räumen und Zurichten der Kelter übernehmen.
Wie schon bisher hatten die Asperger Bürger jährlich Anspruch auf eine „Gabe Brennholz", über deren Menge aber nichts gesagt war, aus den Wäldern im Osterholz, Bonholz, im Eglosheimer Holz und in der Brandhalden. Wer zum Bauen „Zimmerholz" (Bauholz) benötigte, erhielt dieses aus dem Osterholz oder aus dem Bonholz zugewiesen, ebenso Stockholz, Gerten, Latt[en]stangen, Weiden usw. zur Herstellung des Flechtwerks für die Gefachfüllung bei Hausbauten. Die Bedingung war allerdings, dass das Holz innerhalb eines Jahres verbaut wurde, geschah dies nicht, war eine Strafe von 3 Pfund 5 Schilling Heller fällig. Das im Osterholz und im Bonholz anfallende „Abholz" bis zweieinhalb Schuh Länge stand den Aspergern zu, die „Afterschläge" vom Holz (das nach einem Holzeinschlag und dem Abtransport dieses Holzes noch zurückgebliebene Abfallholz: Gipfel und Äste geschlagener Bäume), auf die grundsätzlich das herrschaftliche Schloss Anspruch hatte, aber nur dann, wenn sie ihnen der Forstmeister ausdrücklich zuwies. Im Herbst durften sie mit Erlaubnis des Forstmeisters den Äckerich (die im Herbst anfallenden Eicheln und Buchecker) in den Wäldern sammeln. Hingegen war ihnen untersagt, Schweine in die Wälder zu treiben, es sei denn, der Boden war hart gefroren. Die herrschaftlichen Schäfer durften Grundstücke auf der Asperger Gemarkung nicht beweiden, und auch sonstigem Weidvieh blieben sie versperrt.
Zu den den Aspergern von der Herrschaft auferlegten Pflichten gehörte es, dass sie regelmäßig sämtliche Steine aus dem Graben entfernten oder wegräumten, der sich vor der Mauer um Stadt und Burg befand. Graf Eberhard im Bart wiederholte schließlich die Zusicherung, dass Menschen, die in der Gegenwehr, im Zorn oder sonstwie einen anderen töteten, wegen dieses Totschlags „frei und sicher" sein sollten, wenn sie in Asperg Zuflucht suchten. Dies galt allerdings nicht für Übeltäter, die aus Mutwillen oder Vorsatz einen anderen Menschen getötet hatten. Dieser von Eberhard im Bart hier zugestandene Schutz für Totschläger war zeitlich nicht befristet und damit noch wesentlich großzügiger als die frühere Asylgewährung.[61]
Die großzügige Befreiung der Bürger der Stadt Asperg von herrschaft-

lichen Diensten erfolgte zum Teil zu Lasten benachbarter Orte. Beispielsweise hatten die Möglinger 1481 drei Wagen Kelterholz von Stuttgart zur Asperger Kelter zu bringen, ferner zehn Wagen mit Zimmerholz aus dem Osterholz, acht Kärche (Karren) mit Ziegeln von Markgröningen sowie zwei große Fässer von Marbach auf den Hohenasperg zu transportieren.[62]
Im 15. Jahrhundert beschränkte sich die Pfarrei Asperg auf die Stadt Asperg und die Siedlung Weihenberg einschließlich etwa noch sonstiger Häuser auf der Asperger Gemarkung. Als Filialkirche war ihr wie seit alters die St. Katharinenkirche in Eglosheim zugewiesen. Ein Dekan residierte nicht mehr auf dem Berg. Am 27. Juli 1454 versprach Graf Ludwig II. auch im Namen seines jüngeren Bruders Eberhard dem Vikar Johann Mörlin in Asperg, ihm nach dem Tod des Kirchherrn (Pfarrers) Hans Schilling genannt Plapphart die dortige Kirche auf Lebenszeit zu übertragen.[63] Offensichtlich war es um die Einkünfte der Pfarrei zumindest gegen Ende des 16. Jahrhunderts schlecht bestellt, denn am 31. Januar 1496 bat der damalige Amtsinhaber „Meister" (Magister) Hans Hemminger Herzog Eberhard im Bart, ihm seine „mühsame und kümmerliche Pfründe" durch die Überlassung etlicher Neubrüche, d. h. etlicher neu gerodeter landwirtschaftlich genutzter Grundstücke aufzubessern.[64] Ob der Herzog die Bitte des Pfarrers erfüllte, ist nicht bekannt.
Im Bestreben, ihre Stadtkirche aufzuwerten, stifteten Bürger, Richter und Gemeinde in Asperg 1497 eine Kaplanei auf dem Kreuzaltar dieses Gotteshauses. In seiner Bestätigung bezeichnete der Speyrer Generalvikar die neu gestiftete Pfründe als „Kaplanei zum heiligen Kreuz und zu St. Barbara" und übertrug sie dem von Herzog Eberhard II. dazu präsentierten Priester Eberhard Gutjahr.[65]

III. Zwischen Württemberg und Österreich

Vom Beginn des 16. Jahrhunderts bis zum Ende des Bauernkriegs 1525

Eine Auszeichnung für die kleine Stadt Asperg war es, dass ihr Herzog Ulrich 1510 ein eigenes Stadtrecht verlieh. Der Herzog begründete diese Verleihung mit der Rechtsunsicherheit, die bisher dem Keller, dem offensichtlich auch für Angelegenheiten der Stadt zuständigen herrschaftlichen Kameralverwalter, dem Gericht und der Gemeinde gerichtliche Urteile, ebenso Entscheidungen in bürgerlichen und kommunalen Angelegenheiten erschwert oder gar zur Farce gemacht hätten. Künftig sollten „Missbrauch und Unordnungen" in der städtischen Rechtsprechung und Verwaltung durch eindeutig formulierte Vorschriften und Rechtsgrundsätze vorgebeugt werden. Das Asperger Stadtrecht lehnte sich eng an das bereits bewährte Stadtrecht Tübingens an, der zweiten Haupt- und Residenzstadt des Herzogtums, das 1493 erlassen worden war.[1]

Der 16-jährig zur Regierung gelangte Herzog Ulrich liebte verschwenderischen Prunk. Sein Hof war einer der glänzendsten in Europa. Das kleine Land vermochte seine ständigen Geldforderungen nicht zu befriedigen. Persönlich war er unberechenbar und von einem tückischen Eigensinn beherrscht. Hinzu kam ein krankhaftes Misstrauen, unter dem besonders seine nächste Umgebung zu leiden hatte.[2] Bei den Untertanen wuchs die Verbitterung über das ausbeuterische Regiment und die Misswirtschaft des jungen Landesherrn. 1514 machte sich der aufgestaute Unmut im Aufstand des „Armen Konrad" gewaltsam Luft. Er richtete sich gleichermaßen gegen die herzogliche Regierung wie gegen die das Land beherrschende städtische bürgerliche Oberschicht, die Ehrbarkeit. Vom Remstal her griff die Erhebung des kleinen Mannes auch auf die hiesige Gegend über. Einwohner von Tamm wie solche von Hoheneck, Neckarweihingen und Schwieberdingen schlossen sich den Aufständischen an.[3] In Markgröningen wurde

Herzog Ulrich von Württemberg (geboren 1487 im elsässischen Reichenweier, 1550 gestorben in Tübingen). Er regierte von 1497 bis 1519 und von 1534 bis 1550.

Stadtpfarrer Dr. Reinhard Gaißer zu einem ebenso beredten wie unerschrockenen Wortführer des kleinen Mannes. Indes gelang es dem Herzog, durch politische Zugeständnisse, die im Tübinger Vertrag vom 8. Juli 1514, der ersten geschriebenen Verfassung Württembergs, ihren Niederschlag fanden, die Ehrbarkeit für sich zu gewinnen und mit ihrer Hilfe den Aufstand gewaltsam zu ersticken. Die Führer des „Armen Konrad" wurden, soweit man ihrer habhaft werden konnte, drakonisch bestraft. Viele von ihnen irrten heimatlos umher oder fanden in der Schweiz Zuflucht.[4] Die den Aufständischen in Schorndorf abgenommenen Waffen wurden auf den Hohenasperg gebracht und dort verwahrt, wie der Ritter Kasper Speth an den Kurfürsten von Sachsen berichtete.[5]

Das gute Einvernehmen Herzog Ulrichs mit der Ehrbarkeit war nur von kurzer Dauer. Es kam zu einer harten Konfrontation. Ulrich ließ drei führende Vertreter der Landstände, der Landschaft, mit der Begründung, sie hätten seine Absetzung betrieben, verhaften, foltern und hinrichten. Damit schüchterte er die Ehrbarkeit ein. Zugleich tat er auf brutale Weise seinen Willen kund, jede Opposition in seinem Land zu unterdrücken.[6] Einer der drei Landschaftsführer, der Weinsberger Vogt Sebastian Breuning, wurde nach seiner Verhaftung auf den Hohenasperg gebracht. Dort wurde er verhört und gefoltert. Ulrich kam selbst auf den Berg, und nach ihm erschien mit den Folterwerkzeugen der Nachrichter, der von dem Gefangenen die gewünschten Geständnisse erpresste. Das Todesurteil fällte dann das vom Herzog mit gefügigen Richtern besetzte Landgericht, das über Hochverratsdelikte zu entscheiden hatte, im Herrenhaus in Stuttgart am 10. Dezember 1516. Schon am nächsten Tag wurde Sebastian Breuning enthauptet. Gleichzeitig wurde der 80-jährige Cannstatter Vogt Konrad Vaut durch Vierteilen hingerichtet. Im September des nächsten Jahres starb auch Sebastian Breunings Bruder Konrad, der Tübinger Vogt, durch Henkers Hand.[7]

Seit dem siegreichen Bayerischen Erbfolgekrieg von 1504, den die Münchner Wittelsbacher im Verein mit König Maximilian, dem Schwäbischen Bund und Herzog Ulrich gegen den Pfälzer Kurfürsten führten, hatte Ulrich alle Verluste an Besitz und Rechten, die sein Großvater Graf Ulrich V. 1462 erlitten hatte, zurückgewinnen und darüber hinaus ansehnliche neue Territorien seinem Land eingliedern können.[8] Mit der dadurch erfolgten Ausdehnung des Herzogtums nach Norden und Nordosten verminderte sich die strategische Bedeutung des Hohenaspergs als Grenzfestung gegen die mächtige Kurpfalz. Als Landesfestung aber besaß er für Herzog Ulrich nach wie vor einen hohen Stellenwert. Ulrich wollte sein Land durch eine Reihe günstig gelegener fester Plätze – nach den Erkenntnissen der neuesten Waffentechnik ausgebauten Bergfesten und Städten – militärisch sichern. Wie schon sein Vorgänger war er sich bewusst, dass die Feuerwaffen, insbesondere die großkalibrigen Geschütze, deren Entwicklung zu Beginn des 16. Jahrhunderts technisch bereits weit fortgeschritten war, das Kriegswesen revolutionär veränderten und namentlich auch das Fortifikationswesen vor neue Herausforderungen stellten.

Eberhard im Bart hatte in Urach ein Zeughaus eingerichtet, in dem er neben Waffenwerkstätten eine größere Zahl von Geschützen untergebracht und einen reichlichen Vorrat an Munition wie an Werkzeug und Waffenzubehör bereitgehalten hatte. Ulrich legte deshalb auch in der Folgezeit auf eine hinreichende Waffenbevorratung und ebenso auf die Beschaffung neu gefertigter Geschütze Wert.[9] Unterstützt wurde er hierbei von seinem Kanzler Ambrosius Volland (1472–1551), der einer der angesehensten Markgröninger Familien entstammte. Volland beschäftigte sich intensiv mit der „Geschützkunst“. Schon in Markgröningen hatte er Brandkugeln gegossen, die mittels Stickstoff gelöscht werden konnten. Dass diese Brandkugeln 1519 bei der Belagerung des Hohenaspergs durch den Schwäbischen Bund eingesetzt wurden, war indes sicher nicht im Sinn ihres Erfinders.[10]

Herzog Ulrich befahl schon bald nach seiner Regierungsübernahme eine erste Teilmodernisierung der Feste Hohenasperg. Das starke Rondell auf der Ostseite des Bergs, das auf der Dürer-Zeichnung von 1519 zu sehen ist, dürfte, wie schon früher erwähnt, nach 1503 erbaut worden sein. Hans-Martin Maurer hält dies für sehr wahrscheinlich, und er verweist auf andere Türme, die Ulrich errichtet hat, so auf ein ganz ähnliches Rondell im Bereich der Ruine Weinsberg und auf die Rondelle und Zwingermauern der Stadt Möckmühl, die ziemlich sicher im beginnenden 16. Jahrhundert entstanden sind.[11] Mit seinem tyrannischen Regiment, das ihn auch vor Gewaltakten gegen andere Reichsstände nicht zurückschrecken ließ, erregte Herzog Ulrich schließlich sogar den Unwillen Kaiser Maximilians. Dieser sprach ihn in die Acht und zwang ihn schließlich vertraglich, für sechs Jahre der Regierung zugunsten eines Regimentsrats zu entsagen. Doch Ulrich hielt sich nicht daran. Neue Akte übler Herrschaftswillkür und gegen benachbarte Territorien gerichtete brutale Übergriffe trugen ihm im Juli 1518 eine zweite kaiserliche Acht ein. Indes starb Kaiser Maximilian, ehe er gegen den rechtsbrecherischen Fürsten militärisch vorgehen konnte. Ulrich nutzte die Situation der Thronvakanz. Aus nichtigem Anlass überfiel er die Reichsstadt Reutlingen und machte sie zur württembergischen Landstadt. Dies war offenkundiger Landfriedensbruch. Der Schwäbische Bund griff ein und zog gegen den despotischen Württemberger zu Felde.[12] Ulrich hatte der Kriegsmacht des Bundes wenig entgegenzusetzen. Die Schweizer, auf die er angewiesen war, ließen ihn im Stich. Der König von Frankreich versagte die erhoffte Hilfe. Ruhmlos musste Ulrich aus dem angestammten Herzogtum fliehen. Das Heer des Schwäbischen Bundes unter Führung Herzog Wilhelms von Bayern, des Bruders von Ulrichs Frau Sabina, die sich allerdings schon einige Jahre zuvor von ihrem Mann getrennt hatte, hatte leichtes Spiel. Fast kampflos konnte er den größten Teil Württembergs besetzen. Zu den wenigen Städten, die ihm erst nach kurzer Gegenwehr die Tore öffneten, gehörten Markgröningen und Bietigheim. Nicht ganz leicht fiel es dem Bundesheer, den Hohenasperg zu bezwingen.[13]

Damals befand sich auf der höchsten nordöstlichen Spitze eine im Viereck gebaute starke Feste, das „Schloss“, umgeben von hohen Türmen, Vorwerken und einem sehr breiten Graben. In südwestlicher Richtung, nicht weit entfernt vom „Schloss“, lag das in das Gesamtfestungssystem des Berges integrierte Städtchen, das damals noch 20 bis 30 Häuser zählte; es war mit einer Mauer umgeben und besaß möglicherweise auch noch andere Befestigungswerke. Der Südhang, ebenso der Osthang wurden seit Jahrhunderten für den Weinbau genutzt. Der Nordhang war zum großen Teil mit niedrigem Waldgestrüpp bedeckt.[14]

Kommandant der Festung war im Frühjahr 1519 Hans Leonhard von Reischach.[15] Über die zahlenmäßige Stärke der ihm zur Verfügung stehenden Besatzung schwanken die Angaben in den Quellen. Sie soll zwischen 150 und 500 Mann betragen haben. Eine gute Ausstattung mit Geschützen neuer und neuester Bauart und ein Vorrat von 1500 Tonnen Pulver setzten die Besatzung instand, einer längeren Belagerung zu trotzen.[16] Über viele Details sowie insbesondere über den Fortgang der Belagerung und über die Kapitulation der Festung informiert der Bericht des damaligen Böblinger Vogts Stumpart.[17]

Am 2. Mai schlug Herzog Wilhelm von Bayern in Böblingen sein Hauptquartier auf. Die Reiterei des Bundesheeres bezog in Sindelfingen, das Fußvolk in Ehningen Bereitschaftsstellungen. Eine aus „Stratioten", berittenen albanischen Söldnern, bestehende Vorhut unter dem Hauptmann Löffelholz rückte bis Markgröningen vor und begann mit der Überwachung des Hohenaspergs. Durch Spähtrupps und durch Vorstöße kleiner Reiterabteilungen beunruhigte sie die Besatzung. Es kam wiederholt zu Gefechten. Unter dem Befehl des berühmten Landsknechtsführers Georg von Frundsberg nahm das inzwischen herangerückte Bundesheer am 15. Mai die Belagerung auf. Das Gros der Truppen lag in Tamm, Pflugfelden und Möglingen. Frundsberg selbst sowie Herzog Heinrich von Braunschweig und Markgraf Casimir von Brandenburg, ebenso Herzog Wilhelm von Bayern befanden sich seit dem 16./17. Mai in Markgröningen. Nur nebenbei erfahren wir, dass Reiter der Bundesarmee während der Belagerung des Hohenaspergs in Bietigheim und sehr wahrscheinlich auch in anderen Orten die Bevölkerung tyrannisierten.[18]

Eine erste Aufforderung zur Kapitulation wies Festungskommandant von Reischach entrüstet zurück. Er erklärte, keinesfalls werde er die Festung „unbeschossen" übergeben. Daraufhin ließ Frundsberg am 16. Mai, unterstützt von Feldzeugmeister Ott von Echterdingen, auf der Anhöhe nahe beim Städtchen Asperg Artilleriestellungen ausheben. Diese bestückte er mit den in Stuttgart erbeuteten großen Geschützen (in der Vorlage: „großes Geschütz"), und ohne längeres Säumen nahm er die Beschießung der Feste auf. Die Besatzung erwiderte das Feuer, vermochte aber damit wenig auszurichten. Der Belagerungsring schloss sich zunehmend enger um die Festung. Auch gelang es der Artillerie des Schwäbischen Bundes, mehrere Geschütze auf der Festung zum Schweigen zu bringen. Freilich, von einer intensiven Beschießung konnte keine Rede sein. Die Belagerer vermochten mit ihren drei Mörsern gerade zehnmal am Tag in die Festung zu schießen und aus dem schweren Geschütz nur jede halbe Stunde einmal gegen die Mauer zu feuern.

Für die damalige Zeit war dies dennoch eine außergewöhnliche artilleristische Leistung. Am 20. und 21. Mai zersprangen bei besonders lebhafter Beschießung der Festung wahrscheinlich durch Überladung drei Geschütze der Belagerer. Am 21. wurde beim Dorf Weihenberg am Südfuß des Berges „eine dritte Batterie aufgeworfen", d.h. eine dritte Geschützstellung angelegt und die Beschießung des Hohenaspergs verstärkt. Jetzt wurden auch Brandkugeln, die schon erwähnte Erfindung des württembergischen Kanzlers Volland, in die Festung geschossen. Doch gelang es der Besatzung, die gefährlichen Geschosse mit Dünger (Mist) zu „ersticken", ehe sie Brände entfachen konnten.[19] Zusätzlich setzte Frundsberg in größerer Zahl Hakenbüchsenschützen ein, und er versprach jedem Soldaten, der sich mit einer solchen unhandlichen und schweren Handfeuerwaffe an der Beschießung beteiligte, eine Tagesprämie von einem halben Gulden.[20] Die Hakenbüchse hatte einen langen Lauf und ein Luntenschloss mit einem hakenförmigen Hahn. Ein unten am Schaft angebrachter Haken sollte beim Auflegen der schweren Büchse auf einer festen Unterlage, etwa auf einer Mauer, den starken Rückstoß bei der Abgabe eines Schusses dämpfen.[21]

In den Tagen der Belagerung des Hohenaspergs befand sich der große deutsche Renaissance-Maler Albrecht Dürer mit dem Nürnberger Gelehrten Martin Tucher, seinem Freund, auf einer Gesandtschaftsreise nach Zürich. Er hörte offenbar von diesem kriegerischen Ereignis. Als ausgewiesenem Fachmann des Befestigungswesens erregte die Belagerung und insbesondere die Beschießung der württembergischen Bergfeste sein Interesse, zumal ihm bekannt war, dass bei dieser Belagerung vor allem in Nürnberg, seiner Heimatstadt, gefertigte Kanonen eingesetzt wurden. Er unterbrach deshalb für einige Tage seine Reise und bezog in einem dem Hohenasperg nahe gelegenen Ort, sehr wahrscheinlich in Möglingen, sein Standquartier. Als Maler konnte er nicht umhin, das Kriegspanorama rings um den Hohenasperg in einer Zeichnung festzuhalten. Diese Federzeichnung, die sich im Kupferstichkabinett der Staatlichen Museen Preußischer Kulturbesitz in Berlin erhalten hat, besitzt einen hohen geschichtlichen Dokumentationswert.[22] Sie vermittelt ein exaktes Bild von dem Städtchen Asperg, damals noch auf dem Berg, dessen spitzer Kirchturm die Mauer überragte, und von der Festung Hohenasperg. Der dicke Turm am rechten Bildrand dürfte zum „alten Schloss", der einstigen Grafenburg, gehört haben, die im Nordosten der Bergkuppe nahe dem heutigen Schubartturm errichtet, wiederholt umgebaut und wahrscheinlich wehrtechnisch verstärkt worden war.

Nicht eindeutig auszumachen ist, welchen Blickpunkt Dürer für seine Zeichnung wählte. Manches spricht für eine Ansicht vom Süden aus auf den Berg, anderes für eine Ansicht vom Osten aus. Topographisch wollen, so betont Hermann Burkhardt zu Recht, einzelne Bildaspekte der Zeichnung Dürers nicht ganz zusammenpassen. Nun hat eine neuere kunstgeschichtliche Untersuchung festgestellt, dass Dürer bei Landschaftsdarstellungen oft recht eigenwillig vorging. Er vereinte mehrere weit voneinander entfernt liegende Standpunkte oder Teilmotive zu einem einheitlichen Bild, einer Art Zusammenschau, wobei er charakteristische Leitformen exakt wiedergab.[23]

Im Vordergrund ist das Dorf Möglingen mit Kirche und Kirchturm sowie das Lager, wahrscheinlich das Hauptlager, der Belagerungsarmee, „der knecht leger", zu sehen. Im Hintergrund links sind die Städte Markgröningen (Gröningen) und Bietigheim (Pyeteka) dargestellt, zwischen Möglingen und dem Berg befindet sich die Siedlung Tiefenbach. Robert Kretzschmar vermutet, dass dieser Ort mit einem abgegangenen Hof identisch ist, den er aus dem Flurnamen Dieppach erschließt.[24] Möglicherweise aber handelt es sich bei den wenigen Gebäuden, die am Fuß des Berges liegen, um das Dörfchen Weihenberg (Weichenberg). Ein anschauliches Bild vermittelt Dürer vom Belagerungsszenarium: Geschütze ringsum in Aktion. Die am Süd- und Ostfuß des Berges angelegten Artilleriestellungen, die „Batterien", sind mit mindestens drei, zum Teil jedoch auch mit mehr als sechs Geschützen bestückt. Eine der „Batterien" ist fast bis an den Rand der Weinberge am Ostabhang des Hohenaspergs vorgeschoben.[25]

Vom „hohlen Weg" aus, der den Berg hinauf zur Stadt Asperg führte, er-

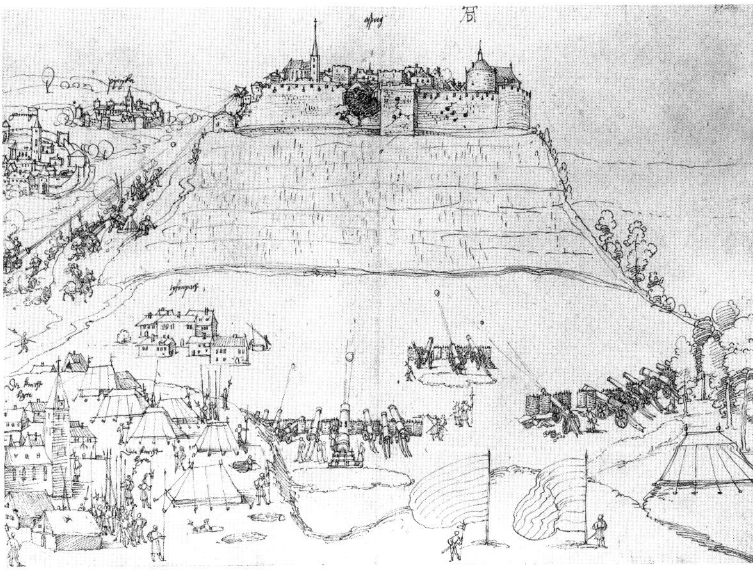

Die Belagerung des Hohenaspergs durch den Schwäbischen Bund im Frühjahr 1519. Zeichnung von Albrecht Dürer.

folgte die Beschießung eben dieser kleinen Stadt – auch dies ist auf der Dürer'schen Zeichnung zu sehen. Das Städtchen Asperg konnte sich nicht lange halten; es wurde bereits am 22. Mai von den Truppen des Schwäbischen Bundes eingenommen. Drei Tage darauf gelang es der Belagerungsartillerie, eine breite Bresche in die südliche Umfassungsmauer der von der Stadt durch Mauer und Graben getrennten Bergfeste Asperg zu schießen. – Dürer hat die Bresche gleichfalls zeichnerisch sehr deutlich, vielleicht noch größer als sie in Wirklichkeit war, dokumentiert. Wäre nicht der steile Anstieg zum Berg und der tiefe Schlossgraben gewesen, die die Besatzung mit ihren Geschützen und Hakenbüchsen noch immer unter ihrer Kontrolle hatte, hätten 25 Mann der Belagerer nebeneinander dort eindringen können.[26]

Schon ehe die Bresche in die Mauer geschossen worden war, hatte Kommandant von Reischach die Kapitulation der Festung angeboten. Zwi-

schen Georg von Frundsberg, Diepold von Stein sowie Bürgermeister Hans Freyberger von Überlingen, den Vertretern des Schwäbischen Bundes, einerseits und Hans Leonhard von Reischach, Eck von Reischach, Otto von Gemmingen und Hans von Baldeck, den Repräsentanten der Besatzung, andererseits wurde ein Übergabevertrag ausgehandelt. Er gestand den Adligen in der Festung den Abzug mit ihrem persönlichen Hab und Gut zu. Die reisigen Knechte (berittene Landsknechte) mussten sich, soweit sie vom Adel waren, verpflichten, ein Vierteljahr nicht gegen den Schwäbischen Bund zu dienen, die übrigen Landsknechte und die Schweizer aber lediglich für einen Monat. Reischach und die sonstigen Adligen durften Herzog Ulrich weder schriftlich noch mündlich berichten, d. h. ihn über die Verhältnisse vor und nach der Kapitulation des Hohenaspergs unterrichten. Die Bürger der Stadt Asperg und das Landvolk hatten dem Schwäbischen Bund die Erbhuldigung zu leisten.[27]
Die Zustimmung zu dem Übergabevertrag hatte der in Esslingen tagende Bundestag des Schwäbischen Bundes zu erteilen, an dem zeitweilig auch Herzog Wilhelm von Bayern teilnahm. Georg von Frundsberg ritt eigens nach Esslingen, wo er dann diese Zustimmung ohne Schwierigkeiten erlangte. Jetzt erst wurde die Beschießung endgültig eingestellt. Am 25. und 26. Mai durfte von Reischach mit der Besatzung zu ehrenvollen Bedingungen, d. h. mit klingendem Spiel, die Festung verlassen und noch 17 voll beladene Wagen mit sich führen. Bis in den Hegau gab der Schwäbische Bund dem Kommandanten und seiner Mannschaft freies Geleit. Die auf dem Hohenasperg befindlichen Geschütze waren Kriegsbeute der Sieger; sie wurden nach Bayern weggeführt.[28] Etliche Frauen aus den dem Hohenasperg benachbarten Orten wollten Georg von Frundsberg dazu bewegen, dass er von Reischach wegen schwerer Bluttaten, deren er sich gegenüber der eigenen Familie schuldig gemacht hatte, aufhängen lasse. Doch der Landsknechtsführer ließ sich dazu nicht herbei. Sarkastisch erklärte er, von Reischach sei für ihn der beste Mann der Welt und dies, weil er verhältnismäßig rasch in die Kapitulation der Festung eingewilligt habe.[29]

Nachdem bereits am 25. April Schloss Hohentübingen die Waffen gestreckt hatte, kapitulierte schließlich wenige Tage nach der Feste Hohenasperg auch die Feste Hohenneuffen.[30] Damit befand sich das ganze Herzogtum Württemberg in der Hand des Schwäbischen Bundes. Herzog Ulrich waren nur der Hohentwiel und die linksrheinischen Besitzungen seines Hauses verblieben.

Ein Augenzeuge der Belagerung und der Beschießung des Hohenaspergs war der streitbare Humanist und Dichter Ulrich von Hutten. Ihn musste die Vertreibung Herzog Ulrichs mit Genugtuung erfüllen, hatte dieser doch im Mai 1515 seinen Stallmeister Hans von Hutten, einen Verwandten des Dichters, im Böblinger Wald kaltblütig erstochen. Ulrich hatte auf Ursula, die schöne Frau Hans Huttens, ein Auge geworfen. Im Streit erstach Ulrich den wehrlosen Stallmeister auf der Jagd. Dieser Mord hatte damals in ganz Deutschland Aufsehen und Empörung erregt und den Herzog als tyrannischen Gewalttäter entlarvt. Ulrich von Hutten war von der Frühlingslandschaft um den Hohenasperg tief beeindruckt. Er schrieb: „Deutschland hat nicht leicht ein schöneres Land als diese Gegend, eine Fruchtbarkeit, wie man sie kaum anderswo antrifft." Und er rühmte auch den vortrefflichen Wein, der hier wuchs. [31]

Bereits im August 1519 unternahm Herzog Ulrich den Versuch einer Rückeroberung seines Landes, und es gelang ihm in einem überraschenden Vorstoß auf Stuttgart, zeitweise einen Teil Württembergs wieder in seine Gewalt zu bringen. Nachdem ihm die Amtsstadt Markgröningen nach einem von Vogt Heller veranlassten zustimmenden Mehrheitsvotum der Bürgerschaft ihre Tore geöffnet hatte, konnte er waffenfähige Männer aus den umliegenden Ämtern aufbieten.[32] Sein Plan zielte darauf ab, sich gleichfalls rasch der Feste Hohenasperg zu bemächtigen. Deshalb belegte er Tamm, Möglingen und Eglosheim mit starken Truppenverbänden. Kleine Attacken sollten die Besatzung aus ihren sicheren Mauern hervorlocken. Doch als die Bietigheimer von Tamm aus wohl einen ersten solchen Versuch unternahmen, versagten ihnen die herzoglichen Truppen die Unterstützung, so dass sie eine schwere Schlappe erlitten. Das Landesaufgebot der Ämter Markgröningen, Bietigheim, Vaihingen, Brackenheim und Marbach verwickelte sodann tagtäglich die Hohenasperger Besatzung in Scharmützel. Dabei wurden von beiden Kriegsparteien Gefangene gemacht, aber auch gegnerische Soldaten im Nahkampf niedergemacht und erstochen. Die Belagerer setzten alles daran, die Festungsbesatzung von der Proviantzufuhr abzuschneiden und ihr den Zugang zu den Brunnen am Fuß des Berges zu verwehren. Bei einem Ausfall der Verteidiger der Feste in Richtung Bonholz und Tamm suchten ihnen die herzoglichen Kräfte, die in Möglingen und Eglosheim auf der Lauer lagen, den Rückzug abzuschneiden. Doch der Plan misslang. Es gab auf beiden Seiten ziemlich viele Opfer an Toten und Verwundeten.[33]

Indes blieb Herzog Ulrich das Kriegsglück nicht lange hold. Sein Versuch, das Neckartal zwischen Hedelfingen und Obertürkheim gegen die Truppen des Schwäbischen Bundes abzuriegeln, scheiterte. Jetzt hielt er seine Sache für verloren. Am 15. Oktober entschloss er sich, das Herzogtum raschestens zu verlassen, damit er nicht in die Hände der bewaffneten Macht des Schwäbischen Bundes geriet. Während der ersten Nacht auf der Flucht, die er im späteren Barth'schen Bauernhaus in Kornwestheim zubrachte, soll er von der Ferne aus gesehen haben, wie das Stammschloss seiner Familie auf dem Württemberg in Flammen aufging.

Unter der Rache des Schwäbischen Bundes hatten die Städte und Dörfer schwer zu leiden, die sich Ulrich angeschlossen hatten. Schlimm wurde beispielsweise Tamm durch Plünderungen und sonstige Übergriffe der Soldaten, namentlich der Bayern, heimgesucht. Dabei war das Dorf bereits durch die vorangegangenen Kampfhandlungen hart mitgenommen worden. Den Städten und Landorten um den Hohenasperg wurde, wie es später einmal hieß, „eine Platte geschoren", wie dies nach dem Schmalkaldischen Krieg 1546/47 nicht einmal durch die Spanier geschah. Die hohen Quartierkosten, die die Truppen des Bundes verursachten, hatten die Gemeinden ausschließlich selbst zu tragen. Wilhelm von Baldeck, Herr von Harteneck, Eglosheim und Oßweil, hatte den Auftrag, von Markgröningen aus unnachsichtig die Güter von Anhängern des Herzogs zu konfiszieren. Besonders empfindlich wurde von dieser Maßnahme der Kanzler Ulrichs, der reiche Markgröninger Bürger Ambrosius Volland, getroffen. Er verlor einen erheblichen Teil seines Besitzes.[34]

Im Februar 1520 überließ der Schwäbische Bund gegen Erstattung der Kriegskosten in Höhe von 200 000 fl (Gulden) das Herzogtum Württemberg Kaiser Karl V. und damit Österreich. Karl V. erklärte bereits im Au-

gust desselben Jahres das Land, das er doch nur kraft Kriegsrecht innehatte, zum fortwährenden erblichen habsburgischen Besitz. Mit der Annexion Württembergs war Österreich eindeutig zur beherrschenden Macht im Südwesten des Reiches geworden.
Die vom habsburgischen Kaiserhaus in Stuttgart eingesetzte und von Statthalter Truchsess Wilhelm von Waldburg geleitete Regierung bewies Geschick und Fingerspitzengefühl. Sie erkannte den Tübinger Vertrag von 1514 an, und sie gestand den Landständen eine Mitbeteiligung an der Regierung, vor allem auf dem wichtigen Gebiet der Finanzen, zu. Die Einführung moderner Organisationsformen in der Verwaltung nach dem Muster der habsburgischen Länder war dem Herzogtum insgesamt förderlich. So gewann Österreich die Ehrbarkeit für sich. Schon 1520 hatten zwölf württembergische Städte, unter ihnen Markgröningen, eine Bittschrift an Österreich gerichtet. In ihr hatten sie dem Wunsch Ausdruck gegeben, das Haus Habsburg möge doch die Regierung im Land übernehmen, und sie hatten ihre Eingabe damit begründet, dass sie beim Gedanken an eine Rückkehr Herzog Ulrichs „ein herzliches Entsetzen“ befalle. 1530 brachte man sogar am Fenster der Gerichtsstube im Markgröninger Rathaus, der Amtsstube, den dort heute noch sichtbaren Reichsadler mit dem österreichischen Herzschild an.
In den unteren Bevölkerungsschichten, namentlich bei den Bauern, besaß der vertriebene Herzog, seitdem er nach 1515 drakonische Maßnahmen gegen die bürgerliche Oberschicht ergriffen hatte, indes nach wie vor große Sympathien, und selbst die Androhung von Strafen vermochten diese allenfalls nur zu dämpfen. Großen Mut bewies der auf der Seite „des armen Mannes“, insbesondere der bäuerlichen Unterschicht, stehende Markgröninger Stadtpfarrer Gaißer. Er verweigerte das Kirchengebet für die österreichische Regierung, musste sich dafür aber „übel zersausen lassen“.[35]
Nach der Dienstanweisung „Staat und Ordnung“ Erzherzog Ferdinands von 1522 erhielten die Festen Hohenasperg und Tübingen österreichische Besatzungen. Gleichzeitig wurden Artikelbriefe erlassen, d. h. umfassende Direktiven für den Festungsalltag, für das Verhalten und die Pflichten bzw. Aufgaben der Besatzungen. Auf diese Artikelbriefe wurden die Besatzungen dann auch vereidigt.[36] Für den Hohenasperg hatte die Regierung in der

Person von Sebastian Emhart gerade einen neuen Burgvogt ernannt. Emhart blieb fünf Jahre auf seinem Posten bei einem Monatssold von 4 fl. Anfang der 1520er Jahre bestand die Hohenasperger Garnison aus einem Hauptmann, dem drei Pferde zugestanden waren, zwei Büchsenmeistern, 15 Fußknechten und einem Torwart, die im Jahr zusammen 996 fl als Sold erhielten.

In dem undatierten „ersten Artikelbrief uff Asperg" war u. a. bestimmt: Es durfte ohne Erlaubnis des Hauptmanns keine „Gemeind", also keine Versammlung, gehalten werden. Gotteslästerungen waren streng untersagt. Zuwiderhandelnde hatten mit schweren „Leibesstrafen" zu rechnen. Der Aufenthalt im Festungsbereich war lediglich „Burginsassen" gestattet. Jeder andere musste, wenn er die Festung betreten und sich in ihr aufhalten wollte, zuvor beim Hauptmann um die entsprechende Erlaubnis bitten. Auf den Verrat von Festungsgeheimnissen stand die Todesstrafe. Während Belagerungen durften dem Feind keine mündlichen oder schriftlichen Informationen zugespielt, auch sonst keine Kontakte unterhalten werden.

Die zu Wachen befohlenen Kriegsknechte hatten ihren Dienst stets „in eigener Person" zu versehen. Eine Stellvertretung konnte nur der Burgvogt oder Hauptmann erlauben. Wachvergehen wie beispielsweise Schlafen auf Posten wurden streng geahndet, ebenso das „Entweichen" aus der Festung, Streit, tätliche Auseinandersetzungen, Waffenmissbrauch, unprovozierte und vom Burgvogt oder Hauptmann nicht befohlene Überfälle, Plünderungen oder Brandschatzungen umliegender Orte. Straftäter durften von ihren Kameraden in keiner Weise unterstützt werden. Verboten war das „Zutrinken", also die Veranstaltung von Zechgelagen. Flüchtige Besatzungsangehörige durften von ihren Kameraden zusammengeschlagen und auch „gestochen", also getötet, werden. Gegen Meuterer und Aufrührer gab es keine Nachsicht. Sie hatten mit den härtesten Strafen zu rechnen. Wer Bestimmungen des Artikelbriefs verletzte, wurde als Eidbrüchiger betrachtet und entsprechend bestraft. Unbedingt untersagt war es, Festungsangelegenheiten nach außen zu tragen.[37]

Dieser erste Artikelbrief dürfte um 1526/27 entstanden sein, da er Erzherzog Ferdinand „Königliche Majestät von Hungarn und Böhmen" nennt,

Ferdinand den Königstitel aber erst seit seiner Wahl zum böhmischen König im Jahr 1526 führte.[38]
Wichtige Einblicke in die Verhältnisse der Stadt Asperg und der Festung vermitteln Lagerbuchaufzeichnungen von 1523.[39] Damals war Hans Gröninger Keller auf dem Hohenasperg und 1528 Bastian Lienhart Vogt. An der Erstellung des Lagerbuchs waren maßgeblich die Angehörigen des Gerichts der Stadt Asperg Hans Schieber, Zeyr Dreer und Hans Ennsinger sowie der Gemeindevertreter Jerg Knyssers beteiligt. In der Stadt Asperg, die den Mittelpunkt eines Amtes bildete, mit den Dörfern Weihenberg, Tamm, Bissingen, Oßweil sowie Teilen von Eglosheim, Pflugfelden und Hoheneck, bestand die Pfarrpfründe, die Frühmesspfründe sowie die Heiligkreuz-Kaplaneipfründe. Alle drei „verlieh und präsentierte" die Landesherrschaft, d. h. diese besaß das uneingeschränkte Recht der Besetzung dieser Pfründen. Die Asperger waren wie schon bisher steuerfrei. Exakte Angaben macht das Lagerbuch über die mit einem jährlichen Zins von 1 Pfund 10 Schilling 6 Heller belasteten Gebäude in der Stadt: ein Haus mit Scheune und Kern (Keller), ein Haus mit Hofraite, sechs Häuser mit Scheunen, zehn Häuser, zwei Scheunen und das Pfarrhaus. „Gnadenhalber" erlassen waren insgesamt 14 Schilling-Heller Zins für ein Haus mit Scheune und Kern, für ein Haus mit Hofraite, zwei Häuser mit Scheunen und fünf Häuser, weil deren Besitzer aus der Stadt weggezogen waren und am Fuß des Hohenaspergs gebaut hatten.
Die österreichische Regierung hatte den Bewohnern auf dem Berg durch Steuernachlässe Anreize gegeben, ihre Häuser in der Stadt aufzugeben und sich unten in oder beim Dorf Weihenberg anzusiedeln. Dem Städtchen auf dem Berg fehlten selbst die geringsten Ausdehnungsmöglichkeiten. Außerdem vermochte sich die Feste bei einer Belagerung ungleich wirkungsvoller zu verteidigen, wenn sie das räumlich sehr beschränkte Bergplateau nicht mit einer bürgerlichen Siedlung teilen musste. Sie verfügte über keine Möglichkeit, sich durch den Bau stark befestigter Vorwerke vor feindlichen Attacken besser zu schützen. All dies waren gravierende Mängel, wie sich bei der Belagerung von 1519 gezeigt hatte. Es scheint indes, dass es die österreichische Regierung nicht bei solchen Anreizen beließ, sondern dass sie im Lauf der folgenden Jahre die Bergbewohner massiv zur Umsiedlung

drängte. 1534 nämlich beklagten sich die Asperger, die ihre Wohnsitze an den Fuß des Berges verlegt hatten, dass sie ihre „Hüttlein“ auf dem Berg, die ihre „höchsten und besten Güter“ gewesen seien, hätten abbrechen, „unter den Berg hätten herabsetzen und wieder bauen“ müssen.[40]
Bereits 1528 hatte die Herrschaft die Haltung des Faselviehs (Zuchtstier und Zuchteber) für Asperg und Eglosheim, die sie sich bis dahin selbst vorbehalten hatte, Ceyr Könek in „Unterasperg“ übertragen und ihm dafür eine Entschädigung von 130 fl im Jahr sowie die Nutzung von einem Morgen Wiesen, dem „Hummelwieslein“, zugesichert. Könek setzte für die ihm übertragene Faselviehhaltung gegenüber Schultheiß und Gericht in Asperg seinen Hof zum Unterpfand.[41] Auch diese herrschaftliche Initiative dürfte ein Beweis für den mit Nachdruck betriebenen Umsiedlungsplan der Regierung sein.
Die Herrschaft besaß auf dem Hohenasperg im Jahr 1523 zunächst das „Schloss“, die Feste. Dort hatte der Vogt seinen Sitz. Ihn wie auch den Keller mussten Stadt und Amt Markgröningen mit dem für ihren Hausgebrauch benötigten Holz versorgen. Sie hatten dieses Holz in den herrschaftlichen Wäldern zu fällen und auf den Berg zu transportieren. Zum Unterhalt der Wachen auf dem Hohenasperg hatte allein Markgröningen 40 Pfund Heller oder 28 fl. 40 kr im Jahr zu leisten. Dies war das Dreifache des Betrags, den die Bürger als Wachtgeld für die in der eigenen Stadt gelegene Burg zu zahlen hatten. Nun verfügte Markgröningen über eine erheblich größere Zahl waffenfähiger Männer als die kleine Stadt Asperg, deshalb war ihm auch ein solch hohes Wachtgeld für die benachbarte Bergfeste auferlegt.[42]
Weitere herrschaftliche Gebäude auf dem Hohenasperg waren das Amtshaus des Kellers, der Marstall, „darauf das Kornhaus steht“ (sehr wahrscheinlich der über dem Marstall befindliche Getreidespeicher), das Backhaus, die Rossmühle (eine mit Pferden betriebene Göpelmühle), die Schmiede, zwei Scheunen, das Bindhaus (Gebäude zum „Binden“, Anfertigen der Fässer), eine Kelter mit vier Bäumen sowie eine neue große Scheune. Außerdem hatte die Herrschaft im Eigenbesitz einen Krautgarten sowie dreiviertel Morgen Wiesen. Letztere durfte der Landwirt nutzen, der für Nachzuchtzwecke den Farren oder Hummel und den Eber hielt.

Ob sich alle die genannten Gebäude und Grundstücke auf dem Berg befanden, lässt sich jedoch nicht feststellen. Zumindest die Kelter und die dreiviertel Morgen Wiesen lagen nicht auf dem Berg.
Nach dem Lagerbuch von 1523 war die Stadt Asperg von einer Stadtmauer umgeben, und sie besaß ein Bürger-Haus, sehr wahrscheinlich ein Rathaus. Genannt werden ferner das Pfarrhaus und die Kirche mit Kirchhof (Friedhof). An Wegen und Straßen sind genannt der „Almandweg" und die „Gemein Straß". Herrschaftliche Gebäude wie beispielsweise die Rossmühle, das Bindhaus oder der Marstall lagen im Gemenge mit städtischen und bürgerlichen Häusern.
Im Dorf Weihenberg bestanden 1523, nachdem bereits einige Asperger die Stadt auf dem Berg verlassen und sich hier angesiedelt hatten, folgende Gebäude: ein Haus mit Scheune und Stall, zehn Häuser mit Scheunen, zwei Häuser mit Hofraiten, 14 weitere Häuser, das Frühmesshaus, eine separate Scheune. Außerdem werden der Almandweg (Allmendeweg), die gemeine Straße, ein See sowie ein Brunnen am Rain erwähnt.
Die Besitzer dieser Gebäude, unter denen auch die Stadt Asperg erscheint, hatten einschließlich des Brunnens insgesamt im Jahr 1 Schilling 6 Heller Zins an die Herrschaft zu entrichten. Im Dorf Weihenberg gab es 1523 einen Kirchhof, ein Pfarrhaus und das Heilig-Kreuz- Pfründhaus. Von einer Kirche ist nicht die Rede, doch lassen Kirchhof und Pfarrhaus auf ein Gotteshaus, zumindest aber auf eine Kapelle schließen. Im weltlichen Lagerbuch von 1565 wird im Bereich der nunmehrigen Siedlung Unterasperg, in der Weihenberg inzwischen aufgegangen war, „die alte Kirche" erwähnt. Dies legt den Schluss nahe, dass Weihenberg bereits im frühen 16. Jahrhundert eine Kirche besaß.[43]
Nach einem von Theodor Bolay zitierten Dokument vom 15. März 1551 soll die Pfarrei Unterasperg dereinst von einem Edelmann genannt Plapphart gestiftet und mit dem Wein- und Kornzehnten in Unterasperg ausgestattet worden sein.[44] Nun war ein Hans Schilling genannt Plapphart im Jahr 1454 Kirchherr, Pfarrer, von Asperg[45], also in der Stadt Asperg auf dem Berg. Dieser Hans Schilling dürfte der Familie Schilling von Cannstatt angehört haben, einer Adelsfamilie. Trifft dies zu, dann bestand bereits seit der Mitte des 15. Jahrhunderts in Unterasperg, das damals mit Wei-

henberg identisch war, eine Kirche, zumindest aber eine Kapelle. Die 1565 erwähnte „alte Kirche“ dürfte mit diesem Gotteshaus identisch gewesen sein.
Im August 1524 musste der Vogt in Dornstetten auf direkte Veranlassung von Erzherzog Ferdinand 200 fl aus den Erträgen der reich dotierten Wallfahrtskapelle „Unserer lieben Frau“ in Zinsbach (Gde. Pfalzgrafenweiler, Lkr. Freudenstadt) dem Stuttgarter Vogt Burkhardt Fürderer zum Bau einer „ziemlichen Kapell in Wychenberg unter dem Asperg“ übergeben. Kurz zuvor hatte Ferdinand in einem Schreiben an den Bischof von Konstanz diesen über seinen Plan unterrichtet, „aus sonderlich beweglichen Ursachen und der Notdurft nach“ einen Teil der Häuser des Städtleins Asperg an den Fuß des Berges zu verlegen. Damit nun diese Untertanen in dem „neu angefangenen Flecken“, dem der Name „Wychenberg“ beigelegt worden sei, „die hochwürdigen Sakramente“ erhielten und jeder Zeit, vor allem bei Nacht, wenn dies die Notdurft erforderte, ohne „allerlei Gefährlichkeit“ geistlichen Beistand in Anspruch nehmen könnten, solle dort mit den 200 fl „Hauptgut“ (Kapital) aus den Erträgen der Zinsbacher Kapelle umgehend mit dem Bau einer Kapelle begonnen werden. Da der Erzherzog von der Ausstattung der Kapelle mit „pfarrlichen Rechten“ sprach[46], hatte er die Absicht, am Fuß des Hohenaspergs für die umgesiedelten Stadtbewohner eine neue, eine zweite Asperger Pfarrei zu errichten. Dies schließt nicht aus, dass im Bereich Weihenberg schon zuvor zumindest eine Kapelle bestand und dass diese oder aber eine neu errichtete Kapelle nunmehr zur eigenständigen Pfarrkirche erweitert wurde. Die heutige Asperger Michaelskirche dürfte danach ihren pfarrrechtlichen Status einer Entscheidung des Habsburger Königs Ferdinand verdanken.
Nach dem Schreiben Ferdinands an den Konstanzer Bischof führte die Siedlung am Fuß des Berges erst seit kurzer Zeit den Namen „Wychenberg“. Möglicherweise war sie identisch mit dem aus sechs Häusern bestehenden Ort Tiefenbach, der sich auf der Dürer'schen Federzeichnung von 1519 findet. Allerdings muss dieses Weihenberg als Siedlung wesentlich älter sein und sehr wahrscheinlich ins 14. oder 15. Jahrhundert zurückreichen. Manches, so der Name, spricht indes dafür – und davon war auch schon in einem der ersten Kapitel die Rede –, dass es sehr früh entstand,

längere Zeit aber im Zuge der Siedlungskonzentration etwa nach der Gründung des Bergstädtchens Asperg aufgegeben worden war.
Nach dem Lagerbuch von 1523 umfasste Weihenberg 28 Häuser, war also größer als das Bergstädtchen Asperg mit 21 Häusern. Seit Mitte des 14. Jahrhunderts war danach das Bergstädtchen etwa auf die Hälfte seiner Einwohnerzahl geschrumpft. Dies hing mit dem wachsenden Raumbedarf der Herrschaft namentlich durch den von ihr betriebenen Ausbau der Bergfeste zusammen. Freilich könnten auch schon zum Zeitpunkt der Anlegung des ersten württembergischen Urbars um 1351 Asperger außerhalb des Städtchens am Fuß des Berges gewohnt haben. Die Deutung des Namens Weihenberg als Weichen, als Fliehen vom Berg, wie sie sich beispielsweise in der „Schwäbischen Chronik“ von Martin Crusius Ende des 16. Jahrhunderts findet und die die Unterasperger damals sehr ärgerte, ist ein kurioses Wortspiel und keinesfalls ernst zu nehmen.[47]
Im Frühjahr 1525 brach der Bauernkrieg aus. Herzog Ulrich suchte die günstige Situation zur Zurückgewinnung seines Landes zu nutzen. Hierbei setzte er auf die Aufständischen und auf die Unterstützung durch Schweizer Söldner. Doch seinen Vorstößen ins Land vom Süden her blieb der Erfolg versagt. Eine Einigung mit den Bauern kam nicht zustande, und auch mit den Schweizern hatte Ulrich wenig Glück. Nach der blutigen Niederwerfung der aufständischen Bauern am 12. Mai 1525 bei Böblingen durch Truchsess Georg von Waldburg musste er sich fluchtartig auf den Hohentwiel zurückziehen. Bis in die hiesige Gegend war er damals übrigens nicht gelangt.[48] Deshalb war es auch nicht von Belang gewesen, dass die österreichische Regierung in Stuttgart das bewaffnete Volksaufgebot nicht zu mobilisieren vermocht hatte. Die einheimische Bevölkerung hatte sich nämlich geweigert, gegen ihren angestammten Fürsten zu Felde zu ziehen.[49]
Der Kommandant der kaiserlichen Besatzung wies während des Bauernkriegs die Aufforderung der Aufständischen ab, auf ihre Seite zu treten.[50] Ob indes Anfang Mai auf den Festungen Hohenasperg und Hohentübingen eine explosive Stimmung herrschte, beide Garnisonen mit den Bauern sympathisierten und unmittelbar vor einer Meuterei standen, um sich dem Aufruhr anzuschließen, wie Stälin berichtet[51], sei dahingestellt. Tatsache

Georg III. Truchsess von Waldburg (1488–1531), Oberster Feldhauptmann des Schwäbischen Bundes im Bauernkrieg von 1525, genannt der „Bauernjörg".

ist, dass außer dem Hohenasperg auch Markgröningen, Tübingen, Balingen, Ebingen, Tuttlingen, Hohenneuffen und Blaubeuren dem Bauernheer ihre Tore nicht öffneten.[52] Die Stadt Markgröningen pochte daher zu Recht darauf, dass von allen Städten im Unterland allein Asperg und sie sich dem Aufruhr der Bauern nicht angeschlossen hätten, und sie erreichte, dass der Schwäbische Bund auf ihren Anteil an der Kriegsentschädigung von 36 000 fl, die dem Land abverlangt wurde, verzichtete.[53]

Herzog Ulrich versucht, sich mit List des Hohenaspergs zu bemächtigen

Der Hohenasperger Burgvogt Bastian Emhart machte nach 1525 keinen Hehl daraus, dass er der Lehre Luthers zuneigte. Er holte sich einen ehemaligen Priester und nunmehrigen lutherischen Prädikanten auf die Festung, damit dieser ihn und die übrigen Angehörigen der Garnison geistlich betreute. In Stuttgart schrillten die Alarmglocken. Die österreichische Regierung Württembergs, der seit 1525 Truchsess Georg von Waldburg, der Bauernjörg, vorstand, unterdrückte unnachsichtig jede reformatorische Regung im Land. Jetzt gar ein lutherisches Krebsgeschwür auf einer der wichtigsten Landesfestungen! König Ferdinand, kaum darüber informiert, machte kurzen Prozess. Von Gran aus verfügte er die fristlose Entlassung Emharts. Seine Begründung: Keiner unserer Amtsleute, Landsassen oder Untertanen darf der lutherischen, zwinglischen oder einer der neu erweckten ketzerischen Irrlehren anhängen, die unserem heiligen Glauben, der christlichen Kirche heilsamer und lang hergebrachter Ordnung zuwider sind. Wer dies dennoch tut, hat schwere Strafe und Ungnade zu gewärtigen. Emhart warf der König vor, er habe einem „lutherischen Pfaffen“ gestattet, Irrlehren zu verkündigen und andere „ketzerische Missbräuche“ zu treiben. Eigentlich hätte ein solches schlimmes Vergehen durch eine exemplarische Strafe geahndet werden müssen, doch wolle er, der König, im Fall Emharts Milde walten lassen. Nachfolger auf dem Hohenasperg wurde Kaspar Speth.[54] Der abgesetzte Burgvogt fand als Bürger in der Reichsstadt Esslingen Zuflucht.[55] Dort heiratete der Witwer

die aus dem Esslinger Klarakloster ausgetretene Nonne Anna Ramminger, die seit ihrem Austritt ein Leibgeding von 40 fl erhielt.
Nun hatte Emhart einstmals im Dienst Herzog Ulrichs gestanden, war aber bei diesem in Ungnade gefallen und hatte eine harte Gefängnisstrafe verbüßen müssen. Sein offenkundiges Zerwürfnis mit dem seit 1519 vertriebenen Herzog, den er einen Henker nannte, aber auch seine Erfahrungen im Kriegswesen hatten ihn der österreichischen Regierung empfohlen. Sie hatte ihm daher 1522 den Posten eines Burgvogts auf dem Hohenasperg übertragen. Nach seinem Anschluss an die reformatorische Bewegung Martin Luthers und die dadurch bedingte Entlassung aus kaiserlichen Diensten 1527 überwand er seinen Groll gegen Herzog Ulrich, und er war nicht länger Kontakten zu seinem angestammten Fürsten abgeneigt, der auch nach 1525 nach Wegen suchte, Württemberg für sich zurückzugewinnen. Nach dem großen Bankrott der Höchstetter Bankgesellschaft, durch die er angeblich die erhebliche Summe von 3500 fl verlor, scheinen Emhart lukrative finanzielle Angebote recht willkommen gewesen zu sein. Anhänger des Herzogs nutzten diese Chance. 1530 versicherte ihm einer von ihnen brieflich, Herzog Ulrich werde ihm großzügig seine Verluste ersetzen, wenn er in seine Dienste trete. Hans von Sperberseck, ein anderer Parteigänger Ulrichs, der mit diesem in die Verbannung gezogen war und sich später der Täufergruppe um Kaspar von Schwenkfeld anschloss, kam zu ihm nach Esslingen, um ihn in die Pläne des inzwischen evangelisch gewordenen Herzogs einzuweihen. Hier rannte er offene Türen ein. Auch Emhart wünschte eine baldige Rückkehr Ulrichs. Es kam zu einer persönlichen Begegnung. Hierbei bedauerte der Herzog die einstige Misshandlung Emharts, schob dafür allerdings die Schuld dem Burgvogt von Neuffen, Wolf von Neuhausen, zu.
Für Ulrich kam der Besatzung des Hohenaspergs eine Schlüsselrolle bei der Rückgewinnung des Landes zu. Und Emhart deutete an, dass er vielleicht dem Herzog die Festung in die Hände spielen könne. Schon während seiner Zeit als Burgvogt auf dem Hohenasperg hatte er dort mit einem auch Herzog Ulrich bekannten Bediensteten namens Hans Friz, der sein besonderes Vertrauen besaß und der vermutlich auch der Lehre Luthers anhing, bei Kontrollgängen durch die Festungsanlagen den Gedan-

ken geäußert, dem Herzog durch die Öffnung eines Zugangs zum Turm eine Übernahme der Festung im Handstreich zu ermöglichen. Emhart schlug zu diesem Zweck Ulrich die Anfertigung eines Nachschlüssels vor. Die dazu erforderlichen Wachsabdrücke könne Hans Friz liefern. Den Zugang zum Turm sollten zunächst 30 „Knechte“ (Söldner) erhalten. Unter diesen müssten sich aber ortskundige Männer befinden – Emhart nannte die Namen eines Hans Kaiser aus Worms und eines Hans Paur, eines ehemaligen Goldschmiedes. Die 30 Bewaffneten hatten nach dem Plan Emharts die Besatzung zu überrumpeln und die Festung so lange zu behaupten, bis es Herzog Ulrich gelungen war, sie durch hundert „Geldern'sche Knechte“ (geldner'sche, wahrscheinlich hessische Knechte) zu unterstützen und zu verstärken. Die Aufgabe von Friz war es, umgehend Wachsabdrücke von Schlüsseln des Turms anzufertigen. Diese mussten dann raschestens nach Kassel gebracht werden, damit dort ein Schlosser Nachschlüssel anfertigte.

Emhart riet dem Herzog nachdrücklich, das Unternehmen gründlich vorzubereiten, und er empfahl ihm, dabei auch die Dienste seines aus Plochingen stammenden Verwandten Hans Halm, des Stadtschreibers der Reichsstadt Aalen, in Anspruch zu nehmen. Er schilderte Halm als einen klugen, wohl unterrichteten und ungewöhnlich tatkräftigen Mann, der sich zudem durch Entschlussfreudigkeit und verwegenen Mut auszeichne. Halm, der zumindest eine Zeitlang eine Universität besucht hatte, war von einem blinden Hass gegen Österreich beherrscht und tat alles, um diesem Schaden zuzufügen. Dazu benötigte er freilich Geld, und dieses beschaffte er sich durch verbrecherische Unternehmungen. So führte er ein Doppelleben: einerseits ein ehrsamer Stadtschreiber, der außer im Dienst der Reichsstadt Aalen auch noch in dem Wilhelms von Wöllwarth auf Schneckenroden stand, andererseits ein räuberischer Wegelagerer. Er besaß in Essingen ein Haus, in dem er mit seiner Frau wohnte. Mit Unterstützung einiger Helfershelfer überfiel er Reisende, so einen Metzger auf dem Weg von Reutlingen nach Zainingen, wobei er freilich nur 7½ fl erbeutete.

Für den Schwäbischen Bund übernahm er nach der Niederschlagung des Bauernaufstands 1525 den Einzug der Strafgelder. Hierbei gelang es ihm, 20 bis 28 fl in die eigene Tasche zu stecken. 1526 oder 1528 überfiel er zwei

Männer bei Schwabsberg, danach einen Fuhrmann mit zwei Begleitern auf dem Härtsfeld, wobei alle drei schwer verwundet wurden, 1528 einen Bietigheimer oder Besigheimer Fuhrmann auf der Aufhausener Steige bei Bopfingen. Die Beute bei diesen Anschlägen hielt sich in Grenzen. Der Höchstertrag bei einem solchen Überfall lag bei 28 fl. 1529 setzte er seine Wegelagerei fort: zwischen Heilbronn und Lauffen am Neckar, zwischen Schwäbisch Gmünd und Aalen, auf der Ulmer Alb, zwischen Nördlingen und Harburg. Um einen gegen ihn aufkommenden etwaigen Verdacht zu entkräften, bemühte er sich um ein Dienstverhältnis mit Herzog Ulrich. Zweimal traf er sich mit dem Herzog auf dem Hohentwiel. Doch zunächst kam es zu keiner Absprache. Im Frühjahr 1530 setzte Halm seine Verbrecherserie fort. Die Erpressung eines Lösegelds für einen in seine Gewalt gebrachten Pfarrer hatte den elenden Tod des Geistlichen zur Folge. Halm hatte den armen Mann viele Wochen unter härtesten Bedingungen – angekettet und angeschmiedet – an verschiedenen Orten versteckt gehalten. Geschickt verstand es der Aalener Stadtschreiber, der über rasche Pferde und einen ausgeprägten Orientierungssinn verfügte, die Spuren seiner Übeltaten zu verwischen – und dies auch noch, nachdem ihn im Lauf des Jahres 1530 die Reichsstadt Aalen und ebenso Wilhelm von Wöllwarth seines Dienstes enthoben hatten. Obwohl dies im späteren Prozess in Villingen nicht klar zum Ausdruck kam, sah er sich zumindest während der Spätphase seiner räuberischen Wegelagerei als Handlanger Herzog Ulrichs und Landgraf Philipps des Großmütigen von Hessen. Ihnen, den Gegnern Österreichs, sollte die von Menschen wie ihm verursachte öffentliche Unsicherheit nützen. Bereitwillig beteiligte er sich deshalb auch an dem Plan, die Festung Hohenasperg Herzog Ulrich in die Hände zu spielen und dem österreichischen Regiment in Württemberg ein Ende zu bereiten. Im Rahmen des Hohenasperg-Projekts wurde er beauftragt, nach Straßburg zu reisen, um dort den Reformator Butzer und andere Repräsentanten des Luthertums für die Sache Herzog Ulrichs zu gewinnen.
In der Festung Hohenasperg herrschte unter der Besatzung damals große Unzufriedenheit. Die „Knechte" fühlten sich übel missbraucht, weil man ihnen minderwertige Arbeiten zumutete, und weil sie dazuhin noch die Gefangenen, die es damals offensichtlich auf der Festung gab, „peinigen"

mussten. Auch sollten jetzt ihre Frauen und Kinder nicht mehr bei ihnen im Burgbereich wohnen dürfen. Emhart ließ nun nach Absprache mit dem Herzog seinen Vertrauten Hans Friz vom Hohenasperg nach Esslingen kommen. Er sicherte Friz, dem er Geld geliehen hatte, eine hohe Belohnung sowie eine großzügige Versorgung für Frau und Kinder zu. Friz zögerte. Er hatte vor allem wegen seiner Familie Angst, sollte der raffiniert eingefädelte Plan scheitern. Emhart aber wies den offensichtlich evangelisch gesinnten Mann auf seine christliche Verantwortung hin. Er sei es, beschwor er ihn, nach Gottes Wort und nach dem Evangelium schuldig, dem vertriebenen Herzog zu helfen, zumal er keineswegs von dem Eid, den er ihm dereinst geleistet habe, entbunden sei. Andererseits sei Ulrich jetzt ein überzeugter lutherischer Christ. Friz ließ sich überreden. Er wollte seinen Teil zum Gelingen des Plans beitragen, sonst aber möglichst niemand mehr in das Komplott hineinziehen.
Halm verstärkte seine Aktivitäten zugunsten von Herzog Ulrich. Er knüpfte Kontakte, erkundigte alle Wege, die aus der Pfalz und aus dem Speyrer Gebiet nach Württemberg führten, warb um Unterstützung, gewann eine Anzahl von Bauern, ehemalige Angehörige des „Armen Konrad", Kriegsleute und Handwerker, selbst etliche Priester und Mönche für die Sache des Herzogs. Auch vor weiteren Raubüberfällen schreckte er nicht zurück. An Lichtmess 1531 kam er mit Emhart in Esslingen zusammen. Dieser hatte inzwischen die feste Unterstützung einer Reihe von Männern für den Überfall auf den Hohenasperg zugesichert bekommen. Die beiden Verschwörer vereinbarten, sich an einem bestimmten Tag und zu einer exakt festgelegten Stunde in einem Wirtshaus zu treffen. Dort sollten Halm fünf Wachsabdrücke von Schlüsseln zu Turm und Toren im Schloss Hohenasperg übergeben werden. Die Abdrücke habe er dann nach Kassel zu bringen, damit dort fünf Nachschlüssel hergestellt würden. Emhart übergab Halm zu dem genannten Zweck 25 fl. Tatsächlich fand sich Halm zur vereinbarten Zeit in dem angegebenen Wirtshaus ein. Dort übergab ihm Friz die Wachsabdrücke in einem „Wetzkerlin", einer kleinen Tasche. Halm reiste nun eilends nach Kassel und traf dort vermutlich auch mit Herzog Ulrich zusammen, um über die bisherigen Erfolge zu berichten. Dem Schlosser gegenüber, der die Nachschlüssel anfertigen sollte, gab er sich als

ein Edelmann aus, der die Schlüssel benötigte, weil er seiner Frau nicht traue. Die fünf Nachschlüssel, für die er dem Schlosser insgesamt 25 fl bezahlte, händigte er, nach Esslingen zurückgekehrt, Emhart aus.
Der ehemalige Burgvogt berief jetzt Friz in sein Haus nach Esslingen und übergab ihm am „Gutentag", am Montag nach Palmsonntag, am 3. April 1531 die Nachschlüssel, behielt ihn aber auch noch bei sich über Nacht, während der sie die praktische Durchführung des Plans einer Öffnung des Hohenaspergs für Herzog Ulrich besprachen. Friz, so wurde vereinbart, sollte zunächst abwarten, bis ihm Emhart den genauen Zeitpunkt mitteilte, an dem die 30 Kriegsknechte für den Überfall bereitstünden. Diese Kriegerschar werde sich an den hinteren Turm heranschleichen und bei Nacht zu den Schießlöchern hereinkriechen. Friz solle dann die untere Tür im Turm öffnen, die obere Falle aber wieder zuschließen. Emhart werde dann mit seinen 30 Mann unten im Turm den Morgen abwarten. Sobald jedoch die gesamte Besatzung, ausgenommen lediglich die Wache, beim Essen säße, solle Friz die obere Falle öffnen und selbstverständlich auch alle weiteren Türen. Die eingedrungenen 30 Mann würden daraufhin erst die Wache, sodann die bei Tisch befindliche Garnison überwältigen und sie bei einem etwaigen Versuch, Widerstand zu leisten, niedermachen. Ebenso würden sie Burgvogt Hans Dietrich Speth von Sulzburg, seit 1530 Nachfolger Kaspar Speths, gefangen nehmen.
Der weitere Plan sah vor, den Todfeind Ulrichs, Dietrich Speth von Zwiefalten, auf den Hohenasperg zu locken, ihn dort einzukerkern oder zu erstechen. Dasselbe sollte auch mit dem österreichischen Statthalter in Stuttgart, Truchsess Georg von Waldburg, und den anderen Mitgliedern der österreichischen Landesregierung geschehen. Nach den späteren Aussagen von Emhart und Friz wollte man den Burgvogt nach dessen Gefangennahme zwingen, dass er dem Statthalter und den Regierungsmitgliedern in Stuttgart schrieb und sie bat, zur Besprechung einer wichtigen und nicht aufschiebbaren Angelegenheit auf den Hohenasperg zu kommen. Zu dieser Zeit hielt sich Herzog Ulrich mit Landgraf Philipp von Hessen nahe der nördlichen Grenze Württembergs bereit, um auf ein gegebenes Zeichen hin mit hundert Bewaffneten zu der Bergfeste vorzustoßen. Die Verschwörer gingen davon aus, dass „das gemeine Volk" nicht zögern werde, sich dem

zurückkehrenden Landesherrn anzuschließen. Truchsess Georg von Waldburg meinte später, als ihm die Hintergründe des geplanten Handstreichs auf den Hohenasperg bekannt waren, Herzog Ulrich hätte ihn und alle seine Mitregenten auf dem Hohenasperg „zum Laden herausgehenkt".
Durch einen Zufall wurde der Anschlag doch noch vorzeitig entdeckt. Einem Bediensteten auf dem Hohenasperg – sein Name und die Funktion, die er bekleidete, sind nicht bekannt – fielen bei einem „Knecht" „ungewöhnliche" Schlüssel auf. Er ritt spornstreichs zum Statthalter nach Stuttgart und berichtete diesem am Morgen des Sonntags Quasimodogeniti, also am 16. April, von seiner Entdeckung. Truchsess Georg von Waldburg ließ sofort sein Pferd satteln, nachdem er sich vergewissert hatte, das Burgvogt Speth von den ominösen Schlüsseln keine Kenntnis hatte, und er ritt mit einigen bewaffneten Dienern zum Hohenasperg. Dort rief er, nachdem er die erforderlichen Vorsorgemaßnahmen getroffen hatte, die gesamte Besatzung zusammen. Rasch vermochte er in Hans Friz den Schuldigen auszumachen, zumal ihm offenbar die Erkennungsbuchstaben J. H. M. verraten worden waren, mit denen sich die Verschwörer zu erkennen geben sollten. Friz legte ein umfassendes Geständnis ab und bat um Gnade.
Noch am gleichen Tag ritt der Statthalter in Begleitung eines rechtskundigen Rats nach Esslingen und verlangte die Festnahme und die Auslieferung des Hauptschuldigen Emhart. Allein der Rat der Reichsstadt weigerte sich unter Berufung auf die Freiheiten der Stadt und auf das Esslinger Bürgerrecht Emharts, den ehemaligen Burgvogt auszuliefern. Er verlangte, ehe er weitere Schritte unternehme, dass Emhart und Friz einander gegenübergestellt würden. Schließlich aber kam der Rat dem Statthalter entgegen. Er ließ Emhart in den Turm bringen und seinen Tisch versiegeln, d. h. seine Korrespondenz beschlagnahmen. Inzwischen war es aber den Angehörigen und Freunden des Inhaftierten gelungen, belastende Korrespondenzen zu vernichten. Ein Bericht über die einige Tage darauf erfolgte Gegenüberstellung von Friz und Emhart fehlt. In seinen späteren Bekenntnissen schob Emhart die Schuld an dem Komplott Friz zu. Er behauptete gar, der ganze Plan sei ihm wie eine phantastische Utopie vorgekommen. Drohungen von Kaiser Karl V. und König Ferdinand veranlassten die Reichsstadt Esslingen nach längerem Hin und Her, Emhart zu einer lebensläng-

lichen Gefängnishaft zu verurteilen. Allein, die Haft war sehr milde. Emhart empfing viele Besuche und konnte sich eingehend mit lutherischem Schrifttum beschäftigen. Auch nahm sich der Reformator Ambrosius Blarer des Gefangenen an. Gerne hätte der Rat Gnade walten lassen. Doch Kaiser wie König weigerten sich, die lebenslange Haft aufzuheben. Erst 1542 kam Emhart wieder frei, starb aber schon im folgenden Jahr. Friz dagegen, dem der Truchsess für den Fall eines umfassenden Geständnisses Gnade zugesichert hatte, wurde lediglich die Gnade gewährt, durch das Schwert zu sterben anstatt durch eine der damals üblichen schrecklichen Hinrichtungsprozeduren den Tod zu erleiden.

Halm misslang die Flucht in die Schweiz. Er wurde in Villingen verhaftet. Um sich Folterqualen zu ersparen, bekannte er alle seine Verbrechen und ebenso seine Beteiligung an dem Komplott, dem österreichischen Regiment in Württemberg ein Ende zu bereiten und Herzog Ulrich die Rückkehr in sein Land zu ermöglichen. Unter Berufung auf die ihm zustehende Blutgerichtsbarkeit verweigerte der Rat der österreichischen Stadt Villingen die vom Statthalter und der Regierung in Stuttgart nachdrücklich geforderte und auch von König Ferdinand befürwortete Auslieferung des Delinquenten. Wegen seiner fürchterlichen Verbrechen und wegen der von ihm zugunsten der „neuen ketzerischen lutherischen und zwinglischen Sekte“ betriebenen „Empörung gegen alle Obrigkeit und Ehrbarkeit“ verhängte der Rat aber die grausamste Art der Todesstrafe über ihn. Am Samstag, dem 18. November 1531 wurde er gefesselt zur Richtstatt geführt und dort niedergeworfen. Nachdem ihm mit dem Rad acht Stöße gegeben und dadurch die Beine ober- und unterhalb der Knie, die Arme ober- und unterhalb der Ellbogen gebrochen worden waren, wurde sein Körper in vier Teile zerstückelt und ein Teil mit dem Kopf auf der Richtstätte auf das Rad gebunden, die anderen Teile aber an drei Straßen aufgehängt, „seine Seele Gott dem Allmächtigen befohlen und der Leib dem Luft“ (wahrscheinlich dem Wind).

Der vereitelte Anschlag auf die Feste Hohenasperg im Jahr 1531 blieb in der Erinnerung. Er beschäftigte noch nach vielen Generationen die Phantasie der Menschen. 1858 berichtete M. Biffart in seiner „Geschichte der württembergischen Veste Hohenasperg“, dass nach der Aufdeckung des „Ver-

Die grausame Hinrichtung des ehemaligen Stadtschreibers der Reichsstadt Aalen, Hans Halm, am 18. November 1531 in Villingen.

brechens“ der frühere Burgvogt Emhart zur Strafe für den versuchten Verrat auf dem Hohenasperg lebendig eingemauert, dessen williger Helfer Hans Friz aber lebendig gevierteilt worden sei. Nach seiner Darstellung hatte Herzog Ulrich dadurch den Anstoß zu dem Anschlag gegeben, dass er Emhart verlockende finanzielle Angebote gemacht und diese durch das Geschenk von Goldstücken bekräftigt habe. Der Herzog habe sich damals häufig in der Nähe des Hohenaspergs aufgehalten. Hierbei sei er einmal in Münchingen von der Adlerwirtin erkannt und beinahe einer kaiserlichen Patrouille verraten worden.[56]

Die letzten Jahre der österreichischen Herrschaft und die Rückeroberung Württembergs durch Herzog Ulrich

1530 befand sich König Ferdinand vor allem wegen der hohen Ausgaben, die der Krieg gegen die Türken verursachte, in Geldverlegenheit. Er forderte daher von den württembergischen Landständen einen Betrag von 80000 fl. Der auf den 14. September wegen der „sterbenden Läuf“, der

Pest, nach Tübingen einberufene Landtag lehnte dies ab. Am 23. Oktober wurde daher der Landtag erneut einberufen, diesmal wegen der fortdauernden Seuchengefahr nach Markgröningen. Um die Landstände dem Verlangen des Königs gefügiger zu machen, kehrte Statthalter Truchsess Georg von Waldburg eilends vom Reichstag in Augsburg nach Württemberg zurück und nahm, solange das Parlament in Markgröningen tagte, seinen Sitz auf dem Hohenasperg. In der Tat zeigten sich jetzt die Landstände entgegenkommender. Sie bewilligten mit 20000 fl allerdings nur ein Viertel der geforderten Summe und gestanden schließlich auch noch zu, dass dieser Betrag Ferdinand bereits nach seiner Wahl zum römischen König und nicht erst nach seiner Krönung ausbezahlt werden sollte. Dennoch akzeptierten Statthalter und Regierung diesen Kompromiss. Truchsess Georg von Waldburg konnte rasch wieder den Hohenasperg in Richtung Stuttgart verlassen.[57]

Bereits am 5. Januar 1531 wurde Ferdinand zum römischen König gewählt.[58] Einen guten Monat zuvor hatte er zusammen mit seinem Bruder, Kaiser Karl V., den Hohenasperg besucht.[59] Da er schon damals durch die Umsiedlung von Bürgern der Stadt Asperg an den Fuß des Berges mit der Realisierung des Plans begonnen hatte, durch die Einbeziehung des ganzen Bergplateaus in den Festungsbereich diesen zu einer großen Landesfestung auszubauen, dürfte er wohl dem Bruder bei dieser Gelegenheit sein Projekt anschaulich vor Augen geführt haben, und Karl V. hatte dagegen schwerlich Einwände. Die Markgröninger bekamen übrigens das Oberhaupt des Heiligen Römischen Reichs Deutscher Nation und zugleich spanischen König, in dessen weltweitem Machtbereich die Sonne nicht unterging, Ende Januar 1531 zu Gesicht, als Karl V. auf der Reise von Nördlingen über Schwäbisch Gmünd und Cannstatt zum Rhein in der Stadt Station machte.[60]

Mit der Ernennung von Truchsess Georg von Waldburg zum Statthalter in Württemberg hatte das Haus Österreich einen guten Griff getan. Der Bauernjörg hatte nicht nur gezeigt, dass er ein tüchtiger, allerdings auch harter, seine Feinde unbarmherzig verfolgender Kriegsmann war, sondern er hatte sich zudem schon bald, nachdem er die Leitung der Regierung in Stuttgart übernommen hatte, als ein politisch begabter und befähigter Regent erwiesen. Zwar hatte er die Sympathien der von ihm schlimm bestraften und gedemütigten Bevölkerung nicht zu gewinnen vermocht, wohl aber hatte er sich durch sein straffes Regiment bei der Ehrbarkeit einen festen Rückhalt verschafft und deren Respekt erworben. Dass er überraschend im Mai 1531, erst 43 Jahr alt, starb, bedeutete für die Landschaft einen schweren Schlag. König Ferdinand tat sich nicht leicht, einen geeigneten Nachfolger zu finden. Erst im folgenden Jahr 1532 gab er Württemberg in der Person des 29-jährigen Pfalzgrafen Philipp einen neuen Statthalter. Obwohl es Philipp an intellektuellen Fähigkeiten und an Tatkraft nicht mangelte, über die politische Statur des verstorbenen Bauernjörgs verfügte er nicht.[61]

Auf dem Hohenasperg führte seit 1529 als Hauptmann und Burgvogt Hans Dietrich Speth (Späth) das Kommando.[62] Unter ihm wurde die Ausstattung der Feste mit Geschützen sowie sonstigen Waffen und mit Munition verstärkt. 1531 befand sich auf dem Hohenasperg eine Kanone, der der Name „Nachgall" (wahrscheinlich Nachtigall) beigelegt war. Sie schoss „55 Pfund Eisen". An weiteren Geschützen waren vorhanden: eine Kartaune, eine Eisenschlange, eine Büchse (vermutlich ein leichtes Geschütz), sechs Falkonettlein, sowie zwei eiserne Böller; an sonstigen Waffen: 36 Messing-Doppelhaken (Hakenbüchsen), 39 Eisen-Doppelhaken, 60 einfache Haken, 84 Eisenhandrohre (Gewehre), 142 Messing-Handrohre, 785 unterschiedliche Messing-Handrohre. Die Munition bestand in Kugeln aus Eisen, Stein und Blei, zum Teil aus gewichtigen Stein- und Eisenkugeln für die Geschütze, Bleikugeln für die Handfeuerwaffen. Ferner lagen für den Verteidigungsfall bereit: Harnische, Spieße, Hellebarden, Schweinspieße, Armbrüste, Messer, Degen, Ringkragen und Armschienen.

Gesorgt war für Proviantvorräte (u. a. für Musmehl, Gerste, Erbsen, Haferkorn, sicher auch für Dinkel und Roggen), für Bauholz, für Schmied- und Schlosserwerkzeug, für Mühlsteine für die Rossmühle, für Spindeln, Hebeisen, Bäckergerätschaften, Küchengeschirr und andere Ausstattungsgegenstände mehr. In der Kapelle des Schlosses wurde ein silberner Kelch aufbewahrt, der allerdings in die Kirche des Städtleins gehörte, sowie mehrere Messgewänder.[63]

Dem Burgvogt Hans Dietrich Speth, der dienstlich zwei Pferde halten durfte, unterstand der Zeug- und Büchsenmeister Hans Friz aus Zwiefalten sowie 26 Knechte (Söldner) und zwei Wächter. Friz war, wie bereits erwähnt, 1531 in den gescheiterten Plan Herzog Ulrichs verwickelt, sich in den Besitz der Feste Hohenasperg zu setzen, und er musste seine Mithilfe mit der Todesstrafe büßen.

Für die Verproviantierung der Feste waren einzelne Ämter bestimmt. So mussten der Forstmeister auf dem Reichenberg, der Vogt zu Marbach, der Unternehmer Trautwein Vaihinger sowie der Forstmeister am Stromberg das benötigte Holz (Brenn- und Bauholz) liefern.[64]

Herzog Ulrich hatte trotz aller Fehlschläge den Plan einer Rückeroberung seines Landes nicht aufgegeben. In Landgraf Philipp dem Großmütigen von Hessen, an dessen Hof er 1526 Aufnahme gefunden hatte, gewann er einen politisch hoch befähigten Verbündeten, vor allem nachdem er sich persönlich der Sache der Reformation zugewandt hatte. Landgraf Philipp versicherte sich der politischen Rückendeckung des habsburgfeindlichen französischen Königs und kam im März 1534 mit Ulrich überein, gemeinsam die erforderlichen militärischen Vorbereitungen zu treffen. Er verpflichtete sich, auf seine Kosten für die Dauer von drei Monaten 600 Pferde zu stellen, und Ulrich wollte nach der Rückeroberung seines Landes für die gesamten sonstigen Kriegskosten aufkommen. Durch Werbungen brachten die beiden Fürsten eine Söldnertruppe von rund 20000 Mann auf die Beine. Außerdem standen ihnen etwa 5000 Reiter zur Verfügung, die hauptsächlich der hessische Adel aufgeboten hatte. Einzelne Fürsten und sonstige Reichsstände unterstützten das geplante Feldzugsunternehmen durch Geldzuwendungen.

Der Regierung in Stuttgart blieben die militärischen Aktivitäten des hessischen Landgrafen und des vertriebenen württembergischen Herzogs nicht verborgen. Doch ihre dringenden Appelle an König Ferdinand, das Land in Verteidigungszustand zu setzen, verhallten ungehört. Der König war zu sehr auf Böhmen und Ungarn, wo er in der Tat stark gefordert war, sowie auf die Türkengefahr fixiert. Ende April 1534 entschlossen sich Philipp und Ulrich zu raschem Handeln. Sie rückten, nachdem sich ihnen bei Darmstadt die für sie von Graf Wilhelm von Fürstenberg geworbene Söldnertruppe angeschlossen hatte, durch den Odenwald – der Durchzug durch die Pfalz war ihnen verwehrt worden – nach Süden gegen die württembergische Grenze vor. Am 10. Mai standen sie bei Neckarsulm. Drei Tage später kam es bei Lauffen am Neckar zur Schlacht. Das kleine Heer von Pfalzgraf Philipp, 12 000 Mann zu Fuß und 500 Reiter, vermochte sich gegen das zahlenmäßig erheblich stärkere Heer von Landgraf Philipp und Herzog Ulrich nicht zu behaupten. Sein Widerstand wurde schnell gebrochen. Fluchtartig zog es sich nach Süden zurück und löste sich größtenteils auf. Das Land stand den Siegern offen. Eine kleine Kerntruppe mit dem in der Schlacht verwundeten Statthalter Pfalzgraf Philipp, der beim fluchtartigen Übergang über die Enz in der Wullingsfurt bei Bissingen einen Teil seines Wagenparks mit wichtigen Dokumenten der Kanzlei einbüßte, setzte sich auf dem Hohenasperg fest, um diesen gegen den vordringenden Feind zu verteidigen. Landgraf Philipp und Herzog Ulrich kümmerte dies wenig. Sie zogen mit ihren Truppen an der Bergfeste vorbei. Bereits am 15. Mai öffnete ihnen Stuttgart die Tore. Als Triumphator ritt Ulrich wieder in seine Residenzstadt ein.[65]

Während und nach der Schlacht bei Lauffen verhielt sich die Besatzung auf dem Hohenasperg ruhig. Lediglich einmal, als eine offensichtlich vom Gros des Heeres getrennte Wagenkolonne der Sieger nahe an dem Berg vorbeizog, nutzte sie die Gelegenheit, überfiel den Konvoi und brachte die erbeuteten Wagen und sehr wahrscheinlich auch die Fuhrleute sowie die Pferde auf die Feste.[66] Durch die Begleittruppe des Statthalters war die Besatzung auf etwa 500 „Knechte" (Söldner) und 100 „Reisige" (berittene Söldner) angewachsen. Außer Pfalzgraf Philipp hatten auf dem Berg auch Mitglieder der königlichen Regierung in Stuttgart, so Konrad von Rechberg, die Räte Jakob von Bernhausen und Dr. Johann Faut, der Kanzler Joseph Münsinger und der Rentmeister Klaus Gaisberger, außerdem einige junge Adlige, die zur Hofhaltung des Statthalters gehörten, Zuflucht gesucht.[67]

Landgraf Philipp und Herzog Ulrich sahen zunächst von einer Belagerung des Hohenaspergs ab. Sie begnügten sich damit, die Feste durch eine Reiterabteilung und zwei Fähnlein Fußvolk unter Kontrolle zu halten und Ausfälle der Besatzung zu verhindern. Das Kommando über diese kleine Truppe wurde Marschall Hermann von Malsberg übertragen, der in Markgröningen seinen Befehlsstand aufgeschlagen hatte. Ein österreichischer

Offizier, der sich mit etlichen Mann bei Nacht von außen an die Festung heranpirschte, um Kontakt mit der Besatzung aufzunehmen, wurde von den hessischen Feldwachen entdeckt und gefangen genommen. Und am Pfingstfest, dem 24. Mai gelang es gar der Beobachtungstruppe, der Hohenasperger Besatzung 60 Ochsen wegzunehmen, die diese auf die Weide in das Osterholz getrieben hatte.[68] Das Störfeuer, mit dem man vom Berg aus die Wegnahme der Ochsen verhindern wollte, schreckte die hessischen Reiter nicht; es blieb gänzlich wirkungslos vor allem auch deshalb, weil der Aktionsradius der Festungsartillerie sehr beschränkt war. Der Raub der Ochsenherde gab den Anstoß zu einem Spottlied, das auch heute noch bekannt ist.[69]

Innerhalb weniger Tage vermochten Landgraf Philipp und Herzog Ulrich den Großteil Württembergs in ihre Gewalt zu bringen. Bereits am 19. Mai ergab sich ihnen die Stadt Tübingen und kurz darauf – zehn Kanonenschüsse hatten ausgereicht – die Feste Hohentübingen. Die Besatzung erhielt freien Abzug, und dem Kommandanten wurden noch einige zusätzliche Vergünstigungen zugestanden. Zähen Widerstand leistete die Feste Hohenurach; sie konnte erst nach längerer Belagerung zur Kapitulation gezwungen werden.[70] Bereitwillig huldigten Städte und Ämter dem angestammten Herzog. Ein etwas holpriges, nicht leicht verständliches Lied hielt dies fest: „An dem Kreuzfreitag [Freitag nach dem fünften Sonntag nach Ostern = 15. Mai 1534] gleich hernach dem Herzog war gen Stuttgart gach [plötzlich, schnell, unversehens]. Vayhing[en] und Gröning[en] täten hulden, das mussten seine Feind wohl dulden; bald [er]gaben sich auch die andern Städt." Der Hauptmann in Markgröningen, Hektor Böhme, meldete am 18. Mai Herzog Ulrich, er und seine Mithauptleute hätten den Bewohnern des Städtchens Asperg und des Dorfes Weihingen (Weihenberg) befohlen, dem Landesherrn zu huldigen. Allein die Asperger und die Weihenberger hätten dringend gebeten, ihnen die Huldigung so lange zu erlassen, bis sich die Besatzung des Schlosses Hohenasperg dem Herzog ergeben habe, weil sie als unmittelbare Anlieger der Feste sonst Repressalien befürchten müssten.[71] Es scheint, dass dieser Bitte stattgegeben wurde.

Am 29. und 30. Mai bezogen starke Truppenverbände rings um den Hohenasperg Stellung. 6000 bis 8000 Bauern aus der Umgebung wurden auf-

geboten. Sie mussten beim Egelsee zwei Schanzen aufwerfen, wobei jedoch strittig ist, ob es sich um den Egelsee bei Tamm oder um den Egelsee bei Eglosheim, den heutigen Monrepossee, handelt. Beide Seen bzw. ehemalige Seen (der Tammer Egelsee war damals allerdings schon verschwunden und lediglich noch eine Flurbezeichnung) liegen dem Hohenasperg nahe. Eine dritte Schanze wurde wie während der Belagerung der Feste 1519 durch den Schwäbischen Bund beim Dorf Weihenberg errichtet, das jetzt schon meist den Namen Unterasperg führte. Die beiden Fürsten schlugen ihr Hauptquartier in Eglosheim auf.[72]
Ehe Landgraf Philipp und Herzog Ulrich den Befehl erteilten, die Belagerung mit allen zur Verfügung stehenden Mitteln zu betreiben, forderten sie die königliche Besatzung auf, weiteres Blutvergießen zu vermeiden und sich der Übermacht der Belagerer zu ergeben. Um ihrer Aufforderung Nachdruck zu verleihen, übersandten sie die in Stuttgart in der Regierungskanzlei aufgefundene Abschrift eines Briefes von Pfalzgraf Philipp an König Ferdinand. In diesem Schreiben hatten der Pfalzgraf und die übrigen Mitglieder der Regierung in Stuttgart Klartext geredet. Sie hatten den König dringend ersucht, statt hinhaltender beruhigender Briefe dem bedrohten Land Württemberg raschestens militärisch zu Hilfe zu kommen, und sie hatten sich nicht gescheut, ihm zu sagen, dass seine Saumseligkeit schuld sei, wenn das Land Österreich entrissen werde. Doch Pfalzgraf Philipp reagierte auf den für ihn peinlichen Brief nicht in der von Landgraf Philipp und Herzog Ulrich erwarteten und gewünschten Weise. Im Gegenteil. Trotz aller Enttäuschung hielt Philipp seinem König die Treue. Er gab sich kämpferisch, erklärte, der Asperg solle sein „Kirchhof", also sein Friedhof, sein.
Nun blieb nichts anderes übrig, als die Bergfeste militärisch zu bezwingen. Die Besatzung zeigte sich zunächst zuversichtlich. Die Artillerie steckte damals gewissermaßen noch in den Kinderschuhen. Häufig versagten die stark witterungsabhängigen Geschütze, ebenso die Handfeuerwaffen den Dienst. Daher hoffte man in der Feste, die Belagerer müssten vorläufig auf eine Beschießung verzichten, weil die „Büchsen" bei großer Hitze, wie dies augenblicklich der Fall sei, zersprängen, wenn man mit ihnen schösse. Allein, es stellten sich kühlere Tage ein.[73] Landgraf Philipp und Herzog

Ulrich befahlen jetzt, sofort mit einer Beschießung der Feste zu beginnen. Die reiche Beute an Geschützen und Handfeuerwaffen, an Pulver, Stein- und Eisenkugeln ermöglichten ihnen dies. Auf Schloss Hohentübingen waren ihnen 100 Zentner Pulver, 400 eiserne Kugeln sowie zwei Kartaunen, in Stuttgart 25 Zentner Pulver und etliche Kugeln, in Urach ein großes Quantum Pulver und zahlreiche Kugeln in die Hände gefallen. Außerdem fehlte es ihnen nicht an Hakenbüchsen und anderen Handfeuerwaffen, mit denen die von ihnen angeworbenen Söldner trefflich umgehen konnten.[74]

In der Morgenfrühe des 1. Juni setzte die Beschießung der Bergfeste ein; sie dauerte den ganzen Tag an und wurde auch am folgenden Tag fortgesetzt. Insgesamt 647 mal feuerten in einer für die damalige Zeit ungewöhnlichen Dichte die Geschütze der Belagerer auf und in die Feste, und sie richteten dort erheblichen Schaden an. Der Brunnen, die Küche und das Backhaus wurden zerstört.[75] Hakenbüchsenschützen, die rings um die Feste postiert waren, drangen zum Teil bis zu den Mauern vor und hielten die Besatzung in Schach. Die Gegenwehr der Verteidiger scheint recht schwach gewesen zu sein. Die Verluste und der Schaden, die sie den Angreifern zufügten, waren verhältnismäßig gering. Es fehlte ihnen vor allem an Kugeln. Deshalb zahlte der Kommandant für jede durch feindliche Geschütze in die Festung geschleuderte Kugel dem Soldaten, der sie aufhob und ablieferte, 2 Batzen. Insgesamt wurden so 400 Kugeln gesammelt. Wenn man berücksichtigt, dass zahlreiche von den Belagerern abgeschossene Kugeln in den Mauern stecken blieben, dann kann man davon ausgehen, dass beinahe jedes Artilleriegeschoss, das in der Feste niederging, aufgehoben und abgeliefert wurde.[76]

Bei der Besatzung der Bergfeste verschlechterte sich nicht zuletzt angesichts eines zahlenmäßig und waffentechnisch weit überlegenen Feindes, dem sie nur wenig entgegenzusetzen hatte, die Stimmung. Ein aufrührerischer Geist gewann die Oberhand. Die „Knechte“ beschwerten sich nicht nur darüber, dass sie altes Kuhfleisch zu essen bekamen, sondern sie verlangten auch just im gefährlichsten Moment eine Erhöhung ihres Solds. Hierbei erklärten sie, Herren und Knechte seien gleich. Daher müssten auch sie an den Übergabeverhandlungen beteiligt werden. Schließlich ver-

Die Festung Hohenasperg mit Umgebung Mitte des 16. Jahrhunderts.
Ausschnitt aus einem Holzschnitt von Hans Schäufelin.

weigerten sie sogar die ihnen befohlenen Wachdienste. Dem Statthalter und der Leitung der Festung blieb keine andere Wahl als die, unverzüglich Kapitulationsverhandlungen aufzunehmen. Diese führten rasch zum Ergebnis. Landgraf Philipp und Herzog Ulrich ergriffen von der Festung Besitz. Sie besuchten den verwundeten Pfalzgrafen an seinem Krankenlager, und der Landgraf stellte ihm sogleich seinen Leibarzt zur Verfügung. Die Besatzung erhielt freien Abzug und durfte ihr persönliches Eigentum mitnehmen. Dies galt auch für die Mitglieder der österreichischen Regierung und die Berater des Statthalters, die sich zum Zeitpunkt der Kapitulation auf dem Hohenasperg aufhielten. Pfalzgraf Philipp durfte die Festung gleichfalls als freier Mann verlassen, wobei er sein Ehrenwort gab, in den nächsten sechs Monaten nicht gegen Landgraf Philipp und Herzog Ulrich zu dienen. Als letzte Festung des Landes öffnete wenige Tage später der Hohenneuffen Herzog Ulrich seine Tore.[77]

Pfalzgraf Philipp überlebte die Kapitulation des Hohenaspergs nicht lange. Er starb schon kurze Zeit danach an den Folgen seiner Verwundung.[78] Durch die Vermittlung von Kurfürst Johann Friedrich dem Großmütigen von Sachsen, der damals der politisch einflussreichste evangelische Reichsfürst war, kam am 29. Juni 1534 der Friedensvertrag von Kaaden zustande. Herzog Ulrich erhielt sein Land zurück, allerdings in der Form eines österreichischen Afterlehens. Er verpflichtete sich dafür, Ferdinand als deutschen König anzuerkennen und die Landesschulden zu übernehmen. Den Versuch Ferdinands, Ulrich die Einführung der lutherischen Lehre, der Reformation, in Württemberg vertraglich zu verbieten, vereitelte der sächsische Kurfürst.[79]

Bereits während der Belagerung des Hohenaspergs forderte Landgraf Philipp von Herzog Ulrich den vollen Ersatz für seine Kriegskosten. Die Landstände übernahmen auf massiven Druck des Herzogs diese finanzielle Verpflichtung. Einen ersten Teil in Höhe von 77 000 fl konnte Ulrich daher dem Landgrafen umgehend in bar erstatten. Über die Restsumme – es waren etwas mehr als 153 000 fl – einigten sich die beiden Fürsten Anfang Juli 1534 im Feldquartier in Daugendorf an der Donau. Hierbei setzte Landgraf Philipp, um auch sicher in den Besitz des Geldes zu gelangen, durch, dass sich Prälaten, Adel und Städte für die vereinbarte und noch nicht bezahlte Restsumme verbürgten.[80]

Nach dem Kaadener Vertrag hätten die Geschütze auf dem Hohenasperg an König Ferdinand ausgeliefert werden müssen.[81] Ob dies geschah, lässt sich indes nicht feststellen. Doch da auch einige andere Vertragsbestimmungen, so die Überlassung des Hohentwiels an Österreich, nicht eingehalten wurden, ist es nicht unwahrscheinlich, dass der kleine und allem Anschein nach technisch recht mangelhafte Artilleriepark auf dem Berg verblieben ist.

Nach einem Bericht der meist recht gut unterrichteten Zimmer'schen Chronik soll Kanzler Münsinger in der allgemeinen Ratlosigkeit unmittelbar vor Übergabe der Festung ein ganzes Fass mit alten und sehr wertvollen Dokumenten, hauptsächlich Pergamenturkunden, verbrannt haben. Diese dadurch unwiederbringlich verlorenen historischen Quellenzeugnisse hätten über die Frühgeschichte „der fürnehmsten Geschlechter" Schwabens, der Herzöge von Teck, der Grafen von Asperg, der Pfalzgrafen von Tübingen, der Grafen von Calw und anderer Familien Aufschluss gegeben.[82]

Unter der Belagerung des Hohenaspergs litten neben den stark mit Truppen belegten Städten und Dörfern der näheren Umgebung wie Markgröningen, Möglingen, Eglosheim, Pflugfelden und Tamm vor allem die Bewohner des Unteraspergs, d. h. diejenigen Asperger, die der Aufforderung der königlichen Regierung nach 1520 gefolgt waren und ihren Wohnsitz von dem allzu beengten Städtchen auf dem Berg herabverlegt hatten, entweder in das Dörfchen Weihenberg selbst, das damals die Bezeichnung „Wychenberg unterm Asperg" führte, oder in dessen unmittelbare Nähe. In einem Schreiben an die herzogliche Regierung vielleicht noch im Jahr 1534 oder aber kurz darauf beschwerten sie sich über das ihnen auferlegte Hilfsgeld in Höhe von 99 fl – wahrscheinlich den ihnen auferlegten Anteil an den Kriegskosten, die Landgraf Philipp in Rechnung stellte. Sie klagten, sie hätten bislang von ihrer Umsiedlung weder wirtschaftlich noch sonstwie in irgendeiner Weise profitiert. Sie hätten ihre Hüttlein auf dem Asperg, die ihr wertvollster Besitz gewesen seien, abbrechen und am Fuß des Berges im Feld neu errichten müssen. Dies habe sie stark belastet. Hinzu seien „Missgewächs, Teuerung und Hungersnot" gekommen. So seien bei der Rückkehr Herzog Ulrichs und bei der Belagerung der Feste Hohenasperg der größte Teil ihres angepflanzten Getreides zertreten, zusammengefahren und verwüstet, die Mauern ihrer besten Weinberge eingerissen, die Reben abgehauen und die Baumgärten verheert worden. Die Wiesen seien ganz verödet und ausgedörrt, so dass sie weder Heu noch Öhmd hätten machen und auch sonst kein Futter hätten bekommen können. Deshalb sei ihr Vieh verdorben. Außerdem hätten die Kriegsleute die Zäune „zerrissen" und verbrannt, an den Häusern die Türen „abgebrochen", die Bleche weggenommen, die Öfen und Fenster zerschlagen, das Gehölz, also den Wald, verbrannt, den Flecken ausgeplündert. Nach ihrem „Freiheitsbrief" seien ihnen bisher nie mehr als 25 fl im Jahr, keinesfalls aber 99 fl abgefordert worden. Wie schon die königliche Regierung, so habe ihnen jetzt auch Herzog Ulrich die Bestätigung dieses ihres Freiheitsbriefs zugesichert. Hätte man sie auf dem Asperg wohnen lassen, wäre ihnen „viel Unrats,

Kummers und Schadens“ erspart geblieben, und sie wären niemals in solche Armut und Not geraten. Ob die Bitte der Unterasperger, der Herzog möge sich mit den von ihnen bereits bezahlten 30 fl begnügen, erfüllt wurde, wissen wir nicht. Auf dem Gesuch findet sich lediglich der Rückvermerk „In die [Rent-]Kammer“.[83]

Der Ausbau der Festung Hohenasperg nach 1534

Vielleicht hatten die Asperger gehofft, Herzog Ulrich werde die Pläne König Ferdinands einer Erweiterung und Modernisierung der Festung Hohenasperg nicht weiter verfolgen. Doch solche Wunschvorstellungen erwiesen sich als trügerisch. Der Herzog ließ, sobald er im Besitz des Berges war, keinen Zweifel daran, dass er so rasch wie möglich den Hohenasperg nach den neuesten Erkenntnissen der Befestigungstechnik zu einer der wichtigsten Landesfestungen ausbauen wolle. Daher befahl er die umgehende Umsiedlung der noch in dem Bergstädtchen lebenden Bürger und ihrer Familien an den Fuß des Berges. Ihr neuer Wohnort sollte das bereits bestehende und mit dem Dörfchen Weihenberg vereinigte Unterasperg sein. Auf dieses wurden sämtliche seither dem Bergstädtchen erteilten Privilegien übertragen. Beispielsweise durfte Unterasperg weiterhin einen Abgeordneten in den Landtag entsenden. Indes blieb die so geschaffene Siedlung, deren Haupterwerbsquelle die Landwirtschaft bildete, mit ihrer verhältnismäßig kleinen Gemarkung ein Ort, der sich wirtschaftlich kümmerlich über Wasser hielt und erheblich größere soziale Probleme hatte als Nachbardörfer wie Möglingen oder Tamm. Das Städtchen sank zum Dorf herab. Erst mit dem Bau der Eisenbahn und der beginnenden Industrialisierung nach der Mitte des 19. Jahrhunderts wurde dem Dorf Asperg, wie Unterasperg seit langem hieß, auf Antrag 1875 vom Württembergischen Innenministerium wieder der Rechtsstatus einer Stadtgemeinde verliehen.[84]

Herzog Ulrich ließ das Städtchen einschließlich der Kirche gänzlich beseitigen und dehnte das Areal der Festung auf den ganzen sechs Hektar großen plateauartigen Berggipfel aus. Bereits 1544 wird bei einer Beschreibung

der aus der katholischen Zeit herrührenden Einkünfte der Pfarrei, der Kaplaneien, Pfründen und des Heiligen als Standort der Kirche und als Sitz des Pfarrers wie selbstverständlich Unterasperg genannt.[85] Dabei wurde die heutige Asperger St. Michaelskirche erst 1557 errichtet.[86] Wahrscheinlich bestand im einstigen Dorf Weihenberg schon in den 1520er Jahren, wie früher erwähnt, eine Kapelle oder Filialkirche, auf die zunächst die Pfarrrechte des seit mindestens 600 Jahren auf dem Berg bestehenden Gotteshauses übergingen.
Mit der Aufhebung des Bergstädtchens Asperg und der Einbeziehung des von ihm seither beanspruchten Bauareals in die Festung sowie mit der Umsiedlung seiner Bewohner nach Unterasperg durch fürstlichen Willensentschluss fand die lange enge Verbindung zwischen bürgerlicher Siedlung und Festung ein Ende. Zwar teilte das Städtchen bzw. Dorf Unterasperg bzw. Asperg auch weiterhin das Schicksal der Landesfestung Hohenasperg, aber als bürgerliches Gemeinwesen nahm es eine eigenständige Entwicklung. Da im Mittelpunkt der Darstellung die Geschichte der Festung Hohenasperg steht, wird in den folgenden Abschnitten von Unterasperg bzw. Asperg lediglich noch dann die Rede sein, wenn Ereignisse, die die Festung betrafen, unmittelbare Auswirkungen auf die bürgerliche Siedlung hatten. Dies wird allerdings weiterhin recht häufig der Fall sein.
Herzog Ulrich wollte sein Land gegen militärische Einfälle besser schützen. Diesem Zweck diente der Bau bzw. Ausbau von sieben großen Landesfestungen, von fünf Höhenfestungen und zwei Städten: Hohenasperg, Hohenneuffen, Hohentübingen, Hohenurach, Kirchheim/Teck, Schorndorf und Hohentwiel. Dafür wandte er enorme Summen auf.[87] Die anderen Höhenburgen bzw. Bergschlösser, die für die Landesverteidigung seither gleichfalls eine Rolle gespielt hatten, wurden hinsichtlich ihrer Befestigung und ihrer artilleristischen Ausstattung im Wesentlichen auf dem alten Stand belassen. Ulrich legte auf den Ausbau der von ihm ausgewählten sieben Landesfestungen besonderes Gewicht. Um ihn mit der Intensität betreiben zu können, die ihm geboten erschien, erklärte er diesen Ausbau zur Chefsache. Seine Leistung auf diesem Gebiet ist bislang nicht hinreichend gewürdigt worden. Wenn indes die württembergischen Festungen bei späteren Kriegen dem Land nicht in dem erwarteten Maß

Die im 16. Jahrhundert zu einer der stärksten württembergischen Landesfestungen ausgebaute Hochadelsburg Hohenneuffen. 1801/02 wurde die Festung geschleift.

Schutz gewährten, so lag dies nicht an diesen architektonisch, befestigungsmäßig und waffentechnisch dem Standard der Zeit entsprechenden Wehranlagen, sondern an der überalterten Wehrverfassung des Landes. Diese beruhte auf einer schlecht ausgerüsteten und völlig unzulänglich ausgebildeten Volkswehr, einer Miliz der wehrfähigen männlichen Untertanen vom vollendeten 18. bis zum vollendeten 60. Lebensjahr, wogegen andere Fürsten längst über gut ausgebildete, häufig auch kriegserfahrene Berufssoldaten, Söldner, verfügten, die in kleineren wie größeren Kampfverbänden eingesetzt werden konnten.[88]

Beim Ausbau der württembergischen Landesfestungen ließ sich Herzog Ulrich von Landgraf Philipp dem Großmütigen beraten. Philipp besaß nicht nur Erfahrungen im Festungsbau, sondern er hatte auch tüchtige Baumeister an der Hand. Diese stellte er jetzt Herzog Ulrich zur Verfü-

gung. Auf dem Hohenasperg wirkten Heinz von Lutter und Balthasar von Darmstadt, auf Hohentübingen außerdem noch Hieronymus Latz. Von Lutter haben sich in den einschlägigen Beständen des Hauptstaatsarchivs zwei Berichte erhalten. Der erste Bericht trägt das Datum vom 29. Juni 1534 und betrifft den Wallbau auf dem Hohenasperg, der zweite ist ein ausführliches, zehn Seiten umfassendes, sehr aufschlussreiches Gutachten über den Festungsbau, gleichfalls den Hohenasperg betreffend.[89] Hierin schlägt Lutter dem Herzog vor, entsprechend den neuen Befestigungsgrundsätzen „Gewölbe", d. h. Kasematten und Erdenberge innerhalb der Ummauerung, Streichwehren zwischen Wall und Mauern sowie ein Bollwerk anzulegen. Diese Grundkonzeption wurde akzeptiert. Deshalb ist bis heute in der Festungsanlage deutlich die Handschrift Lutters erkennbar. Keine Verbindung nach Hessen hingegen hatten, soweit bekannt, die zeitweise auch als Baumeister auf dem Hohenasperg tätigen Martin Vogel, der aus Lienzingen stammte, und Simon Vogt, der von Heidelberg kam, ferner Jörg Grawer (Grauer). Hans-Martin Maurer nennt Vogel und Vogt die württembergischen Hauptbaumeister während der zweiten Regierungsperiode Herzog Ulrichs (1534–1550).[90]
In den zwölf Jahren von der Rückkehr Herzog Ulrichs bis zur Katastrophe des Schmalkaldischen Kriegs wandelte sich die zuvor bescheidene Feste Hohenasperg zur größten und militärisch stärksten Bergfestung des Landes. Ulrich ließ sich die Baumaßnahmen auf dem Hohenasperg allein 110 000 fl kosten, eine für damalige Verhältnisse gewaltige Summe. Für seine sieben Landesfestungen gab er insgesamt mehr als eine halbe Million Gulden aus, wobei der Löwenanteil mit knapp 200 000 fl auf die Festung Schorndorf entfiel. Herzog Christoph brachte dann den Ausbau der Landesfestungen zu einem Abschluss. Er wandte dafür nochmals 228 000 fl auf. Die Baumaßnahmen auf dem Hohenasperg in den 1550er und 1560er Jahren schlugen allerdings lediglich mit 30 000 fl zu Buch.[91] Demnach dürfte der Ausbau dieser Bergfestung größtenteils schon vor Beginn des Schmalkaldischen Kriegs abgeschlossen gewesen sein.
Die Hauptkennzeichen des Festungsbaus im 16. Jahrhundert bildeten die an den Ecken vorgeschobenen mächtigen Rundtürme, die der Aufstellung von Geschützen dienten und von denen aus das Gelände vor den Wehran-

lagen beherrscht und durch Kanonen und Hakenbüchsen unter Kontrolle gehalten werden konnte. Das Rondell und der Rundturm an der Südostmauer des Hohenaspergs dürften auf Vorgängerbauten basieren, die auf der Dürer-Zeichnung von 1519 zu sehen sind, aber wohl stark verändert worden waren, um sie mit den neuen Erkenntnissen des Festungsbaus und den gewandelten Anforderungen der Waffentechnik in Übereinstimmung zu bringen. Waren die mittelalterlichen Burgen mit schmalen Gräben umgeben, um das Aufstellen von Belagerungsmaschinen zu verhindern, so legte man jetzt durch Erdaufschüttungen Wälle und breite Gräben an. Die Gräben mauerte man aus, um den auf zwei Drittel ihrer Höhe aufgemauerten Erdwällen die erforderliche Festigkeit zu geben. Der vorgeschobene Rundturm bzw. das Rondell dienten zugleich zur Sicherung des Walls. Die Anlage von Wall und ausgemauertem Graben rings um die Festung verursachten die höchsten finanziellen Aufwendungen. Neben Bastionen und Kasematten stattete Herzog Ulrich die gewissermaßen aus einem Guss neu erbaute Festung auch mit Zeughaus und Pulverturm aus.
In gleicher Weise wie auf dem Hohentwiel und auf Hohentübingen errichtete der Herzog ein repräsentatives Schloss im Renaissance-Stil, eine Art Landschloss, in dem er sich immer wieder für kurze Zeit aufhielt. Noch 1604 wurde der „irdene Ofen mit den gemalten Kacheln" im Gemach Herzog Ulrichs erwähnt. Die gut erhaltenen Kacheln erregten die Bewunderung der Betrachter.[92] Wehrbau und Wohnschloss waren in der Reformationszeit noch immer nicht streng voneinander getrennt. Man sah deshalb auch auf architektonische Schmuckelemente. So besaß der 1535 geschaffene Torturm ein verziertes Portal.[93]
Eine technische Meisterleistung war der im Festungsbereich gegrabene Brunnen. Er soll nach einer Beschreibung bis zum Wasserspiegel eine Tiefe von 27 Metern und vom Wasserspiegel bis zum Quellgrund eine solche von etwa 135 Metern gehabt haben. Das Wasser wurde mittels eines Rads, das „tief unter dem Boden steht", an langen eisernen Ketten, an denen zwei jeweils 3 Imi (etwa 55 Liter) Wasser fassende Eimer hingen, heraufgezogen. Dies dauerte etwa eine halbe Stunde. Das Wasser war sehr sauber, aber eiskalt. Zu dem in den Boden eingelassenen Rad gelangte man durch „heimliche Gänge und verborgene Schnecken" (gewundene Gänge), die von

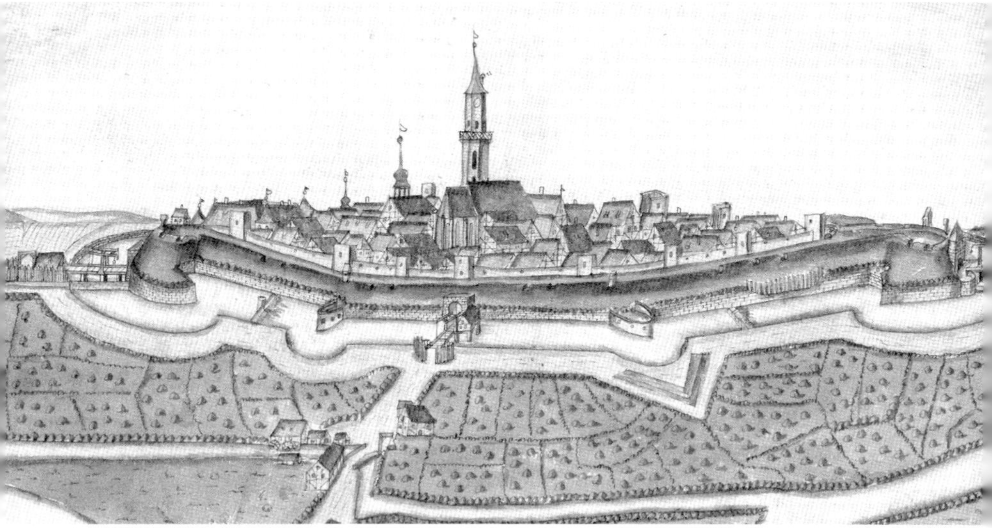

Die von Herzog Ulrich 1538 bis 1541 zur Landesfestung ausgebaute Amtsstadt Schorndorf im Jahr 1685 (Kieser'sches Forstkartenwerk).

zwei bis drei Mann begangen werden konnten. Das aus dem Tiefbrunnen geförderte Wasser wurde einem zweiten Brunnen zugeführt. Von diesem musste es mittels eines Zugrads in einen steinernen Turm hinaufgezogen werden. Von dort lief es unter dem Wall hindurch in einen steinernen Kasten, aus dem die Festungsbesatzung und deren Angehörige sowie die sonst hier lebenden Hofbediensteten und herzoglichen Räte dann das von ihnen benötigte Wasser schöpften. Neben diesem Brunnen gab es noch vier tief in die Felsen gehauene Zisternen. Dass sich in eine dieser Zisternen eine „lebendige Quelle" ergoss, wurde erst während der Belagerung des Hohenaspergs 1634/35 entdeckt.

Der Tiefbrunnen wurde im 19. Jahrhundert, als es an geeignetem Personal zum „Heraufwinden" des Wassers fehlte, aufgegeben. An ihn erinnert heute noch der mit Schießscharten versehene Wasserturm an der Nordostecke der Festung, ebenso eine runde Steinplatte im Graben.[94]

Bereits 1523 gab es auf dem Hohenasperg eine Rossmühle, d. h. eine Mühle, bei der ein mit Pferden bespannter Göpel die zum Mahlen des Korns erforderlichen Rotationsbewegungen der Mahlsteine ermöglichte.[95] Die Hohenasperger Rossmühle, die wohl nach 1566 neu eingerichtet wurde, war besonders leistungsfähig. Sie verfügte über einen Gerbgang und drei Mahlgänge. Nach einem Bericht von 1624 wurde sie jedes Vierteljahr einmal in Betrieb genommen und mahlte dann mit Hilfe von jeweils acht Pferden in drei Stunden zwei Scheffel Dinkel. Ihre große Bewährungsprobe kam für die Rossmühle während der Belagerung des Hohenaspergs 1634/35 im Dreißigjährigen Krieg. Jetzt musste Mehl für zeitweise bis zu 2000 Menschen bereitgestellt werden. Die Mühle wurde nun täglich 16 Stunden lang betrieben. Am Göpel arbeiteten acht Pferde jeweils im Zweistundentakt vor- wie nachmittags. Insgesamt wurden also im Tag 32 Pferde gebraucht.[96]

Nach den Lagerbüchern waren die Untertanen zu keinen Baufronen auf dem Hohenasperg verpflichtet. Doch ohne Pferdefuhrwerke in größerer Zahl ließ sich das Beifahren von Baumaterialien und der Abtransport von Erdaushub und entbehrlichem Bauschutt von abgerissenen Häusern im ehemaligen Städtchen Asperg nicht bewältigen. Deshalb griff Herzog Ulrich etwa auf den Fuhrpark der von ihm reformierten Klöster zurück. Fuhrwerke verschiedener Klöster sind bei Baufuhren für den Hohenasperg nach 1534 nachweisbar. Ulrich setzte auch durch, dass ihn die Landschaft bei seinen Festungsbaumaßnahmen in größerem Umfang mit Pferden, Wagen und Karren unterstützte und dass die Ämter einen nicht unerheblichen Teil der anfallenden Kosten übernahmen. Auch gelang es ihm, 1543 für die Dauer von zwölf Jahren eine Steuer für den Festungsbau, das so genannte Schlossgeld, einzuführen und mit Zustimmung der Landstände, der Landschaft, auf die Städte und Ämter umzulegen.[97]

In großer Zahl waren für den Ausbau der Festung vor allem Arbeiter erforderlich. Zu diesem Zweck wurden Bauern rekrutiert. Sie hatten allenfalls gegen eine geringe Entlohnung die Schwerarbeit beim Aufwerfen der Wälle und bei sonstigen Erdbewegungen, Handlangerdienste beim Errichten der Gebäude und der Festungswerke sowie bei anderen Hoch- und Tiefbaumaßnahmen zu leisten. Auf Antrag des vermutlich damals schon als Festungskommandant, zumindest aber als verantwortlicher Bauleiter eingesetzten Wilhem von Janowitz vom 8. Juni 1542 erlaubte Herzog Ulrich, dass sechzig bis achtzig Bauern oder Arbeiter in die Festung eingelassen werden durften. Doch musste die Pforte sofort nach ihrem Einlass wieder zugeschlossen und die Zugbrücke aufgezogen werden. Für das Bewachen der „Schnellen“, der Schießgewehre, der Flinten, waren lediglich zwei [Kriegs-]Knechte abzustellen, alle anderen hatten mit ihren Gewehren bewaffnet im Schloss zu bleiben, bis die Arbeiter wieder das Schloss verlassen hatten. Sämtliche sonst „unverwahrten“ Gewehre sollten bis zum Ende der Baumaßnahmen streng verwahrt werden.[98] Diese Anordnung zeigt, wie sehr die Obrigkeit noch 17 Jahre nach der blutigen Niederschlagung des Bauernaufstands dem kleinen Mann misstraute, andererseits aber auch welch strenge Maßstäbe der Herzog auf die Wahrung von Ruhe und Sicherheit im Festungsbereich legte. Dies wird in ähnlicher Weise aus anderen Quellen deutlich, auf die noch einzugehen sein wird.

Für den Ausbau der Festung benötigte man Riesenmengen von Holz, das aus dem Schwarzwald auf der Enz bis zum Bissinger Holzgarten herangeflößt und dann mit Pferdefuhrwerken auf den Hohenasperg weitertransportiert wurde. Das Eichen- und das Tannenholz sollte im Wildbader Forst geschlagen werden. Die Festungsverwaltung forderte Anfang März 1541 einen genauen Bericht darüber an, mit welchen Kosten für das Schlagen des Holzes und für seinen Transport auf dem Wasser- und anschließend auf dem Landweg zu rechnen war. Außerdem wollte sie wissen, zu welcher Jahreszeit sich das Holzfällen am ehesten empfehle.[99]

Herzog Ulrich unterhielt eine ständige Garnison auf dem Hohenasperg. 1540/41 bestand sie aus 44 Mann. Ihre Besoldung hatte ausschließlich der Landesherr zu bestreiten. Die Landschaft leistete hierzu keinen finanziellen Beitrag. Dies änderte sich erst nach dem Dreißigjährigen Krieg. 1654 bestimmte ein Reichstagsabschied, dass die Untertanen sämtlicher Reichsstände verpflichtet seien, sich am Unterhalt der Festungen finanziell zu beteiligen.[100] Die Stelle des Burgvogts bzw. Hauptmanns oder Kommandanten bekleideten Hans Jakob von Dürrmenz (1535/36), Hess Utz von Hutten (1538), Hans Thüring (1536/40), Jörg von Helmstädt (1540), Laux von Horb (1540/47), Reinhardt von Zeittern (1540/54), Wilhelm von Massenbach (1546) und Hans Eckle (1546/47).[101]

Auf den württembergischen Festungen galt eine Art Kriegsrecht. Der Herzog verfügte die Entlassung vom Dienst und verhängte Gefängnisstrafen, nie jedoch Leibes- und Lebensstrafen. Über Delikte, auf denen solche Strafen standen, entschieden auf seine Veranlassung die Stadtgerichte, oder es wurden, was häufiger geschah, auf den Festungen Standgerichte eingesetzt. Die personelle Zusammensetzung und die Form des Verfahrens bei Standgerichten bestimmte der Landesherr.[102]

Über das Verhalten der Besatzung, das Leben und Treiben, über die Verhältnisse auf den Festungen wurden in so genannten Artikelbriefen detaillierte Vorschriften erlassen. Diese Artikelbriefe bildeten gewissermaßen das Grundgesetz für die Besatzungen. Jedes neu eintretende Garnisonsmitglied musste sie beschwören. Auch wurden sie der Mannschaft immer wieder vorgelesen. Sie enthielten die Richtlinien für die Aburteilung militärischer und krimineller Verfehlungen. 1545 ersetzte Herzog Ulrich für die Festung Hohenasperg den aus den 1520er Jahren, also aus der habsburgischen Zeit, stammenden ersten Artikelbrief durch einen neuen.[103] In diesen neuen Artikelbrief waren manche Bestimmungen des früheren Briefs aufgenommen, etliche Bestimmungen aber auch stark verändert oder ganz neu eingefügt.[104] Vornean stand der Eid, den jeder Knecht (Söldner) bei seiner Annahme dem Herzog zu schwören hatte. Sodann musste er sich verpflichten, bei der Belagerung der Festung Leib und Leben einzusetzen und keinesfalls irgendwelche Absprachen mit dem Feind zu treffen. Nachdem er seinen Treueid abgelegt hatte, war es ihm bei Leib- und Lebensstrafe untersagt, sich von einer anderen Herrschaft abwerben zu lassen.

Verboten auf der Festung waren Gotteslästerung, Schwören, Schelten und Fluchen. Zuwiderhandelnde hatten mit Turmstrafen bei Wasser und Brot, in besonders gravierenden Fällen mit Leib- und Lebensstrafen zu rechnen. Die Todesstrafe traf Knechte, die im Festungsbereich blutige Schlägereien verursachten und sonstige schlimme Gewalttaten verübten oder auch frevelhaft Hand an sich selbst legten. Über die inneren Verhältnisse des „Schlosses", der Festung, über militärische Angelegenheiten, also über die Proviantvorräte, die Ausstattung mit Geschützen und sonstigen Waffen, die Besatzung, war äußerstes Stillschweigen zu bewahren. Nur mit Genehmigung des Hauptmanns durften von den Mauern, Türmen und „Weh-

ren“ (Wehranlagen) Verbindungen nach außen durch Zurufe oder Zeichen aufgenommen werden.
Der Hauptmann übte über alle ein- und ausgehenden Briefe eine strenge Zensur aus. Ohne seine Erlaubnis durfte kein Angehöriger der Besatzung die Festung verlassen oder die Nacht außerhalb der Festung zubringen. Die befohlenen Wachdienste mussten gewissenhaft versehen werden. Über besorgniserregende oder auffällige Beobachtungen und Wahrnehmungen war umgehend der nächste Wachposten und sodann der Hauptmann zu unterrichten. Dies galt insbesondere auch bei „Lärmen oder Feindsgeschrei“ bei Tag wie bei Nacht. Wenn die Wachen besetzt waren, durfte keiner, der nicht zum Wachdienst kommandiert war, die Mauern, Türme, Tore oder die Wehranlagen besteigen oder betreten, ebensowenig ein „Rumor oder Geschrei“ machen, d. h. „mit ungeschicktem Singen, Schreien oder Trommeln“ den Anschein erwecken, als nahe der Feind. Harte Strafen drohten dem Knecht, der sich auf der Wacht oder Hut des Zanks oder Aufruhrs schuldig machte, ebenso dem Knecht, der eine Wacht oder Hut verschlief oder versäumte, der unerlaubt Waffen, die ihren bestimmten Platz hatten, wegnahm. Alle Wachen mussten von den dazu bestimmten Männern selbst versehen werden. Allenfalls mit Einwilligung des Hauptmanns durften sie sich durch einen anderen Knecht vertreten lassen.
Auf dem „Schloss“ herrschte Burgfrieden. Würfel- und Kartenspiele oder auch sonstige Spiele um Geld waren verboten, in gleicher Weise das „Zu- und Volltrinken“, maßvolles Spielen in der Freizeit hingegen erlaubt. Klagen von Knechten gegeneinander entschied der Hauptmann. Dieser hatte auf der Festung die uneingeschränkte Befehlsgewalt. Jeder Knecht, der diese Artikel beeidigt hatte, musste jeden Kameraden, der sie freventlich übertrat, dem Hauptmann anzeigen. Tat er dies nicht, hatte er dieselbe Strafe wie der Übertreter zu gewärtigen. Wer innerhalb der Festung oder auch außerhalb Dinge zu Ohren bekam, die dem Herzog, der Festung oder der Besatzung schaden konnten, war verpflichtet, dies dem Hauptmann zu berichten. Eine entsprechende Anzeigepflicht bestand auch, wenn man Menschen auf die Spur kam, die innerhalb der Festung Sabotagehandlungen planten oder zur Meuterei aufstachelten.
Dieser Artikelbrief von 1545 für die Festung Hohenasperg war von grund-

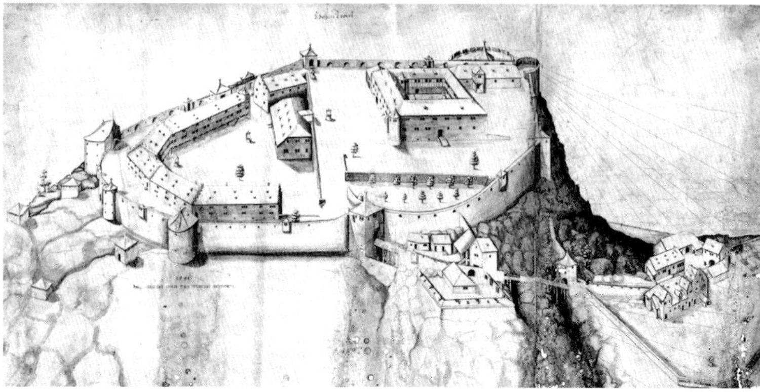

Der seit 1521 württembergische Hohentwiel wurde in der zweiten Hälfte des 16. Jahrhunderts zur Landesfestung ausgebaut. Abbildung aus der Mitte des 17. Jahrhunderts.

legender Bedeutung. Herzog Ulrich beauftragte den Marschall und Wilhelm von Janowitz, die möglicherweise diesen Brief konzipiert hatten, die Artikelbriefe der anderen Landesfestungen, insbesondere den des Hohentwiels, „gegen diesen Brief zu übersehen", also ihn mit dem Hohenasperger zu vergleichen und die Bestimmungen anzugleichen. Indes scheinen keine wesentlichen Korrekturen erforderlich gewesen zu sein. Der Hohenasperger Artikelbrief von 1545 bildete das Muster für alle weiteren Dokumente dieser Art. Mehr als ein Jahrhundert wurde er, abgesehen von kleinen Änderungen, abgeschrieben, und er blieb auch danach noch von entscheidender Bedeutung, als wesentliche Zusätze zu ergänzen waren.[105]

In der Regierungszeit Herzog Christophs (1550–1568) wurde übrigens das Verbot der Gotteslästerung noch damit begründet, dass Gott den Sieg gebe, und deshalb solle sein Name geheiligt werden. Auch wurde jetzt ausdrücklich der Besuch des Gottesdienstes vorgeschrieben und säumigen Kirchgängern die Turmstrafe angedroht.[106] Den Artikelbrief hatten auch die zahlenmäßig wesentlich größeren Kriegsbesatzungen zu beschwören. Beispielsweise ordnete Herzog Ulrich im Schmalkaldischen Krieg an, 200 Kriegsleute erst dann in die Festung einzulassen, wenn sie den Burgfrieden und den Artikelbrief beschworen hatten.

Der Artikelbrief, der nach einem für Herzog Christoph erstellten Gutachten über die Festungsverteidigung den Zweck hatte, „die Kriegsleut' zu Fuß und Ross, die Bürger, die Beiwohner zusammenzubinden", legte erstmals die für den Festungsbereich geltenden Gesetze schriftlich fest. Den Angehörigen der Besatzung waren damit exakte Verhaltensmaßregeln vorgeschrieben, ein Katalog an Geboten und Verboten auferlegt.[107]

Bereits am 7. Oktober 1542 hatte Herzog Ulrich Richtlinien für die Verköstigung der Dienstmannschaft auf dem Hohenasperg erlassen. Danach hatten zwei Wirte für das leibliche Wohl der Mannschaft zu sorgen. Bislang hatte ein Knecht für eine Mahlzeit an Essen und Trinken täglich 2 Kreuzer zu zahlen gehabt. Dies hatte im Jahr 24 Gulden ergeben. Ulrich erhöhte nun das Essensgeld um 1 Pfennig je Mahlzeit. Damit erhöhten sich die jährlichen Ausgaben für Verpflegung auf 28 Gulden 8 Schilling. Von seiner Jahresbesoldung von 48 Gulden verblieben danach einem Knecht noch immer an die 20 Gulden. Die Besatzung zeigte sich sehr verärgert über die Erhöhung des Kostgeldes, doch der Herzog wies den Protest barsch zurück. Für die 28 Gulden 8 Schilling hatten die beiden Wirte den Knechten zweimal am Tag eine Mahlzeit zu reichen. Diese bestand aus einem halben Maß Wein, aus Brühe, Fleisch und Gemüse, am Sonntag und Donnerstag oder sonst zweimal in der Woche Voressen und Gebratenes. Statt des Gemüses durfte der Wirt Gebackenes, ebenso zur Abwechslung auch „grüne oder dürre Fische" (frische oder gedörrte Fische) auf den Tisch bringen. Das Essen musste „sauber und rein wohl gekocht" sein.

Außerdem hatte der Wirt für jeweils zwei seiner Kostgänger „ein gut gemein Bett" zu richten, das alle vier Wochen mit weißen Leintüchern (Leilacher) neu bezogen wurde, ferner jede Woche frische weiße Tischtücher aufzulegen und frische „Hand Zwehell", Handtücher, auszugeben. Wenn es die Winterszeit erforderte, musste er „der Knecht Stuben inbrennen", heizen. Von St. Michaelstag (29. September) bis Lichtmess (2. Februar) sollte er, so lange es „die Nacht" (Dunkelheit) erforderte, ein Licht in der Knecht Stuben aufstellen, während der Mahlzeiten gleichfalls an jedem Esstisch ein Licht anzünden und danach lediglich noch ein Licht bis um 9 Uhr abends brennen lassen. Wenn ein Knecht mehr Lichter, als ihm hier zugestanden waren, beanspruchte, ging das auf seine Rechnung. Falls es ei-

ner dieser Wirte wünschte oder es notwendig war, durfte er eine oder zwei Kühe, einen oder zwei „Einständlinge" (eingestelltes Vieh), ein oder zwei Schweine sowie Hühner nach Bedarf halten. Allerdings hatte er darauf zu achten, dass der Wall oder Hof nicht beschädigt oder verunreinigt wurden. Den Wirten und ihrem Gesinde war erlaubt, tagsüber zum Lebensmitteleinkauf die Festung zu verlassen. Allerdings musste der Wirt, wenn er die Besoldung eines Knechts bezog, die ihm aufgetragenen Dienste und Wachen „unverhindert" versehen. Einem Wechsel der Dienstboten hatte der Hauptmann zuzustimmen. Über Beanstandungen, die gegen die Wirte vorgebracht wurden, und über Streitigkeiten, in die sie verwickelt waren, entschieden der Hauptmann, der Kastkeller (der herzogliche Kameralbeamte), der Leutnant und der Hofbinder (Hofküfer) sowie ein oder zwei Sachverständige. Den beiden Wirten sollten neu erstellte Behausungen und Kerne (Keller) eingeräumt werden. Jeder von ihnen hatte den erforderlichen Hausrat und das notwendige „gefider" (Bettzeug) sowie zwölf bis 14 gute „Bettstätten" (Bettladen, Bettgestelle) für sich, die Knechte und „Zehrleute" beizubringen. Für ihren Brennholzbedarf mussten sie auf eigene Kosten sorgen. Doch sollte ihnen der Forstmeister von Lowenberg (Leonberg) „ein Stück Holz" (wahrscheinlich ein bestimmtes Quantum Holz) um denselben Preis wie anderen Umsassen (benachbarten Untertanen) geben. Bis jetzt stand das erste, das vordere Wirtshaus vor der Fertigstellung, zwei weitere Häuser konnten erst im kommenden Jahr bezogen werden.[108] Nach Biffart sollte eines dieser zwei im Bau befindlichen Häuser nach Fertigstellung dem zweiten Wirt, das dritte aber dem Pfarrer auf dem Hohenasperg zugewiesen werden.[109]
Herzog Ulrich sorgte auch dafür, dass sich im Kriegsfall ein hinreichender Vorrat an Lebensmitteln und Wein auf dem Hohenasperg befand. 1543 ließ er durch den Bönnigheimer Küfermeister Simon Binder ein Riesenweinfass mit einem Fassungsvermögen von 240 Eimern (etwa 720 Hektolitern) anfertigen. Binder, der zwei Jahre später ein ähnlich großes Fass für den Herzog herstellte, erhielt für seine sicher recht zeitaufwändige Arbeit, die ihn als Meister seines Fachs auswies, eine Entlohnung von 330 fl neben freier Kost und sicher auch freier Unterkunft.[110] Im November 1545 rügte Herzog Ulrich in einem Reskript an seinen Rat Jörg Ow zu Zimbern (Zim-

mern) scharf, dass, abgesehen von Wein und „Früchten" (Getreide) auf dem Hohenasperg überhaupt keine Vorräte vorhanden seien. Er befahl deshalb streng, dass dieser Mangel raschmöglichst behoben werde.[111]

Der Schmalkaldische Krieg und die Besetzung des Hohenaspergs durch kaiserliche Truppen

Im Sommer 1546 brach der seit langem drohende Krieg Kaiser Karls V. und der katholischen Fürsten gegen die im Schmalkaldischen Bund zusammengeschlossenen evangelischen Reichsstände aus. Herzog Ulrich unternahm große Anstrengungen, ein hauptsächlich aus wehrpflichtigen Untertanen, dem Landesaufgebot, gebildetes Heer ins Feld zu stellen. Vom Zeughaus auf dem Hohenasperg ließ er an Artillerie und artilleristischer Ausrüstung zwei Böller mit zwölf Feuerkugeln und 31 Zentnern Pulver, zwei kleine Kartaunen mit 300 Kugeln, zwei Notschlangen mit 300 Kugeln, sechs „gemeine Schlangen" mit 600 Kugeln und sechs Hagelgeschütze dem Heer zuführen. Weitere Geschütze ließ er vom Stuttgarter Zeughaus beischaffen. Insgesamt verfügte der Kommandant des herzoglichen Feldartilleriekontingents Wilhelm von Janowitz genannt Behaim (der Böhme), der als Befestigungsbausachverständiger und Geschützspezialist schon längere Zeit im Dienst des Herzogs stand, über 18 Geschütze, die von 161 Mann bedient wurden, und 209 Pferde. Zum Kommandanten der Festung Hohenasperg ernannte Herzog Ulrich Wilhelm von Massenbach.[112]

Bereits im Januar 1546 hatte Ulrich mit einem kleinen Kreis von Fachleuten über einen raschen weiteren Ausbau der Befestigungsanlagen des Hohenaspergs beraten. Vorgesehen waren mehrere zusätzliche Streichwehren, so eine Streichwehr beim Schloss gegen Eglosheim, eine Erhöhung des Turms am anderen Ende des Schlosses und dessen Ausstattung mit weiteren Schutzlöchern, Umfassung des Walls gegen die Rossställe durch eine Mauer.[113] Ob bzw. inwieweit diese projektierten Baumaßnahmen bis zum Kriegsausbruch durchgeführt wurden, lässt sich indes nicht sagen.

Zunächst schien es, als würden die Schmalkaldener die Oberhand gewin-

Karl V. (1500–1558), von 1519 bis 1556 Kaiser des Heiligen Römischen Reiches Deutscher Nation, besiegte im Schmalkaldischen Krieg 1546/47 die evangelischen Reichsstände.

nen, doch bald wendete sich das Blatt. Herzog Ulrich sah sich im Spätsommer 1546 von seinen Verbündeten verlassen. Sein Plan, Württemberg durch Verteidigungsmaßnahmen im östlichen Grenzbereich vor einer feindlichen Invasion zu bewahren, erwies sich als unnütz. Das kaiserliche Heer verließ seine Stellung an der Donau in der Ulmer Gegend, es marschierte über Nördlingen nach Norden, schwenkte dann nach Westen ein und bezog bei Heilbronn eine Angriffsposition. Von dieser Seite war ihm das Herzogtum schutzlos preisgegeben. Herzog Ulrich hielt seine Sache für verloren. Er bat den Kaiser um Verzeihung und entließ seine Truppen.
Karl V. bestand jedoch auf bedingungsloser Unterwerfung und entband die Untertanen Ulrichs von den Pflichten, die sie ihrem Landesherrn schuldig waren. Völlig verstört floh Herzog Ulrich auf den Hohentwiel. Er hoffte, dass ihm Schaffhausen oder Konstanz Zuflucht gewährten. Mit beiden Städten führte er entsprechende Verhandlungen.[114]
Inzwischen hatten die Truppen Herzog Albas, des kaiserlichen Heerführers, damit begonnen, den Krieg nach Württemberg hineinzutragen. Mordend, plündernd und brandschatzend drangen sie neckaraufwärts vor. Kaum irgendwo stießen sie auf nennenswerten Widerstand. Am ersten Weihnachtsfeiertag besetzten sie Großbottwar, und noch am gleichen Tag erschien der Prinz von Sulmona vor Marbach. Nachdem der Prinz gedroht hatte, die Stadt mit Feuer und Schwert zu verheeren, falls sie den kaiserlichen Streitkräften den Zugang verwehre oder ihnen gar Widerstand leiste, andererseits aber auf die Bitte des Magistrats zugesichert hatte, bei unverzüglicher Übergabe die Einwohner an Leib und Leben, Hab und Gut zu schonen, rang sich die Bürgerschaft dazu durch, dem feindlichen Heer die Tore zu öffnen. Allein sie sah sich wehrlos drei Tage lang einer sich hemmungslos austobenden Soldateska ausgeliefert. Allenthalben Plünderungen und schreckliche Gewalttaten. Verzweifelte Bürger sprangen, um wenigstens das nackte Leben zu retten, über die Stadtmauer. Bürgermeister Jäger starb an den erlittenen Misshandlungen, Pfarrer Werner Keller, der Schlimmes zu befürchten hatte, floh. Die Zusicherungen des Prinzen von Sulmona erwiesen sich als schierer Hohn. Auch nach dem Abzug des Gros der kaiserlichen Truppen bedrückte und quälte die spanische Besatzung die Stadt und die Amtsorte.[115]

Die Nachricht von der grausamen Behandlung Marbachs durch die kaiserliche Armee verbreitete sich wie ein Lauffeuer im ganzen Land. Überall herrschten Verwirrung, Angst. Die Geistlichen verließen fluchtartig Stuttgart. Die Universität Tübingen stellte ihren Lehrbetrieb ein.[116]
Von Marbach aus stieß der Prinz von Sulmona nach Markgröningen vor. Dort vereinigte er sich am 28. Dezember mit Herzog Alba, der mit starken Truppenverbänden seinen Weg über Lauffen, Besigheim und Bietigheim genommen hatte. Als die feindlichen Streitkräfte am Hohenasperg vorübergezogen waren, hatte man von der Festung aus das Feuer auf sie eröffnet, ohne dass durch dieses irgendwelcher Schaden angerichtet worden war. Herzog Ulrich hatte wenige Tage zuvor die Besatzung durch zwei jeweils 400 bis 500 Mann zählende Fähnlein Fußvolk unter den Hauptleuten Hans Ecklin und Heinrich Schlichter verstärken lassen und danach nochmals 200 Mann in Richtung Hohenasperg in Marsch gesetzt. Zudem hatte er Anweisungen für die Aufstellung von Geschützen erteilt und Büchsenmeister, Schützen und Salber (Wagen- und Geschützschmierer) dorthin entsandt. Jetzt ernannte er seinen Rat und Obervogt im Zabergäu Wilhelm von Massenbach definitiv zum Kommandanten, zum „Obersten", der Festung. Ferner beorderte er Wilhelm von Janowitz, den Landschreibereiverwalter (Kanzler) Wilhelm Kun (Kuhn), den Registrator Wolf Bonacker, einen Koch sowie zwei Küchenjungen, außerdem zwei Schuhmacher, zwei Schneider und zwei oder drei Wäscherinnen auf den Hohenasperg. Vermutlich wollte er sich selbst beim Herannahen des Feindes auf die Festung zurückziehen. Dazu kam es aber nicht.[117]
Der enge Vertraute des Herzogs, der Bietigheimer Vogt Sebastian Hornmold (1500–1581), hatte schon früh die wichtigsten Staatsakten und die herzogliche Schatzkammer auf den Hohenasperg in Sicherheit gebracht. Kaiser Karl V. sah in Hornmold einen der „Kriegstreiber". Er suchte nun seiner habhaft zu werden. Doch Hornmold konnte sich der Verhaftung durch die Flucht nach Pforzheim und durch ein gut gewähltes Versteck im nahe gelegenen Waldgebiet Hagenschieß entziehen. Nach Friedensschluss im Januar 1547 konnte er sich dann wieder aus seinem Versteck hervorwagen und seine Arbeit im Dienst Herzog Ulrichs fortsetzen. Indes erst 1549 rehabilitierte ihn der Kaiser. Bis zu Ulrichs Tod am 6. November 1550 blieb

Die von Herzog Ulrich nach 1539 zur Landesfestung ausgebaute Stadt Kirchheim unter Teck im Jahr 1683 (Kieser'sches Forstkartenwerk).

er dessen wichtigster Ratgeber. Herzog Christoph nahm ihn gleichfalls in seinen Dienst; er machte ihn zum Direktor des neu gegründeten Kirchenrats.[118]

Die kaiserliche Armee drang Ende Dezember 1546 ungestüm weiter vor. Eine württembergische Stadt nach der anderen fiel in ihre Hand. Lediglich die Festungen Hohenasperg und Hohentübingen sowie die befestigten Städte Kirchheim unter Teck und Schorndorf behaupteten sich. Die von dem kaiserlichen Befehlshaber bereits am 21. Dezember 1546 an die Leitung der Festung Hohenasperg gerichtete Aufforderung zur Übergabe hatte diese unbeachtet gelassen. Am 31. Dezember 1546 besetzten die Kaiserlichen Stuttgart. Karl V. erzwang die Huldigung der württembergischen Landstände. Dass jetzt eine unterdrückt gewesene österreichisch-altgläubige Gruppierung innerhalb der Landstände wieder hervortrat, nimmt nicht wunder. Doch ihre Erwartung, dass Österreich seine Herrschaft in Württemberg erneuerte oder dass zumindest Herzog Ulrich seinen Sohn Christoph zum Mitregenten annehmen müsse, erfüllte der Kaiser nicht. Im Heilbronner Vertrag vom 8. Januar 1547 erhielt Ulrich sein Land wieder zurück. Er musste sich allerdings von seinen Bundesgenossen lossagen, den kaiserlichen Truppen den Durchmarsch durch Württemberg gestatten, hatte den Kaiser kniefällig um Verzeihung zu bitten (dieser Kniefall wurde dem gichtkranken Herzog beim Zusammentreffen mit dem Kaiser am 4. März 1547 in Ulm jedoch erlassen), Gehorsam zu versprechen und eine Kriegsentschädigung von 300 000 fl zu entrichten. Zur Sicherheit bestand Karl V. auf der Öffnung der Festungen Hohenasperg, Kirchheim unter Teck und Schorndorf und ihre Besetzung durch kaiserliche Truppen auf unbestimmte Zeit.[119]

In einem Reskript vom 8. Januar 1547 unterrichtete Herzog Ulrich die Befehlshaber auf dem Hohenasperg Wilhelm von Massenbach, Sebastian von Lier, Jörg von Helmstatt (Helmstädt) und Wilhelm von Janowitz von dem soeben geschlossenen Heilbronner Friedensvertrag. Er habe, ließ er seine Getreuen wissen, „aus notgedrungenen Ursachen" die Forderungen des Kaisers, so auch die Besetzung des Hohenaspergs durch kaiserliche Truppen, akzeptiert, um sein Land und seine Untertanen vor „fernerem Verderben, Nachteil und Schaden" zu bewahren. Deshalb befahl er, sofort alles Kriegsvolk auf dem Hohenasperg „zu urlauben und laufen zu lassen", die Junker und das Hofgesinde jedoch zu ihm zu schicken. Er werde sich in Tübingen oder Urach aufhalten. Außerdem ordnete er an, das kaiserliche Kriegsvolk in die Festung einzulassen, gemeinsam mit den kaiserlichen „Befehlsleuten" ein genaues Inventar über die auf der Festung befindlichen Gegenstände zu erstellen und dieses Inventar ihm zu übersenden, ein Zweitexemplar aber den Kaiserlichen zu übergeben.

Die Proviantvorräte sollten gegen angemessene Bezahlung den Kaiserlichen überlassen werden. Da es geraumer Zeit bedürfe, bis die Registratur, „die Briefe [Urkunden] und anderes", für den Abtransport vorbereitet sei, habe diese bis auf weiteren Bescheid von ihm dort zu bleiben. Die sonstigen Bediensteten der „Kammer" (Rentkammer) oder der Kanzlei sollten die ihnen anvertrauten Gelder und die Dinge, die sie sonst noch zu verwalten oder zu betreuen hätten, mit sich nehmen, nach Stuttgart kommen und dort weitere herzogliche Anweisungen abwarten. Das Personal, das die Kaiserlichen benötigten, habe auf der Festung zu verbleiben und die kaiserlichen Befehle zu befolgen, solange sich die kaiserliche Besatzung dort befinde. Die Befehlshaber selbst sollten sich nach der ordnungsgemäßen Übergabe der Festung an den herzoglichen Hof verfügen, wo über ihre künftige Verwendung entschieden werde.

„Oberste und Kriegsräte" auf dem Hohenasperg bestätigten am 12. Januar 1547 die ihnen vier Tage zuvor erteilten herzoglichen Befehle. Sie hielten aber die Instruktionen in manchen Punkten für zu allgemein gehalten. Deshalb ersuchten sie, ihnen „eine vertraute Person" mit exakten Anweisungen zu schicken. Auch wiesen sie auf die in der Festung in Sicherheit gebrachten Kleinodien und das gleichfalls dort verwahrte Silbergeschirr hin, und sie erbaten einen Bescheid darüber, was mit diesen Wertgegenständen zu geschehen habe.[120]

Da Herzog Ulrich wie auch die kaiserliche Seite um eine korrekte Übergabe der Festung an die kaiserliche Besatzung bemüht waren, dürfte die erbetene genaue herzogliche Instruktion erfolgt sein, und es dürften auch die Wertgegenstände ihrem rechtmäßigen Eigentümer, Herzog Ulrich, ungeschmälert wieder zugestellt worden sein.

Bereits am 14. Januar 1547 erließ Herzog Alba, der noch immer in Markgröningen sein Hauptquartier hatte, im Namen Seiner Kaiserlichen Majestät Kaiser Karls V. einen dem württembergischen Festungskommandanten übermittelten „Offenen Patentbrief". In ihm kündigte er die Übernahme der Festung Hohenasperg durch die kaiserliche Kriegsmacht an. Den Auftrag, die Festung mit einem Fähnlein Kriegsknechte in Besitz zu nehmen, erhielt Oberst Hiliprandt von Madrutsch. Nach dem feierlichen Garnisonswechsel auf dem Hohenasperg, der die Übernahme sämtlicher Geschütze, Waffen, Munition und Proviantvorräte sowie aller sonstiger Bedarfs- und Gebrauchsgegenstände einschloss, hatte Oberst Madrutsch den Hauptmann Jakob Zisinieros (Zisineros) mit der Leitung der Festung zu betrauen. Bereits am 15. Januar 1547 bezog dieser mit einer aus seinen Landsleuten bestehenden Besatzung die Festung.[121]

Die von Herzog Ulrich gewünschten Inventare wurden in den folgenden Monaten im Beisein dreier kaiserlicher Kommissare erstellt, so ein Inventar über die auf dem Hohenasperg vorhandenen „Würtz" (Gewürze), die Leinwand und das Bettgewand (Bettwäsche). Besonders aufschlussreich und interessant ist das Inventar über die Geschütze, sonstigen Waffen und die Munitionsvorräte: sechs große Kartaunen, vier kleine Kartaunen, drei Notschlangen, zwölf gemeine Schlangen, sieben Falkonettlein, fünf Sturmbüchsen, sieben Hagelbüchsen, vier Böller und zwei Feuerbüchsen sowie reichlich Munition: so für die sechs großen Kartaunen 1600 Kugeln, für die drei Notschlangen 1366 Kugeln. Außerdem lagerten im Zeughaus 242 Doppelhaken.[122]

Kaiserliche Besatzung auf dem Hohenasperg

Die spanische Besatzung auf dem Hohenasperg bestand zunächst aus 250 Mann. Zu diesen kamen noch 180 Frauen und 20 Kinder sowie zehn Marketender.[123] Im Übergabevertrag hatte sich die württembergische Seite zu verpflichten, die übliche Besoldung des Kriegsvolks zu übernehmen, Heu und Stroh für wenigstens 25 Pferde unentgeltlich zu liefern, eine ausreichende Versorgung des Kriegsvolks mit Proviant sicherzustellen, die Befestigungsanlagen in gutem Zustand zu erhalten. Zur Durchführung von Bauarbeiten auf der Festung, ebenso zu Transporten dorthin sollten nach der von Herzog Ulrich gemachten Zusage Untertanen je nach Bedarf in größerer oder geringerer Zahl Frondienste leisten. Zu Bauinspektionen andererseits durfte der Herzog die Festung mit acht bis zehn Pferden, d. h. einer entsprechenden Zahl von Bausachverständigen in Augenschein nehmen.[124]

Die Hohenasperger spanische Besatzung gebärdete sich als feindliche Besatzungstruppe. Durch Plünderungen, Raub und sonstige Übergriffe drangsalierte sie die Bevölkerung der Umgebung. Ihre Proviantlieferungen bezahlte sie widerwillig und unpünktlich. Immer wieder bezogen die Spanier in Stadt und Amt Markgröningen unbefugt Quartiere und stellten hohe Forderungen. Doch auch die Ämter Cannstatt, Marbach, Bietigheim und Vaihingen an der Enz bekamen ihren frevelhaften Übermut zu spüren. Am schwersten hatte Möglingen zu leiden. Die dortigen Bürger wurden von der Besatzung des Hohenaspergs gezwungen, für sie Ochsenfleisch zu räuchern und trotz eigenen Holzmangels das Holz dazu zu liefern. Auch zu Holz-, Stein- und Munitionsfuhren auf den Berg wurden die Möglinger häufig herangezogen, ebenso zum Holzfällen, Waschen, zu Putz-, Reinigungs-, Schneeräumungs- und anderen Taglohnarbeiten. Auch hatten sie täglich zwei Wagen Wäsche auf die Festung zu bringen.[125]

Im April 1550 verlangte der Kommandant unter Hinweis auf einen baldigen Besuch Kaiser Karls V. die umgehende Lieferung von 1000 Wagen Holz. Dies erschien der Rentkammer eine unbillige Forderung, zumal der Hohenasperg bereits reichlich mit Holz – 800 Wagen wurden genannt – versehen war. Damit jedoch die Besatzung keinen weiteren willkürlichen Holzeinschlag vornahm, empfahl die Rentkammer, 500 Klafter Holz bei Feuerbach und Bergheim schlagen zu lassen. Die Spanier hatten bereits im Bonholz bei Asperg Holz gehauen. Damit nun dort der Wald wieder ordentlich wachsen konnte, sollte das in diesem Distrikt noch stehende genügend starke Holz geschlagen werden.[126]
Im August desselben Jahres bedrängte der „Verweser" des Hohenaspergs, Hauptmann Ludwig Rischada, die württembergischen Behörden, dem Bissinger Müller zu befehlen, dass er das Korn auf dem Hohenasperg holte und auch das Mehl dort wieder ablieferte. Nun besaß der Müller kein Pferd, sondern nur zwei Esel. Außerdem war seine Mühle nicht das Eigentum des Herzogs von Württemberg, sondern das Renharts von Sachsenheim. Deshalb empfahl die Rentkammer, der Hauptmann solle sich um die Korn- und Mehltransporte selbst kümmern und die armen Untertanen in Bissingen und Tamm damit nicht mehr behelligen.[127] Zu diesem Zeitpunkt befanden sich auf der Festung nach einem Bericht des Bietigheimer Vogtamtsverwesers Konrad Engel etwa 240 Soldaten und 150 Jungen oder „Trossen" (Trossjungen, Trossknechte), die allerdings immer wieder wegliefen und durch andere ersetzt werden mussten. Auch hielten sich viele „unzüchtige Weiber" auf dem Berg auf. Die genaue Zahl dieser Frauen war nicht bekannt, doch gab es auch bei ihnen eine starke Fluktuation. Im Durchschnitt waren es mehr als 100 Frauen, außerdem noch ungefähr 20 Kinder. An Tieren hielt die Besatzung 22 Pferde, unter ihnen sechs „Karchrosse" (Wagenpferde), ferner sechs Esel und Trosspferde, die dem Hauptmann und dem württembergischen Kommissar Pfaff gehörten, sowie etwa 30 Hunde, unter ihnen 15 „starker, gerader Wind" (Jagdhunde).[128]
Auf dem Landtag in Böblingen im Januar 1552 klagten Stadt und Amt Markgröningen darüber, dass sie jetzt schon sechs Jahre lang den Spaniern Brenn- und Bauholz aus dem Rotenackerwald auf dem völlig zugrunde gerichteten Weg über den Hurst auf den Hohenasperg fahren müssten. Geld-

zahlungen wären ihnen leichter gefallen. Während die anderen Ämter des Landes still daneben gesessen hätten, seien sie ins Elend geraten. Markgröningen verlangte vom Landtag finanzielle Entschädigung für 40 Tage „Spannfronen", Tamm für 43, Bissingen für 19, Möglingen für 31 und Eglosheim für 21 Tage. Dass auch das Städtchen Asperg (Unterasperg) im Übermaß Hand- und Gespanndienste zu leisten hatte, steht außer Frage. So musste einmal die Hälfte der dortigen 50 Bürger ein Vierteljahr auf dem Berg Holz spalten. Aber Asperg war noch immer ein eigenes Amtsstädtchen und konnte deshalb seine Beschwerden nur selbst bei Landtag und Regierung vorbringen.[129]

Einer der unerschrockensten Vertrauten Herzog Ulrichs war der Bietigheimer Vogt Sebastian Hornmold. Im Januar 1547 nach Abschluss des Heilbronner Vertrags zwischen Kaiser Karl V. und Herzog Ulrich kaum wieder ein freier Mann, übernahm er es, im Land umherzureiten und in 31 Amtsstädten die Unterschrift der Landstände, der Landschaft, unter den Heilbronner Vertrag und die Bürgschaft für die hohe Kriegsentschädigung von 300 000 fl zu erlangen. Dies schaffte er innerhalb von vier Wochen. Dennoch blieb das Herzogtum besetzt. Hornmold hatte nunmehr für die Sicherheit im Land um den Hohenasperg zu sorgen. Obwohl persönlich selbst stark gefährdet, scheute er sich nicht, gegen wildernde spanische Besatzer vorzugehen. Er ließ sie nach Landsbrauch blenden. Der Hohenasperger spanische Kommandant rächte sich dadurch, dass er mit Hilfe des kaiserlichen Kanzlers Granvella die Weinvorräte des Vogts mit 1800 Hektolitern in Bietigheim beschlagnahmen ließ. Die Frau Sebastian Hornmolds wehrte sich mutig gegen diese rechtswidrige Maßnahme, konnte aber wenig bewirken.[130] Hornmold selbst achtete darauf, dass er den Spaniern nicht in die Hände fiel, und Herzog Ulrich tat alles, um ihn gegen die Besatzer in Schutz zu nehmen.

In der Bevölkerung herrschte große Erbitterung über die Spanier auf dem Hohenasperg. In Stadt und Amt Markgröningen begingen sie zahlreiche Felddiebstähle und misshandelten die Feldschützen. In Markgröningen griff die Bürgerschaft zur Selbsthilfe. Hierbei wurde ein spanischer Soldat erschlagen. Herzog Ulrich befürchtete das Schlimmste. Um Vergeltungsaktionen der Besatzung zu verhindern, bot er dem Kaiser einen „Rechtstag", eine gerichtliche Untersuchung, in Markgröningen an. Doch scheinen die Spanier daran nicht interessiert gewesen zu sein. Die Sache verlief im Sande.[131]

Die Niederlage der protestantischen Reichsstände im Schmalkaldischen Krieg stellte den Fortbestand der 1534/35 von Herzog Ulrich und seinen theologischen Beratern in Württemberg eingeführten lutherischen Kirchenreform in Frage. Das von Kaiser Karl V. am 1. September 1547 verfügte Interim, das auf die Wiederherstellung der früheren kirchlichen Verhältnisse abzielte, den Protestanten jedoch einige geringfügige Zugeständnisse machte, musste im Herzogtum buchstabengetreu durchgeführt werden. In den Kirchen wurde wieder die Messe gefeiert, der katholische Gottesdienst restituiert. Die Bevölkerung lehnte jedoch in ihrer Mehrheit die Rückkehr zum alten Glauben ab und setzte den Versuchen, sie zu einem solchen Rücktritt zu bewegen, passiven, mit politischen Mitteln nicht zu brechenden Widerstand entgegen. So blieb sie den Messfeiern fern und verweigerte den Gebrauch der Sakramente. Besonders standhaft verhielt sich die Mehrheit der evangelischen Pfarrer. Sie nahmen um ihres Glaubens willen für sich und ihre Familien Verfolgung und bittere Not auf sich. Der auf dem Hohenasperg als Seelsorger der Besatzung eingesetzte katholische Kaplan versicherte sich der Unterstützung der Spanier und verbot den Predigern der Umgebung, den württembergischen Untertanen das Wort Gottes zu verkündigen, die Kinder in der christlichen Lehre zu unterrichten, „auch die Heiligen Sakramente und namentlich des Herrn Nachtmahl nach der Einsetzung unseres Herrn Jesu Christi unter beiderlei Gestalt zu administrieren".[132]

In arge Bedrängnis geriet der suspendierte Tammer Pfarrer Johannes Gutenberger, der sich wie die Pfarrer in den benachbarten Orten geweigert hatte, das Interim anzunehmen. Der Büchsenmacher Clemens auf dem Hohenasperg hatte im April 1549 Gutenberger durch einen Boten bitten lassen, auf den Berg zu kommen und seiner schwer kranken Frau das „Nachtmahl" zu reichen. Bereitwillig entsprach Gutenberger der Bitte. Auf seine Frage, in welcher Gestalt er der Kranken das heilige Abendmahl reichen sollte, erklärte ihm Clemens, es solle so geschehen, wie dies vormals üblich gewesen sei, als noch die Deutschen auf der Festung gelegen hätten. Da der Kommandant nicht anwesend war, erwirkte der Pfarrer die Erlaubnis zur Vornahme dieser heiligen Handlung von dessen Stellvertreter, „des Obersten Leutnant", und er vollzog sie sodann im Beisein vieler Deutscher, aber auch etlicher Spanier.

Einige Wochen später wurde Gutenberger nach Unterasperg gerufen, weil der damals für diesen Ort zuständige Möglinger Pfarrer nicht zu Hause war. Er sollte dort das Evangelium verkündigen, „auch etlichen schwangeren Frauen und sonst gutherzigen Leuten das Nachtmahl reichen". Wiederum folgte er dem Ruf ohne Zögern. Als er jedoch in der Unterasperger Kirche die Vorbereitungen zur Feier des Abendmahls traf, erschien der „Messpfaffe" von der Festung im Gotteshaus und verlangte von ihm Auskunft über das, was er hier vorhabe. Gutenberger erwiderte, er sei im Begriff, „den Begehrenden das Nachtmahl des Herrn in beiderlei Gestalt" zu reichen. In dem nun folgenden erregten Disput warf der Priester Gutenberger vor, er und seinesgleichen seien von der christlichen Kirche abgefallen. Der Pfarrer verwahrte sich gegen diese Bezichtigung mit theologischen Argumenten, wobei er sich insbesondere auf Paulus berief. Seine Rechtfertigung ließ aber der Kaplan nicht gelten. Doch fand er sich auf die Aufforderung Gutenbergers hin schließlich bereit, die Kirche zu verlassen. Beim Hinausgehen äußerte er noch, er wolle lieber Gras als Gutenbergers Sakramente fressen. Der Pfarrer konnte nun die Abendmahlsfeier ungestört durchführen.

Am nächsten Tag erschien der Hohenasperger Kaplan beim Vogt in Markgröningen und verlangte von ihm, Gutenberger zur Annahme des Interims zu zwingen oder aber ihn streng zu bestrafen. Der Vogt nahm sich jedoch des alten Pfarrers an, der sich schon zuvor seiner Hilfe versichert hatte. Er stellte fest, weder Gutenberger noch andere Pfarrer, die in den Orten um den Hohenasperg ansässig seien, hätten sich bereit erklärt, die Messe zu lesen und dem Interim gemäß zu handeln, sondern sie seien „gänzlich müßig gestanden", d. h. sie hätten keine kirchlichen Amtshandlungen vollzogen. Falls sie allerdings Kirche hielten und sich so über das Interim hinwegsetzten, sollten sie umgehend in Haft genommen, auf den Hohenasperg gebracht und dort bis zur Ankunft des Kaisers verwahrt werden. Gutenberger wurde zumindest in dieser Angelegenheit anscheinend nicht weiter behelligt. Dass die Spanier in der Folgezeit ein wachsames Auge auf die suspendierten Pfarrer hatten, damit diese nicht das Interim verletzten, beweist ein Einzelfall. Fünf oder sechs Spanier erschienen eines Tages in Münchingen und zechten dort auf Kosten des „Heiligen", der Kirchenpflege. Dabei brüsteten sie sich, sie hätten vom Kaiser den Befehl, die Orte um den Hohenasperg zu visitieren. Die herzoglichen Räte vermuteten nicht zu Unrecht, dass der Bietigheimer Interimspriester Bartholomäus Scheck durch seine Verdächtigungen und Anschuldigungen die Besatzung auf dem Hohenasperg zu solchen Aktivitäten aufreize.[133]

Im Frühjahr 1550 wurde bekannt, dass Kaiser Karl V. auf der Durchreise durch Württemberg um die Zeit des Fronleichnamsfestes in Markgröningen Station machen werde. Der spanische Kommandant auf dem Hohenasperg wünschte, dass die Kaiserliche Majestät gebührend empfangen werde. Besonders am Herzen lag ihm, dass in der Stadt das Fronleichnamsfest in dem in der alten Kirche üblichen festlichen Rahmen groß gefeiert werde. Mit den Vorbereitungen betraute er den Markgröninger Interimspfarrer Bernhard Ruff, einen Esslinger Karmelitermönch. Indes fehlte Ruff für eine Prozession nicht nur eine Monstranz, sondern er hatte auch keine Gemeinde, die er zur Teilnahme an dem Fronleichnamszug hätte bewegen können. Die spanische Besatzung auf dem Hohenasperg und die Bürgerschaft der Stadt Markgröningen zeigten sich deshalb gleichermaßen erleichtert, als der Kaiser kurzfristig seine Reisepläne änderte und den angekündigten Besuch in der Stadt absagte.

Mancherorts hatten übrigens die Rekatholisierungsbemühungen der kaiserlichen Besatzung auf dem Hohenasperg einen begrenzten Erfolg. Dies war beispielsweise bei den Bewohnern von Unterasperg der Fall, die einen ständigen Umgang mit den katholischen Kriegsleuten auf dem Berg hatten. 1552 weigerte sich der Eglosheimer Pfarrer Paul Keßler, Unterasperg seelsorgerisch zu betreuen. Es gebe dort wie auch auf dem Hohenasperg, erklärte er, „viele spitzfindige, geschwinde Päpstler". Mit diesen käme er nicht zurecht. Man sollte daher nach Unterasperg einen gelehrteren und beherzteren Theologen als ihn schicken, weil nur ein solcher die dortige schwierige Situation meistern könne.[134]

Herzog Ulrich war bestrebt, jede neue Konfrontation mit dem Kaiser zu

Herzog Christoph von Württemberg (1515–1568), einer der bedeutendsten Fürsten der Reformationszeit. Er regierte von 1550 bis 1568.

vermeiden. Am 14. Juli 1549 ermahnte er die Geistlichen seines Landes in einem Reskript, sich der kaiserlichen Deklaration gemäß zu verhalten, das Evangelium mit Zucht und Demut zu predigen, mit der Wortverkündigung „christlich zu bauen“ und nicht zu zerstören, auch nicht Ursache zu geben, dass der Predigtstuhl gestürzt werde, sondern ihn mit Ernst zu erhalten. Dieses vorsichtige Taktieren erwies sich als richtig, obgleich er die Untertanen damit schwer belastete. Langsam bahnte sich eine Wende an. Diese erlebte Ulrich allerdings nicht mehr. Er starb am 6. November 1550. Ihm folgte sein Sohn Christoph auf den Herzogsstuhl. Schon bald nach dessen Regierungsantritt änderte sich die politische Situation grundlegend. Kaiser Karl V. bedurfte jetzt wieder der gedemütigten protestantischen Fürsten.[135]

Christoph suchte nach dem Tod seines Vaters sofort in Verhandlungen klare Verhältnisse zu schaffen. Zunächst verlangte König Ferdinand, Christoph solle außer der Festung Hohentwiel die eine Hälfte seines Herzogtums mit den Festungen Hohenasperg, Schorndorf und Kirchheim unter Teck samt allen Einkünften und Rechten abtreten und die andere Hälfte von Österreich als Afterlehen übernehmen und in diesem ihm verbleibenden Teil die Festungen schleifen lassen und keine Befestigungsanlagen mehr errichten. Einer solchen Lösung widersetzte sich Christoph vehement, und er gewann unter den Fürsten Verbündete, so vor allem seinen Vetter Herzog Albrecht von Bayern.[136] Am 6. April 1551 unterrichtete er den in Stuttgart zusammengetretenen Landtag durch den von seinem Vater übernommenen Kanzler Dr. Johann Feßler über das Ergebnis der landständischen Gesandtschaft beim Kaiser sowie über die bisherigen Augsburger Vergleichsverhandlungen. Jetzt zeigte sich Christoph bereits recht zuversichtlich. Er hoffte, dass er durch die Abtretung des Hohentwiels und durch die Zahlung von 130 000 fl König Ferdinand zum Verzicht auf seine Rechtsforderung und den Kaiser zur Rückgabe der Festungen Hohenasperg, Kirchheim unter Teck und Schorndorf werde bewegen können. Da er ohne längeres Zögern den Tübinger Vertrag von 1514 bestätigte, sicherten ihm die Landstände ihre Unterstützung zu.[137]

In weiteren Verhandlungen mit dem Kaiser erreichte Herzog Christoph im September 1551, dass die kaiserlichen Truppen die Festungen Kirchheim unter Teck und Schorndorf räumten, und hinsichtlich der Festung Hohenasperg setzte er wenigstens durch, dass die spanische Besatzung durch eine deutsche ersetzt wurde. Neuer Oberst und Kommandant auf dem Hohenasperg wurde Heinrich Freiherr Truchsess von Waldburg-Wolfegg, dessen Hauptmann wurde Erasmus Voßle. Dass Stadt und Amt Markgröningen nach dem Abzug der Spanier zur Beseitigung des von diesen hinterlassenen Unrats herangezogen wurden, empörte die Betroffenen. Bürgermeister und Gericht der Stadt beschwerten sich im Januar 1552 auf dem Landtag in Böblingen über eine solche Missachtung ihrer Freiheiten. Ihren Protest, der sich auf die vielen ihnen in den letzten Jahren zugemuteten Hand- und Gespanndienste bezog, bekräftigten sie durch die Vorlage eines Gutachtens des Tübinger Juristen Melchior Keller. Herzog Christoph, mit Erfolg um den Ausgleich mit dem Kaiser bemüht, erklärte, dies sei nicht die einzige Beschwerde gegen die Spanier, doch bitte er die Stadt, die leidige Geschichte auf sich beruhen zu lassen.[138]

Um Missverständnissen vorzubeugen und um zugleich für ein besseres Verhältnis zwischen den Bewohnern der umliegenden Orte und der nunmehrigen deutschen Festungsbesatzung zu sorgen, erteilte Herzog Christoph Sebastian Hornmold und Konrad Engel, dem Bietigheimer Vogtamtsverweser, am 19. November 1551 exakte Instruktionen für ihre Verhandlungen mit dem Befehlshaber des Hohenaspergs in der Angelegenheit der Proviantbeschaffung. Brot und andere Lebensmittel waren wie an jedem anderen Ort und zu denselben Preisen täglich gegen Barzahlung von den Untertanen, insbesondere von den „Becken“, den Soldaten auf der Festung von morgens an bis zwölf oder ein Uhr mittags feilzubieten. Falls das Brotangebot einmal nicht ausreichte, oblag es dem Profoss nach Anweisung des Kommandanten wegen zusätzlicher Brotlieferungen sich mit den Ämtern der Umgebung in Verbindung zu setzen. Die Fleischversorgung konnte in der Weise organisiert werden, dass der Oberst und der Hauptmann einen Metzger aus dem Kreis der Soldaten bestellte. Dieser kaufte dann die erforderlichen Rinder auf und schlachtete sie. Für das Schlachtvieh wurde ihm die allgemeine Weide „um den Berg“, allerdings außerhalb der Wälder und der „verbannten“ (verbotenen) Güter zugewiesen. Doch konnte auch ein Metzger aus den umliegenden Flecken wie

Heutingsheim oder Eglosheim beauftragt werden, das Schlachten auf der Festung durchzuführen. Für den Weinausschank empfahl es sich, dass ein Wirt aus dem Soldatenstand diese Tätigkeit ausübte, so wie dies früher bei der deutschen (württembergischen) Besatzung üblich gewesen war. Wegen des Holzmangels und der beschwerlichen Zufuhr auf den Berg erwartete Herzog Christoph, dass die Festungsleitung sehr viel mehr als bisher auf sparsamen Brennholzverbrauch achtete. Deshalb sollten etliche Stuben nicht mehr beheizt, etliche Kochfeuer „abgetan" werden. An Heu gestand der Herzog je Pferd und Jahr höchstens drei Wannen und an Stroh eineinhalb Wannen zu.[139] Nach den Akten hatte Herzog Christoph auch keine Einwände, wenn die Besatzung ihren Proviantbedarf „im regulären Kauf" auf den Wochenmärkten befriedigte.[140]

Anfang 1552 schrieb Christoph dem Kaiser, er habe sich in der „Regensburger Kapitulation" (dem Regensburger Vertrag) verpflichtet, eine 330 Mann starke Besatzung auf dem Hohenasperg mit „Mundvorrat" und Holz zu versorgen, sowie Heu und Stroh für die auf dem Berg befindlichen Pferde zu liefern. Der dafür festgesetzte Jahresbetrag von 8000 fl werde sich freilich wegen des „Nachschubs" von „allerlei unnützen Gesindes" auf den Berg noch erhöhen.[141]

Herzog Christoph erwartete, dass die Landstände die Holz- und Fuhrkosten für die kaiserliche Besatzung auf dem Hohenasperg in Höhe von rund 10 000 fl im Jahr sowie die monatliche Besoldung der württembergischen Besatzung von 400 fl in den von den Kaiserlichen geräumten Landesfestungen Kirchheim unter Teck und Schorndorf übernähmen. Doch der vom 3. bis 12. Januar 1552 in Böblingen tagende Landtag zeigte sehr zum Unwillen des Fürsten zunächst keine Bereitschaft, die Landschaftskasse mit diesen Beträgen zu belasten. Hierbei berief er sich auf die Privilegien des Tübinger Vertrags. Er forderte, Christoph solle die Hohenasperger Besatzung von dem 1543 für solche Zwecke bewilligten Schlossgeld unterhalten und nicht gewissermaßen durch die Hintertür den im Tübinger Vertrag abgeschafften Landschaden wieder einführen. Den Herzog traf dieser Vorwurf hart. Verärgert hielt er den Ständen vor, die von ihm durchgesetzte Auswechslung der spanischen Besatzung durch eine deutsche sei wahrlich „kein Landschad, sondern ein Landnutz", sie missbrauchten den

Tübinger Vertrag „in liederlicher und ohndienstlicher Weis". Seine Forderung verstoße viel weniger gegen den Vertrag als das 1525 von der Landschaft der österreichischen Regierung bewilligte „Handhabungsgeld" gegen Herzog Ulrich.

Wenn der Landtag schließlich einlenkte, dann hatten dies weniger die Argumente des Landesherrn bewirkt, als vielmehr die Tatsache, dass der Kaiser selbst die finanzielle Beteiligung der Landschaft an den Besatzungskosten befohlen hatte. Dem Landtag missfiel, dass Christoph die Festungen Kirchheim unter Teck und Schorndorf mit Söldnern und nicht mit Angehörigen des Landesaufgebots besetzt hatte. Indes auch hier war ihm die Argumentation des Kaisers hilfreich. Karl V. hatte in einem entsprechenden Befehl unmissverständlich festgestellt, dass beide Festungen militärisch besser durch Söldner als durch eine Auswahlmannschaft von wehrpflichtigen Untertanen gesichert seien.[142]

Die deutsche Besatzung des Hohenaspergs verhielt sich insgesamt korrekt. Zu Raubüberfällen, Plünderungen und anderen Übergriffen, durch die die spanische Besatzung bei den Bewohnern der Orte im Umkreis der Festung in böser Erinnerung war, kam es wohl nicht mehr. Der Festungskommandant und sein Vertreter sahen bei ihrer Mannschaft auf Ordnung und Disziplin. Freilich auch jetzt stand nicht alles zum Besten. Am Sonntag Invocavit 1552, am 6. März jenes Jahres, berichtete der Bietigheimer Vogtamtsverweser Konrad Engel Vogt Sebastian Hornmold, auf dem Hohenasperg herrsche großer Holzmangel. Der Holzgarten in Bissingen sei leer gefegt. Die „Knechte" liefen aus der Festung in die Weinberge, rissen dort Weinbergpfähle heraus, um sie anschließend zu verheizen oder bei der Zubereitung ihrer Mahlzeiten zu verfeuern. Herzog Christoph befahl, umgehend Holz aus den Strombergwäldern auf den Berg zu transportieren, damit dem dortigen Mangel abgeholfen werde.[143]

Im Passauer Vertrag vom 2. August 1552 vereinbarten die evangelischen und katholischen Reichsstände, sich in der Religionsausübung nicht zu behindern und ihren Besitzstand gegenseitig anzuerkennen. Damit war das Interim vom Tisch. Herzog Christoph bemühte sich um engen Kontakt zum Kaiser und erhoffte sich dadurch mehr Entgegenkommen von dessen Bruder Ferdinand, d.h. ein Abrücken Ferdinands von den Ansprüchen

Österreichs auf Württemberg. Durch die Unterstützung der Politik Karls V. gegenüber Frankreich erreichte er die Genehmigung des Kaisers, König Ferdinand finanziell abzufinden, und dessen Versprechen, in diesem Sinne auf den Bruder einzuwirken. Anfang September 1552 ritt der Herzog dem Kaiser bis Ulm entgegen, um ihm anschließend auf seinem Kriegszug gegen Frankreich bis nach Vaihingen an der Enz, also bis an die Westgrenze Württembergs, das Geleit zu geben. Vom 9. bis 12. September machte Karl V. auf Einladung Christophs in Markgröningen Station. Vermutlich besichtigten die beiden Fürsten bei dieser Gelegenheit auch den Hohenasperg. Herzog Christoph wies den Kaiser auf die exorbitant hohen Aufwendungen hin – er soll von 80 000 fl im Jahr gesprochen haben –, die ihm durch den Unterhalt der dortigen kaiserlichen Besatzung und durch den der unverhältnismäßig hohen Zahl an Gesinde von „allerhand unnützem Volk" entstünden. Der Kaiser versprach, er werde bei seinem Bruder auf eine Ermäßigung der von diesem geforderten Entschädigungssumme von 300 000 fl dringen. Und in der Tat schrieb Karl V. am 15. November 1552 seinem Bruder, er möge sich doch in Bälde mit Herzog Christoph auf eine Entschädigungssumme einigen. Auch ließ er ihn wissen, ihm liege insbesondere aus finanziellen Gründen daran, die kaiserliche Besatzung vom Hohenasperg abzuziehen. Doch König Ferdinand ließ sich Zeit. Erst am 6. Juni 1553 einigte er sich mit Herzog Christoph auf eine Entschädigungssumme von 250 000 fl. Von diesem Betrag übernahm die Landschaft 150 000 fl.[144]

Am 10. August desselben Jahres teilte Kaiser Karl V. Herzog Christoph mit, dass er im Einvernehmen mit seinem Bruder „ohne längeren Verzug" die kaiserliche Besatzung vom Hohenasperg abziehen werde und dass er dem derzeitigen Kommandanten Obrist Karl Graf von Hohenzollern sowie seinen Kommissaren Johann Michel Santz und Paulsen de Boria die entsprechenden Befehle erteilt habe. Die Festung werde mit allem Zubehör einschließlich Munition und Proviant ordnungsgemäß der württembergischen Verwaltung übergeben, wie dies vor einiger Zeit mit den Festungen Kirchheim unter Teck und Schorndorf geschehen sei.[145]

Der Aufenthalt Kaiser Karls V. in Markgröningen und die dort getroffenen Absprachen bildeten einen Markstein in der Geschichte Württembergs.

Herzog Christoph, jetzt wieder Herr im eigenen Haus, gab im Zusammenwirken mit dem Schwäbisch Haller Reformator Johannes Brenz der evangelischen Landeskirche eine fest gefügte äußere und innere Form, die rund zweieinhalb Jahrhunderte ihre Gültigkeit behalten sollte. Das Herzogtum wurde in vier Generalsuperintendenzen eingeteilt, die jeweils aus einer größeren Zahl von Spezialsuperintendenzen oder Dekanaten bestanden. Für Asperg war das Dekanat Markgröningen zuständig. Der Dekan oder Spezial, zugleich der erste Pfarrer der Amtsstadt, hatte dafür zu sorgen, dass sich das kirchliche Leben auf der Grundlage der evangelischen Glaubenslehre ungehindert zu entfalten vermochte. Die alljährlich durchzuführenden Visitationen verschafften ihm dazu die Möglichkeiten.[146]

Der Hohenasperg wird wieder württembergische Landesfestung

Schon wenige Tage nach der Mitteilung Kaiser Karls V. über den von ihm verfügten Abzug der kaiserlichen Besatzung vom Hohenasperg befahl Herzog Christoph am 18. August 1553 seinem Marschall Wilhelm von Massenbach, er solle zusammen mit Wilhelm von Janowitz zusätzlich zu den 13 Mann, die ihm bereits zur Verfügung standen, so rasch wie möglich weitere 27 „rechtschaffene, vertraute Gesellen" anwerben, so dass sie nach dem unmittelbar bevorstehenden Abzug der Kaiserlichen mit insgesamt 40 Mann die Festung übernehmen könnten. Ferner ordnete der Herzog an, dass Massenbach und Janowitz die neue württembergische Besatzung umgehend auf den ihnen zugestellten Artikelbrief schwören ließen, also vereidigten.[147]

Am 19. August 1553 erteilte er Marschall Wilhelm von Massenbach, Wilhelm von Janowitz und Burkhard Stickel (Stickell) eine detaillierte Instruktion für die Inbesitznahme der Festung: Sobald der Kaiser den Termin der Räumung bekannt gebe, hätten sie sich mit den 40 Knechten auf den Hohenasperg zu verfügen, die Vögte von Markgröningen und Bietigheim beizuziehen und sogleich, wenn die kaiserlichen Knechte die Festung geräumt hätten, diese für den Herzog von Württemberg in Besitz zu nehmen. Als Erstes musste in Gegenwart des bisherigen Hauptmanns und der

Kommissäre „alles Geschütz groß und klein abgeschossen“ werden, d. h. es sollte die Funktionsfähigkeit der Geschütze geprüft werden. Darauf folgte eine genaue Inventarisierung der auf der Festung befindlichen Geschütze, der Vorräte an Pulver, Kugeln und Blei sowie des sonstigen Munitionszubehörs, die Übergabe der Zeughausschlüssel, der Vergleich des alten mit dem neuen Inventar, wobei die Veränderungen und Abgänge einschließlich eventueller Ersatzforderungen festzustellen waren. Die Inventarisierung erstreckte sich auch auf den Hausrat und das Bettzeug. Hierbei waren gleichfalls Abgänge seit dem Abzug der Spanier 1551 festzuhalten. Inspiziert werden mussten gemeinsam mit dem Hauptmann und den Kommissären sämtliche Gemächer, Türme und Befestigungsanlagen. Im Anschluss an die Inspektion waren alle Gemächer abzuschließen und die Schlüssel in Verwahrung zu nehmen.

Nach der Inventarisierung und Besichtigung erfolgte die Vereidigung der württembergischen Besatzung auf den Artikelbrief. Auch waren der Besatzung durch ihren Hauptmann Wilhelm von Janowitz weitere Anordnungen und Verhaltensmaßregeln bekannt zu geben. Bei der Auswahl der angeworbenen Söldner hatte man auf Landeskinder Wert gelegt. So werden als Herkunftsorte dieser Männer u. a. genannt: Cannstatt, Neuffen, Linsenhofen, Urach, Stuttgart, Göppingen, Feuerbach, Leonberg, Hohenhaslach, Bissingen, Pleidelsheim, Marbach, Kaltental. Aufgabe des Marschalls war es zu guter Letzt, von Janowitz auf seine „Hauptmannspflicht“ zu vereidigen.

Wie zu Herzog Ulrichs Zeiten sollte bei der Annahme eines tauglichen Pförtners, bei der Bestellung der Wachen und in anderen Festungsangelegenheiten verfahren werden. Anzustellen waren ein befähigter Keller (Kellereibeamter), ein Küfer sowie Küferknechte und Hausschneider.

Die mit der Übernahme der Festung beauftragten herzoglichen Bediensteten mussten umgehend die Schlösser am Tor verändern. Da keine Vorräte an Nahrungsmitteln und sonstigen Bedarfsgütern mehr vorhanden waren, oblag es ihnen zudem, für den Zeitraum von drei Monaten ein hinreichendes Quantum an Frucht (Getreide), Wein, Schmalz, Salz, Unschlitt (Talg) und anderen Bedarfsgütern auf den Berg zu schaffen. Sie hatten ferner dafür zu sorgen, dass Häuser und Plätze, Öfen und Befestigungsanlagen raschestens gesäubert und der „Unrat" weggefahren, dass ferner ein Holzvorrat angelegt wurde. Übernehmen sollten sie, was ihnen der Kommissar an Proviant, aber auch was er ihnen an Unschlitt, Schmalz, Dochten, Pech, Kohlen und anderen dergleichen Dingen überließ, ebenso alle Arten von Munition. Herzog Christoph hatte keine Einwände dagegen, dass sie den Büchsenmeistern, die „das Geschütz abschossen" als „Trinkgeld" eine angemessene „Verehrung" zukommen ließen. Im Übrigen erwartete er, dass seine Beauftragten bei der Übernahme des Hohenaspergs nach bestem Wissen und Gewissen handelten und dass sie ihm darüber nach ihrer Rückkehr schriftlich und mündlich berichteten.[148]

Der zum württembergischen Kommandanten der Festung Hohenasperg ernannte Wilhelm von Janowitz (1489–1562) stand seit 43 Jahren im Dienst der württembergischen Herzöge. Wenn ihm Herzog Christoph jetzt die Leitung der Festung übertrug, dann bestimmten ihn dazu gewichtige Gründe. Wilhelm von Janowitz hatte während des Schmalkaldischen Kriegs die württembergische Artillerie befehligt und 1550 in Stuttgart die Position des obersten Zeug- und Baumeisters innegehabt. Seine besondere Befähigung lag auf dem Gebiet des Festungsbauwesens. Diese machten sich übrigens auch andere deutsche Fürsten zunutze. So beriet er 1554 Markgraf Karl von Baden-Durlach bei der Befestigung von Hochberg (Gde. Sexau, Lkr. Emmendingen).

Herzog Christoph benötigte auf dem Hohenasperg einen Mann, der imstande war, die baulichen Mängel der durch die kaiserliche Besatzung in den letzten sechs Jahren heruntergewirtschafteten Festung zu beseitigen und die Anlage auch militärisch wieder auf den neuesten technischen Stand zu bringen. Der bereits 64-Jährige gab die einflussreiche Stellung, die er sich am Hof als herzoglicher Berater erworben hatte, nicht gerne auf, zumal er meinte, dass ihn auf dem Hohenasperg „Sorg und Angst" erwarteten. Doch Herzog Christoph versicherte ihm seine besondere Gunst. Er setzte ihm als Festungskommandanten – sein offizieller Titel: „Oberstzeugmeister und Hauptmann auf dem Asperg" – ein ansehnliches Jahresgehalt von 500 fl aus. Außerdem gestand er ihm noch in seiner Baumeisterfunktion eine zusätzliche jährliche Aufwandsentschädigung von 100 fl zu.[149]

Wilhelm von Janowitz, dessen zum Katholizismus übergetretener und in Paris lebender Sohn Hans (1542–1575) in der Bartholomäusnacht 1572 den Hugenottenführer Admiral Gaspard de Coligny erstach und drei Jahre danach selbst eines gewaltsamen Todes starb[150] , rechtfertigte vollauf die in ihn gesetzten Erwartungen. Er machte in den Jahren 1553 bis 1562 den Hohenasperg zu einem starken Bollwerk der Landesverteidigung.

Noch ehe die kaiserliche Besatzung am 6. Oktober 1553 die Bergfestung räumte[151], machten sich die württembergischen Bevollmächtigten daran, detaillierte Inventare über den Bestand auf dem Hohenasperg an Geschützen und Munitionsvorräten, den Hausrat, das „Bettgewand" sowie andere Bedarfs- und Einrichtungsgegenstände, die Fässer und Weinvorräte zu erstellen. Hierbei entdeckten sie unter anderem, dass zwar eine Riesenzahl von Fässern vorhanden war, ein beträchtlicher Teil der Fässer aber keinen Wein mehr enthielt und viele Fässer demoliert oder sonstwie „verdorben" waren. Am aufschlussreichsten war das über die Geschütze und Munitionsvorräte angefertigte Verzeichnis. Am Stichtag, dem 10. September 1553, befanden sich auf dem Hohenasperg sechs große Kartaunen, vier kleine Kartaunen, zwölf gemeine Schlangen, sieben Falkonettlein, vier Sturmbüchsen, sieben Hagelbüchsen, vier Böller, zwei Feuerbüchsen, 280 Doppelhaken, drei kleine kurze „Stücklein" (vermutlich kleine Geschütze), 485 Zentner Pulver, sechs Zentner Salpeter, sechs Fässer mit Schwefel, ferner 3866 Spieße (im letzten Inventar waren es 4834 gewesen), eine Anzahl Feuerringe und Feuerkugeln, Ersatzteile für Geschütze und andere Waffen wie Ketten, Brech- und Büchsenwinden, Schanzwerkzeug wie Pickel, Hauen und Schaufeln, auch Riesennägel.[152]

IV. Vom Augsburger Religionsfrieden bis zum Beginn des Dreißigjährigen Kriegs (1555–1618)

Ausbau der Festung Hohenasperg durch Herzog Christoph

Der Augsburger Religionsfrieden von 1555 leitete eine Phase friedlicher Entwicklung in Südwestdeutschland ein. Herzog Christoph nutzte die Chance, auf die er konsequent hingearbeitet hatte, sehr erfolgreich für den Ausbau seines Landes. Auch die Landesfestungen profitierten von dem vielseitigen Engagement des Fürsten.

Den Hohenasperg hatte Herzog Ulrich zwischen 1534 und 1546 mit hohem Kostenaufwand zu einer imposanten Renaissance-Festung umgestaltet. Freilich hatten der Schmalkaldische Krieg und die anschließende Inbesitznahme der Festung durch kaiserliches Militär während sieben Jahren nicht nur die noch anstehenden Arbeiten des Endausbaus verhindert, sondern auch die Befestigungsanlagen, die Wohn- und Wirtschaftsgebäude teilweise stark ramponiert. Herzog Christoph beauftragte erfahrene Festungsbaumeister, unter ihnen an erster Stelle den schon genannten Wilhelm von Janowitz, den nunmehrigen Kommandanten, unverzüglich die erforderlichen baulichen Maßnahmen in Angriff zu nehmen und den Hohenasperg entsprechend den neuesten fortifikatorischen Erkenntnissen zu einem Verteidigungsbollwerk ersten Ranges zu machen. Insgesamt wandte er dafür während der Jahre 1553 bis 1568 mindestens 40 000 fl auf.[1] Damals wurde die später, vielleicht unter Herzog Friedrich I. (er regierte in Stuttgart von 1593 bis 1608) noch erhöhte gewaltige Kasematte unter dem Wall auf der westlichen Burgseite erbaut. Nach dem stilistischen Befund ihrer noch erhaltenen Unterstöcke dürften zur Zeit Herzog Christophs die inneren Gebäude, Kanzlei, Kellerei, Fruchtkasten, langer neuer Bau, Blauhaus und Zeughaus, errichtet worden sein, möglicherweise zudem die stumpfwinkeligen Bastionen, noch ohne eingezogene Flanken auf der gan-

zen Südost- und Nordostseite. Sie setzte man vor die älteren Festungswerke mit ihren Halbrundtürmen, Rechtecktürmen, einem großen Rondell an der Ostecke und der mächtigen Halbrundbastion im Süden.[2]
Der Herzog zog beim Endausbau der Festung Hohenasperg auch seinen erfahrenen Baumeister Aberlin Tretsch zu Rat.[3] Außerdem nahm er die Dienste des berühmten bayerischen Zeug-, Büchsen- und Baumeisters Georg Stern in Anspruch, der in den Jahren 1550 bis 1560 als hervorragender Fachmann den Grafen Solms von Münzenberg bei der Befestigung der Stadt Ingolstadt maßgeblich unterstützt und der auch 1557 entscheidenden Anteil an der den neuesten Stand des Fortifikationswesens widerspiegelnden Befestigungsanlage von Forchheim hatte.[4] Von Stern haben sich sehr hübsche Konstruktionszeichnungen zur Verbesserung der Schießlöcher, ebenso der Türme des Hohenaspergs aus dem Jahr 1554 erhalten. Durch diese bautechnischen Neuerungen sollte der Aktionsradius der Geschütze vergrößert werden.[5] Baumeister Stern übersandte Anfang 1555 dem Herzog eine „Visierung“ (Ausmessung, Entwurf, Bauskizze) für neu zu errichtende Bauten. Auch äußerte er sich gutachtlich zu bautechnischen Fragen der Hohenasperger Festungsanlage. Hierbei stellte er fest, der runde Turm in der Ringmauer – vielleicht war es der noch heute stehende Turm im Südosten – sei als Streichwehr unnütz. Er schlug die Errichtung eines großen starken Turms von hufeisenförmigem Grundriss, 45 Schuh hoch und 43 Schuh breit, außerhalb des Grabens vor. Zwei neue, offenbar nur projektierte Türme besäßen eine ungünstige Lage, weil ihre Streichwehren so angelegt seien, dass ein angreifender Feind durch sie gedeckt werde und ungesehen den Mauerring sprengen könnte. Die Anregungen Sterns wurden anscheinend nur zum Teil verwirklicht. So wurde der große Turm nicht gebaut. 1556 drohte ein weiteres Abrutschen der Erdaufschüttungen um den äußeren Mauerring. Der damalige Bauleiter Joachim Mayer vermochte sie zu sichern.[6]
1557 und wohl noch später war auch der Baumeister Christoph Spindler an den Hohenasperger Festungsbaumaßnahmen beteiligt.[7] Ein hoch qualifizierter Schreiner war Adolph Daucher I., der Lauffen am Neckar zu seinem Wohnsitz wählte. Er hatte bereits 1525 in der Reichsstadt Schwäbisch Gmünd gearbeitet und dort in den Jahren 1549 bis 1552 das großartige

Chorgestühl und die Kanzel der Heiligkreuzkirche geschaffen. Herzog Christoph machte ihn zum Hofschreiner. 1553 war er auf dem Hohenasperg tätig. Wahrscheinlich führte er dort im herzoglichen Auftrag Vertäfelungsarbeiten aus, wie die stattlichen Holzzuteilungen vermuten lassen, die ihm damals auf den Berg geliefert wurden.[8]

Der Hohenasperg gab offensichtlich den Anstoß, dass ein neues Handwerk im Herzogtum Fuß fasste: das Ipser- oder Gipserhandwerk. Baumeister Aberlin Tretsch berichtete 1561 seinem herzoglichen Herrn, dass sich zur Zeit Herzog Ulrichs erstmals Gipser beim dortigen Festungsbau betätigt hätten. Die Kunst der Stukkatoren (Stukkateure), zunächst allgemein Ipser oder Gipser genannt, die dann im Barockzeitalter zu großer Blüte gelangen sollte, fand im 16. Jahrhundert in Deutschland nur recht zögerlich Eingang.[9] Für den Hohenasperg ist dies besonders bedeutsam, weist er doch an seinem Fuß umfangreiche Gipslagerstätten auf, die im 19. und im frühen 20. Jahrhundert zum Teil sogar industriell ausgebeutet wurden.

Herzog Christoph legte größten Wert auf die Ausstattung der Landesfestungen mit schweren und leichten Geschützen sowie mit sonstigen Feuerwaffen, doch auch auf eine solche mit Hieb- und Stichwaffen, mit Harnischen und anderen Ausrüstungsgegenständen. Außerdem kümmerte er sich um eine hinreichende Munitionsbevorratung, die es einer kriegsmäßig auf 800 Mann und 100 Pferde verstärkten Besatzung ermöglichen sollte, selbst einer längeren Belagerung zu trotzen. Den ersten Rang unter den Festungen des Herzogtums wies er dem Hohenasperg zu. Ihn machte er zum waffenstarrenden Bollwerk Württembergs.[10] Für die Jahre 1561 und 1568 liegen Inventare über die Geschütze, die sonstigen Waffen und Munitionsvorräte vor.[11] Da sich im Vergleich zu 1561 die Zahl der Geschütze und Munitionsvorräte sieben Jahre danach nur geringfügig erhöht hatte, genügt es, die Angaben des Inventars von 1568 knapp wiederzugeben. Damals befanden sich auf dem Hohenasperg zwei große Kartaunen, die Kugeln im Gewicht von 60 Pfund abfeuerten (Vorrat 1183 Kugeln), vier Kartaunen für 57-Pfund-Kugeln (Vorrat 1118 Eisenkugeln), zehn Kartaunen für 36-Pfund-Kugeln (Vorrat 3264 Kugeln), drei Notschlangen für 18-Pfund-Kugeln (Vorrat 1700 Kugeln), zwölf Feldschlangen für 18-Pfund-

Kugeln (Vorrat 3700 Kugeln), elf Falkonettlein für Zweipfund-Kugeln (Vorrat 7300 Kugeln), sechs Sturmbüchsen, vier Böller, zwölf Hagelbüchsen, vier kurze Stücke, zwei Doppelhaken, 240 einfache Haken, 201 Handrohre, 100 neue Handrohre, 999 Zentner Pulver, 2380 Landsknechtsspieße, 270 Reiterspieße, 555 Landsknechtsharnische sowie zahlreiche Waffen und Ausrüstungsgegenstände.
Bis zum Jahr 1586 änderte sich an der Anzahl und dem Kaliber der Geschütze kaum etwas. Lediglich die Zahl der Handrohre hatte sich auf 660 vermehrt. Schon in den 1560er Jahren trugen alle größeren Geschütze das württembergische Wappen. Auch waren sie mit Bildern verziert, die Geschichten aus dem Alten Testament sowie Wappentiere darstellten.[12]
Auf dem Hohenasperg wie in den anderen Landesfestungen führte ein Zeugwart die Aufsicht über die Geschütze und über die Munitionsvorräte. Ihm oblag es, diese schweren Waffen instand zu halten, sie von Zeit zu Zeit einschließlich Zubehör und Munitionsvorräten zu überprüfen, um so stets für den Ernstfall gewappnet zu sein. Er allein besaß den Schlüssel zum Zeughaus, das immer verschlossen sein musste. Über die Zahl und Art der Geschütze, die Munitionsvorräte, das Dienstpersonal sowie über die erstellten Inventare war strengstes Stillschweigen zu bewahren. 1584 bekam der Zeugwart, der keine Wachdienste zu leisten hatte, eine jährliche Geldbesoldung von 32 fl sowie eine bestimmte Menge von Naturalien. Mit der Oberaufsicht über die Waffen und die Munition sowie über die Zeughäuser der Festungen war während der Regierungszeit der Herzöge Christoph und Ludwig der Büchsengießermeister Friedrich Keßler betraut. Er hatte bei Festungsinspektionen als Fachmann für das Geschützwesen mitzuwirken und dabei auch die Zeughäuser und Inventare zu überprüfen.[13]
Nach dem Abschluss des Augsburger Religionsfriedens von 1555/56 verminderte Herzog Christoph die Besatzung des Hohenaspergs. 1556/57 bestand sie lediglich noch aus dem Hauptmann, seinem Stellvertreter, dem Leutnant, und aus 28 Mann, wie früher Knechte genannt. Da für die Besoldung der Besatzungen auf den Landesfestungen ausschließlich der Landesherr aufkommen musste – die Landschaft leistete in Friedenszeiten keinen Beitrag –, empfand er dies als starke finanzielle Belastung, und er war

deshalb bestrebt, die Mannschaftszahl möglichst niedrig zu halten. Andererseits sah Christoph darauf, dass es nicht nur waffentechnisch auf den Festungen keine Mängel gab, sondern dass stets auch der für eine Kriegsbesatzung von 800 Mann und 100 Pferde erforderliche halbe sechsmonatige Verpflegungsvorrat vorhanden war. Für den Hohenasperg betrug die Hälfte dieses sechsmonatigen Verpflegungsvorrats 268 Scheffel Roggen, 1066 Scheffel Dinkel, 910 Scheffel Hafer, 13 Scheffel Erbsen, 6 Scheffel Linsen, 13 Scheffel Gerste, 6,5 Scheffel Haferkorn, 100 Fuder Wein, 6 Fuder Essig, 2 Eimer (etwa 600 Liter) Branntwein, 20 Zentner Speck, 40 Zentner Schmalz, 40 Zentner Unschlitt (für Kerzen), 4 Zentner Dächt (Kerzendochte), 100 Scheiben Salz, 500 Klafter Holz.
Diese Vorräte mussten ständig überwacht werden. Drohten Nahrungsmittel zu verderben, mussten sie verkauft und durch frische ersetzt werden. Die auf dem Hohenasperg aufbewahrten Fische konnten am Hof verbraucht und an ihrer Stelle neue Ware eingekauft werden.[14] Wichtig war, dass das auf der Festung lagernde Getreide dort auch gemahlen werden konnte. Wie schon erwähnt, befand sich bereits früher auf dem Berg eine Rossmühle. Ob diese den Anforderungen nicht mehr entsprach oder ob sie sehr ramponiert war, so dass sie nicht mehr repariert werden konnte, wissen wir nicht. Jedenfalls befahl Herzog Christoph am 5. Juli 1566 den Bau einer neuen Mühle, vermutlich wieder den einer Rossmühle. Windmühlen wurden auf dem Hohenasperg und auf dem Hohentwiel erst im 17. Jahrhundert errichtet und betrieben.[15]
Eine wichtige Funktion auf der Festung nahm der Hausschneider wahr. Seine Dienstobliegenheiten waren in einem „Staat und Ordnung“ exakt festgelegt.[16] Er hatte darauf zu achten, dass stets eine ausreichende Menge an Betten, Bettwäsche, Leinwand, Tischdecken, Handzwehlen (Handtüchern) zur Verfügung stand, und er hatte auch für deren Instandhaltung zu sorgen. Wenn der Herzog die Festung besuchte, trug er dafür die Verantwortung, dass der Landesherr und seine Begleiter eine ihren Ansprüchen genügende Unterkunft vorfanden.
Anfang 1562 starb Wilhelm von Janowitz. Herzog Christoph lag sehr daran, die Stelle des Hauptmanns oder Burgvogts auf dem Hohenasperg rasch wieder zu besetzen, und zwar mit einem hoch befähigten und kriegserfah-

renen Offizier. Am 18. Januar 1562 forderte er den Weinsberger Obervogt – es war wohl Hans Jakob von Massenbach genannt Talacker (auch Theilacker) –, der die „Kriegsleute“ kannte, auf, ihm geeignete Kandidaten zu benennen. Hierbei betonte er, es seien ihm Bürgerliche in gleicher Weise wie Adlige genehm.[17] Offensichtlich war es gar nicht so einfach, den richtigen Mann zu finden. Die Angelegenheit zog sich monatelang hin. Im September 1562 wollte Christoph dem Schorndorfer Burgvogt Balthasar Eiselin (Yselin) die Stelle übertragen. Er befahl Landhofmeister, Marschall und Kammermeister, Verhandlungen mit dem Burgvogt aufzunehmen und namentlich auch dessen Besoldungswünsche zu erfragen. Nachdem eine Übereinkunft erzielt war, übernahm im Oktober 1562 Eiselin seinen neuen Dienst auf dem Hohenasperg. Er hatte dieses Amt sehr wahrscheinlich bis zu seinem Tod 1576 inne.[18]

Die Aufgaben des Burgvogts bzw. Hauptmanns, der direkt dem Herzog unterstand, waren auf allen Landesfestungen dieselben. Erstmals wurden durch Herzog Christoph am 28. April 1564 „Staat und Ordnung“ für den „Burgvogt und Hauptmann“ auf dem Hohentwiel exakt bestimmt.[19] Sie bildeten das Muster für die Dienstvorschriften, die die Festungskommandanten in der Folgezeit zu beschwören hatten. So waren „Staat und Ordnung eines Hauptmanns auf dem Hohenasperg“ vom 12. November 1590 und vom 19. November 1605, sieht man von einigen Zusätzen bei „Staat und Ordnung“ von 1605 ab, inhaltlich identisch mit der Dienstvorschrift für den Hohentwieler Festungskommandanten von 1564.[20] Wir können deshalb diese Dienstvorschrift von 1564 auch bereits als rechtsverbindlich für den damaligen Burgvogt und Hauptmann auf dem Hohenasperg ansehen.

Nach dem in „Staat und Ordnung“ aufgeführten Aufgaben-Katalog trug der Kommandant die Verantwortung dafür, dass die Festung stets bewacht und verwahrt war. Er musste sich mit seiner Besoldung begnügen. Daher war ihm untersagt, sich durch die Nutzung der Gärten oder der Obstbäume Zusatzeinkünfte zu verschaffen. Auch durfte er herrschaftliches Heu und Stroh nur mit Erlaubnis des Herzogs verbrauchen oder es sich aneignen. Vor allem war ihm verboten, die „Knechte“ (Söldner) für eigennützige Zwecke zu missbrauchen.

Über ihm vom Landesherrn schriftlich oder mündlich anvertraute Geheimnisse oder ihm erteilte Befehle, ebenso über wichtige Festungsangelegenheiten hatte er zeitlebens strengstes Stillschweigen zu bewahren. Deckte er etwas auf, das für den Herzog, dessen Festungen oder sonstwie schädlich oder nachteilig werden konnte, hatte er darüber unverzüglich seinem Landesherrn und sonst niemand zu berichten.
Beim Auf- und Zuschließen der Tore musste der Hauptmann oder im Falle seiner Verhinderung der Leutnant stets persönlich anwesend sein. Das Zuschließen erfolgte abends vor Sonnenuntergang, das Aufschließen morgens nach Sonnenaufgang. Beim morgendlichen Aufschließen wurde, um jeder Art von Betrug oder Verräterei vorzubeugen, zunächst nur ein Tor geöffnet, und erst wenn man sich vergewissert hatte, dass alles in Ordnung war, durfte auch das andere Tor geöffnet werden. Die Nacht über verwahrte der Burgvogt die Torschlüssel bei sich. Nur mit ausdrücklicher Erlaubnis des Herzogs durfte er einmal eine Nacht außerhalb der Festung zubringen. Sonst musste er, wenn er auswärts zu tun hatte, ebenso wie alle anderen Besatzungsangehörigen eine Stunde vor Sonnenuntergang wieder auf der Festung sein. Verspätete er sich, durfte er nicht mehr eingelassen werden. Zutritt zu der Festung während des Tages hatte nur, wer den Artikelbrief beschworen hatte. Andere Personen mussten eine herzogliche Sondererlaubnis vorweisen.
Zu den Aufgaben des Hauptmanns gehörte es, die Wachen zu inspizieren und jede Nachlässigkeit nach den Bestimmungen des Artikelbriefs streng zu bestrafen. In besonders gravierenden Fällen von Wachvergehen war darüber dem Herzog zu berichten. Der Hauptmann musste ferner darauf sehen, dass in allen Stuben und Küchen mit dem Feuer sorgsam umgegangen wurde. Er hatte sich auch um ein gutes Einvernehmen mit seinem Stellvertreter, dem Leutnant, zu bemühen und ebenso die „Knechte" anständig zu behandeln. Gemeinsam mit dem Leutnant und dem Keller oblag es ihm, auf bauliche Mängel an Häusern und Innenräumen, insbesondere auf Schäden an den Dächern zu achten und für deren Beseitigung zu sorgen, die „Knechte" dazu anzuhalten, dass sie die ihnen zugewiesenen Wohn- und Schlafzimmer sauber hielten, dass sie an Häusern, Dächern, Wänden, Fenstern und Öfen durch mutwilliges Schießen, Zerschlagen

usw. keine Schäden oder Verwüstungen anrichteten. Da der Transport von Brennholz auf den Berg hohe Kosten verursachte, war ein sparsamer Holzverbrauch unerlässlich.
Der Hauptmann sollte sich mit der ihm erteilten Dienstvorschrift, aber auch mit dem Artikelbrief gründlich beschäftigen und sich streng an deren Bestimmungen halten. Er hatte also bei der Besatzung auf strikte Disziplin, auf Ordnung und Gehorsam zu achten und sich selbst untadelig zu benehmen. Bedrohungen, Gefahren, Verrätereien und Ähnliches, die er feststellte, hatte er zu jeder Tages- und Nachtzeit ohne den geringsten Verzug dem Herzog zu berichten.
Zuständig für die Artillerie, für Geschütze, Munition und Zubehör, war der Zeugwart. Doch über die Pulvervorräte verfügte der Hauptmann. Er verwahrte bei sich auch die Schlüssel für das Pulvermagazin und hielt das Inventar über den Bestand an Pulver auf dem laufenden. Die Abgabe von Pulver war ihm nur dann gestattet, wenn es unbedingt erforderlich war. Er führte außerdem die Aufsicht über den Wirt und den Hausschneider und sah darauf, dass sich diese korrekt verhielten und das Wohl der Garnison im Auge hatten.
Bei Baumaßnahmen auf der Festung hatte er die Werkleute und Taglöhner zu beaufsichtigen und sie zu fleißiger Arbeit anzuhalten. Ferner musste er darauf achten, dass der Kostenrahmen eingehalten, also unnötige oder überflüssige Kosten vermieden wurden und dass eine gründliche Prüfung der Schlussabrechnung erfolgte. Die Baukostenabrechnung unterschrieben er und der Keller.
In den Geschäftsbereich des Kellers durfte der Hauptmann nicht eingreifen, auch war ihm untersagt, an den Keller gerichtete Briefe, die mit dem Namen und Sekretsiegel des Herzogs versehen waren, zu öffnen, es sei denn, er hatte den begründeten Verdacht, dass gegen den Herzog konspiriert werde. In einem solchen Fall hatte er dem Landesherrn darüber insgeheim zu berichten.
In den 1550er Jahren hatte sich die an den Fuß des Hohenaspergs verlegte Stadt Asperg, jetzt meist Unterasperg genannt, konsolidiert. Zwischen der Festung und der Stadt bestanden nach wie vor enge Beziehungen. Der Unterasperger Pfarrer war seit dem Abzug der kaiserlichen Besatzung auch

für die Festung zuständig. Er hatte die Besatzung seelsorgerisch zu betreuen. Hierbei kam es anfänglich wiederholt zu Spannungen, weil der Kommandant mehr Gottesdienste, überhaupt mehr kirchliches Engagement auf der Festung forderte. Doch dürfte bald eine für beide Seiten befriedigende Lösung erreicht worden sein.[21]
Die Bewohner von Unterasperg lebten vorwiegend von der Landwirtschaft. Handwerker gab es hier zunächst nur wenige. Die Gemarkung war recht klein und zu einem Teil noch mit Wald bedeckt. Wirtschaftlich gelangten die Bürger auf keinen grünen Zweig. Not und Armut herrschten vor. Das Städtchen sank, obwohl es bis zum Ende des altwürttembergischen dualistischen Ständestaats 1805 einen Abgeordneten in den Landtag entsenden durfte, zum Dorf herab.[22] Zusammen mit der Festung behielt Unterasperg einen Sonderstatus. 1586 bildete es zusammen mit Tamm und Eglosheim ein Unteramt des Amts (Mark-)Gröningen.[23] Auf dem Hohenasperg hatte wie schon früher ein Keller seinen Sitz. Ihm oblag vor allem die bauliche Instandhaltung der Festung und deren Wirtschaftsführung, außerdem hatte er den herrschaftlichen Besitz und die herrschaftlichen Einkünfte in Unterasperg sowie in einer Reihe weiterer Orte des Amts Gröningen zu verwalten.[24] Schultheiß in Unterasperg war 1565 Jakob Hertz. An kommunalen Gebäuden gab es ein Rathaus und ein Schafhaus. An herrschaftlichen Gebäuden befanden sich im Ort eine Kelter mit fünf Bäumen „unten im Dorf", eine Zehntscheune, ein Fruchtkasten und ein Marstall.[25]
Seit alters besaßen die Asperger den verbrieften Anspruch auf eine Gabe Brennholz aus den umliegenden herrschaftlichen Wäldern. 1570 änderte dies Herzog Ludwig. Er überließ der Gemeinde das damals 280 Morgen umfassende Osterholz. Dagegen untersagte er den Asperger Bürgern, künftig noch Holz im Bonholz, im Eglosheimer Wald oder im Brandholz zu holen. Ihm lag daran, dass er den vergrößerten Tiergarten, den er dort unterhielt, ungestört in einem intakten Waldgebiet betreiben konnte.[26]
In einem Bericht stellte Johann Stickel, Keller auf dem Hohenasperg, fest, dass die Einwohner von Unterasperg im Kriegsfall bisher noch nie zu militärischen Einsätzen aufgeboten worden seien und dass sie noch nie hätten ins Feld ziehen müssen. Deshalb seien sie auch noch nie in eine Mus-

terungsliste aufgenommen worden. Sie hätten dagegen bei feindlichen Einfällen auf der Festung Dienst tun, d. h. die Besatzung verstärken müssen, wenn sie dazu aufgefordert worden seien.[27] Für die Befreiung vom Volksaufgebot, also für die Freistellung von den regelmäßigen Schießübungen, die den anderen württembergischen Untertanen abverlangt wurden, hatten sie „zur Erhaltung der Wacht" auf dem Hohenasperg an die Herrschaft ein jährliches Wachtgeld von 40 Pfund Heller zu entrichten. Außerdem waren sie, wie im Lagerbuch von 1565 dokumentiert ist, verpflichtet, so oft es die Notdurft erforderte, die Fässer auf dem Schloss „aus- und einzuziehen", auch die Gräben um das Schloss – jetzt die Festung – zu säubern und zu räumen. Sonstige Frondienste brauchten sie nicht zu leisten.[28]

1583 verlangte die Herrschaft von den Aspergern, sie sollten sich wie die Untertanen der Umgebung mit „Wehren" versehen, d. h. mit Handfeuerwaffen sowie mit Spießen und anderen Hieb- und Stichwaffen, und sie sollten sich auch im Gebrauch dieser Waffen üben, damit sie im Kriegsfall bei der Verteidigung der Festung einen Part übernehmen könnten. Da diese Forderung in ihren Augen jedoch eine unzulässige Neuerung war, protestierten die Asperger heftig dagegen, und die zuständigen Beamten nahmen sie in Schutz. Die Bewohner des an den Fuß des Berges versetzten Städtchens, berichteten sie, seien bettelarm und hätten Mühe, für sich und ihre Kinder das tägliche Brot zu erlangen. Doch der Protest nützte nichts. Die Obrigkeit beharrte auf ihrer Entscheidung.[29]

Seit langem nutzten die Asperger den Südhang des Berges bis unmittelbar unter dem Schloss für den Weinbau. Durch den Ausbau des Hohenaspergs zur Landesfestung war ein Teil dieser oberen Weinberge „zum Wall verschüttet" worden, d. h. die Asperger hatten durch das Aufwerfen des mächtigen Festungswalls einen Teil ihres Rebgeländes eingebüßt. Damit fanden sie sich nur widerwillig ab. Es wurde ihnen daher eine Geldstrafe von 20 fl angedroht, wenn sie den „versteinten", also durch Marksteine abgegrenzten, Bezirk „auszureuten", zu roden, versuchten, um ihn ganz oder wenigstens teilweise wieder für den Weinbau zu nutzen. Den Anliegern war lediglich erlaubt, das Gras oder Holz, das in dem „versteinten" Bezirk wuchs, zu schneiden bzw. zu hauen.

Dass die Asperger 1580 dennoch ihr Weinbauareal nach oben auf das Gelände oberhalb der Steig auszuweiten suchten, rief Hauptmann und Keller auf den Plan. Sie wollten dies keinesfalls dulden, weil dadurch der Berg „geschwächt" werde, die Festung also Schaden nehme. Herzog Ludwig zeigte ein gewisses Verständnis für die armen Weingärtner. Er wollte zunächst selbst das strittige Gelände besichtigen und erst danach entscheiden. Es scheint indes, dass sich der Fürst nach dem Lokaltermin den Argumenten des Hauptmanns und des Kellers anschloss. Zumindest legt dies ein Reskript Herzog Friedrichs I. vom 13. September 1600 nahe. In diesem Reskript drohte der Herzog den Aspergern, die oberhalb „der gesetzten hohen Marksteine um den Berg" Holz abhauten, Gras holten, Vieh weiden ließen oder die in anderer Weise das Verbot der Nutzung dieses Geländes unterliefen, die exorbitante Geldstrafe von 10 fl an.[30]

Ausdrücklich festgehalten wurde im Asperger Lagerbuch von 1565: „Das Schloss zu Asperg [die Festung Hohenasperg] mit all seiner Zubehör und Gerechtigkeit, wie das mit Wällen und Mauern umfangen, ist der Herrschaft Württemberg eigen, allen Ufflegungen [Auflagen] und Beschwerden frei."[31]

Ein denkwürdiges Ereignis für die Festung Hohenasperg war das Religionsgespräch, das hier Herzog Christoph am 19. und 20. April 1567 mit Kurprinz Johann Casimir, dem Sohn Kurfürst Friedrichs III. von der Pfalz, und Markgraf Karl von Baden führte. Herzog Christoph war in großer Sorge, weil sich Kurfürst Friedrich III. dem Calvinismus zugewandt hatte, und ihm lag sehr daran, diesen einflussreichen Reichsfürsten wieder für das Luthertum zu gewinnen. Noch mehr beunruhigte ihn der wachsende Druck der vom habsburgischen Kaiserhaus betriebenen gegenreformatorischen Bewegung. Leider verlief das Religionsgespräch erfolg- und ergebnislos. Der Kurfürst beharrte auf seiner religiösen Einstellung. Dennoch blieben sich Christoph und Friedrich, die alten Duzbrüder, freundschaftlich verbunden, und Ende Mai jenes Jahres einigten sich bei einem Treffen in Heidelberg die Fürsten der Kurpfalz, Württembergs, Badens und Hessens auf Vorschlag des Landgrafen Wilhelm von Hessen wenigstens auf einen Minimalkonsens. Den Theologen beider protestantischen Glaubensrichtungen sollte streng untersagt werden, ihre unterschiedlichen Auffassungen in der Abendmahlsfrage in Schriften und Predigten zum Gegenstand wechselseitiger bösartiger oder gehässiger Polemiken zu machen. Zu einer Allianz der protestantischen Fürsten gegen die erstarkende Macht der Gegenreformation kam es aber nicht.[32] Bereits am Ende des folgenden Jahres starb Herzog Christoph. Sein Sohn und Nachfolger, Herzog Ludwig, besaß als Mensch wie als Regent nicht das geistige Format seines Vaters. Außenpolitisch spielte Ludwig eine eher passive Rolle. Dabei war er ein bekenntnistreuer lutherischer Fürst, dem die Sache der Reformation gleichfalls ein Herzensanliegen war.[33]

Die Leitung der Festung unter den Herzögen Ludwig, Friedrich I. und Johann Friedrich zwischen 1569 und 1618

Als Herzog Christoph am 28. Dezember 1568 starb, war sein Sohn Ludwig gerade erst 15 Jahre alt. Bis zu dessen Volljährigkeit 1578 übte eine vormundschaftliche Regierung die herrschaftliche Gewalt im Herzogtum aus. Ludwig war ein milder, kunstsinniger, theologisch sehr gebildeter, aber kein politisch weitschauender, über Württemberg hinauswirkender Regent. Er liebte höfische Feste, gepflegte Geselligkeit, die Freuden einer üppigen Tafel, vor allem den Weingenuss, und er war ein passionierter Jäger. Sein Hof hatte einen provinziellen Zuschnitt. In Württemberg trug Ludwig zur weiteren Festigung der lutherischen Konfession bei. Von auswärtigen Händeln hielt er sich fern. Fragen der Landesverteidigung besaßen für ihn eine untergeordnete Bedeutung.[34]

Ganz anders sein Vetter Friedrich, der ihm nach seinem frühen Tod 1593 auf den Herzogsstuhl folgte. Friedrich setzte alles daran, das politische Gewicht Württembergs im Reich und darüber hinaus zu vergrößern. Als Regent der württembergischen Grafschaft Mömpelgard hatte er in den Jahren 1581 bis 1593 bereits auf politischem und wirtschaftlichem Gebiet Beachtliches geleistet, enge Kontakte zu König Heinrich IV. von Frankreich geknüpft und die persönliche Bekanntschaft von Königin Elisabeth von England gemacht, ehe er in Stuttgart die Regierung übernahm. Der hoch begabte, energische und durchsetzungsfähige Fürst, ein Vertreter des

Frühmerkantilismus, war mit Erfolg bemüht, sein Land wirtschaftlich voranzubringen. Er entfaltete auf den Gebieten des Bergbaus, des produzierenden Gewerbes und des Handels vielfältige Initiativen. Die Mitregierung der selbstbewussten Landstände suchte er zu beseitigen, zumindest aber stark einzuschränken und ein weitgehend absolutistisches Regiment zu etablieren. Das militärisch antiquierte Volksaufgebot wollte er durch ein gut ausgebildetes und ausgerüstetes Söldnerheer ersetzen. Es gelang ihm, den Widerstand der Landstände gegen sein politisch-militärisches Konzept zu brechen. Doch sein jäher Tod 1608 im Alter von erst 50 Jahren beendete abrupt den von ihm begonnenen radikalen Staatsumbau.[35]

Sein Sohn und Nachfolger Johann Friedrich (1608–1628), ein politisch schwacher Regent, der verschwenderische höfische Pracht liebte, restaurierte die Macht der Landstände. Ungeachtet der wachsenden Spannungen zwischen dem katholischen und dem evangelischen Lager im Reich übte er sich allzu lange in einer schwächlichen Neutralitätspolitik.[36]

In den fünfzig Jahren vom Tod Herzog Christophs bis zum Ausbruch des Dreißigjährigen Kriegs wurde an den Landesfestungen nur wenig gebaut. 1570 hielt sich der Baumeister Christoph Spindler einige Zeit auf dem Hohenasperg auf. Es ist jedoch nicht bekannt, welche Baumaßnahmen ihm dort oblagen. Von größerer Bedeutung dürften sie nicht gewesen sein.[37] 1580/81 fertigte der viel beschäftigte Stuttgarter Uhrmacher Martin Rapp um die stattliche Summe von 351 fl ein neues Uhrwerk für den Hohenasperg an, nachdem er auch für den Hohentwiel ein solches zum Preis von 200 fl hergestellt hatte.[38] Wiederholt kam der große Baumeister Heinrich Schickhardt auf den Hohenasperg. 1596 entstand unter seiner Leitung ein Tiefbrunnenturm.[39] Im Mai 1614 führte er im herzoglichen Auftrag auf der Festung eine Bauinspektion durch. Sie betraf insbesondere den Tiefbrunnen und das Wachthaus. In seinem Bericht empfahl er Verbesserungen am neu errichteten Schöpfwerk des Brunnens. Ferner schlug er vor, das Wachthaus auf dem hinteren Rondell den Bedürfnissen der wachhabenden Soldaten anzupassen, es um ein „Stöcklein" zu erhöhen, damit die Soldaten einen Schlafplatz bekämen, sowie an dem Wachthaus ein Wachglöcklein anzubringen.[40]

Sorgsam wurde darauf geachtet, dass eine hinreichend große Zahl funktionsfähiger Geschütze und sonstiger Waffen mit entsprechenden Munitionsvorräten vorhanden war. 1597 befanden sich auf dem Hohenasperg sechs große Kartaunen für Kugeln von 60 Pfund, zehn Kartaunen für Kugeln von 36 Pfund, neun Feldschlangen für Kugeln von 7,5 Pfund, zwölf Falkonettlein für Kugeln von zwei Pfund, vier „scharffe Thönlein" (Scharftönlein, kleine Kanonen) für Kugeln von einem Pfund, acht Streich- und Hagelbüchsen für Kugeln von acht Pfund, sechs Sturmbüchsen, ein Böller, 144 Doppelhaken (Gewehre), 199 Musketen, 1439 gemeine Landsknechtshaken (Gewehre), 152 gemeine Haken, 1765 Musketen, 2757 lange Landsknechtsspieße, 214 Reiterspieße, 13 Fechtspieße, 22 Knebelspieße, außerdem umfangreiche Pulver- und Salpetervorräte. Dass das zur Wartung der Waffen erforderliche Werkzeug, insbesondere Schmiedewerkzeuge, in genügender Zahl vorhanden war, galt als selbstverständlich.[41]

Der Festungskommandant, im 16. Jahrhundert meist Burgvogt bzw. Hauptmann genannt, musste Kriegserfahrung besitzen. Johann König, um 1590 Burgvogt auf Hohentübingen, später auf dem Hohenasperg, hatte nach dem Bericht von Martin Crusius viele Jahre in Italien und auf der Insel Malta Kriegsdienste geleistet. Erhardt Senfft (Senff) bewarb sich 1591 um die Burgvogtstelle auf Hohentübingen. Als Nachweis für seine Qualifikation führte er an, er diene seit neun Jahren als Leutnant und stellvertretender Kommandant auf dem Hohenasperg und habe zuvor an acht Feldzügen teilgenommen, er habe in Frankreich, Neapel, Ungarn und in den Niederlanden sowie auf der See gekämpft und habe während dieser Zeit die französische Sprache erlernt. Außer Kriegserfahrungen bedurfte der Burgvogt aber auch Führungseigenschaften. So musste er über persönliche Autorität verfügen, damit er sich gegenüber den schwierigen Kriegs- oder (wie sie damals hießen) Guardiknechten durchsetzen konnte.[42]

Neben dem Burgvogt und seinem Stellvertreter, dem Leutnant, spielte der der Rentkammer unterstehende Keller, wie schon erwähnt, auf der Festung eine wichtige Rolle. Er war für das Rechnungswesen verantwortlich und gemeinschaftlich mit dem Burgvogt für Bauangelegenheiten. Ihm oblag die Auszahlung der Besoldungen. Das dafür erforderliche Geld wies ihm die Rentkammer zu.[43]

Der Burgvogt unterstand direkt dem Landesherrn. Festungsangelegenheiten galten als Geheimsachen. Sie durften deshalb lediglich vom Landhofmeister und Kanzler, zur Zeit Herzog Ludwigs meist vom Kammersekretär Melchior Jäger, bearbeitet werden und waren dann dem Herzog vorzulegen. Der Burgvogt hatte seine Schreiben an die Hofkanzlei zu richten. Diese versah sie häufig mit dem Vermerk: „Zu Seiner Gnaden eigenen Händen". Einem Bericht des Hohenasperger Burgvogts von 1596 beispielsweise maß die Hofkanzlei einen solch hohen Grad der Geheimhaltung bei, dass sie seine öffentliche Behandlung im Oberrat nicht für tunlich hielt, sondern ihn unmittelbar Herzog Friedrich I. zuleitete.
Der Herzog entschied über sämtliche Anträge auf Anstellung von Festungsbediensteten, über alle Gesuche des Burgvogts, selbst über dessen Bitten um Urlaub und sei es auch nur für eine Nacht, ferner über Verfehlungen, die der Burgvogt nicht ahnden konnte, über Anträge von Angehörigen der Besatzung, deren Frauen und Kindern oder sonstigen nahen Verwandten Einlass in die Festung zu gewähren (Genehmigungen wurden nur in Ausnahmefällen erteilt). Der Landesherr wollte über jede kleine Veränderung auf der Festung unterrichtet sein. Keiner der württembergischen Herzöge des 16. Jahrhunderts hat hier auf sein persönliches Aufsichts- und Entscheidungsrecht verzichtet, keiner hat eine Dienststelle als eine Art Zwischeninstanz zwischen der ihm obliegenden Entscheidungsbefugnis und den Burgvögten geschaffen. Jeder von ihnen wollte über sämtliche Festungsangelegenheiten unmittelbar unterrichtet werden und in eigener Person die erforderlichen Entscheidungen treffen. Und als dann im 17. Jahrhundert Oberinspektoren über die Festungen und Kriegsräte ernannt wurden, besaßen diese lediglich die Befugnis, die Festungen zu inspizieren und zu überwachen sowie den Landesherrn in Fortifikationsangelegenheiten sachkundig zu beraten. Die persönliche Aufsicht des Landesherrn über die Festungen war übrigens keine württembergische Besonderheit. Auch in anderen Territorien fielen Fragen der Landesverteidigung in den unmittelbaren Zuständigkeitsbereich des Fürsten.[44]
Sämtliche Angehörige der Festungsbesatzung, d. h. vom Burgvogt herunter bis zum einfachen Guardiknecht, waren zeitlebens zu strengstem Stillschweigen in Festungsangelegenheiten verpflichtet. Bei der Entlassung

von Burgvögten wie von Guardiknechten wurde diesen ein Schweigegelübde abverlangt. Auch bei Bauhandwerkern, die Arbeiten auf der Festung durchführten, galt der Grundsatz unbedingter Vertrauenswürdigkeit. Einlass erhielt nur, wer diese Voraussetzungen erfüllte. Als sich beispielsweise 1596 für sieben Handwerker, die mit der Errichtung des Brunnenturms beauftragt waren, die Festungstore öffneten, erfuhr der Burgvogt, dass einer der Lehrjungen Nicht-Württemberger sei. Er machte dessen Zulassung von der ausdrücklichen Erlaubnis des Herzogs abhängig[45], die dann wohl auch gewährt wurde.

Ein vorrangiges Anliegen von Herzog Christoph und seinen Beratern, ebenso von seinen Nachfolgern auf dem Herzogsstuhl war es, den Untertanen die Grundkenntnisse im Lesen und Schreiben zu vermitteln. Dieses Anliegen setzten sie konsequent und erfolgreich in die Tat um, und sie gingen damit anderen deutschen Ländern beispielgebend voran. Dennoch gab es noch lange in Württemberg sogar in höheren Positionen Untertanen, die zum Kreis der Analphabeten zählten. Ein solcher Analphabet war Hauptmann Balthasar Eiselin, seit 1562 Burgvogt auf dem Hohenasperg. Er bat 1571 nach dem Tod seines Stellvertreters, des Leutnants Gall Eberlin, ihm als Nachfolger doch einen Leutnant zuzuweisen, der des Lesens und Schreibens kundig sei, da er selbst über derartige Kenntnisse nicht verfüge. Dem Leutnant obliege es, am Morgen und am Abend beim Auf- und Zuschließen des Tores anwesend zu sein, während der Nacht die Anordnungen für die Wacht zu treffen und die Wachtposten zu beaufsichtigen, auch habe er den Hauptmann während dessen Abwesenheit zu vertreten. Statthalter Heinrich Graf von Castell, den Herzog Ludwig mit der Angelegenheit betraut hatte, stellte sich auf den Standpunkt, ein Leutnant müsse nicht unbedingt lesen und schreiben können, zumal sich der Hauptmann gleichfalls stets auf der Festung befinde und ebenso der Keller und beide auf das Haus verpflichtet seien. Der von ihm vorgeschlagene Trabantenhauptmann Christian Löhlin (Lehlin) konnte anscheinend ebenfalls weder lesen noch schreiben. Doch nun bewarb sich Erhardt Senfft (Sennfft, Sennff) von Urach. Er konnte auf seine Kriegserfahrungen hinweisen, außerdem auf seine französischen und italienischen Sprachkenntnisse, schließlich aber darauf, dass er auch des Lesens und Schreibens kundig sei.

Der Uracher Obervogt und der Untervogt befürworteten die Bewerbung Senffts, und im Februar 1572 erhielt er die Stelle auf dem Hohenasperg.[46]
Die Burgvögte oder Hauptleute auf dem Hohenasperg waren überwiegend Bürgerliche. Nach dem Tod von Balthasar Eiselin 1576 wechselten die mit dieser Funktion betrauten Offiziere verhältnismäßig oft. Neben gravierenden gesundheitlichen Problemen und einem frühen Tod waren es meist dienstliche Gründe, die eine rasche Ablösung eines Festungskommandanten geboten erscheinen ließen oder die ihn selbst zum freiwilligen Rücktritt veranlassten. Manche Burgvögte zeigten sich ihrer Aufgabe nicht gewachsen, andere waren streitsüchtig, kamen mit ihren Untergebenen nicht aus. Nach nur einjährigem Dienst als Burgvogt trat Hauptmann Johann Jakob Ha(a)n 1577 freiwillig zurück.[47] Von 1578 bis 1585 hatte Hans Hemminger, anschließend Marx Hecker (Hacker, Hieckher u.s.) das Kommando über die Festung inne. 1590/91 war dann wohl vorübergehend Bernhard Grimmeisen mit der Funktion des Burgvogts betraut.
Für die Jahre 1591 bis 1603 werden drei Burgvögte genannt, deren Dienstzeiten sich nach den Quellen teilweise überschnitten: 1591 bis 1595 oder 1596 Hans Wilhelm Vohl von Wildenau, 1595/96 Johannes König (Kunig, Kynig) und 1593 bis 1605 Jakob Bleyfuß. Von 1605 bis 1607 befehligte Georg Bühler (Biller) die Besatzung der Festung. Auf ihn folgten Wendel Reustlin (1607–1610), Johann Abermann oder Obermann (1609–1613) und Stephan Steinlin (Stainlin), der nach dreijähriger Dienstzeit 1616 „mit Ungnade abgeschafft“ wurde. Nicht weniger als 16 Jahre (1616–1632), davon 14 Jahre bereits im Dreißigjährigen Krieg, nahm Melchior Rathgeb (Rattgeb) die Hauptmannsfunktion auf dem Hohenasperg wahr.
Wie schon erwähnt, vermochten nicht alle Burgvögte für geordnete Verhältnisse auf der Festung, für die Aufrechterhaltung militärischer Disziplin unter der Besatzung zu sorgen. Sehr unerfreulich ging es 1581 auf dem Hohenasperg zu. Hauptmann, Leutnant, Keller und Guardiknechte waren in Händel verstrickt. Streitigkeiten und Beschimpfungen waren an der Tagesordnung. Wer die Hauptschuld an den Zwistigkeiten trug, ist nicht überliefert. Sicher hatte der damalige Hauptmann Hemminger daran Anteil.[48]
1590 war Marx Hecker oder Hacker nach sechsjährigem Dienst als Burgvogt dieser schwierigen Aufgabe, wie er angibt, überdrüssig, und er bat

Herzog Ludwig, ihm eine andere militärische Funktion zu übertragen. Der Herzog scheint über den Antrag Heckers wenig erfreut gewesen zu sein. Er entband ihn zwar von dem Kommando auf dem Hohenasperg, versetzte ihn aber vorläufig auf keine andere Stelle, sondern gewährte ihm lediglich „bis auf weitere Verordnung" ein bescheidenes militärisches Wartgeld von 30 fl aus Mitteln der Landschreiberei.[49] Seinen Nachfolger Hans Wilhelm Vohl von Wildenau hatte der Landhofmeister auf der Festung zu vereidigen. Ferner musste ihm der Landhofmeister alle „Soldaten und Knechte" vorstellen und diesen einschärfen, dass sie dem neuen Hauptmann unbedingten Gehorsam zu leisten hätten. In Anwesenheit des Büchsenmeisters und des Zeugschreibers hatte sich der nunmehrige Kommandant einen Überblick über die Waffen- und Munitionsbestände zu verschaffen.[50]
Auch Hauptmann Hans Wilhelm Vohl von Wildenau merkte rasch, dass er kein leichtes Amt übernommen hatte. Offensichtlich wollte sich der Keller nicht den Anordnungen des militärischen Chefs der Festung fügen. 1592 beklagten sich Hauptmann und Leutnant darüber, dass sich ihnen der Keller mit „trutzigen Worten" widersetze.[51] Hauptstreitpunkt war anscheinend die Kontrolle der aus- und eingehenden Briefe durch den Hauptmann. Nach dem Artikelbrief für die Festung Hohenasperg durfte kein Brief „ohne Wissen und Erlaubnis des Hauptmanns" von jemand auf der Festung empfangen oder abgesandt werden. Wer gegen diese Anordnung verstieß, wurde mit Turmhaft, in schweren Fällen sogar „an seinem Leib, Ehren oder Leben" bestraft. Nun war der Keller nicht wie ein Angehöriger der militärischen Besatzung zu behandeln. Deshalb wurde der Hauptmann angewiesen, dem Keller herzogliche Befehle, die ihm von der Kanzlei zugeschickt wurden, wie bisher zuzuleiten. Privatschreiben hatte er gleichfalls „ohnerbrochen", also ungeöffnet, dem Kameralbeamten zu übergeben. Allerdings sollten auch alle diese Briefe „durch die Hände des Hauptmanns gehen".[52]
Eine besonders unglückliche Figur als Burgvogt machte Johannes König. Schon auf Hohentübingen hatte er in dieser Funktion durch sein forsches Auftreten und durch seinen strengen Befehlston die Besatzung gegen sich aufgebracht. Auf dem Hohenasperg trieb er es noch schlimmer. Die Folge war, dass sich nicht nur die Guardiknechte über ihn empörten, sondern

dass er es auch mit seinem Leutnant, ebenso mit dem Keller und dem Hausschneider verdarb. Großen Ärger provozierte er dadurch, dass er, wie er erklärte, „das Festungstor nach striktester Vorschrift" morgens und abends öffnete und schloss. Dies hieß für ihn allerdings „bei gutem Sonnenlicht". Als schikanös empfanden Keller, Leutnant und Guardiknechte das frühe Schließen des Tores abends „noch bei guter Tageszeit". Seine Strafgewalt gegenüber säumigen Guardiknechten übte König unnachsichtig aus. Dies tat er auch gegenüber dem Hausschneider, zumal sich dieser besonders aufsässig gebärdete. Um ein Exempel zu statuieren, verhängte er über den Hausschneider und einen Guardiknecht eine dreitägige Turmhaft bei Wasser und Brot und entließ anschließend beide aus dem Dienst auf der Festung. Landhofmeister und Räte rieten dem Herzog, König, auch wenn er ein redlicher, kriegserfahrener Geselle sei, von seinem derzeitigen Posten zu entfernen und ihm keine Burgvogtstelle mehr zu geben.[53] Herzog Friedrich I. folgte dem Rat. Eine neue militärische Aufgabe brauchte indes dem ehemaligen Burgvogt und Kastellan nicht mehr übertragen zu werden, da er bereits am 1. Dezember 1596, also noch in demselben Jahr, in Tübingen starb.[54]

Spätestens im Frühjahr 1597 wurde Jakob Bleyfuß endgültig zum Hauptmann auf dem Hohenasperg bestellt. Zusätzlich zu den üblichen Verpflichtungen, wie sie in dem „Staat und Ordnung" für Festungskommandanten festgelegt waren, nahm ihm Herzog Friedrich I. noch das in seinem Dienstvertrag ergänzte bindende Versprechen ab, gegen die zu einer Landplage werdenden Landröcke (Landstreicher, Vagabunden) und Bettler hart durchzugreifen. Im Einzelnen verfügte der Herzog, der Burgvogt solle diese unstet umherziehenden Menschen von der Festung und nach Möglichkeit von dem „ganzen Berg" fern halten. Wenn sich der Landesherr auf dem Hohenasperg befinde, dürfe das Almosen künftig nicht mehr vor den Staketen oder dem Gatter ausgeteilt werden, sondern dieses müsse in das Dorf, also nach Unterasperg, hinabgetragen werden, wo es dann Bedürftigen übergeben werden könne. Auch seien alle Personen, „die Almosen begehrten", von den Staketen oder dem Gatter „wegzuschaffen". Ferner solle „alles andere fremde Gesind" ausnahmslos von der Festung und dem Gatter entfernt und in die Wirtshäuser drunten im Flecken verwiesen werden. Wenn der Herzog allein oder mit Gefolge auf den Hohenasperg komme, habe der Hauptmann den Guardiknechten und insbesondere den Torwarten einzuschärfen, dass sie niemandem ohne ausdrücklichen mündlichen Befehl des Landesherrn Zugang zu der Festung gewährten. Diese herzogliche Anordnung gelte selbstverständlich auch für den Hauptmann. Wenn der Landesherr auf dem Hohenasperg weile und das Festungstor die Nacht über abgeschlossen werde, habe ihm der Hauptmann die Schlüssel „in sein Gemach zu liefern".[55] Alle diese ergänzenden Bestimmungen von 1597 wurden wortwörtlich auch in „Staat und Ordnung eines Hauptmanns auf Hohenasperg" vom 19. November 1605 aufgenommen, auf die damals Hauptmann Georg Bühler eidlich verpflichtet wurde.[56]

Auf herzoglichen Befehl vom 20. November jenes Jahres hatte der Obervogt von Leonberg Burkhard Stickel, ein bekannter ehemaliger Landsknechtsführer, Bühler auf dem Hohenasperg einzuführen. Er erhielt zu diesem Zweck einen Einlassbrief. Auf der Festung musste er dann den neuen Kommandanten dem Leutnant, dem Keller und der Mannschaft vorstellen und diese „dem Artikelbrief gemäß" zum schuldigen Gehorsam verpflichten. Anschließend hatte er dem nunmehrigen Hauptmann auf Grund des Inventars seines Vorgängers „die Munition und Artillerie" ordnungsgemäß zu übergeben.[57]

Acht Jahre später, im November 1613, ordnete Herzog Johann Friedrich nach der Ernennung von Stephan Steinlin zum Kommandanten an, dass dieser durch Haushofmeister Joachim von Trauschwitz (Trauschwiz) sowie Rat und Kammersekretär Johann Sattler „in gebührliche Pflicht" genommen werde.[58] Steinlin musste den seitherigen Hauptmann Abermann (Obermann) ablösen, mit dessen Amtsführung man in Stuttgart allem Anschein nach unzufrieden gewesen war und den man deshalb seines Dienstes enthoben hatte. Abermann erhob gegen seine Ablösung keinen Einspruch, bat jedoch, ihn wenigstens noch bis Georgii (23. April) 1614 auf seinem Posten zu belassen. Er habe sich, schrieb er in seinem Gesuch, auf dem Hohenasperg „mit Vieh, Weib und vielen kleinen Kindern eingerichtet" und könne während des Winters nicht ohne großen Schaden wegziehen. Selbst die Besatzung setzte sich für ihren seitherigen Kommandanten ein. Hierbei wies sie darauf hin, dass Abermann seit 39 Jahren im Kriegsdienst stehe und über große militärische Erfahrung verfüge. Doch der Herzog wies das Gesuch mit der Feststellung ab, der Nachfolger sei bereits bestimmt, und dieser werde zu dem vorgesehenen Termin „mit völliger Rüstung aufziehen". Am 13. April 1615 bewilligte Herzog Johann Friedrich die übliche Hauptmannsbesoldung von 110 fl im Jahr und erlaubte Steinlin gleichzeitig, wegen seiner „Leibsblödigkeit" (körperlichen Beschwerden) in Stuttgart einen Arzt zu konsultieren.[59]

Mit der Besichtigung der Zeughäuser und mit der Kontrolle der Zeugwarte auf den Festungen wurde unter den Herzögen Christoph und Ludwig immer wieder der Büchsenmacher Friedrich Keßler beauftragt. Nach dem Tod Herzog Christophs hatten Hans Jakob von Massenbach, genannt Theilacker, und der Jägermeister Jordan von Breitenbach 1569 die Festungsbesatzungen dem neuen Landesherrn huldigen zu lassen und gleichzeitig die Festungen zu inspizieren. Herzog Friedrich übertrug die Festungsinspektion Burkhard Stickel, dem Leonberger Obervogt. 1596 rieten Landhofmeister und Kanzler dem Herzog, Stickel solle sämtliche Festungen einer eingehenden Musterung unterziehen, freie Stellen besetzen und untaugliche Kriegsknechte „abschaffen". 1606 nahm Stickel eine gründliche Inventur auf dem Hohenasperg vor. Wiederholt musste er Untersuchungen gegen unbotsame oder aufmüpfige Guardiknechte durchführen.[60]

1612 rief Herzog Johann Friedrich eine ständige Aufsicht über die Festungen ins Leben und betraute mit ihr den Brackenheimer Obervogt Sebastian Schaffalizky von Mukadel. In einem eigens für ihn erlassenen „Staat und Ordnung" wurde Schaffalizky zu strenger Überwachung der Festungen und zur strikten Wahrung des Schweigegebots verpflichtet. Er musste in einem vierteljährlichen Turnus die Festungen Hohentwiel, Hohenurach, Hohenneuffen, Hohentübingen, Schorndorf und Kirchheim unter Teck inspizieren. Eine Sonderregelung galt für den Hohenasperg und für die Grenzfestungen. Diese unterstanden der Oberaufsicht des Generalleutnants und Vorsitzenden des herzoglichen Kriegsrats Graf Kraft von Hohenlohe. 1624 übernahm die Funktion Schaffalizkys Friedrich Böcklin von Böcklinsau.[61]

Zu den Dienstobliegenheiten des „Oberinspekteurs der Befestigungen" gehörte es, zu prüfen, ob die Hauptleute und die Festungsbesatzung die ihnen

Die im 16. Jahrhundert zur Landesfestung ausgebaute Hochadelsburg Hohenurach um 1620 (Skizzenbuch des Nikolaus Ochsenbach).

auferlegten Pflichten erfüllten, ob die Artillerie und die Munition den Anforderungen des Ernstfalls genügten, ob sich die Befestigungsanlagen und die Gebäude in gutem Zustand befanden. Kleine Mängel mussten umgehend beseitigt werden, größere waren dem Herzog zu melden. Anfänglich hatte sogar der Oberinspekteur bei seinen Kontrollbesuchen am Tor einen vom Herzog unterzeichneten Einlassbrief vorzuweisen. Erst ab 1615 galt eine großzügigere Lösung. Jetzt war dem Oberinspekteur mit einem oder zwei Dienern jederzeit auf sein Verlangen der Zutritt zur Festung zu gestatten.[62]

Gewissenhafte Festungskommandanten, die bei Waffen und Geräten Mängel feststellten und diese zu beheben suchten, besaßen nunmehr sachkundige Ansprechpartner, die sie bei ihren Initiativen unterstützten. Eine demütigende Abfuhr, wie sie Hauptmann Bleyfuß bei Herzog Friedrich I. erlebte, war kaum noch vorstellbar. Bleyfuß hatte am 30. Mai 1598 seinem Landesherrn berichtet, dass „das grobe Geschütz" seit vielen Jahren niemals aus dem Zeughaus ins Freie gebracht und dort einer eingehenden Kontrolle unterzogen worden sei. Es müsse deshalb befürchtet werden, dass ein Teil der Räder verrottet, auch manch anderes schadhaft und deshalb im Kriegsfall kaum zu gebrauchen sei. Abhilfe lasse sich schon dadurch schaffen, dass man die Geschütze auf den Platz vor das Zeughaus bringe, dort die Holzteile, insbesondere die Räder, mit Wasser benetze und nach dem Trocknen an der Luft wieder ins Zeughaus zurückfahre. Friedrich I. hatte jedoch keinerlei Verständnis für den Vorschlag des Hauptmanns gezeigt. Kurz und barsch hatte er auf dem Bericht vermerkt: „Er [soll] solches bleiben lassen."[63]

Freilich der hoch intelligente, aber selbstherrliche und cholerische Herzog war mit hartem, nicht selten ungerechtfertigtem Tadel rasch bei der Hand. Dafür ein Beispiel: Am 19. Mai 1595 hatte ihm der Keller auf dem Hohenasperg berichtet, dass „die Steig neben der Porten" (Pforte), auf der man die Geschütze „auf- und abführe", schadhaft sei. Seine Reaktion: „Warum es der Narr nicht angemeldet hat, da Wir jetzunder selber oben gewesen sind". Der Herzog zeigte sich darüber erbost, dass ihn der Keller nicht auf diesen Übelstand hingewiesen hatte, als er kürzlich auf dem Berg gewesen war.[64]

Eine wichtige Funktion auf der Festung nahm der für Waffen und sonstige militärische Ausrüstungsgegenstände verantwortliche Zeugwart wahr. So musste er etwa Musketen säubern und durch Probeschießen prüfen, ob sie im Ernstfall ihren Zweck erfüllten. Ein Büchsenschmied, der sein Handwerk verstand, ging ihm dabei zur Hand. 1594 wurde Melchior Köderich zum Zeugwart bestellt. Er erhielt als Besoldung im Jahr 32 fl, 16 Scheffel Dinkel, 3 Eimer (etwa 900 Liter) Wein sowie ein Winterkleid.[65] 1601 übernahm der Augsburger Büchsengießer Jakob Reisinger das Amt des Zeugmeisters (Zeugwarts) auf dem Hohenasperg.[66]

Gewöhnlich hatten die nahe beim Hohenasperg gelegenen Orte von der Festung erheblich mehr Nachteile als Vorteile. Im Frieden waren sie stark mit Frondiensten belastet, in Kriegszeiten litten sie hart unter den feindlichen Belagerungstruppen. Gelegentlich profitierten sie jedoch auch einmal von der Festung. Dies war beispielsweise 1594 bei der Gemeinde Möglingen der Fall. Ihr erleichterte ein Gerüst, das im Krieg zum Überwinden hohen Mauern diente und das ihr der Kommandant des Hohenaspergs zur Verfügung gestellt hatte, das Aufhängen ihrer neuen Kirchenglocken.[67]

Die Besatzung und der Festungsalltag mit seinen Problemen während einer langen Friedenszeit

Nach wie vor legten Herzog und Festungskommandant Wert auf Guardiknechte, die über Kriegserfahrung verfügten. Bei der Auswahl von Bewerbern wurden vor allem Landeskinder berücksichtigt, weil man sich von ihnen ein loyales, pflichttreues Verhalten versprach. So erhielt der Beck Stephan Scharpff aus dem nahen Metterzimmern wohl 1613 die Stelle eines Pfeifers. Jeder neu angenommene Soldat oder Kriegsknecht hatte wie früher den Artikelbrief zu beschwören.[68] Da sich die meisten Guardiknechte bloß auf das „Kriegshandwerk“ verstanden, blieben sie nicht selten viele Jahre auf der Festung, manche bis zur völligen Invalidität. 1596 beantragte ein 66-jähriger Guardiknecht aus Cannstatt aus Altersgründen und wegen nachlassender Sehfähigkeit, die ihn für Wachdienste untauglich machte, seine Entlassung. Der Hauptmann gab ihm ein gutes Zeugnis. Die Entlassung wurde ihm erteilt. Das unter Hinweis auf seine große Armut erbetene Leibgeding wurde ihm aber nicht gewährt. „Ist nicht [ge]bräuchlich“ lautete der Vermerk auf seinem Antrag.[69]

Der Festungsalltag war recht eintönig. Wachdienste bildeten die Hauptbeschäftigung der Mannschaft. Besuche naher Angehöriger selbst von leitenden Festungsbediensteten waren nur mit Einlassbriefen möglich. 1582 beispielsweise fragte der Keller Adolf Heninger beim Herzog an, ob ihn und seine Frau zwei Schwestern und eine Base besuchen dürften. Alle drei Frauen seien verschwiegen. Herzog Ludwig stimmte dem Besuch zu und erteilte dem Hauptmann die entsprechende Anweisung.[70] Im November 1600 brachte der Zeugschreiber Johann Keßler bei Herzog Friedrich I. den Wunsch seines „Schwehers" (Schwiegervaters), des Asperger Bürgermeisters Ulrich Klein, vor, ihn auf dem Hohenasperg besuchen zu dürfen, damit er einmal die Festung, auf der er noch nie gewesen sei, besichtigen könne. Der Herzog erlaubte Keßler, sich zu diesem Zweck einen Einlassbrief ausstellen zu lassen.[71]

Streng verboten war für Frauen und Kinder der Guardiknechte der Aufenthalt auf der Festung. Eine seltene Ausnahme bildete es deshalb, dass Herzog Friedrich I. dem Guardiknecht und Kornmesser erlaubte, seine Frau – Kinder hatte er keine – während des Winters 1596/97 in seinem Stüblein aufnehmen zu dürfen. Hauptmann Johann König und Keller Franz Ludwig Schertlin hatten das Gesuch des Guardiknechts befürwortet. Nun war diese Frau keine Fremde auf der Festung. Sie wurde immer dann auf den Hohenasperg geholt, wenn sich dort die herzogliche Hofhaltung befand, um die Gemächer zu säubern, die Böden zu putzen, das Gerät zu waschen und andere anstehende Arbeiten zu verrichten.[72]

Der Aufenthalt des Herzogs auf der Festung und der Besuch anderer hoch gestellter Persönlichkeiten brachte Abwechslung in den tristen Alltag der Besatzung. Die Werbung des Landgrafen Georg von Hessen um Prinzessin Eleonore von Württemberg veranlasste deren Bruder Herzog Ludwig im Februar 1589, neben anderen Lustbarkeiten, Spielen und Trinkgelagen eine Jagd beim Hohenasperg zu veranstalten. Der Herzog erschien zu dieser Jagd unter Trommelwirbel und Pfeifenklang mit einem Federspieß in der Hand und mit seinem Feldzeichen.[73] Sehr wahrscheinlich kamen die fürstlichen Herrschaften anlässlich dieses bedeutenden Familienereignisses auf die Festung, weil sich ihnen hier ein standesgemäßes Ambiente bot. Für Herzog Friedrich I., der höfischen Glanz liebte, fertigte der Tübinger Goldschmied Carle Seckler I. neben vielen anderen Kunstgegenständen 1595/96 eine Kartaune als „Willkomm" auf dem Hohenasperg. Vermutlich schuf Seckler einen Begrüßungspokal in der Form einer Kartaune.[74]

Ein alter Brauch auf dem Hohenasperg war offensichtlich das Neujahrsschießen. Allerdings musste es jedesmal aufs Neue vom Landesherrn genehmigt werden. An Neujahr 1594 lehnte es Friedrich I. ab, doch im Jahr darauf erlaubte er es wieder. Das Schießen erfolgte mit den großen „Stücken", den großen Kanonen.[75] In der Hoffnung, dass ihnen der Landesherr eine Neujahrsverehrung zukommen lasse, wünschten Hauptmann, Leutnant und „ganze Guardi" dem Fürsten ein glückseliges Neues Jahr, so 1603. Dazu fand sich Herzog Friedrich I. jedoch nicht immer bereit. Die Gründe, die ihn in manchen Jahren zu einer Ablehnung bewogen, sind nicht bekannt. Im Jahr 1597 erhielten der Hauptmann und die „ganze Guardi" eine Neujahrsverehrung von insgesamt 34 fl. Üblicherweise gab es je Mann 1 fl. 1606 untersagte der Herzog das Neujahrsschießen, im Jahr darauf durfte es indes wieder stattfinden, es hatte sich aber auf etliche „Salva-Schüsse" („Begrüßungsschüsse" zum Beginn des Neuen Jahres) zu beschränken.[76] Im Februar 1597 stimmte Herzog Friedrich I. dem Abbrennen eines Feuerwerks „zum Schimpf" (zur Probe, zum Scherz) an Fastnacht zu. Wahrscheinlich sollte dies eine Art blindes Probeschießen sein, um der Festungsbesatzung eine Freude zu machen und zugleich die Feuerwaffen zu überprüfen.[77] Es ist nicht ausgeschlossen, dass der Herzog, der im Gegensatz zu den streng kirchlichen protestantischen Kreisen mit seinem Hof gerne Fastnacht feierte, während der so genannten närrischen Tage 1597 in seinem Hohenasperger Schloss weilte.

Seelsorgerisch betreut wurde die Besatzung durch den Pfarrer in Unterasperg. Lange hatte der Geistliche am Sonntag zunächst auf der Festung und dann drunten im Städtchen, dem nunmehrigen Dorf, zu predigen. Dies missfiel Herzog und Burghauptmann. Der Pfarrer kam sehr früh auf den Berg und musste oft noch bei Dunkelheit eingelassen werden, dies verstieß jedoch gegen die Bestimmungen des Artikelbriefs. Deshalb wurde 1606 die Predigt für die Garnison auf den Dienstag verlegt. Der Besuch des Gottesdienstes war für sämtliche Angehörige der Besatzung unbedingte Pflicht. Wer ihn ohne triftigen Grund versäumte, wurde bestraft. Herzog Christoph hatte die regelmäßige Teilnahme am Gottesdienst in den Artikelbrief eingefügt. Auf der Festung wurden übrigens auch kirchliche Visitationen abgehalten.[78]

Die Unterbringung der Guardimannschaft war spartanisch. Der Burgvogt hatte Anspruch auf drei Betten mit Bettzeug, der Keller auf zwei Betten. Die ihnen gelieferte Wäsche mussten sie bezahlen. Der Leutnant, der

Hausschneider und der Torwart bekamen jeweils ein Bett; die Wäsche wurde ihnen wie auch den Guardiknechten kostenlos zur Verfügung gestellt. Die Knechte teilten sich zu zweit in ein Zimmer und in ein Bett. Im Winter gab der Hausschneider die Lichter aus, deren Anzahl für den einzelnen Mann gleichfalls festgelegt war. Die nicht benötigten „Gemächer" (Zimmer) und das nicht gebrauchte Mobiliar musste der Hausschneider unter Verschluss halten, und er durfte niemand, nicht einmal dem Burgvogt, den Zugang gestatten.[79]

Die räumliche Beengtheit der Festung, die Monotonie des Dienstes und die armseligen Lebensbedingungen drückten auf die Stimmung der Besatzung. Hinzu kam, dass es unter den Guardiknechten ungebärdige Kriegernaturen gab, die sich nur schwer an einen streng geregelten Tagesablauf gewöhnten und in eine kleine Gemeinschaft einfügten. Freilich, auch sonstige Bedienstete und Inhaber höherer Funktionen verhielten sich nicht selten wenig vorbildlich. Am verbreitetsten waren unter der Besatzung Trunk- und Streitsucht. Am 15. Dezember 1593 wurde ein händelsüchtiger „Knecht" wegen seines Verhaltens entlassen. Vor seinem Abgang hatte er sich unter Hinweis auf den Artikelbrief zu verpflichten, alles, was er auf der Festung gesehen oder gehört habe, bis zu seinem Tod geheim zu halten und zu verschweigen. Im Februar 1600 wurde ein Guardiknecht auf Antrag des Hauptmanns seines Dienstes enthoben. Dieser benahm sich, wenn er „etwas beweinet", etwas betrunken, war nach der Feststellung des Kommandanten wie ein rasendes wildes Tier, fing sofort mit seinen Kameraden Streit an, lästerte Gott und fluchte auf grausame Weise. Bei seiner Entlassung, vor der er noch eine achttägige Turmstrafe abzusitzen gehabt hatte, musste er Urfehde schwören und versprechen, zwei Jahre hintereinander gegen die Türken zu kämpfen.[80] 1604 wurde ein Küferknecht (Küfergeselle) auf herzoglichen Befehl wegen Trunksucht „abgeschafft", also entlassen. Zwei andere Knechte, sehr wahrscheinlich Guardiknechte, erhielten wegen Gotteslästerung bzw. Schwatzhaftigkeit und „Trutzes" (Trotzens) gegenüber dem Keller acht Tage Turm bzw. acht Wochen Gefängnis, wobei der Letztere für die Verpflegungskosten während der Haft selbst aufzukommen hatte. Beiden Knechten wurde im Wiederholungsfall die Dienstentlassung angedroht. In demselben Jahr hatte ein Büchsenmeister den

Hohenasperg verlassen müssen, nachdem Gefängnisstrafen bei ihm nichts gefruchtet hatten. Ihm wurde zur Last gelegt, dass er „ein widerspenstiger, stolzmütiger, frecher und unnützer Geselle“ sei.[81]

Im Herbst 1605 herrschte auf dem Hohenasperg „eine große Discordia und Uneinigkeit“. Hauptmann Jakob Bleyfuß, seit längerem auf der Festung, hatte eine große Schwäche für den Wein. Gerne beteiligte er sich an Trinkgelagen. Wenn er jedoch „beweint“, betrunken, war, fing er Händel an. Zwei strenge Verwarnungen und die Androhung der Dienstentlassung hatten nichts bewirkt. Jetzt hatte er nach einem Trinkgelage mit dem Zeugwart die Waffe gezogen, wobei allerdings niemand zu Schaden gekommen war. Zum Leutnant hatte er ein gänzlich gestörtes Verhältnis, doch auch sonst bestand unter den Angehörigen der Garnison große Unzufriedenheit. Hierzu hatte der streitsüchtige Hauptmann wesentlich beigetragen. Bei der Untersuchung durch den Landprokurator Eßlinger wurde festgestellt, dass der Hauptmann, wenn er „beweint“ sei, jemand benötige, mit dem er Händel anfange. Solche Zustände könnten jedoch auf einer derart stattlichen Festung wie dem Hohenasperg nicht geduldet werden. Zwischen Hauptmann und Guardiknechten mussten ein gutes Verhältnis und Einigkeit bestehen.

Nach der Feststellung Eßlingers besaß der Hauptmann dennoch einen guten Ruf. Harte Klagen brachten die Guardiknechte dagegen über den Leutnant vor. Ihn lehnten sie ab. Der Landprokurator schlug die Versetzung des Hauptmanns vor. Auch die Versetzung des Leutnants befürwortete er. Allein, Herzog Friedrich I., der zeitlebens gegen die in seinem Land und auch an seinem Hof weit verbreitete Trunksucht kämpfte, entschied sich für die Dienstentlassung des Hauptmanns. Die Kosten der dreimaligen „Inquisition“ (Untersuchung) hatten zu gleichen Teilen der Zeugwart, der „die Hauptursache an der Unruhe und Widerwärtigkeit“ sei, der Hauptmann und der Leutnant zu berappen. Zum neuen Kommandanten wurde Georg Bühler bestellt.[82] Indes herrschte unter der Besatzung auch weiterhin ein unguter Geist. Am 24. Oktober 1606 bat Bühler, einen Guardiknecht, der zum Trunk neige und in „beweintem“ Zustand sehr streitsüchtig sei, entlassen zu dürfen. Als Ersatz wollte er gerne einen erfahrenen Kriegsmann einstellen. In Stuttgart reagierte man auf diesen Antrag mit

Missfallen und Verärgerung, weil in der kurzen Zeit seit der Dienstübernahme Bühlers auf dem Hohenasperg ein starker Wechsel an „Knechten" festzustellen war. Dabei hatte Herzog Friedrich I. vor etlichen Jahren ausdrücklich befohlen, dass die „Knechte" auf den Festungen jeweils für die Dauer von fünf Jahren angenommen werden sollten, und der Herzog bestand nach wie vor auf dieser Anordnung.[83]

1607 schmähten zwei Guardiknechte einander in ehrenrühriger Weise. Und obwohl sie etliche ihrer „Rottgesellen" nachdrücklich aufgefordert hatten, mit ihren gegenseitigen Schmähungen aufzuhören, und „den Frieden geboten" hatten, fuhr der eine fort, seinen Kameraden „an Ehren dem Artikelbrief zuwider" anzugreifen. Um ein Exempel zu statuieren, schlug Burkhard Stickel, Obervogt in Leonberg und Inspekteur der württembergischen Festungen, vor, ein Standgericht einzusetzen. Der Herzog war damit einverstanden. Mit der Vorbereitung des Prozesses wurden Balthasar von Frankenberg und Dr. Johann Reinhardt beauftragt. Als Ankläger fungierte der Burgvogt, als Urteilsfinder der Leutnant, der Hausschneider sowie acht Guardiknechte. Das einstimmig gefällte Urteil lautete für einen der Angeklagten auf Entlassung „mit aller Ungnade und ohne Passport", für den anderen auf acht Tage Gefängnis. Der Herzog bestätigte dies.[84]

1608 hatte sich der Hauptmann – es war Wendlin Reustin – mit dem Keller und dem Kornmesser in Händel verstrickt. Er hatte sich durch den Lärm beim Keller beleidigt gefühlt und protestiert. Dabei war es zu verhältnismäßig harmlosen Tätlichkeiten gekommen. Allerdings hatte die schwangere Tochter des Kellers bei einem Abgang ihr etwa zwölf Wochen altes Embryo verloren. Burkhard Stickel wurde mit der Untersuchung des unerfreulichen handgreiflichen Streits beauftragt. Ob Strafen verhängt wurden oder ob es einen gütlichen Vergleich gab, ist in den Akten nicht dokumentiert.[85]

1609 kam es zu einem heftigen Streit zwischen dem seit einem Jahr auf dem Hohenasperg tätigen Gastwirt Lienhard Püchel von Weilimdorf und seinen Gästen, den Guardiknechten. Diese beschuldigten ihn, Weinkannen zu verwenden, die nicht das angegebene Schenkmaß fassten. Die Kannen waren in Markgröningen von dem Kannengießer Matthäus (Metheus) Zünkh nach den Anweisungen Püchels hergestellt worden. Der Hauptmann nahm die Beschwerden seiner Männer ernst und verlangte eine Klärung der leidigen Angelegenheit. Der Wirt wehrte sich, konnte jedoch nicht zweifelsfrei nachweisen, dass seine Kannen ordnungsgemäß geeicht waren. Hinzu kam, dass seine Frau beim Kochen „unachtsam und unsauber" war. Der Hauptmann hielt es für das Beste, den Wirt zu wechseln. Er hatte auch schon einen geeigneten Nachfolger im Auge: Jakob Zan von Möglingen. In Stuttgart hatte man inzwischen den Fall geprüft und war zu dem Ergebnis gekommen, dass sowohl der Wirt Püchel als auch der Kannengießer Zünkh sträflich gehandelt, d.h. gegen die Landesordnung verstoßen hatten. Der Wirt sollte deshalb verhaftet, nach Markgröningen gebracht und dort einer gerichtlichen Untersuchung unterzogen werden, bei der er mit dem Kannengießer zu konfrontieren war. Auf dem Hohenasperg aber konnte der Kommandant die Gastwirtstelle neu besetzen.[86]

Großes Aufsehen erregte es, als im Sommer 1614 der Guardiknecht Hans Arnet von Unterasperg von der Festung desertierte. Herzog Johann Friedrich ordnete über „den entlaufenen meineidigen Söldner" ein „Kriegsrecht" an und beauftragte mit dessen Durchführung den Kriegsobersten und Blaubeurer Obervogt Melchior von Reichaw auf Koschnitz.[87] Die „peinlich Anklag" erhob der Fürstlich-Württembergische Profoss Ludwig Schwartz in Göppingen. Am 29. August 1614 fällte das Kriegsgericht folgendes Urteil: Über den Entlaufenen wird der Stab gebrochen, sein Name an „die Justitia", den Galgen, geschlagen und er öffentlich „zu einem Schelmen und für vogelfrei verruft". Gemäß Artikel 21 des Artikelbriefs für die Festung Hohenasperg wurde Arnet zu einem meineidigen, treulosen, flüchtigen, ehrvergessenen Schelm und Dieb erklärt, der für jedermann im ganzen Heiligen Römischen Reich frei wie der Vogel in der Luft und der Fisch im Wasser war und nicht würdig und wert war, dass er mit einem ehrlichen Mann aus einer „Kantten", einer Kanne, trank, und er sollte, wenn er „betreten", d.h. irgendwo angetroffen wurde, an einem dürren, keinesfalls aber an einem grünen Baum aufgehenkt werden, so dass die Luft über und unter ihm „zusammenschlagen" möge. Werde er auf solche Weise getötet, dann sei dem „Hochlöblichen Kriegsstandrecht gebührliche Vollziehung und Benügen beschehen".[88]

Im ersten Jahrzehnt des 17. Jahrhunderts verdüsterte sich die politische

Herzog Friedrich I. von Württemberg (1557–1608) war ein weltgewandter Fürst und weitsichtiger Reformer (Radierung von Wendel Dietterlin, 1597).

Großwetterlage im Reich zunehmend. Die Spannungen zwischen den evangelischen und katholischen Reichsständen wuchsen. Die Landstände hätten es am liebsten gesehen, wenn Württemberg eine eindeutige Parteinahme vermieden und weiterhin an einer Art strikter Neutralität festgehalten hätte. Doch der junge Herzog Johann Friedrich erklärte, dies sei angesichts der von katholischer Seite drohenden Gefahr unmöglich, andererseits besitze der Bund evangelischer Fürsten, die Union, einen rein defensiven Charakter. Das von ihm geforderte „Vorratsgeld" in Höhe von 60 000 fl bewilligte der Landtag im April 1608 widerstandslos. Wenige Wochen später trat das Herzogtum Württemberg der Union bei.[89]

Bei seiner ersten Zusammenkunft nach dem Ende des Plenarlandtags bekam der Kleine Landständische Ausschuss offiziell Kenntnis von dem noch geheim gehaltenen Beitritt Württembergs zur Union. Ungeachtet des Widerstands von Herzog Johann Friedrich setzte er durch, dass die Landstände an der Verwaltung des Unionsvorratsgelds beteiligt wurden. Das Geld selbst war auf der Festung Hohenasperg sicher deponiert. Johann Friedrich hatte daher jedesmal, wenn er sich gezwungen sah, den Geldvorrat anzugreifen, das Einverständnis des Kleinen Ausschusses einzuholen. Die Landstände, die Landschaft, gewannen damit Einfluss auf die Außenpolitik des Herzogs, hatten sie doch darüber zu entscheiden, ob eine Ausgabe mit den defensiven Zielen der Union zu vereinbaren sei. Wiederholt hatten sie den Kriegsschatz gegen ungerechtfertigte Darlehenswünsche des Herzogs zu verteidigen. Freilich befand sich der Landesherr in ständiger Geldverlegenheit, seine glanzvolle Hofhaltung verschlang Riesensummen, und er verstand es, an das Geld auf dem Hohenasperg heranzukommen. 1618, zu Beginn des Deißigjährigen Kriegs, musste der Landtag feststellen, dass die dortige Schatztruhe leer war, der Herzog also den gesamten Kriegsschatz ohne Wissen der Landschaft zweckentfremdet verbraucht hatte. Der Landtag forderte deshalb, dass der neue „Defensivvorrat" je zur Hälfte bei den Amtsstädten und im Stuttgarter Landschaftshaus zu verwahren sei. Widerstrebend musste sich die Regierung fügen. Nach den leidigen Erfahrungen mit dem Hohenasperg, über den der Herzog die uneingeschränkte Befehlsgewalt besaß, schien den Landständen eine Landesfestung kein sicherer Verwahrort für Vorratsgelder mehr zu sein.[90]

V. Der Dreißigjährige Krieg (1618–1648)

Die ersten zwölf Jahre

Niemand im Land um den Hohenasperg ahnte im Jahr 1618, dass der Krieg, der damals ausbrach und Württemberg zunächst kaum berührte, für unsere Heimat zu einer der größten Katastrophen in ihrer Geschichte werden, Leid, Not und Elend schlimmsten Ausmaßes über die Menschen bringen und dreißig Jahre währen sollte. Eine jahrzehntelange Friedenszeit hatte die Schrecken früherer Kriege in Vergessenheit geraten oder zumindest in milderem Licht erscheinen lassen. Die überwiegende Mehrheit der Bevölkerung lebte in sehr bescheidenen Verhältnissen. Sie war deshalb dankbar, dass in den Vorkriegsjahren eine Reihe guter Ernten und Weinherbste ihre Grundversorgung sicherte, und sie hoffte, dass sie auch in naher Zukunft nicht um ihr tägliches Brot zu bangen brauchte.

In seinem Landbuch gab Renovator Ötinger im Jahr 1623 eine sehr positive Einschätzung von den Württemberg schützenden Landesfestungen. Er schilderte sie als – teils in der Ebene, teils auf hohen runden Bergen gelegene – Befestigungen mit gewaltiger Wehr, mit Basteien, Wällen, Gräben, Türmen und Mauern, und er rühmte, dass diese Befestigungen mit herrlichem Geschütz und allerlei dazu gehöriger stattlicher Kriegsrüstung trefflich versehen seien. Die militärisch geschulte Mannschaft, die sich auf ihnen befinde, könne teils in Abwehr feindlicher Angriffe gegen die Wehranlagen, teils auch zum „Feldstreit", also zum Kampf im offenen Feld, verwendet werden.[1]

In der Tat war die Besatzung des Hohenaspergs bereits 1620 auf 200 Mann verstärkt worden. Schwere und leichte Geschütze waren in beachtlicher Zahl vorhanden, so zwei Doppelkartaunen und zwei einfache Kartaunen, zehn halbe Kartaunen sowie zahlreiche kleinere Geschütze (Feldschlangen, Falkonette, Scharftönlein und Hagelbüchsen). Diese Geschütze waren sehr unterschiedlichen Kalibers. Ein Pfund bis 60 Pfund schwere Kugeln konnten aus ihnen abgefeuert werden. Viele tausend Kugeln dieser unterschiedlichen Gewichtskategorien standen bei einer Belagerung den Verteidigern zur Verfügung. Auch an Handfeuerwaffen und der erforderlichen Munition herrschte kein Mangel. Allein 3445 Musketen, 36000 Bleikugeln, 602 Zentner Pulver, 330 Zentner Blei sowie eine beträchtliche Zahl von Doppelhaken und einfachen Haken, Spießen und Rüstungen waren im Zeughaus verwahrt.[2]

Der Oberinspektor der Befestigungen Böcklin von Böcklinsau unternahm bereits in den ersten Kriegsjahren große Anstrengungen, das Herzogtum in einen besseren Verteidigungszustand zu bringen. Wie beim Hohenasperg erhöhte er auch die Besatzung des Hohentwiels auf 200 Mann. Hohenurach und Hohenneuffen erhielten je 100 Mann, Hohentübingen 25 Mann und die Stadtfestungen Kirchheim unter Teck und Schorndorf je 300 Mann. Bei Vaihingen an der Enz, bei Besigheim und Mundelsheim wurden Schanzen aufgeworfen und die Grenzen des Landes durch geworbene Söldner besetzt. Auch wurden die württembergischen Lehensleute und die so genannten Provisioner (fest angestellte und besoldete Reiter meist adligen Standes) aufgeboten.[3]

Freilich, die Verstärkung der Festungsbesatzungen und die Aufstellung einer kleinen Söldnertruppe reichten als Verteidigungsmaßnahmen nicht aus. Das Herzogtum stützte sich militärisch im Wesentlichen noch immer auf das längst nicht mehr zeitgemäße allgemeine Volksaufgebot. Jeder wehrfähige Mann im Alter vom vollendeten 18. bis zum vollendeten 60. Lebensjahr musste sich bei drohender Kriegsgefahr dem Landesherrn zur Verfügung stellen. Doch das mangelhaft ausgerüstete und unzulänglich ausgebildete Volksaufgebot vermochte gegen kriegserfahrene Söldnerheere, wie sie damals bereits auch in Friedenszeiten fast alle größeren Fürsten unterhielten, nichts auszurichten. Der allzu frühe Tod des tatkräftigen Herzogs Friedrich I. Ende Januar 1608 hatte dessen erfolgversprechenden Plan, gegen den Widerstand der Landstände ein zweckmäßig organisiertes, gut geschultes und ausgerüstetes Söldnerheer an die Stelle des alt hergebrachten Volksaufgebots zu setzen, vereitelt.[4] Zu Beginn des Dreißigjährigen Kriegs war das Herzogtum deshalb weithin wehrlos. Das kleine Berufsheer, das Johann Friedrich nunmehr auf Kriegsdauer, wie wir gehört haben, aufstellte, änderte daran nur wenig. Schon im ersten Kriegsjahrzehnt wurde Württemberg von durchziehenden fremden Truppen arg bedrückt. Es hatte Quartiere bereitzustellen, in großem Umfang Lebensmittel und andere Versorgungsgüter zu liefern. Übergriffe der ungebetenen Gäste waren alltäglich.[5]

Alljährlich wurde nach alter Gewohnheit „das Neue Jahr angeschossen". Dies war ein Brauch, den die Bewohner der nahen Städte und Dörfer nicht mehr missen wollten. Es machte Freude und gab den Anstoß, in den Kirchen in Dankgottesdiensten des zu Ende gegangenen Jahres zu gedenken und Gott um Beistand für das neue Jahr zu bitten. Der Hauptmann übermittelte dem Landesherrn die Neujahrsglückwünsche und erhielt von diesem dafür für sich und seine Mannschaft eine „Verehrung" in Form eines Geldbetrags. In den beginnenden 1620er Jahren hielt man auf dem Hohenasperg am Friedensdienst fest, zumal die Brennpunkte des kriegerischen Geschehens weit entfernt lagen: in Böhmen, am Rhein, in Mittel- und Norddeutschland. Allerdings verbot Johann Friedrich das Neujahrsschießen bereits 1620.[6] Wahrscheinlich erschien es ihm mit dem Ernst der Zeit nicht vereinbar.

Der eintönige Dienstalltag verführte wie schon früher manche Guardiknechte zu Trinkexzessen. Michel Scheufelin aus Tamm betrieb damals auf dem Hohenasperg eine Wirtschaft. Ein Guardiknecht, der entschieden zu tief ins Glas geschaut hatte, zog seine „Waffe", wohl seinen Degen, und schlug einem Bissinger Bauern, mit dem er in Streit geraten war, mit der flachen Klinge auf den Rücken. Eine schlimmere Verletzung trug der Bauer von dieser Attacke offensichtlich nicht davon, doch der Hauptmann, der um die Disziplin seiner Truppe fürchtete, sperrte den Schläger ein. Der Vorfall, der sich vermutlich außerhalb der Festung ereignet hatte, musste dem Herzog gemeldet werden, und dieser befahl die Freilassung des Übeltäters.[7] Dass es unter der Besatzung noch immer schlimme Querköpfe gab, die sich nicht in die Ordnung fügen wollten, machte dem Hauptmann arge Sorgen. In gravierenden Fällen half hier nur die Entlassung. So hatte ein 60-jähriger Guardiknecht, der ein „sehr unruhiger Kopf" und streitsüchtig war, die Festung zu verlassen, nachdem eine über ihn verhängte Strafe nichts Positives bewirkt hatte. Allerdings gab der Hauptmann auch

Die Stadt Tübingen mit der Festung Hohentübingen um 1616 (Aquarell, Stammbuch des Prinzen von Sachsen-Altenburg).

an, der Entlassene sei wegen seines Alters zu vielen Diensten nicht mehr zu gebrauchen gewesen.[8]

Ein Teil der Besatzung, der über handwerkliche Fertigkeiten verfügte, konnte seine Zeit besser nutzen. Beispielsweise betätigten sich Guardiknechte als Schlosser und Schreiner.[9] Ihr dienstlicher Alltag erschöpfte sich damit nicht wie bei ihren Kameraden im Wacheschieben. Einige besonders qualifizierte Handwerker auf dem Hohenasperg erhielten sogar herzogliche Aufträge. So fertigte der Büchsenmeister Jakob Deuschle aus Stuttgart, der 1623 als Zeugwart auf dem Hohenasperg angestellt war, für Herzog Friedrich Achilles eine „Bürstbüchse" (eine spezielle Schusswaffe), die allgemein Anerkennung fand.[10]

Manche Guardiknechte hielten es auf der Festung nicht aus; sie suchten das kriegerische Abenteuer. Im Februar 1623 bekam Guardiknecht Jakob Vischer von Mundelsheim seine Entlassung. Er hatte geltend gemacht, er wolle im Feld dienen.[11]

Großes Aufsehen erregte ein Pasquill, eine Schmähschrift, die am Morgen des 15. Februar 1621 an einem Pfahl an den „Staketen" der Festung angeheftet war. Sofort wurden Nachforschungen nach dem Urheber des Pasquills im Amt Markgröningen und im Dorf Asperg angeordnet – offensichtlich erfolglos. Es wurde deshalb vermutet, dass sich der Übeltäter auf der Festung befinde, also ein Angehöriger der Besatzung sei. Das Pasquill hatte übrigens keinen politischen Inhalt; es prangerte ehebrecherisches Verhalten an. „Man soll", stand auf ihm zu lesen, „die Huren aus der Festung treiben".[12] Wem ehe- bzw. sittenwidriges Verhalten zur Last gelegt wurde, lässt sich indes nicht feststellen. Vielleicht waren es Reinemachefrauen oder andere Frauen, die sich tagsüber in der Festung aufhalten durften, oder aber Ehefrauen von Garnisonsangehörigen, die vorübergehend Zugang zu der Festung erhielten. Nach den Artikelbriefen war leichtfertigen Frauenzimmern das Betreten des Festungsbereichs untersagt.

Mit dem Sieg der katholischen Liga über den zum König von Böhmen gewählten Kurfürsten Friedrich V. von der Pfalz am 8. November 1620 am Weißen Berg bei Prag gewann diese auch im Reich das Übergewicht. Die Reichsstädte zogen sich aus der Union zurück. In Württemberg drängten die Landstände den Herzog zu einem politischen Ausgleich mit dem Kaiser. Johann Friedrich kam diesem Verlangen nach. Er und der Markgraf Joachim Ernst von Brandenburg schlossen mit den in die Pfalz eingefallenen und dort den Unionstruppen gegenüberstehenden Spaniern ein Stillhalteabkommen. Am 24. April 1621 wurde die evangelische Union förmlich aufgelöst. Unmittelbar darauf entließ Herzog Johann Friedrich seine kleine Söldnertruppe. Durch eine Art Neutralitätspolitik hoffte er sein Land aus den weiteren kriegerischen Verwicklungen heraushalten zu können.[13]

Doch dies gelang nur vorübergehend. Der Söldnerführer Ernst von Mansfeld und Markgraf Georg Friedrich von Baden-Durlach setzten den Krieg gegen die Spanier in der Pfalz in der Absicht fort, dem vertriebenen Kurfürsten Friedrich V. sein Land retten zu können. Hierbei plünderte und brandschatzte Mansfeld die württembergischen Ämter Möckmühl und Maulbronn sowie die Gegend um die Reichsstadt Heilbronn, die eine württembergische Besatzung erbeten hatte. Den Spaniern kam das ligistische Heer unter General Tilly zu Hilfe. Württemberg geriet in akute Gefahr. In größter Eile rief Herzog Johann Friedrich seine Lehensleute und die sonst zum Reiterdienst Verpflichteten zu den Waffen. Außerdem mobilisierte er zwei Regimenter des Volksaufgebots von je 1500 Mann. Da ihm die Landstände die Aufstellung eines Söldnerheers verweigerten, konnte er aus eigenen Mitteln lediglich eine kleine Söldnerschar anwerben. Die festen Plätze setzte er raschestens in Verteidigungszustand, so auch den Hohenasperg. Über eine bewaffnete Neutralität ging er aber nicht hinaus.

Am 6. Mai 1622 kam es bei Bad Wimpfen insbesondere auf der Gemarkung des württembergischen Dorfes Obereisesheim zur Schlacht. General Tilly und die Spanier fügten Markgraf Georg Friedrich von Baden-Durlach eine schwere Niederlage zu. Unter den Gefallenen befand sich auch Herzog Magnus von Württemberg, ein Bruder Johann Friedrichs; er hatte sich als Oberst dem Heer des Markgrafen angeschlossen. Das Nichteingreifen Württembergs hatte Tilly den Sieg bei Bad Wimpfen erleichtert, sehr wahrscheinlich sogar ermöglicht. So sah dies jedenfalls der General selbst.[14]

Der übermütige Sieger suchte die günstige Situation zu nutzen. Da Johann Friedrich den flüchtigen Markgrafen von Baden-Durlach in Stuttgart beherbergte, dessen gerettete Habseligkeiten in ein sicheres Versteck bringen ließ und sich für den Sohn des Markgrafen verwendete, drohte Tilly mit einem Einfall in Württemberg. Jetzt zeigten sich die Landstände bereit, die erforderlichen Mittel für die Landesverteidigung bereitzustellen. Auch der Schwäbische Kreis beteiligte sich an der Mobilisierung militärischer Kräfte. Johann Friedrich übernahm das Amt des Kreisobersten. Die Kommandogewalt über die rasch angeworbenen bzw. aufgebotenen Kriegsleute übertrug er Graf Kraft von Hohenlohe. Indes fehlte es der übereilt aufgestellten, bunt zusammengewürfelten Truppe an jeglicher Disziplin. Übergriffe und Gewalttaten waren alltäglich. Namentlich die herzoglichen Reiter bedrückten und quälten die Bevölkerung. Zum Glück konnte ein Einfall der Armee Tillys durch den Vertrag von Heilbronn vom 18. Juni 1622 abgewendet werden. Dennoch blieb das Herzogtum von Durchmärschen bayerischer und kaiserlicher Truppenverbände nicht verschont, und dabei hatten die Bewohner zum Teil schlimmste Drangsale zu erdulden. Dörfer wurden ausgeplündert und gebrandschatzt. Tilly willigte schließlich selbst ein, gegen raubende und brandschatzende Soldaten durchzugreifen, doch es fehlte an Waffen, und die aufgebotenen Sicherheitswachen

vermochten wenig gegen die marodierenden Kriegerscharen auszurichten.[15]
Kein Wunder, wenn damals Graf Kraft von Hohenlohe einen Teil seiner „Pagage“ (Bagage, Gepäck) auf dem Hohenasperg in Sicherheit brachte.[16]
In den folgenden Jahren verlagerte sich das Kriegsgeschehen nach Norddeutschland, und auch dort erlangte die katholische Liga immer mehr die Oberhand. Bereits im Herbst 1623 strichen die Landstände die Mittel für den Unterhalt der herzoglichen Söldner. Johann Friedrich entließ die angeworbene Truppe bis auf 1400 Mann. In den Landesfestungen wurden die Besatzungen vermindert, die Lebensmittelvorräte nicht mehr im erforderlichen Umfang ergänzt.[17]
1626 wütete in Württemberg eine Pestepidemie und raffte viele tausende von Kindern, Frauen, Männern und Greisen dahin. Im Land um den Hohenasperg blieb kaum ein Haus verschont. In Markgröningen starben 466 Menschen, ein Drittel der Einwohnerschaft. Möglingen und Kornwestheim mit Zazenhausen hatten jeweils etwa 200 Tote zu beklagen, einen ähnlich hohen Prozentsatz der ortsansässigen Bevölkerung.[18] Sicher hat die Pest damals auch das Dorf Asperg und die Festung Hohenasperg heimgesucht. Leider sind die Todesursachen der 44 vom 9. Juli bis 30. Dezember 1626 im Asperger Totenbuch aufgeführten Verstorbenen nicht genannt.[19]
Viele von ihnen dürften Pestopfer gewesen sein.
Gegen Ende der 1620er Jahre hatte die katholische Partei eindeutig die entscheidende Machtposition in Deutschland gewonnen. Ihren Forderungen hatten sich die protestantischen Reichsstände zu beugen. Das Herzogtum Württemberg, das seit dem Tod des erst 46-jährigen Herzogs Johann Friedrich im Jahr 1628 zunächst bis 1631 von dessen Bruder Ludwig Friedrich und dann bis zur Mündigsprechung des 18-jährigen Eberhards III. im Mai 1633 von dessen weiterem Onkel Julius Friedrich nicht sonderlich erfolgreich regiert wurde, hatte 1629 das kaiserliche Restitutionsedikt anzunehmen. Dieses beraubte das Herzogtum 22 ehemals katholischer Klöster und Stifte und drohte ihm die Wegnahme weiterer 14 einst katholischer geistlicher Institutionen an. Insgesamt musste es danach ein Drittel seines Territoriums abtreten. Der Versuch, sich im so genannten Kirschenkrieg 1631 dem Restitutionsedikt im Verein mit anderen evangelischen Reichsständen zu widersetzen, misslang.

Aus Italien kommende kaiserliche Truppen unter dem Oberbefehl von Graf Egon von Fürstenberg hatten leichtes Spiel. In einem unblutigen Feldzug bemächtigten sie sich des Landes. Herzog-Administrator Julius Friedrich musste am 1. Juli 1631 in Tübingen dem Bündnis mit den protestantischen Reichsständen, dem Leipziger-Bund, entsagen, kaiserliche Besatzer in seinem Land akzeptieren und sich zu hohen finanziellen Leistungen verpflichten. Da ihn die Untertanen wegen seiner schwächlichen Nachgiebigkeit heftig kritisierten, flüchtete er sich entmutigt auf den Hohenasperg, der sich den Kaiserlichen nicht geöffnet hatte. Dort blieb er den ganzen Sommer über, einmal weil er die feindlichen Bedrücker fürchtete, zum anderen weil er sich nicht dem Zorn seiner ausgeplünderten Untertanen aussetzen wollte. Von dem Entschluss, das Administratorenamt niederzulegen, rückte er ab, nachdem ihm seine Räte lukrative finanzielle Zugeständnisse gemacht hatten. Auf dem Hohenasperg gebar ihm seine Frau Anna Sabina die Tochter Amadea Fredonia, die jedoch schon vor ihrem zweiten Geburtstag starb.

Dass erbitterte Bewohner seines Landes kaiserliche Soldaten, die sie um die letzten Reste ihrer Habe bringen wollten, erschlugen und dass daraufhin die Besatzer die im Land noch vorhandenen Waffen konfiszierten und in Schorndorf in sichere Verwahrung nahmen, blieb ihm nicht verborgen. Vergeblich suchte er die horrende Steuerlast der Bevölkerung durch die Beschlagnahme von Klostereinkünften zu vermindern.[20]

Doch inzwischen zeichnete sich am politischen Horizont in Deutschland ein grundlegender Wandel ab. Die Protestanten, die sich in einer verzweifelten Situation befanden, konnten neue Hoffnung schöpfen. Im Frühsommer 1630 war der Schwedenkönig Gustav Adolf in Pommern gelandet, und es war ihm gelungen, die zunächst widerstrebenden Kurfürsten von Brandenburg und Sachsen auf seine Seite zu ziehen. Mit der Schlacht von Breitenfeld nördlich von Leipzig am 17. September 1631, die mit einer vernichtenden Niederlage der von General Tilly befehligten kaiserlichen Armee endete, stand nun dem Vorstoß Gustav Adolfs nach Süd- und Westdeutschland nichts mehr im Wege. Die Protestanten gewannen neue Zuversicht. Im Mai 1632 verbündete sich auch Württemberg mit der schwedischen Kriegsmacht. Kaiser Ferdinand II. war darüber so erbost, dass er sich zu einer fürchterlichen Drohung verstieg. Seine Truppen, so äußerte er, würden ein Feuer in Württemberg anzünden, „dass die Engel im Himmel die Füße an sich ziehen müssten". Diese Drohung sollte einige Jahre später schreckliche Wirklichkeit werden. Das Reichsoberhaupt hielt sich zugute, dass es das protestantische Württemberg bislang recht großzügig behandelt hatte. Beim so genannten Kirschenkrieg 1631 war es dank des Geschicks des kaiserlichen Generals Graf Egon von Fürstenberg ohne Blutvergießen abgegangen, auch wenn die Bevölkerung danach schlimm drangsaliert worden war. Und schon drei Jahre zuvor hatte er die in Württemberg und anderen Territorien des Schwäbischen Reichskreises im Quartier liegenden Wallensteinischen Truppen, die sich an kein Gesetz und keine Ordnung hielten, zu größerer Schonung des Landes ermahnt.

Leider fiel Gustav Adolf in der für die Schweden siegreichen Schlacht bei Lützen am 16. November 1632. Mit dem Jahr 1633 wandelte sich der bis dahin vorwiegend religiös-politische Konflikt mit dem Kriegseintritt des katholischen Frankreichs als Bündnispartner Schwedens zu einer machtpolitischen Auseinandersetzung um die Vorherrschaft in Mitteleuropa.[21]

Die für die Protestanten günstige Wende der Kriegslage machte den Dienst als Söldner auf dem Hohenasperg wieder attraktiv. Im April 1632 bewarb sich der Guardiknecht Michael Schawmann (Schaumann) von Ebersbach, ein Landeskind, um die vakante Wachtmeisterstelle auf der Festung. Schawmann hatte, wie er erklärte, in deutschen und in welschen Landen Kriegsdienste geleistet, namentlich hatte er dem Heer des spanischen Königs angehört, ferner hatte er am Seekrieg gegen die Türken teilgenommen, wie dies seine „Passporten" auswiesen. In Württemberg hatte er bereits sechs Jahre auf dem Hohenneuffen und dem Hohenasperg gedient. Schließlich machte er geltend, dass ihm bereits der verstorbene Herzog Johann Friedrich eine Leutnants– oder eine andere Stelle zugesagt habe.[22] Es scheint, dass Schawmann die Stelle bekam.

Nach 16 Jahren trat Hauptmann Melchior Rathgeb als Festungskommandant aus Alters- und Gesundheitsgründen an Georgii (23. April) 1632 zurück. Er erhielt ein Leibgeding, starb aber schon im Juni des folgenden Jahres.[23] Ob der im Oktober 1625 erwähnte Hauptmann Hans Würdt ihn einmal kurze Zeit vertrat, ist nicht bekannt.[24] Der Nachfolger Rathgebs,

Kaspar Eckstein, der bis 1634 die Festungsbesatzung befehligte, scheint bereits vorgerückten Alters gewesen zu sein. Wegen der Eskalation des Krieges wollte ihm der Leonberger Obervogt und Inspektor der württembergischen Festungen Klaus Friedrich Böcklin von Böcklinsau einen tüchtigen Offizier zur Seite stellen.[25] Ob es zu dieser Entscheidung kam, wissen wir nicht. Nach der verheerenden Niederlage der Schweden bei Nördlingen, von der noch die Rede sein wird, änderte sich auf dem Hohenasperg die Situation grundlegend.

Einen Einblick in die Verhältnisse auf der Festung kurz vor der Nördlinger Katastrophe gibt eine detaillierte Liste mit den Besoldungsansprüchen des Hauptmanns im Jahr 1632. Als jährliche Geldbesoldung erhielt Hauptmann Eckstein 100 fl, an Getreide 4 Scheffel Roggen, 30 Scheffel Dinkel und 16 Scheffel Hafer, 4 Eimer (ca. 1200 Liter) Wein, 5 Wannen Heu, 27 1/2 Pfund Lichter, außerdem ein Kleidergeld von 10 fl. Auch waren ihm ein Baum-, Gras- und Küchengarten auf dem Wall, drei Stücklein Kraut- und Rübenländer „um den Berg“ (Jahresertrag durchschnittlich 10 fl) zur Nutznießung eingeräumt. Ferner verfügte er über eine freie Wohnung, erhielt angemessene „Beholzung“ (Brennholz), Stroh „nach Notdurft“. Schließlich durfte er ein halbes Viertel Weingarten „im Graben“ nutzen.[26]

1633/34 war es den Kaiserlichen gelungen, eine neue starke Streitmacht aufzubauen und verlorenes Terrain zurückzugewinnen. Hieran hatte König Ferdinand, seit 1637 Kaiser Ferdinand III., wesentlichen Anteil. Am 6. September 1634 kam es bei Nördlingen zur Schlacht. Die Kaiserlichen fügten den Schweden und ihren Verbündeten eine schwere Niederlage zu. Unter den auf der blutgetränkten Walstatt zurückgebliebenen Toten befanden sich auch mehrere tausend Württemberger, Angehörige des schlecht ausgebildeten Volksaufgebots. Männer aus der Asperger Gegend scheinen nur in verhältnismäßig geringer Zahl darunter gewesen zu sein. Die Aufgebote der wehrfähigen Mannschaft der Ämter Bietigheim und Markgröningen waren zur gleichen Zeit bei der Belagerung der österreichischen Stadt Villingen im Südschwarzwald eingesetzt.[27]

Die Belagerung des Hohenaspergs 1634/35

Nach der verheerenden Niederlage bei Nördlingen flohen die Überreste der Schweden und ihrer Verbündeten nach Westen. Die Kaiserlichen folgten ihnen auf dem Fuß. Das Herzogtum Württemberg war den undisziplinierten Kriegerhorden, Siegern wie Besiegten, wehrlos ausgeliefert. In der Nacht vom 9. auf den 10. September 1634 soll man vom Hohenasperg aus neun, vom Bietigheimer Stadtkirchenturm aus 16 brennende Ortschaften gesehen haben. Zuvor schon hatte die Festungsbesatzung auf dem Hohenasperg durch zweimal drei Kanonenschüsse das Herannahen des Feindes verkündigt.[28]

Die Festung Hohenasperg war für eine Belagerung gut gerüstet. Sie verfügte über 45 voll funktionsfähige Geschütze sehr unterschiedlichen Kalibers. Die drei größten Kartaunen schossen Kugeln im Gewicht von 65, 50 und 36 Pfund, die 15 Feldschlangen Kugeln im Gewicht von 18 bis 2 Pfund. Zum Geschützbestand gehörten auch sieben Mörser und drei Feuerhunde. Ein Teil der Geschütze, vor allem die Falkonettlein, trugen Namen wie Apostel, Ente, Greif, Feldhuhn, Habicht, Haselhuhn, Hahn, Papagei. Auf den Außenwerken befanden sich vier nagelneue „dreipfündige Regimentsstücklein“. Ihre Namen: „Gott wider mein Feind, ob ihr schon viel seind“, „Trau, schau wem“, „Treu ist Wildbret“ und „Frisch gewagt, ist halb gewonnen“. Auch Handfeuerwaffen, Hieb- und Stichwaffen waren, wie sich aus einer Bestandsaufnahme von 1620 ergibt, in großer Zahl vorhanden, ebenso lagerten auf der Festung umfangreiche Munitionsvorräte.[29]

Am 9. September 1634 besichtigte der Befehlshaber des schwedischen Heeres, Herzog Bernhard von Weimar, dem der nach Straßburg geflohene Herzog Eberhard III. den Schutz seines Landes anvertraut hatte, zusammen mit dem General Rheingraf Otto Ludwig, dem württembergischen Generalkommissär Johann Heinrich von Offenburg und dem Landkommissär Ludwig Rösch die Festung. Herzog Bernhard von Weimar zeigte sich von dem Hohenasperg und seinem Waffenarsenal sehr beeindruckt. Er äußerte euphorisch, diese Festung sei „also qualifiziert, dass eine ganze Armee darvor könnte aufgehalten werden“.[30] Den Artillerieoberstleutnant Rüdiger von Waldow, einen Brandenburger, ernannte er zum Kommandanten der stark vergrößerten schwedisch-württembergischen Besatzung. Die württembergischen Belange vertrat Werner Dietrich von Münchingen auf Hochdorf, den Herzog Eberhard III. schon zuvor mit Leitungsfunktionen auf der Festung betraut hatte.[31] Rüdiger von Waldow galt als tüchtiger, durchsetzungsfähiger Offizier. Leider war er „dem Trunk sehr ergeben", und dies minderte seine Autorität. In betrunkenem Zustand war er äußerst gewalttätig. Dem Rittmeister Donauer, der ihm bei der Heimkehr von einer Zechtour in Markgröningen deshalb Vorhaltungen machte, schoss er eine Kugel durch den Kopf. Bei anderer Gelegenheit verwundete er den Regimentsprofoss der rheingräflichen Infanterie so schwer, dass dieser drei Tage später seinen Verletzungen erlag. Werner Dietrich von Münchingen hingegen soll ein Mann gewesen sein, der seine Bequemlichkeit liebte und sich um die Verantwortung drückte, wo- und wann immer dies möglich war.[32]

Unterstellt waren Rüdiger von Waldow an württembergischen Offizieren und Beamten der aus Ilsfeld stammende Hauptmann Kaspar Eckstein, von dem schon die Rede war, der Kriegskommissär Jeremias Godelmann von Tübingen, Hans Philipp König von Markgröningen, der Kommandant des bewaffneten Volksaufgebots, das zur Verstärkung der Besatzung auf den Berg beordert worden war, sowie Leutnant und Petardierer (Feuerwerker) Johann Heinckelin aus Crailsheim. Die verstärkte Besatzung bestand aus den für die Festung angeworbenen und hier zum Dienst verpflichteten Guardiknechten, etwa 200 wehrfähigen Landbewohnern des bewaffneten Volksaufgebots sowie aus 596 Mann rheingräflicher Truppen (483 Infanteristen und 113 Reitern mit ihren Pferden), das der Major von Flersheim befehligte. Da diese Soldaten nicht alle in den bestehenden Wohngebäuden untergebracht werden konnten, wurden Baracken auf dem inneren Wall errichtet. Die Pferde erhielten provisorische Ställe im Wallgraben an der Ost- und Südseite. Noch heute sind die Löcher, die „Schwedenkrippen" sichtbar, die damals in die Wallmauer geschlagen wurden, um das Pferdefutter aufzunehmen.[33]

Dem Hohenasperg war die Aufgabe zugedacht, starke feindliche Kräfte zu binden und als festes Bollwerk die Rückeroberung des Landes zu erleichtern. Oberstleutnant von Waldow nahm sofort Kontakt zu den nahe gelegenen Ämtern Markgröningen, Bietigheim, Sachsenheim, Vaihingen an der Enz, Leonberg, Böblingen, Brackenheim und Güglingen auf, um zumindest vorläufig die Versorgung der Festung mit Lebensmitteln und Pferdefutter sicherzustellen. Er rechnete offensichtlich mit einer längeren Belagerung.[34]

Die Räte in Stuttgart brüskierte er durch hohe Geld-, Verpflegungs- und Munitionsforderungen. Er drohte, falls sie ihn nicht in dem verlangten Umfang unterstützten, sogar mit der Anwendung von Gewalt. Die Räte beklagten sich beim Herzog, der Oberstleutnant wolle nicht nur die Festung Hohenasperg, sondern auch die Landschreibereikasse kommandieren und damit ein „Präjudiz" schaffen. Eberhard III. warnte Waldow und bat Herzog Bernhard von Weimar, auch seinerseits dem forschen Kommandanten Mäßigung anzuraten. Waldow erhielt 1500 fl, 30 Zentner Kugeln und 20 Zentner Pulver. Vermutlich hätte er mehr bekommen, wenn er sich eines weniger anmaßenden Tones bedient hätte. Die in Stuttgart verbliebenen Geschütze und Munitionsvorräte fielen kurz darauf in die Hand der Kaiserlichen und leisteten diesen bei der Beschießung von Schorndorf und Heilbronn gute Dienste.[35]

In größter Eile wurde aus Stuttgart der Kronschatz und die Registratur der Hofkanzlei einschließlich der Rechtsdokumente der Kanzlei auf den Hohenasperg in Sicherheit gebracht[36], ebenso der aus 78 Stück Ess- und zwölf Stück Decksilber, 72 Tellern, 30 Schalen, 23 Leuchtern und sieben Becken mit Kannen bestehende Silberschatz der Herzogin Barbara Sophia von Württemberg.[37]

Hatten schon die Schweden auf ihrem fluchtartigen Rückzug geplündert, Menschen brutal misshandelt, Vieh, Pferde und Getreide gewaltsam requiriert und Geld erpresst, so geschah noch weit Schlimmeres, nachdem sich die Kaiserlichen des Landes bemächtigt hatten. Dem Dorf Kornwestheim erlegten sie eine Kontribution von 2000 Talern auf, und sie verliehen ihrer Forderung durch Geiselnahmen Nachdruck. Den 73-jährigen Pfarrer Kuch verschleppten sie nach Franken, wo er elendiglich starb. In Marbach erlag schon nach wenigen Tagen der alte Schultheiß des Dorfes, Joseph Tritschler, den grausamen Quälereien spanischer Soldaten.[38]

Beim Herannahen der feindlichen Truppen flohen etwa 1300 Bewohner

Herzog Eberhard III. von Württemberg (1614–1674).
Er regierte von 1628 (bis 1633 unter Vormundschaft) bis 1674.
Von 1634 bis 1638 befand er sich im Exil in Straßburg.

von Orten der näheren und weiteren Umgebung auf den Hohenasperg. Insgesamt befanden sich zu Beginn der Belagerung zusammen mit der aus den verschiedenen Regionen des Reiches und Schwedens zusammengewürfelten Besatzung 2000 Menschen auf der Festung.[39]
Die Amtsstadt Markgröningen bot für die Bewohner der umliegenden Dörfer keinen Schutz mehr. Sie hatte ihre Tore gegen ein Lösegeld, das die feindlichen Truppen vom Plündern abhalten sollte, geöffnet. Dies hatte indes zur Folge gehabt, dass Teile ihrer Stadtbefestigung geschleift und dass ihre Bürger buchstäblich bis aufs Hemd ausgeraubt wurden. Dasselbe geschah in Bietigheim. Die dem Magistrat zugesicherte Schutzwache ermöglichte den feindlichen Soldaten das Eindringen in die Stadt. Das städtische Silbergeschirr im Wert von vielen tausend Gulden wurde weggeschleppt, die Häuser ausgeplündert, zahlreiche Einwohner schlimm misshandelt, ein Küfer niedergeschossen, eine Frau buchstäblich zerhackt. In Markgröningen wie in Bietigheim nisteten sich kaiserliche Kampfverbände lange Monate ein. Die leitenden Beamten in der Stadt Bietigheim, Vogt Ayhin, Stadtschreiber Kegelin und Bürgermeister Groß, hatten sich auf Anordnung der Regierung mit ihren Familien rechtzeitig auf den Hohenasperg „salviert“, also in Sicherheit gebracht, um, soweit möglich, von der Festung aus ihre Amtsgeschäfte zu versehen. Dagegen waren die in der Stadt amtierenden Geistlichen auf ihren Posten verblieben.[40]
Viele Bewohner der Landorte rings um den Hohenasperg vermochten sich trotz der ständigen militärischen Übergriffe und der zunehmenden Brandschatzungen nicht von ihren Behausungen zu trennen. Die detaillierten, zuverlässigen und einfühlsamen Tagebuchaufzeichnungen des Markgröninger Dekans Wendel Bilfinger, der zu Beginn der Belagerung auf dem Hohenasperg Zuflucht gefunden hatte und der dort während der Belagerung, anfänglich aber auch außerhalb der Festung als engagierter Seelsorger wirkte, vermitteln ein erschütterndes Bild von den Leiden der wehrlosen Zivilbevölkerung.[41]
Kommandant Rüdiger von Waldow begann sofort nach seiner Ernennung damit, die Festung Hohenasperg in kriegsfähigen Zustand zu versetzen. Auch die auf den Berg geflohenen Menschen mussten mit Hand anlegen. Selbst Dekan Bilfinger wurde nicht ausgenommen. Jeweils zwei Personen

hatten an einem Laufgraben, der sich vom äußeren Tor der Festung bis hinab zum Dorf erstreckte, ein Stück von 10 Schuh Länge und fünf Schuh Tiefe auszuheben. Der zum Feldprediger bestellte Dekan Bilfinger konnte erst am 10. Oktober seinen ersten Gottesdienst feiern. Er predigte über den Text „Der Name des Herrn ist ein festes Schloss" (Sprüche 18,10). Seine Kanzel bildete eine Feldtrommel, auf der die Bibel lag. Im weiteren Verlauf der Belagerung hielt er, wie dies in protestantischen Heeren üblich war, täglich eine Betstunde und alle paar Tage eine Predigt. Den seelsorgerischen Dienst im nahen Markgröningen versah sein Kollege Osiander.[42]

Am 19. September erschienen Vorausabteilungen der kaiserlichen Armee vor dem Hohenasperg; sie wurden mit Geschütz- und Gewehrfeuer empfangen. Verluste gab es allem Anschein nach nicht.[43] Zumindest konnte von einer militärischen Einschließung der Bergfeste nicht die Rede sein. Es gab keinen waffenstarrenden Belagerungsring, der die Festung hermetisch von der Außenwelt abschloss. Die Kaiserlichen begnügten sich damit, den Berg unter Kontrolle zu halten.[44] In Markgröningen, Möglingen und Bietigheim lagen Truppenteile, die den Auftrag hatten, die Festung zu beobachten. Der Besatzung blieb so die Möglichkeit, einen Teil ihres Bedarfs an Lebensmitteln und Pferdefutter außerhalb der Festungsmauern zu decken. Die auf den Berg geflüchteten Bewohner der umliegenden Orte konnten hin und wieder die Festung verlassen, um nach ihren leer stehenden Häusern zu sehen, oder sie vermochten, falls sie dieses Risiko auf sich nehmen wollten, auch ganz dorthin zurückzukehren. In beschränktem Maß gewährte die Besatzung zumindest vorübergehend Zurückgekehrten Schutz vor Plünderungen durch Ausfälle oder durch Warn- bzw. Schreckschüsse. Wiederholt griffen auch schwedisch-württembergische Reitertrupps bei solchen überfallartigen Ausfällen kaiserliche Plünderer in größerer Zahl in Markgröningen und anderen Orten auf, brachten sie auf die Festung, um sie dann gegen ein Lösegeld oder im Austausch gegen gefangene Hohenasperger Soldaten wieder frei zu geben. Eine kaiserliche Kampfgruppe griff um den 20. September das Dorf Asperg an, das ein schwedischer Leutnant mit einigen Soldaten besetzt hielt. Sie vertrieb die Schweden, doch konnte sie sich in der Kirche, die sie in Besitz genommen hatte, nicht behaupten. Ein Trompeter forderte die Verteidiger des Hohenaspergs zur Übergabe auf, wurde aber von diesen mit „schimpflichen Worten" abgewiesen. Am 22. September besichtigte König Ferdinand zusammen mit dem General Tiefenbach aus sicherer Entfernung und im Schutz des Osterholzes die Festung. Auf dem Berg blieb der hohe Besuch nicht unbemerkt. Die Besatzung entbot dem Befehlshaber der feindlichen Streitkräfte mit ihren Geschützen einen lautstarken Willkommensgruß. Obwohl der Monarch schon wegen der geringen Reichweite der Geschütze kaum gefährdet war, verfehlte der Feuerüberfall die beabsichtigte Wirkung nicht. Am Abend in seinem Hauptquartier in Besigheim angelangt, war König Ferdinand davon überzeugt, einer lebensbedrohenden Situation entkommen zu sein. Am Nachmittag desselben Tages unternahm ein Teil der Festungsbesatzung einen Ausfall, um den Feind vollends aus dem Dorf Asperg zu vertreiben. Die Schweden erreichten unbemerkt die Häuser. Sie erschossen einen kaiserlichen Soldaten, der in einem dieser Häuser entspannt am Tisch saß und den sie durchs Fenster entdeckt hatten. Doch die bedrängten Kaiserlichen erhielten durch eine Reiterabteilung aus dem Osterholz Unterstützung. Die Schweden mussten sich in die Festung zurückziehen. Sie verloren bei dem Scharmützel drei Mann, außerdem wurde einer verwundet und einer gefangen genommen. Die Kaiserlichen, die ähnlich hohe Verluste zu beklagen hatten, zogen sich bereits während der folgenden Nacht aus dem Dorf zurück, nachdem sie es in Brand gesteckt hatten. Acht Häuser brannten ab.[45]

Am 26. September beschaffte sich die Besatzung Pferdefutter in Tamm. Am gleichen Tag wurden in Markgröningen 20 Menschen beerdigt, die beim Durchzug kaiserlicher Truppen auf übelste Weise umgebracht worden waren. Drei Tage darauf unternahmen einige schwedische Offiziere vom Berg aus eine Hasenjagd. Zwei kaiserliche Reiter, die ihnen dabei in die Quere kamen, führten sie als Gefangene auf die Festung.[46]

Die Belagerer waren naturgemäß bestrebt, die Proviantbeschaffung durch die Besatzung mit allen ihnen zu Gebot stehenden Mitteln zu unterbinden. Sie überfielen bewaffnete Wagenkonvois, die Getreide und Heu auf den Berg bringen wollten. Es gab Tote und Verwundete, unter ihnen auch Bauern aus der Umgebung, die zur Durchführung solcher Transporte gezwungen worden waren. Bereits am 8. Oktober ereilte Tamm das Verhängnis. Am Abend jenes Tages zündeten die Kaiserlichen das Dorf „an vielen Orten" gleichzeitig an. Kaum ein Haus entging der Zerstörung. Etliche Einwohner wurden erschlagen, verwundet oder gefangen weggeschleppt, einige tausend Scheffel Getreide vernichtet. Selbst den Wald verschonten die Belagerer nicht. Er konnte ja wegen seines Holzes und seines Wildes der Festungsbesatzung von Nutzen sein und ihr bei Ausfällen Schutz bieten. Mitte November zündeten die Kaiserlichen den Geisinger Wald an. Zuvor hatten zwei ihrer Reiter zwei Scheunen im Asperger Bonholz in Brand gesteckt, in denen Futter für die im dortigen Tiergarten gehaltenen Damhirsche gelagert worden war.[47]

Dass das Dorf Asperg weiterhin von der Besatzung der Festung als Stützpunkt genutzt wurde, störte die Belagerer sehr. Sie äscherten nach und nach das Dorf nahezu gänzlich ein. In der Kirche banden kaiserliche Reiter Strohwische an die Stühle und setzten das Gotteshaus in Brand. Die Schweden suchten dem wüsten Treiben Einhalt zu gebieten, bewirkten aber wenig. Andererseits benötigten sie wegen des nahenden Winters dringend Brennholz auf der Festung. Deshalb vollendeten sie das barbarische Zerstörungswerk dadurch, dass sie etliche noch einigermaßen unbeschädigte Häuser einrissen und das freigelegte Bauholz auf den Berg schafften.[48] Die Festungsbesatzung musste den Aktionsradius für ihre Verproviantierung stetig weiter ausdehnen. Am 29. Oktober brannten die Kaiserlichen den Erlachhof nieder, an dessen Stelle im 18. Jahrhundert Ludwigsburg entstand. Die Feuersbrunst soll bis nach Calw zu sehen gewesen sein.[49]

Die beiden Festungskommandanten von Waldow und von Münchingen standen in ständigem brieflichem Kontakt mit dem nach Straßburg geflüchteten Herzog Eberhard III. Der junge Landesherr stellte immer wieder den baldigen Entsatz der Festung in Aussicht. Der Kurierdienst durch die feindlichen Linien funktionierte offensichtlich problemlos. Als am 24. Oktober die ersten Briefe von Herzog Eberhard III. und von Herzog Bernhard von Weimar auf der Festung eintrafen, nahmen dies die Kommandanten zum Anlass, um ihrer Freude darüber durch eine „Salve" aus vier Kanonen und durch hundert Musketenschüsse Ausdruck zu geben. Mit dem riskanten Kurierdienst zwischen Hohenasperg und Straßburg wurde wiederholt Balthas Frick von Unterasperg betraut. Am 16. Dezember 1634 versprach Eberhard III. in einem Brief die baldige Vertreibung der kaiserlichen Armee aus Württemberg, und er bestätigte aus seinem sicheren Exil „mit herzlichem Mitleiden" und „ganz wehmütig" den Bericht über die dem Feind wehrlos ausgelieferten „hoch bedrängten lieben Untertanen".[50]

An einem Novembertag sollten die Knechte die Pferde der Offiziere vom Hohenasperg nach Eglosheim bringen, um sie mit Futter und Stroh zu versorgen. In dem Dorf befanden sich aber schon etwa 150 Pferde, die aus demselben Grund von Marbach dorthin gebracht worden waren. Die Knechte zettelten eine Schlägerei mit etlichen Marbacher Bürgern an, die vermutlich die Pferde dorthin gebracht hatten. Dabei zogen die Marbacher den Kürzeren. Vier von ihnen wurden gefangen genommen und zusammen mit rund 40 Pferden auf den Hohenasperg verschleppt. Von den gleichfalls in die Schlägerei verwickelten kaiserlichen Soldaten verloren einige ihr Leben.[51] Vielleicht war dies das Scharmützel in Eglosheim, über das Oberstleutnant von Waldow im November 1634 Herzog Eberhard III. berichtete: Dieser Tage habe man alle Besatzungsangehörigen aufgeboten, die hätten reiten können und für die Pferde zur Verfügung gestanden hätten. Insgesamt seien 70 Offiziere, Reiter und Dragoner in zwei Abteilungen ausgeritten. In Eglosheim seien sie auf etliche kaiserliche Reiter gestoßen. In dem anschließenden Gefecht hätten sie den Kaiserlichen eine mit Früchten (Getreide) beladene Kalesche abgejagt, 30 Pferde erbeutet und etliche feindliche Soldaten niedergemacht. Indes kam es auch zu mehreren anderen Scharmützeln bei Eglosheim – Dekan Bilfinger zählt 14 schwedisch-württembergische Ausfälle, die sich gegen dieses Dorf richteten.[52]

Die Kaiserlichen waren sich sicher, dass ein Entsatz der Festung Hohenasperg durch die schwedische Armee unter Herzog Bernhard von Weimar vorläufig keine Chance hatte. Noch beherrschte die kaiserliche Kriegsmacht unangefochten den größten Teil Südwestdeutschlands. Im Dezember 1634 meinten die Belagerer, der Kampfgeist der Festungsbesatzung schwinde zunehmend, und an seine Stelle träten Resignation, Widersetzlichkeit gegen die Vorgesetzten und Enttäuschung über den aus dem Land geflüchteten Landesherrn, der lediglich papierene Versprechungen mache.

Sie forderten deshalb die Soldaten auf dem Hohenasperg in einem Flugblatt zur Meuterei und zum Übertritt in den kaiserlichen Dienst auf. Da mit einem Entsatz nicht mehr zu rechnen sei, sollten sie sich, so hieß es in dem Flugblatt, heimlich zusammenrotten, allen Offizieren die ihnen zuwider seien, den Hals brechen und sich deren Habe aneignen. Allein die Soldaten, denen es auf der Festung noch immer ordentlich ging, wiesen eine solche Aufforderung zum Treubruch entrüstet und mit höhnischem Spott zurück. Auf dem Berg befand sich tagtäglich die Rossmühle im Betrieb, um das zum Brotbacken benötigte Mehl zu erzeugen. An Getreide gab es bislang auf der Festung keinen Mangel.

Schon als das ominöse Flugblatt Furore machte, hatte Werner Dietrich von Münchingen unter Berufung auf den Festungskommandanten von Waldow ein ihm von Oberstleutnant Augustin Oswald von Liechtenstein übermitteltes Ansinnen zur Kapitulation empört abgelehnt. Er sei, erklärte er, Gott und seiner Herrschaft verpflichtet. Die seiner Frau und seinen Kindern angedrohten Repressalien könnten ihn nicht schrecken.[53]

Indes scheint es um die Jahreswende 1634/35 mit der Disziplin der Mannschaft nicht zum Besten bestellt gewesen zu sein, sah sich doch von Waldow veranlasst, wiederholt scharf durchzugreifen. Er verhängte drakonische Strafen. Selbst vor der Todesstrafe schreckte er nicht zurück. Andererseits erkaufte er sich das Wohlgefallen seiner Leute durch Geldgeschenke, für die die Geldtruhe des Verwalters des herzoglichen Schafhofs in Pulverdingen herhalten musste.[54]

Durch die Taktik der verbrannten Erde rings um die Festung, so durch die Vergiftung oder Versiegelung der Brunnen am Fuß des Berges, suchten jetzt die Belagerer den Zugang der Besatzung und der Flüchtlinge zu den lebensnotwendigen Versorgungsgütern immer mehr einzuengen. Dass sie damit die in den Dörfern zurückgebliebenen Menschen in auswegloses Elend stürzten, kümmerte die Verantwortlichen nicht. Oberstleutnant von Waldow hatte sicherlich keine zureichende Vorstellung von der verzweifelten Lage der Bewohner vor allem der Landorte, wenn er im Oktober 1634 in einem Bericht Herzog Eberhard III. schrieb, es gebe im Herzogtum viele Verräter und Schelme, die gemeinsame Sache mit den Kaiserlichen machten.[55] Den der Willkür der Sieger ausgelieferten Menschen blieb,

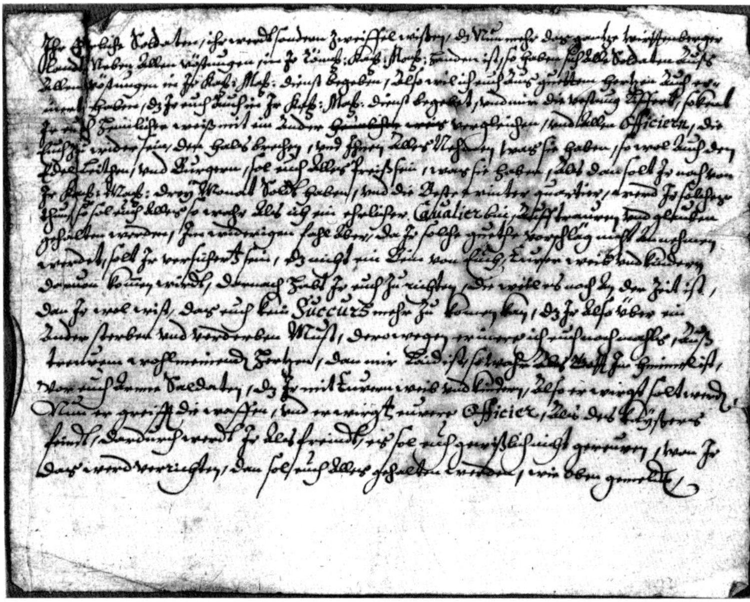

Flugblatt, in dem die Belagerer 1634/35 die Besatzung des Hohenaspergs zur Meuterei und zum Übertritt in den kaiserlichen Dienst aufforderten.

wenn sie sich und ihre Familien vor dem Schlimmsten bewahren wollten, häufig gar keine andere Wahl, als selbst landesverräterische Forderungen kaiserlicher Truppenkommandeure zu erfüllen.

Mitte Dezember 1634 postierten die Kaiserlichen vier Reiterschildwachen rings um die Bergfestung. Dies schreckte die Besatzung wenig. Nach wie vor fand sie Gelegenheit zu erfolgreichen Ausfällen, ja selbst zum Hasenjagen. Anfang Januar 1635 kam es zu einem Scharmützel bei Tamm. Auf dem Kirchturmstumpf des einer Trümmerwüste gleichenden Dorfes bezogen die Belagerer einen Beobachtungsstand und nahmen von dort aus schwedisch-württembergische Reitertrupps, die sich in die Nähe wagten, mit Doppelhaken unter Feuer. Die Lebensmittelbeschaffung für die Festung gestaltete sich jetzt zu einem lebensgefährlichen Unternehmen. Am Heiligen Abend 1634 zogen einige Bauern und Kundschafter vom Hohenasperg nach Marbach, um dort „Viktualien" einzukaufen. Sie wurden jedoch verraten, gefangen und sogleich vor dem Tor der Stadt (wahrscheinlich der Stadt Marbach) niedergemacht. Am 23. Februar 1635 hauten kaiserliche Soldaten zwischen Benningen und Beihingen drei Männer nieder, die Lebensmittel auf die Festung bringen wollten.[56]

Im Januar 1635 brach auf dem Hohenasperg eine Seuche aus. Es ist nicht bekannt, um was für eine Krankheit es sich handelte; sie wird als „Hauptblödigkeit", als eine Art Kopfgrippe, beschrieben, Pest war es sicher nicht. Von den Menschen, die aus den Dörfern und Städten der Umgebung Zuflucht auf dem Berg gefunden hatten, waren am 15. Januar 114 krank. An manchen Tagen starben vier oder fünf Kranke. Unter den Toten der Monate Januar und Februar 1635 befanden sich der Bissinger Pfarrer Johann Rudolph Stenglin, der Unterasperger Pfarrer Johann Schadäus, der Unterasperger Schultheiß Hans Glauner, der Festungsbaumeister Johann Braun von Stuttgart, der Bietigheimer Bürgermeister Isaak Distler, der Unterasperger Bürgermeister Johann Schmautz, der Kommissär Jeremias Godelmann, der Bietigheimer Bürgermeister Johann Gross (Groß), der Eglosheimer Pfarrer Johann Schönwalter, der Bietigheimer Vogt Johann Martin Ayen und der Bietigheimer Stadtschreiber Johann Sebastian Kegelin.[57] Insgesamt fielen der Seuche mehrere hundert Menschen zum Opfer, zu einem guten Teil Flüchtlinge. Die Toten wurden zum Friedhof drunten im Dorf Asperg gebracht. Hierzu war wegen der umherstreifenden kaiserlichen Reiter stets eine starke militärische Bedeckung erforderlich. Einmal musste man die Verstorbenen etliche Tage in der Kirchenruine aufbahren, da wegen des Massensterbens kein Totengräber mehr aufzutreiben war. Mit der fortschreitenden Belagerung musste man dazu übergehen, die Verstorbenen im Festungsbereich selbst, auf dem „Schwedenfriedhof", zu begraben.[58]

Dekan Bilfinger, der sich rasch in die Rolle eines schwedischen Feldpredigers hineingefunden hatte und zahlreiche Feldgottesdienste sowie täglich eine Betstunde hielt, wie dies im schwedischen Heer üblich war, hatte beinahe Tag für Tag Tote zu beerdigen und eine Vielzahl weiterer seelsorgerischer Dienste zu übernehmen. Allein nicht nur die Soldaten, sondern vor allem auch die Flüchtlinge auf dem Berg, die ausnahmslos der evangeli-

schen Konfession angehörten, betreute er. Ihm missfiel aber sehr, dass Oberstleutnant von Waldow zwei Jesuiten, die er wegen einer von Regensburg verweigerten Schatzung als Geiseln festhielt, selbst dann nicht freigab, als die Kaiserlichen gegen evangelische Pfarrer in Stuttgart Zwangsmaßnahmen ergriffen. Auch die Flüchtlinge auf der Festung zeigten sich über die Haltung des Kommandanten verärgert, sie fürchteten den missionarischen Eifer der beiden strenggläubigen katholischen Ordensleute.
Einen Fürsprecher besaßen die Geiseln lediglich in dem reichsten Mann Markgröningens, dem Handelsmann und kaiserlichen Generalquartiermeister Bernhard Wächter (1592–1647), dem Ahnherrn der bekannten Familie von Wächter-Spittler. Er kritisierte ihre schlechte Behandlung. Zudem vertrat er den Standpunkt, die Festung Hohenasperg werde auf längere Zeit nicht gegen die Kaiserlichen zu halten sein. Dekan Bilfinger sah in Wächter deshalb einen Sympathisanten der katholischen Partei, wenn nicht gar einen verkappten Katholiken. Beides traf indes nicht zu. Ein weit schauender Mann wie Wächter, der sich in seinem Denken und Handeln eine gewisse Unabhängigkeit bewahrt hatte, musste in einer Zeit engstirniger religiöser und politischer Parteilichkeit allzu leicht Argwohn erregen. Übrigens verließ Wächter wegen des Streits mit Dekan Bilfinger den Hohenasperg.[59]
Im Herbst 1634 hatte Graf Pappenheim geprahlt, er werde das Rattennest, den Hohenasperg, in wenigen Tagen mit „stürmender Hand" nehmen. Doch bei einer solchen Attacke, einem Frontalangriff auf die Festung, hatte er durch gut gelenktes, konzentriertes Geschützfeuer der Besatzung derart hohe Verluste erlitten, dass er keinen zweiten Versuch mehr unternahm. Militärisch war die Höhenfestung waffentechnisch gut auf dem Stand der Zeit und kaum zu bezwingen. Sie ließ sich nur aushungern. Von Straßburg aus drängte Herzog Eberhard III. Herzog Bernhard von Weimar, den Generalissimus des am Rhein operierenden schwedisch-französischen Heeres, den Hohenasperg zu entsetzen. Dazu war aber dieser noch nicht wieder stark genug. Dennoch suchte Eberhard III. die Besatzung in seinen Briefen zum Durchhalten zu ermuntern.[60]
Die Kaiserlichen verstärkten im Winter 1634/35 ihre Truppen in der Umgebung des Hohenaspergs, die jetzt weithin zu einer Trümmerwüste ge-

worden war. Doch noch immer war die Festung nicht von einem waffenstarrenden Belagerungsring umschlossen. Oberst Achilles von Soyes, der Kommandant der kaiserlichen Kampfverbände, dem die Einschließung oblag, beließ es bei einem verhältnismäßig lockeren Sicherungskordon.[61] Oberstleutnant von Waldow rechnete nach wie vor mit einem gut vorbereiteten, von massivem Geschützfeuer unterstützten Angriff.

Am 31. Januar 1635 erwartete er, wie er Herzog Eberhard III. berichtete, den Sturm des Gegners auf die Festung, sobald die gegenwärtige Kälte nachlassen werde, und er hatte keinen Zweifel, dass diese Attacke in einem Fiasko der Angreifer enden werde. Die Versorgungslage bezeichnete er als angespannt, weil nur noch hinreichend Brot und Wein vorhanden seien. Aber damit könne man, so meinte er, noch einige Monate auskommen. Schlimm sei, dass der Feind die Vorräte an Korn und Wein aus der Nähe des Hohenaspergs wegtransportieren lasse.[62] Die Beschaffung von Lebensmitteln für die Festung war jetzt ohne Frage ein lebensgefährliches Unternehmen. Beim Osterholz wurden etliche Mann bei einem solchen Versuch „niedergemacht". In Marbach wollten Asperger Bauern Lebensmittel kaufen. Indes, sie wurden als Asperger erkannt und, weil man sie der Spionage bezichtigte, erbarmungslos erschlagen.[63]

Mit bemerkenswertem Erfolg setzte die Festungsbesatzung ihre Aus- und Überfälle fort. Am 9. März 1635 ergriff ein Reitertrupp den Hofmeister des Generalkommissars Walmerode, der Briefe bei sich hatte, am 16. März den Quartiermeister des Rittbergischen Regiments, bei dem Gold gefunden wurde. Am 11. April ertappte man einen italienischen Kapitän (Hauptmann) mit Briefen von Feldmarschall Piccolomini an General Gallas, und am gleichen Tag machte man mit Graf Georg Adam von Wallenstein, einem Vetter des kaiserlichen Feldherrn, den gewichtigsten Gefangenen. Am 14. April zersprengte ein Hohenasperger Streifkorps eine bei Eglosheim vorbeimarschierende Kompanie, schlug acht Mann nieder und nahm 18 gefangen. Die Kaiserlichen mussten die Gefangenen mit zum Teil ansehnlichen Geldbeträgen auslösen, den Hofmeister mit seinem Begleiter beispielsweise um 100 Dukaten (150 fl).

Zwei „Wagehälse" sprengten einmal während der Nacht die Wache in Bissingen „zum Laden hinaus" und entführten zudem zwei Pferde. Bei solchen Attacken ging man mit List und Tücke zu Werk. Streifkorps tarnten sich durch kaiserliche Uniformen, oder sie streiften sich Frauenkleider über. Am 16. April befanden sich 53 Gefangene auf der Festung.[64]

Im Frühjahr 1635 begannen die Kaiserlichen mit der eigentlichen Belagerung der Festung. Sie zogen eine Streitmacht von 5000 Mann um den Hohenasperg zusammen. Außerdem rekrutierten sie zwangsweise hunderte von Bauern aus Tamm, Eglosheim, Möglingen und anderen Orten der Gegend, selbst aus Großsachsenheim, und ließen durch sie rings um den Berg Schanzen und Laufgräben anlegen. Insbesondere an der Ostseite entstanden starke und mit Geschützen bestückte Stellungen. Eine Schanze befand sich in dem damals noch recht ausgedehnten Osterholz-Wald, eine zweite in den Neuen Weinbergen, der heutigen Hirschbergsiedlung, eine dritte bei einem festen Wachhaus unter den Weidenbäumen bei dem am 8. April von den Kaiserlichen in Brand gesteckten und zur Hälfte gänzlich zerstörten Eglosheim.

Die Festungsgeschütze waren der kaiserlichen Artillerie bis zum Schluss weit überlegen. Sie feuerten in den letzten Maiwochen täglich zwischen zehn und 50 Schüsse ab, einmal sogar mehr als 100 Schüsse. In dieser Woche hatten die Belagerer mehr als hundert Verwundete und Gefallene, darunter den Tod eines Oberstwachtmeisters, zu beklagen.[65] Dies verwundert nicht, waren doch die nahe am Berg eingesetzten Schanzarbeiter fast schutzlos dem Feuer der Festungsgeschütze ausgesetzt. Steinkugeln in größerer Zahl fand man später auf der Gemarkung Asperg und auf den angrenzenden Gemarkungen. Insgesamt wurden von den Geschützen auf dem Hohenasperg während der Belagerung 1521 Schüsse abgegeben. Die Leitung der Besatzung der Festung zog übrigens die auf den Berg geflüchteten Männer gleichfalls zu Schanzarbeiten, zum Palisadenbau und zu sonstigen militärischen Hilfsdiensten heran.[66]

Anfang Mai füllten die schwedisch-württembergischen Verteidiger des Hohenaspergs im Dorf Unterasperg die Kellerhälse der zerstörten Häuser mit Steinen und Holzwerk aus, oder sie warfen sie vollends ein, damit sich die Belagerer dort nicht einnisten konnten. Doch schon wenige Tage später legten die Kaiserlichen die Kellereingänge wieder frei. Mitte Mai mussten die Bauern in den Möglinger Weinbergen die Reben abschneiden, weil dort und auf dem benachbarten Feld ebenfalls ein Laufgraben aufgeworfen und eine Schanze errichtet wurden. Die Festungsbesatzung suchte diese Bauarbeiten durch Geschützfeuer zu behindern, bewirkte damit aber offensichtlich wenig.[67]

Oberstleutnant von Waldow verteidigte den Hohenasperg mit beachtlichem taktischem Geschick, mit kühlem Kopf, mit Mut und Zähigkeit unter wohl bedachtem Einsatz der ihm zur Verfügung stehenden Machtmittel. Es gelang ihm, die bunt zusammengewürfelte Besatzung zu einer tüchtigen, leistungsfähigen Kampfgruppe zu formen und sich bei ihr über viele Monate hinweg einen festen Rückhalt zu sichern. Die Soldaten bekamen einen geringen Sold und mussten sich mit einer eintönigen Verpflegung begnügen, dennoch hielt sich ihre Aufmüpfigkeit in Grenzen. Und obwohl bekannt war, dass sich auf der Festung viele in Sicherheit gebrachte Wertgegenstände und reiche Lebensmittelvorräte befanden, kam es nur verhältnismäßig selten zu Diebstählen und gravierenden Gesetzwidrigkeiten. Durch nächtliche Ausgangssperren und strenge Aufsicht suchte man Verstößen gegen Zucht und Ordnung sowie Eigentumsdelikten vorzubeugen. Dennoch ließen sich diese trotz harter Strafen nicht ganz unterdrücken. Als es einmal zu einer Plünderung gekommen war, gelang es, die sechs Übeltäter zu ermitteln. Diese mussten, wie es in den Heeren der schwedischen Krone und des Kaisers damals üblich war, um ihr Leben würfeln. Derjenige von ihnen, der verspielte, wurde erschossen, die anderen hatten ihr Vergehen mit Spießrutenlaufen zu sühnen und konnten so meist ihr Leben retten. Auch bei einer weiteren Plünderung, bei einzelnen Fällen von Gehorsamsverweigerung, Meuterei und Totschlag wurden die Schuldigen nach Kriegsrecht abgeurteilt: Spießrutenlaufen, Erschießen, In-Eisen-Schlagen und ums Leben Spielen.[68]

Kommandant von Waldow setzte seine Hoffnung noch immer auf einen baldigen Entsatz durch die Truppen Herzog Bernhards von Weimar. Am 7. Mai berichtete er dem schwedischen Heerführer, dass aus der Blockierung des Hohenaspergs inzwischen eine Belagerung durch die Kaiserlichen geworden sei. Gegen die Festung gerichtete Attacken habe er bisher erfolgreich durch Ausfälle, also Gegenangriffe, seiner Soldaten abwehren können. Seit sechs Wochen sei er ohne Nachricht von ihm, also von Herzog Bernhard. Keiner der sechs Kuriere, die er neben den „Ordinari-Boten“, den gewöhnlichen Boten, an ihn abgesandt habe, sei bislang zurückgekehrt. Auch Herzog Eberhard III. in Straßburg machte sich Sorgen. Am 19. Mai forderte er Herzog Bernhard von Weimar dringend auf, der belagerten Festung Hohenasperg durch eine „Cavalcada“, wohl einen mit starken Kräften ausgeführten Reitervorstoß, etwas Luft zu verschaffen. Doch dazu war Bernhard von Weimar in absehbarer Zeit nicht in der Lage. Er empfahl deshalb Eberhard III., von Waldow weiterhin zur Standhaftigkeit zu ermahnen.[69]

Im Lauf des Monats Mai war die Belagerungsarmee zahlenmäßig fortwährend angewachsen. Etliche hundert herzogliche Untertanen, berichtete Werner Dietrich von Münchingen am 31. Mai seinem Landesherrn, müssten „mit hungrigem Bauch und großen Schlägen“ bei Tag und Nacht ausgedehnte Feldbefestigungen errichten und diese durch Laufgräben verbinden. Die bislang stets erfolgreichen Ausfälle gestalteten sich zunehmend schwieriger. Gefangene, die bei den Ausfällen gemacht würden, tausche die Festungsleitung aus oder sie lasse sie gegen ein Lösegeld frei. Ausnahmen habe man lediglich bei einem Rittmeister Graf von Wallenstein und einem italienischen Rittmeister gemacht, der, wie schon erwähnt, mit Briefen des Feldmarschalls Piccolomini an General Gallas ergriffen worden sei. Beide wolle man gegen gefangene Offiziere der Festungsverteidiger austauschen.[70]

Am 2. Juni bemächtigten sich die Kaiserlichen endgültig des gänzlich zerstörten Dorfes Unterasperg. Damit war der dortige Friedhof für die Festungsbesatzung nicht mehr zugänglich. Der an den Folgen seiner schweren Verwundung gestorbene Fähnrich von Waldow, der Sohn des Kommandanten, dessen Grab bereits ausgehoben war, konnte dort nicht mehr bestattet werden. Er erhielt seine letzte Ruhestätte in dem Kirchlein auf der Festung. Auf dem bereits erwähnten Notfriedhof bei den Palisaden, dem „Schwedenfriedhof“, wurde am 4. Juni als erster Verstorbener ein Soldat beerdigt. Bis zur Kapitulation des Hohenaspergs waren es 50 Menschen, die dort bestattet wurden.[71] Die Kaiserlichen brachten ihre Verwundeten ins Osterholz, wo sich sehr wahrscheinlich ein Feldlazarett befand. Schwerverwundete, für die es nach menschlichem Ermessen keine

Rettung mehr gab, und Tote kamen nach Möglingen. Der dortige Friedhof wurde zum kaiserlichen Soldatenfriedhof.[72]
In der Morgenfrühe des 11. Juni überfiel eine schwedisch-württembergische Kampfgruppe vom Hohenasperg aus die Eglosheimer Schanze auf dem Hirschberg, die stärkste Schanze der kaiserlichen Belagerer, und zerstörte sie gründlich. Die feindlichen Soldaten in der Feldstellung wurden getötet oder gefangen genommen.[73] Unmittelbar darauf gelang einer weiteren Hohenasperger Kampfgruppe die Zerstörung der Schanze beim Osterholz.[74]
Am 14. Juni unterrichtete Werner Dietrich von Münchingen Herzog Eberhard III. über die sich rasch verschlechternde Situation der Festung: Die Vorräte an Lebensmitteln und Munition gingen zur Neige. Ungeachtet der Zerstörung von Feldbefestigungen werde der Hohenasperg von Tag zu Tag härter „blockiert“. Ein Entsatz der Festung dürfe nicht länger aufgeschoben werden.[75] Sehr nachteilige Auswirkungen für die Besatzung hätte es haben können, als ein von der Leitung der Festung eingesetzter Bote namens Liebler aus Markgröningen zum Verräter wurde, den Kaiserlichen Schreiben in die Hände spielte, ehe er sie, wiederum verschlossen, Herzog Eberhard III. überreichte. Die beiden Kommandanten kamen dem Boten irgendwie auf die Schliche, übergaben ihm Briefe mit übertrieben günstigen Berichten über die Situation auf der Festung und entsandten gleichzeitig einen zweiten Boten mit Berichten über den wahren Sachverhalt. Mit diesem Trick täuschte vor allem von Waldow die Belagerer, und dies wirkte sich bei den späteren Übergabeverhandlungen für die Verteidiger des Hohenaspergs günstig aus.[76]
Herzog Eberhard III. war tief beunruhigt. Am 23. Juni beschwor er Herzog Bernhard von Weimar, nicht länger den Entsatz der Festung hinauszuzögern. Auf dem Hohenasperg befinde sich, schrieb er, das herzogliche Archiv. Dieses sollte wegen seines Hauses und Landes, aber auch wegen des „allgemeinen evangelischen Wesens“ keinesfalls in feindliche Hände fallen. In einem Bericht vom Tag darauf informierte Werner Dietrich von Münchingen seinen Landesherrn darüber, dass der Feind seine Belagerungsstreitmacht beträchtlich verstärkt habe, dass sich andererseits die Festung noch etwa einen Monat werde halten können.[77]

Der recht verlustreiche Kleinkrieg ging indes weiter. Am 17. Juli lieferten sich Teile der Festungsbesatzung mit den Belagerern in den Laufgräben beim zerstörten Dorf Unterasperg heftige Nahkämpfe, und am 26. Juli starb im Laufgraben beim Stangenbrunnen ein schwedischer Soldat durch einen Schuss in den Mund. Außerdem wurde ein kleines Mädchen erschossen, das „Hungers halber nach Obst gegangen war".[78]

Häufig war es Zufall, wenn Söldner der einen Kriegspartei und nicht der anderen angehörten. Daher war es auch nichts Ungewöhnliches, dass Soldaten die Front wechselten. Man führte Krieg ohne Hass. Auch im Gegner sah man den Kameraden, den man respektierte. Unter den damaligen schrecklichen Kriegsgräueln litt die wehrlose Zivilbevölkerung. Sie wurde aufs Übelste gequält, misshandelt, ausgebeutet, ihrer Existenzgrundlage beraubt. Dagegen konnten Soldaten, die sich eben noch heftig bekriegt hatten, eine zeitlich begrenzte Waffenruhe vereinbaren, nicht nur miteinander verhandeln, sondern sich auch zu üppigen Gelagen zusammensetzen. So geschah dies wiederholt während der Belagerung des Hohenaspergs. Man traf sich zu solchen Verhandlungen meist im Bonholz, und man trennte sich jedesmal „wohl berauscht" voneinander. An einem solchen Treffen Anfang Juli 1635 „auf Parole" nahmen von Seiten der Festungsbesatzung Werner Dietrich von Münchingen und Kapitän Baser, von Seiten der Kaiserlichen Oberst Graf von Pappenheim, Oswald von Liechtenstein, Oberstleutnant des Vizdom'schen Regiments zu Pferd, und Rittmeister Stotz teil[79]

Mitte Juli ermächtigte Eberhard III. den Festungskommandanten zur Aufnahme von Übergabeverhandlungen.[80] Das selbstbewusste Auftreten der Repräsentanten der schwedisch-württembergischen Besatzung vermittelte den Eindruck, als sei die Festung intakt, als verfüge sie über hinreichende Lebensmittelvorräte und als könne sie sich noch lange behaupten, d.h. dem Feind noch schwere Verluste zufügen. Dieser vorteilhafte Eindruck und das diplomatische Geschick des Hohenasperger Unterhändlers bewirkten, dass die Festungsbesatzung einen Kapitulationsvertrag mit günstigen Bedingungen erlangte. Am 7. August (nach dem im evangelischen Lager noch verbindlichen Julianischen Kalender am 28. Juli) 1635 wurde der Übergabevertrag feierlich unterzeichnet. Die beiderseitigen Gefangenen wurden ausgetauscht, darunter auch die beiden Jesuiten, die Oberstleutnant von Waldow bislang als Geiseln auf der Festung in Gewahrsam gehalten hatte. Den verwundeten und kranken Soldaten der schwedisch-württembergischen Besatzung musste bis zu ihrer vollständigen Genesung Unterkunft gegeben werden. Danach stand ihnen frei, unbehelligt an Orte zu reisen, in denen sie sich niederlassen wollten. Von den auf der Festung befindlichen Mobilien und schriftlichen Dokumenten durfte nichts entwendet oder entfremdet werden.[81]

Bereits nach dem Abschluss eines Waffenstillstands sechs Tage vor Unterzeichnung des Übergabevertrags begannen die Soldaten der beiden seither feindlichen Lager, sich außerhalb der Festung zu verbrüdern. Sie setzten sich zusammen und zechten miteinander.[82] Am 8. August rückte die Besatzung in wohl geordnetem Zug, noch 377 Mann stark, und in voller Bewaffnung, mit klingendem Spiel aus der Festung. Sie zog in Richtung Straßburg ab. Bis zum Rhein gaben ihr die Kaiserlichen gemäß einer Bestimmung des Übergabevertrags das Geleit. Der Hohenasperg erhielt eine kaiserliche Besatzung.[83]

Werner Dietrich von Münchingen, der die Festung mit seiner Familie und mit zwei Wagen voll Truhen in Richtung Stuttgart hatte verlassen dürfen, stellte einige Wochen nach der Kapitulation in einem Brief fest: Niemals hätten die Kaiserlichen der schwedisch-württembergischen Besatzung so günstige Übergabebedingungen gewährt, hätten sie gewusst, dass der akute Brotmangel den Verteidigern keine andere Wahl als die Kapitulation gelassen hatte. Die Belagerer seien vielmehr davon ausgegangen, dass der Getreidevorrat für die Versorgung der Menschen auf der Festung noch für mindestens zwei Monate reichte.[84]

Die Soldaten der Festungsbesatzung hatten zu Beginn der Belagerung eine tägliche Zuteilungsration von einem Maß Wein (1 ²/₃ Liter) sowie zwei Pfund Brot bekommen. An Ostern 1635 war diese Ration auf ein halbes Maß Wein und anderthalb Pfund Brot vermindert worden. Während der Schlussphase der Belagerung hatten die Soldaten sich mit einer Ration von einem halben Maß Wein und eineinviertel Pfund Brot begnügen und damit auch noch ihre Frauen auf der Festung mitversorgen müssen. Zum Zeitpunkt der Kapitulation am 7. August 1635 war der Vorrat an Dinkel auf

250 Scheffel und der an Wein auf 175 bis 200 Hektoliter geschrumpft. Das Brotgetreide hätte damals noch für etwa zwölf bis 13 Tage gereicht, der Wein noch für 55 Tage. Während der knapp elfmonatigen Belagerung waren insgesamt verbraucht worden: 190 Scheffel 7 Simri Roggen, 2455 Scheffel Dinkel, 1097 Scheffel 5 Simri Hafer, 7 Scheffel Erbsen, 6 Scheffel raue Gerste, 396 Scheffel 4 Simri Mehl, 22 Scheffel Salz, 12 Zentner Schmalz, 23 Zentner 41 Pfund Lichter, 1476 Eimer 3 Imi 3 Maß (etwa 4300 Hektoliter) Wein, 14 Imi 8 Maß Branntwein, etliche hundert Klafter Holz.[85]
Während der Belagerung waren auf dem Hohenasperg mehr als 400 Menschen gestorben, unter ihnen 210 Angehörige der Besatzung. Ein großer Teil der verstorbenen Soldaten war Verwundungen, die sie im Kampf erhalten hatten, erlegen oder war gefallen. Fast alle Verstorbenen und Gefallenen hatte der Feldgeistliche, Dekan Bilfinger, kirchlich beerdigt. Er hatte zudem 24 Paare getraut und 67 Kinder getauft. Im Lauf der Belagerung hatte er neben den täglichen Bibelstunden 150 Predigten gehalten.[86]
Ein erheblicher Teil der herzoglichen Kleinodien und ebenso der überaus kostbare Besitz der Kurfürstin Luise Juliane von der Pfalz, der Witwe Kurfürst Friedrichs IV., an Wertgegenständen, die auf dem Hohenasperg in Sicherheit gebracht worden waren, wurde von raffgierigen Offizieren, zu denen auch Oberstleutnant von Waldow gehörte, und später von kaiserlichen Offizieren trotz gegenteiliger Bestimmungen im Übergabevertrag entwendet. Es dürfte zutreffen, dass auch dem herzoglichen Archiv nicht die zugesicherte sorgsame Behandlung zuteil wurde. Bald nach der Kapitulation des Hohenaspergs klagte Herzog Eberhard III. dem sächsischen Kurfürsten, die Festung sei ihm entzogen und dort des fürstlichen Hauses Kleinodien und Habseligkeiten sowie ein großer Teil des Archivs, ungeachtet des versprochenen kaiserlichen Schutzes, weggenommen worden.[87]
Unberührt blieb auf strenge kaiserliche Anweisung der Silberschatz der Herzogin Barbara von Württemberg, der gleichfalls auf den Hohenasperg gebracht worden war.[88] Konrad Wiederhold, der berühmte Verteidiger der württembergischen Feste Hohentwiel, der sich während des ganzen Dreißigjährigen Kriegs gegen alle Feinde behauptete, verlor mit über 23000 fl an Geld und Wertsachen, die er auf dem Hohenasperg in Sicherheit wähnte, ein Vermögen. Allein, er wurde nicht durch die Kaiserlichen geschädigt,

sondern durch Kommandant von Waldow. Dieser hatte einen Teil des Geldes zur Entlohnung der Festungsbesatzung verwendet und den Rest bei seinem Abzug neben Wertgegenständen mit sich genommen. Dass von Waldow während der Belagerung solche „Anleihen" bei Wiederhold gemacht hatte, um den Sold der Mannschaft zu finanzieren, geschah aus Not. Anderes Geld stand ihm nur wenig zur Verfügung.[89]

Die Landesfestungen, die die Herzöge Ulrich und Christoph im 16. Jahrhundert zu militärischen Bollwerken nach den damals neuesten Erkenntnissen der Kriegstechnik ausgebaut hatten, bewährten sich nach der Katastrophe der Schlacht bei Nördlingen. Sie hielten viele Monate einer feindlichen Belagerung stand und waren eher durch Hunger als durch Waffengewalt zu bezwingen. Der Hohenurach hielt sich neun Monate, der Hohenneuffen musste nach fünfvierteljährlichem Widerstand wegen Meuterei aufgegeben werden, der Hohenasperg kapitulierte nach elf Monaten Einschließung.[90] Allerdings brachte die lange Zeit militärisch sich behauptender Höhenfestungen unermessliches Leid über die Bevölkerung der näheren und weiteren Umgebung. In den Dörfern und kleinen Städten lagen massiert feindliche Truppen. Sie lebten aus dem Land, drangsalierten die ihnen wehrlos ausgelieferten Bewohner und schreckten vor keiner Gewalttat zurück.

So stand auch der ehrenvolle Abzug der Besatzung der Festung Hohenasperg in krassem, ja groteskem Gegensatz zu der Behandlung der Zivilbevölkerung durch die Sieger. Ihr gegenüber gab es nach der Kapitulation der Bergfeste kaum eine versöhnlich-hilfreiche Geste. Im Gegenteil: Plünderungen und sonstige Quälereien, ja selbst Mord und Totschlag währten fort. „Die schönen Flecken und Dörfer Asperg, Tamm, Eglosheim", schrieb Dekan Bilfinger, „wurden gänzlich in die Äschen gelegt; alle anderen Ort an Städten, Dörfern, Feldern um den Berg jammervoll verhergt [verheert]." Die Einwohnerschaft war auf weniger als ein Drittel und zum Teil auf ein Zehntel ihres Vorkriegsbestands zusammengeschmolzen.[91] Die Menschen unserer Heimat sahen sich in beinahe ausweglose Not und gänzliche Rechtlosigkeit hineingestoßen. Sie wussten nicht, wie sie dem Schreckgespenst Hunger zu Leibe rücken, wie sie sich einen Unterschlupf in ihren zerstörten Häusern schaffen sollten.

Zum Zeitpunkt der Kapitulation des Hohenaspergs befanden sich noch 454 Flüchtlinge auf der Festung. Mehr als 200 waren während der Belagerung gestorben, andere hatten schon vorher die schützenden Festungsmauern verlassen und waren in ihre meist grausam verwüsteten Heimatorte zurückgekehrt oder hatten in der Fremde nach einer neuen Bleibe gesucht. Von den 454 Flüchtlingen waren 85 Männer, 112 Frauen, 236 Kinder und 21 „Ehehalten“ (Dienstboten). Gut die Hälfte stammte von Asperg (Unterasperg), 80 aus Markgröningen, 47 aus Tamm, 38 aus Eglosheim, 30 aus Bietigheim, der Rest aus verschiedenen anderen Orten.[92] Ehe die Zivilpersonen die Festung verlassen durften, wurden von ihnen 500 fl an „Trinkgeldern“ erpresst. Auch mussten sie einen Teil ihrer persönlichen Habe den Siegern überlassen. Bettelarm und abgerissen erlangten sie eine fragwürdige Freiheit zurück.[93] Die Asperger beispielsweise hausten in Kellern, soweit sie nicht in weniger zerstörten Orten im Land eine Zuflucht suchten und vielleicht auch fanden. Etliche von ihnen erbauten sich auf den Trümmern ihrer niedergebrannten Häuser kleine Hütten, und sie waren glücklich, wenn sie einen der Öfen ergattern konnten, die die Soldaten nach der Einäscherung des Dorfes auf die Festung geschleppt und in ihren dortigen Baracken aufgestellt hatten.[94]

Not, Elend und Schrecken ohne Ende während der letzten 13 Kriegsjahre (1635–1648)

Im Herbst 1634 und im Frühjahr 1635 hatte die kaiserliche Kriegsmacht die Bestellung der Felder verhindert. Im ganzen Amt Markgröningen lag das Ackerland brach.[95] In Bietigheim wurden 1636 einige stadtnahe Äcker mit der Hacke bearbeitet. Es gab kaum noch Ochsen oder Pferde. Und wenn sich ein Bauer unter großen Opfern wieder Zugtiere beschaffte, konnte er beinahe sicher sein, dass sie ihm Soldaten gewaltsam wegnahmen, wenn er mit ihnen pflügte, oder sie zu anderen Feldarbeiten verwendete.[96] Der Hunger setzte den Menschen grausam zu. Viele starben. 1666 schrieb der Schöckinger Bauer Hans Giek im Rückblick auf die Jahre vor und nach dem Fall des Hohenaspergs in seinem Testament: „Am schlimmsten war der schröckliche Hunger. Man aß Wurzeln und Kraut, das oft das Vieh nicht isset." Und in den Bietigheimer Annalen ist zu lesen: „Es war der kohlschwarze bittere Hunger, der die Menschen zu unnatürlichen Speisen zwang: Brot aus Eichelmehl, Hunde, Katzen, Aas. Alle Tage fand man Tote in Ställen, auf dem Feld, in Misthaufen." Doch damit nicht genug. Die Pest brach aus und raffte viele tausende der entkräfteten Menschen dahin. In Markgröningen allein erlagen dieser schrecklichen Seuche 1635 von Mai bis September 579 Menschen, unter ihnen viele Bewohner der benachbarten Dörfer und Weiler, die hinter den schützenden Stadtmauern vor den ständigen Überfällen marodierender Soldatenhorden Zuflucht gesucht hatten.[97] Zwei Jahre wütete die Epidemie. Das Sterberegister in Bietigheim verzeichnete zwischen 1634 und 1638 nicht weniger als 1035 Tote, ein großer Teil von ihnen Opfer der Pest, des Hungers und in geringerer Zahl der Mordlust der Besatzer. In der Stadt war damals die Not so groß, dass wohlhabende Bürger ihr Bettzeug und ihr Kupfergeschirr verkauften, andere Einwohner brachen Scheunen ab und nahmen Fässer auseinander, um das Holz nach auswärts zu veräußern.[98]

In Möglingen starben im gleichen Jahr 213, in Oßweil 212 Menschen, unter ihnen einige Flüchtlinge aus Eglosheim. Auch Soldaten befanden sich unter den Toten.[99] Einige Dörfer scheinen Ende der 1630er Jahre völlig verlassen gewesen zu sein, so Tamm.[100] Über Markgröningen berichtete der Vogt (Amtmann) Johann Konrad Joos 1640, es sei in der Stadt „nicht eines Viehs Haar übrig geblieben... Der hundertste Hausmann hat nicht mehr ein Bissen weder zu essen noch zu leben, ja von Leinwaht [Leinwand] oder Kleidern nit wohl mehr, dass er gleichsam einen Finger verbinden könnte. Die Bürger seien genötigt, Weib und Kind an die Hand zu nehmen und auf das Land dem elenden, armseligen Bettelstab nachzuziehen." Von 400 Bürgern vor dem Krieg waren 1638 gerade noch 40 übrig geblieben.[101] Bis Ende 1635 wurden die Kriegsschäden im Amt Markgröningen auf 622 578 fl beziffert. Bis zum Jahr 1638 erhöhten sie sich auf 822 578 fl.[102]

In Bietigheim schöpfte die zahlenmäßig geschrumpfte Einwohnerschaft 1638 und 1639 neue Hoffnung. Ein Teil der Felder konnte endlich wieder bestellt werden, und die Ernten der beiden Jahre erbrachten gute Erträge. Die Jahrmärkte wurden wieder abgehalten und lockten viele Besucher an.

Doch die Erwartungen auf eine grundlegende Verbesserung der Lebensverhältnisse und auf mehr öffentliche Sicherheit erwiesen sich als trügerisch.[103]

Nach dem Abzug der schwedisch-württembergischen Besatzung ergriffen die Kaiserlichen Besitz von der Festung Hohenasperg. Allein, kaum hatten sie sich auf dem Berg etabliert, brach die Pest aus; sie forderte unter den Soldaten viele Opfer. Die Besatzung musste alle vierzehn Tage ausgewechselt werden. Zu der raschen Ausbreitung der Seuche auf der Festung trug wesentlich das „wüste und unsaubere Haushalten" bei.[104]

Die Sieger betrachteten das Mobiliar, die Proviantvorräte, die Geschütze mit Munition sowie alle sonstigen Waffen und Ausrüstungsgegenstände einschließlich des herzoglichen Flüchtungsguts und Archivs als ihre Beute. Besonders angetan waren sie von der Entdeckung des herzoglichen Geheimarchivs, weil ihnen dieses wertvolle Informationen zu liefern vermochte. Die Artillerie, die Munition und die Wertsachen wurden aufgeteilt. Je ein Drittel erhielt der Kaiser, dessen Sohn, der nachmalige Kaiser Ferdinand III., in seiner Eigenschaft als oberster Truppenbefehlshaber, sowie der Kurfürst von Bayern.[105] 1636 wurde ein Teil der Geschütze und andere Ausrüstungsgegenstände auf Veranlassung des Kaisers abtransportiert. Auch der bayerische Kurfürst sicherte sich sein Drittel an Artillerie und sonstigen Ausrüstungsgegenständen, die ihm zugefallen waren; er ließ sich seinen Anteil im Herbst 1636 nach Ulm bringen. Im gleichen Jahr stellte der Kaiser 150 Kartaunenkugeln und 500 sechspfündige Kugeln aus den Beständen des Hohenaspergs seiner Feldartillerie zur Verfügung. Völlig ausgeraubt wurde die Kunstkammer, die sich teils im Stuttgarter Schloss, teils auf dem Hohenasperg befand. Herzog Eberhard III., der kenntnisreiche Kunst- und Münzsammler, musste sie nach seiner Rückkehr aus dem Straßburger Exil und mit noch größerer Intensität nach dem Ende des Dreißigjährigen Kriegs unter großen Mühen wieder neu aufbauen.[106]

1636 war der Krieg indes noch keineswegs zu Ende. Deshalb wäre es verhängnisvoll gewesen, den Hohenasperg seiner Artillerie gänzlich zu berauben. Auf Befehl des Kaisers musste eine Mindestzahl an Geschützen vorhanden sein, damit die Festung einer Attacke der schwedisch-französischen Armee widerstehen konnte. Aus diesem Grund wurde der Hohenasperg, abgesehen davon, dass die kaiserlichen Beutegeschütze großenteils auf dem Berg blieben, in den späten 1630er Jahren wieder mit neuen Geschützen und mit Munition ausgestattet.[107]

Die Kosten der kaiserlichen Besatzung auf dem Hohenasperg hatten die benachbarten Ämter zu bestreiten, so auch das Amt Marbach. Vom 1. Januar bis 30. Juni 1637 hatte der Kommandant der Festung Hohenasperg Oberst Achilles von Soyes sein Quartier in der Stadt Marbach. Zwar befand er sich selbst auf der Festung, doch seine Frau nahm mit ihrer zahlreichen Dienerschaft in der Stadt ihren Wohnsitz. Außerdem lag dort eine Kompanie Soldaten. Dies belastete die Bürgerschaft mit 21 442 fl. Zusätzliche Kosten verursachten kleinere Quartiere sowie Proviantlieferungen.[108]

Am 26. Juli 1638 hätte ein Blitzschlag beinahe eine Katastrophe auf der Festung Hohenasperg ausgelöst; er setzte das Schloss, die Kellerei und andere Gebäude in Brand. Die kaiserlichen Statthalter und Räte, die ihre Schätze auf dem Hohenasperg in sicherer Verwahrung glaubten, erlitten durch den Brand finanzielle Einbußen von vielen tausend Gulden. Da die Gefahr drohte, dass sich die Munition entzündete, musste die Besatzung die Festung räumen, und sie durfte erst einige Wochen später zurückkehren, als in dieser Hinsicht nichts mehr zu befürchten war.[109]

Seit 1635 suchte Herzog Eberhard III. den Frieden mit dem Kaiser. Zunächst stellte dieser aber hohe Gebietsforderungen; sie hätten den Herrschaftsbereich Eberhards auf ein kümmerliches territoriales Rumpfgebilde reduziert. So sollte der württembergische Herzog neben vielem anderen auch die Festungen Hohenasperg und Hohentwiel für dauernd an Österreich abtreten. In langwierigen, zähen Verhandlungen, die durch die Regierungsübernahme Kaiser Ferdinands III. 1637 begünstigt wurden, konnte Herzog Eberhard III. schließlich erträgliche Bedingungen durchsetzen. 1638 erlangte er einen Teil seines Herzogtums zurück.[110] Indes brachte seine Übersiedlung von Straßburg nach Stuttgart für unsere Heimat auf längere Sicht keine Erleichterung. Der Hohenasperg behielt seine kaiserliche Besatzung. Ebenso war dies bei den Landesfestungen Hohenurach, Hohenneuffen und Schorndorf der Fall – für das Land, das die Kosten zu tragen hatte, eine teure Angelegenheit.[111] Die zuversichtlichen Erwartungen, die die Menschen an den Friedensschluss knüpften, erfüllten sich leider nicht. Württemberg wurde infolge der Parteinahme Frankreichs für Schweden und seines machtvollen militärischen Eingreifens zu einem der Hauptkriegsschauplätze und zum Tummelplatz der zunehmend verrohenden Heere. Die Unterschiede zwischen Freund und Feind, die für die Bevölkerung schon in der ersten Kriegsphase nur eine eingeschränkte Gültigkeit besessen hatten, verwischten sich nunmehr gänzlich. In den Dörfern fristeten die Bewohner ihr Leben unter äußerst primitiven Bedingungen.

1640 schickte Herzog Eberhard III. wieder einen Keller auf den Hohenasperg, damit er dort den herrschaftlichen Grund- und Gebäudebesitz verwaltete und für die ordnungsgemäße Erfassung der herrschaftlichen Natural- und Geldeinkünfte sorgte. Sehr rasch kam es zu Auseinandersetzungen mit dem Hohenasperger kaiserlichen Keller. 1640 und 1641 beklagte sich der herzogliche Keller darüber, dass sein kaiserlicher Kollege gewaltsam Zehntfrüchte auf den Berg habe bringen und ebenso „den Accis", die Steuer, habe einziehen lassen. Im März 1641 berichtete der herzogliche Keller Wilhelm Haug nach Stuttgart, dass der frühere kaiserliche Keller Johann Sebastian Gastel in Möglingen versehentlich durch den Hauptmann, d. h. den Kommandanten der Festung Hohenasperg, erschossen worden sei. Beide hätten sich wegen der Fastnacht beim Pfarrer in Möglingen aufgehalten.[112] Dieser bedauerliche Unglücksfall erregte einiges Aufsehen, zeigte aber auch, wie leichtfertig damals mit Schusswaffen umgegangen wurde.

Die nahe der Festung gelegenen Orte, so Stadt und Amt Markgröningen, wurden nach 1638 im Übermaß zu Frondiensten und Proviantlieferungen herangezogen, für die sie keine Vergütung erhielten. Ferner hatten die Bewohner dieser Gemeinden ohnmächtig zuzusehen, wie die kaiserliche Festungsgarnison noch in den letzten Kriegsjahren hunderte von Scheffeln Dinkel und Hafer auf den Feldern wegnahm und auf dem Hohenasperg ausdrosch. In gleicher Weise erregten Obst, Kraut, Rüben, Gras und andere landwirtschaftliche Erzeugnisse, die sie in Gärten, auf den Äckern und Wiesen entdeckten, immer wieder die Begehrlichkeit der kaiserlichen Soldaten.[113]

Die Kriegswirren nahmen kein Ende. Zu Beginn des Jahres 1643 kehrten die Schweden in das Land um den Hohenasperg zurück. Die Neckarweihinger Ortschronik hielt fest: „... wiederum suchten Leute von Eglosheim und Oßweil zeitweise hier Zuflucht. Heute brannten diese Orte, morgen jene, heute wurden diese ausgeplündert, in den nächsten Wochen jene ausgeraubt".[114] Am 30. August 1644 überfielen nachts schwedische Reiter das Dorf Asperg und plünderten es aus.[115] Im Februar 1645 drangen Teile der schwedischen Armee unter General Rosen im Verein mit dem Leibregiment des französischen Generals Turenne, insgesamt 8000 Mann, von Pforzheim her gegen die kaiserlichen Truppen vor; sie lagen zehn Tage zwischen Vaihingen an der Enz und Bietigheim und stahlen alles Brennbare in Weinbergen, Obstgärten, Häusern und Kirchen zusammen, um bei der herrschenden Winterkälte wärmende Feuer unterhalten zu können. Im April 1645 quartierten sie sich für eine Nacht in Markgröningen ein. Hierbei beraubten sie die Kellerei beinahe ihrer gesamten Vorräte an Getreide und Wein. Im Herbst jenes Jahres lag das Spork'sche Regiment mit tausend Pferden sechs Wochen in der Stadt. Es bemächtigte sich nicht nur des Getreidevorrats aus der neuen Ernte, sondern es riss auch Gebäude nieder. Derweil behauptete sich die kaiserliche Besatzung unangefochten auf dem Hohenasperg. Zum Versuch einer Belagerung oder auch nur einer Blockierung der Festung kam es nicht einmal ansatzweise. Andererseits befriedigten die Kaiserlichen ihre Proviantbedürfnisse weiterhin mit List und Tücke. Die Hauptlast trugen wie früher die Bewohner der Gegend.[116]

Im Februar 1647 bezogen drei Regimenter des schwedischen Generals Königsmark, insgesamt 3000 Mann, unmittelbar vor den Toren der Stadt Bietigheim Quartier, nachdem sie bei Bad Mergentheim von kaiserlichen Truppen in die Flucht geschlagen worden waren. Sie nahmen sogleich alle Pferde auf den Feldern weg. Die Stadt erreichte nur durch große Lieferungen von Brot, Getreide, Vieh und sonstigen Lebensmitteln, dass sie die Innenstadt von Einquartierungen verschonten. Allerdings gefährdeten sie dadurch die Versorgungssituation der Bürgerschaft aufs Äußerste. Ein Glück, dass die Offiziere wenigstens bei ihren Soldaten einigermaßen auf diszipliniertes Verhalten sahen.[117]

Im Sommer 1647 wurde unter der Leitung des herzoglichen Werkmeisters Heinrich Kretzmeyer das Haus von Jakob Zahn und Moritz Scheyhing von Pflugfelden abgebrochen, die Holzteile auf den Hohenasperg transportiert und dort zur Errichtung neuer Gebäude verwendet. Die beiden

1650 in Möglingen und Geisingen wohnhaften Eigentümer verlangten nach Kriegsende einen Neubau ihres Hauses auf dem alten oder auf einem nahe gelegenen Platz in Pflugfelden, weil sie als Bürger dieses Dorfes wieder dorthin ziehen wollten. Sie hatten das abgebrochene Haus von ihrem Vater bzw. Schwiegervater Peter Scheyhing geerbt, es dann aber im Krieg verlassen müssen, da in Pflugfelden außer ihnen nur noch ein einziger weiterer Bürger lebte, der jedoch kurz darauf ebenfalls das Dorf verließ. Allein, ihre Forderung auf Wiedergutmachung ihres auf 300 fl bezifferten Schadens fand bei der herzoglichen Rentkammer in Stuttgart kein Gehör.[118]
Nicht zur Kenntnis nehmen wollte man in Stuttgart bei der Steuerfestsetzung die gänzliche Zahlungsunfähigkeit einzelner Ämter. Im letzten Kriegswinter weigerten sich Stadt und Amt Markgröningen, die ihnen auferlegten Steuern zu zahlen. Die Regierung fackelte nicht lange. Sie schickte Soldaten, um die ausstehenden Gelder durch militärische Exekution zu erpressen. Vogt Welsch ließ in seinem Bericht vom 5. Januar 1648 keinen Zweifel daran, dass er es für eine schlimme Ungerechtigkeit halte, wenn Stadt und Amt Markgröningen mit insgesamt kaum mehr als 200 steuerfähigen Bürgern dieselbe Steuerleistung zu erbringen hätten wie Ämter, die über eine zwei- bis dreimal so hohe Zahl von Bürgern verfügten. Die militärische Exekution, so berichtete der Vogt weiter, habe eine ungemein große Erbitterung in der Bevölkerung bewirkt, 73 fl zusätzliche Kosten verursacht und bereits 30 Bürger veranlasst, „auszuweichen", d.h. Stadt und Amt den Rücken zu kehren und anderwärts ihr Fortkommen zu suchen. Die Zahl der Abwanderer mehre sich fortwährend. Ein nach Markgröningen entsandter Regierungskommissär bestätigte uneingeschränkt die Feststellung des Vogts.[119]
Über die letzten Kriegsjahre berichtete der Markgröninger Amtsvorsteher 1649 rückblickend, dass die nicht abreißende Kette der Truppendurchzüge, ebenso die Kontributionen und anderes mehr für Stadt und Amt zur unerträglichen Last geworden seien. So hätten 1647 und 1648 Truppendurchmärsche und Einquartierungen die Menschen in Furcht und Schrecken versetzt. In der Tat nahmen der Bevölkerung die hier durchziehenden oder ziellos das Land durchstreifenden Soldaten einen guten Teil der bescheidenen Ernteerträge und der sonst von ihr mühsam wieder beschaff-

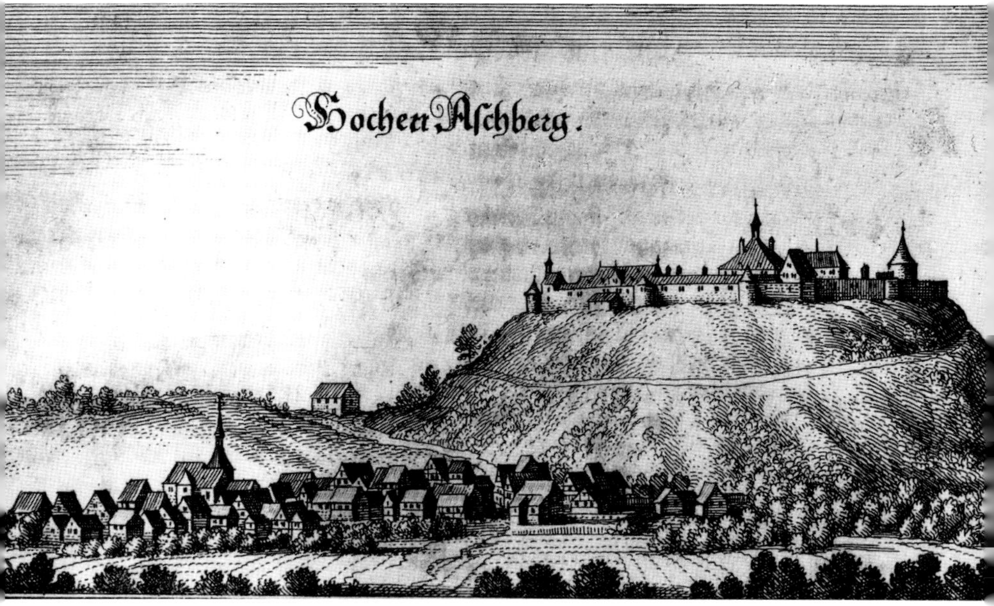

Die Festung Hohenasperg mit dem Dorf Asperg im Jahr 1643 (Matthäus Merian, Topographia Sueviae).

ten Habseligkeiten mit Gewalt weg. Räubereien, Morde, Vergewaltigungen und sonstige Übergriffe waren längst zur tagtäglich geübten Gewohnheit geworden.[120]
Im Dorf Asperg brannten noch im August 1648 französische Reiter und Musketiere 27 Häuser und Scheunen nieder: aller Wahrscheinlichkeit nach die Gebäude, die in den vorausgegangenen Jahren unter großen Opfern wieder aufgebaut worden waren. Die Gemeinde klagte: „Wir haben nicht ein Stück Brot mehr zum Essen."[121]
Am 4./ 14. März 1647 schloss Kurfürst Maximilian von Bayern für sich und für Kurköln mit Frankreich, Schweden und Hessen in Ulm Waffenstillstand. Er trennte sich nunmehr gänzlich von Kaiser Ferdinand III. Zum Unterhalt seines Heeres wurde ihm der bayerische Reichskreis, die Oberpfalz und der rechtsrheinische Teil der Rheinpfalz nebst den Festungen

Rain, Donauwörth, Wemding und Mindelheim eingeräumt. Den Schweden überließ er Memmingen und Überlingen, Herzog Eberhard III. die von bayerischen Truppen besetzten festen Plätze Hohenurach, Hohentübingen, Hohenasperg, Hornberg im Schwarzwald und Albeck. Indes blieb die Rückgabe der festen Plätze in Württemberg auf dem Papier. Insbesondere behielt die Festung Hohenasperg ihre kaiserliche Besatzung, und dies wurde damit begründet, dass der Kommandant, der bayerische Oberstleutnant Kessel, in kaiserliche Dienste übergetreten sei.[122]

Indes währte das kriegerische Inferno noch weitere anderthalb Jahre. Erst im Oktober 1648 wurde ihm in Münster und Osnabrück durch feierlich besiegelte Friedensverträge ein Ende bereitet. Allenthalben Dankbarkeit und stürmische Freude. Im Bietigheimer Rathaus wurde am 1. November 1650 eine Gedenktafel enthüllt, die künftige Generationen an dieses denkwürdige Ereignis erinnern sollte. Sie lautete: „Nachdem der barmherzige, getreue Gott im Himmel, ewiger Vater, Friedensfürst nach sechzehn Jahrlang grundverderblichen Kriegswesens das Seufzen und Wehklagen vieler tausender notleidender und hochbedrängter Christen erhöret und das hochlöbliche Herzogtum Württemberg mit dem lang gewünschten edlen, völligen Frieden dem 16. Juno dieses Jahres höchlich erfreuet und beseeliget, haben zu Gottes Lob, Ehr und Preis, auch immerwährenden christlichen Angedenkens dieses erlebten lieben Friedens Herr Vogt, Bürgermeister, Gericht und Rat allhie zu Bietigheim ... [diese] Tafel ... gesetzt ...“ Und die vom Krieg schwer heimgesuchte Stadt fügte den Wunsch an: „Der Gott des Friedens und Vater unseres Herrn Jesu Christi verleihe Gnad', dass solcher Frieden bis an das Ende der Welt beständig verbleibe, das reine allein selig machende Wort Gottes fortgepflanzet, Recht und Gerechtigkeit erhalten werde und immer zu Schwang gehe. Amen.“[123]

Dass das Herzogtum Württemberg in seinen Vorkriegsgrenzen wieder hergestellt wurde, verdankte es in erster Linie dem menschlichen Engagement und dem diplomatischen Geschick seiner beiden Unterhändler Johann Konrad Varnbüler von und zu Hemmingen und Andreas Burkhard.[124] Der endlich zustande gekommene Frieden erweckte in den gequälten, erniedrigten und in ständiger Unsicherheit lebenden Menschen neue Zuversicht.

Indes bedeutete das offizielle Ende der Kampfhandlungen noch kein Ende der militärisch-politischen Drangsale. Im November 1648 zogen die Franzosen durch das Amt Markgröningen; sie hausten besonders schlimm in Bissingen. Wenige Monate danach, im Februar 1649, bekam der restliche Teil des Amtes die rohe Gewalt der französischen Kriegsmacht zu spüren, die jetzt endgültig abzog.[125] Schließlich verließ im Herbst 1649 die kaiserliche und die kurbayerische Garnison nach 14 Jahren den Hohenasperg, und Herzog Eberhard III. konnte endlich wieder von der Festung Besitz ergreifen.[126] In den Bietigheimer Annalen ist über dieses denkwürdige Ereignis zu lesen: „Den 29. Septembris 1649 ist die Kaiserliche und Kurbayerische Garnison auf der Festung Hohenasperg vermittelst des verordneten kaiserlichen Commissarii Herrns von Liechtenstein, Komenturs zue Horneck... unter dem vorgenannten Obristen Keßels ausgezogen: Und dieselbe in Präsentia Ihrer Hochfürstlichen Durchlaucht Herzog Eberhardt selbsten, Herrn Hofmarschalk Lützelburgers samt andern dero Hofbedienten mit Landvölkern wiederumben besetzt worden, dessen sich dann die ganze Nachbarschaft höchlich erfreuet und Gott gedankt, dass dieser rußige Kessel [Oberst Kessel!], welcher samt seinen untergebenen Offizier und Soldaten dem Herzogtum Württemberg und sonderlich denen um die Festung gelegenen Örtern (darunter Bietigheim in specie war) viel Leids getan, sich verloren und dieses feste Haus von ihme gesaubert worden.“[127]

Der Wiederaufbau nach 1648 konfrontierte die Bevölkerung im Land um den Hohenasperg mit beinahe unlösbaren Problemen. Auf einen Bruchteil ihres zahlenmäßigen Vorkriegsstands zusammengeschmolzen, durch vieljährige Entbehrungen in ihrer physischen Leistungsfähigkeit geschwächt, durch den unentwegten Kampf ums nackte Überleben auch moralisch schwer angeschlagen, befand sie sich plötzlich in einer gänzlich neuen Situation. Sie hatte sich nicht mehr den allmächtigen Kriegsgewalten unterzuordnen, vielmehr musste sie nunmehr aktiv tätig werden, musste die seit Jahren brach liegenden Felder wieder unter den Pflug nehmen, die Weinberge neu mit Reben bestocken, ihre zerstörten Dörfer und Städte aufbauen und eine aus den Fugen geratene Lebensgemeinschaft im örtlichen wie im größeren territorialen Bereich neu begründen und festigen.

Viele fleißige Hände waren erforderlich, um das Land in absehbarer Zeit wirtschaftlich wieder hochzubringen. Deshalb mussten neben der geschrumpften einheimischen Bevölkerung die Menschen, die der Krieg hierher verschlagen hatte, sesshaft gemacht und zum Aufbau einer Existenz ermutigt werden. Wichtig war sodann, dass sich das Herzogtum Württemberg dem Zuzug von Bauern und Handwerkern aus Gegenden öffnete, die wie beispielsweise die Schweiz vom Krieg weitgehend verschont geblieben oder vergleichsweise nur gering betroffen gewesen waren. Dass der fruchtbare Lössboden unserer engeren Heimat Ansiedler auch aus weit entfernten Landstrichen anzuziehen vermochte, zeigte sich indes bald. Trotz alledem dauerte es etliche Jahrzehnte, bis die Feldgemarkungen wieder vollständig landwirtschaftlich genutzt wurden, und mehr als zwei Generationen dauerte es, bis die Einwohnerzahlen der Städte und Landgemeinden wieder den Vorkriegsstand erreichten.[128]

VI. Die Festung Hohenasperg verliert für die Landesverteidigung mehr und mehr an Bedeutung

Nur unzulängliche Anpassung an den Wandel im Befestigungswesen und an die Entwicklung der Waffentechnik

Auf Empfehlung des Obristleutnants Peter Pflaumer, des Obervogts der Ämter Weinsberg, Neuenstadt am Kocher und Möckmühl, ernannte Herzog Eberhard III. den Militäringenieur Georg Wilhelm Kleinsträttl, vermutlich den einstigen militärischen Untergebenen Pflaumers, zum Hauptmann und zum Kommandanten auf dem Hohenasperg. An den Pflichten, die dem Kommandanten oblagen, hatte sich gegenüber der Zeit vor dem Dreißigjährigen Krieg nichts geändert. Er trug die Verantwortung für die Festung, durfte sie deshalb für kürzere oder längere Zeit nur mit ausdrücklicher Genehmigung des Landesherrn verlassen, hatte sie streng gegen außen zu verwahren und zu sichern, sie im Kriegsfall zu verteidigen. Für alle wirtschaftlichen Angelegenheiten hingegen war der Keller zuständig. Der Hauptmann durfte sich hier nicht „unbilliger Weise" einmischen. Für die Erfüllung seiner Funktionen war dem Kommandanten ein weiterer Offizier, ferner drei Sergeanten, drei Korporale, zwei Trommelschläger und 55 „gemeine Knechte" beigegeben, die die Wachen versehen mussten. Die Besatzung bestand also aus insgesamt 65 Mann. Zu ihnen kamen noch ein Zeugwart sowie die Herrenküfer- und Kastenknechte.[1] Zeugwart auf dem Hohenasperg war damals Andreas Kieser, ein hoch begabter Geometer und Geograph, der lange in den Heeren des Herzogs Bernhard von Weimar sowie des französischen Marschalls Guebriant (1602–1643) und des französischen Generals und späteren Marschalls Turenne (1611–1675) gedient und sich hervorragende Kenntnisse als Artillerist angeeignet hatte. Er blieb aber nur wenige Jahre als Zeugwart auf dem Hohenasperg.[2]

An der Jahresbesoldung des Hauptmanns hatte sich gegenüber früher kaum etwas geändert: 100 fl sowie zwei Kleider, 4 Scheffel Roggen, 30 Scheffel Dinkel und 16 Scheffel Hafer, 4 Eimer Wein, 3 Wannen Heu und 27 ½ Pfund Lichter, außerdem Holz und Stroh „nach Notdurft“ (Bedarf). Zur „Beinutzung“ waren ihm zugewiesen mehrere kleine Küchengärten in Wall und Graben der Festung, ein Viertelmorgen Weingarten im Graben, drei Krautgärten vor dem äußeren Tor sowie ein Achtelmorgen Krautgarten im Flecken Asperg. Der Zeugleutnant Kieser erhielt gleichfalls eine Jahresbesoldung von 100 fl, ferner 20 fl „Hauszins“ (für Miete), 2 Scheffel Roggen, 16 Scheffel Dinkel und 4 Scheffel Hafer, 3 Eimer Wein und 4 Klafter Holz. Herzog Eberhard III. kam erstmals wieder seit der Ernennung Kleinsträttls zum Hauptmann und Kommandanten am 29. Juli 1650 mit Gästen und Verwandten auf den Hohenasperg. Seinen größten Unwillen erregte, dass die drei Pulvertürme ohne Dach und auch sonst sehr schadhaft waren. Auch andere Bauten machten einen verwahrlosten Eindruck. Das Portal, das Haupttor, befand sich in einem solch desolaten Zustand, dass der Fürst seine Gäste „nit ohne große Furcht und Entsetzung“ hindurch führte. Viele Jahre waren auf dem Hohenasperg nur die allerdringendsten Reparaturen durchgeführt worden. Die kaiserliche und die kurbayerische Besatzung hatten wenig für die Instandhaltung der Befestigungsanlagen, der Bauten zur Verwahrung der Geschütze und sonstigen Waffen sowie der Munition, der Unterkünfte der Besatzung, der Verwaltungs- und Wirtschaftsgebäude getan. Eberhard III. befahl, vorrangig vor anderen Bauvorhaben die baulichen Mängel auf der Festung Hohenasperg zu beheben, damit sie ihre Funktion als ein Bollwerk der Landesverteidigung wieder uneingeschränkt erfüllen könne. Hauptmann und Keller hatten umgehend einen „spezifizierten Kostenvoranschlag“ zu erarbeiten. Dieser sollte dann einem Gutachten zugrunde gelegt werden, das die Reihenfolge der Instandsetzungsarbeiten bestimmte. Um einen Teil der Baukosten bestreiten zu können, ordnete der Herzog an, den auf der Festung gelagerten Wein „mit bestmöglichem Nutzen zu versilbern“.

In drei undatierten Federzeichnungen dokumentierte Kleinsträttl den ruinösen Zustand der Festungsanlagen: u. a. fünf verfallene Blockhäuser auf dem Festungsring, die dort eine Art Vorwerk bildeten, und „eine eingefallene Mauer beim Rondell". Indes scheinen damals lediglich die unbedingt notwendigen Reparaturen vorgenommen worden zu sein. Für eine grundlegende bauliche Sanierung der Festung fehlte in dem verarmten Land das Geld. Zusätzliche, wenn auch keine exorbitanten Kosten verursachte die Beseitigung von Unwetterschäden. Im Jahr 1653 schlug ein Blitz in den neuen Turm im Graben ein und zerschmetterte dort alles Bretterwerk. Glücklicherweise blieb der volle Pulverturm unversehrt.[3]

Bereits 1651 hatte Herzog Eberhard III. den ehemaligen bayerischen Generalfeldzeugmeister und nunmehrigen Obervogt von Schorndorf, Waiblingen und Winnenden Georg Friedrich vom Holtz (1597–1666), einen ungewöhnlich kenntnisreichen, kriegstechnisch gut geschulten und organisatorisch hoch befähigten Offizier, zum Kommandanten der württembergischen Festungen, d. h. zu ihrem Oberinspekteur ernannt. Und am 8. Dezember 1652 hatte er ihn in einer Dienstanweisung als „Generalkommandanten aller Festungen und Kriegsvölker" bezeichnet. Gleichzeitig hatte er den Obersten und Festungskommandanten befohlen, sich dem Generalfeldzeugmeister als ihrem vorgesetzten General, der „nächst dem Herzog" das Generalkommando zu führen habe, unterzuordnen. Vom Holtz war also verantwortlich für alle „Verteidigungsanstalten" des Herzogtums, so für das von Eberhard III. damals unterhaltene kleine Söldnerheer wie für die Festungen.[4] Freilich auch der hervorragende Kriegsmann konnte nicht viel bewirken. Ohne Geld blieben seine Bemühungen kümmerliches Stückwerk. So sah dies auch Oberst Christian Friedrich von Eyb, der im Auftrag des Geheimen Rats die Festungswerke inspizieren musste. Umfassende Baumaßnahmen im Festungsbereich ließen sich vorläufig nicht finanzieren.[5]

Der Dienst auf dem noch immer gegen die Außenwelt hermetisch abgesperrten Hohenasperg war für Offiziere wie für Mannschaften eintönig. Gegenüber früher hatte sich kaum etwas verändert, d. h. verbessert. Dabei hatte Kleinsträttl selbst noch das Glück, dass seine Familie zusammen mit ihm auf der Festung wohnen durfte und dass ihm erlaubt war, einen Teil seiner Zeit zeichnerischen Neigungen zu widmen. Eine Abwechslung in den tristen Alltag brachten fürstliche Herrschaften, die mit herzoglicher Bewilligung die Festung besuchten oder die nahe an der Festung vorüberfuhren und durch Salutschüsse geehrt wurden. Am 25. Juli 1650 erwiesen Geschütze der Festung auf herzoglichen Befehl mit einem Ehrensalut dem am Hohenasperg vorbeireisenden Markgrafen von Brandenburg-Ansbach den standesüblichen Willkommensgruß. Dieselbe Ehre wurde am 30. November 1661 dem Herzog von Mazarini zuteil, der auf dem Weg von Philippsburg über Vaihingen an der Enz am Hohenasperg vorbeifuhr. Mit der Ehrensalve sollte, wie es in der Anordnung aus Stuttgart hieß, dem Respekt für den König von Frankreich Ausdruck gegeben werden.

Ein großzügiges Entgegenkommen Herzog Eberhards III. war es, dass er im April 1652 dem Markgrafen Friedrich von Baden und Hochberg gestattete, einen Teil seiner Mobilien wegen der „in der Nähe fürgehenden gefährlichen Veränderung" auf dem Hohenasperg in Sicherheit zu bringen. Nach dem Dreißigjährigen Krieg trieben in vielen Gegenden marodierende Banden „abgedankter" (entlassener) Soldaten und Straßenräuber ihr Unwesen. Sie konnten zu einer gefährlichen Landplage werden.

Am 17. September 1670 besuchte Landgraf Ludwig von Hessen-Darmstadt die Festung Hohenasperg. Eberhard III. ordnete einen Empfang mit militärischen Ehren an. Die Besichtigung der Festung durch weniger hoch gestellte Persönlichkeiten musste in jedem Einzelfall durch den Herzog genehmigt werden. Für einen solchen Besuch bzw. für eine solche Besichtigung hatten triftige Gründe vorzuliegen, damit die betreffenden Interessenten die „allerhöchste" Erlaubnis bekamen. Spione und Schnüffler sollten möglichst ferngehalten werden. Selbst der ruhmvolle Verteidiger des Hohentwiels im Dreißigjährigen Krieg, der jetzige Rat und Obervogt Konrad Wiederhold, durfte nur mit herzoglicher Genehmigung im August 1657 die Festung Hohenasperg betreten. Warum Herzog Eberhard III. am 30. Dezember 1667 den Kommandanten anwies, drei in Tübingen studierenden Adligen Einlass in die Festung zu gewähren, wissen wir nicht. Die drei Adligen – möglicherweise Fürstensöhne – hatten den Wunsch geäußert, die Befestigungsanlagen auf dem Hohenasperg besichtigen zu dürfen.[6] Wahrscheinlich versprach sich der Herzog von dem Besuch der drei jungen Männer politische Vorteile, blieb doch sonst auch noch in der zweiten Hälfte des 17. Jahrhunderts der Hohenasperg neugierigen oder wissbegierigen Zeitgenossen verschlossen.

Für Kommandant und Besatzung galt weiterhin strenge Präsenzpflicht. Insbesondere der Hauptmann hatte Tag und Nacht auf dem Posten, d. h. in der Festung anwesend und, wennimmer erforderlich, auch ansprechbar zu sein. Eine großzügige Ausnahme war es, wenn Eberhard III. Kommandant Kleinsträttl gestattete, während der Weinlese einige Nächte im Dorf Asperg zu verbringen, da dieser dort einige Weinberge besaß. Zur Teilnahme an Familienfeiern von Verwandten, Freunden und Kollegen (Taufen, Hochzeiten, Beerdigungen) in der näheren oder weiteren Umgebung war in jedem Fall die herzogliche Erlaubnis erforderlich. Die Genehmigung der Anträge Kleinsträttls wurde stets schriftlich und mit der Auflage erteilt, dass während der Zeit seiner Abwesenheit „auf der Festung nichts verabsäumt werde".[7]

Ein gespanntes Verhältnis herrschte zwischen Hauptmann Kleinsträttl und Keller Hans Föll. Wiederholt kam es zwischen beiden zu Kompetenzstreitigkeiten. Beschwerden an höchster Stelle belasteten die wechselseitigen Beziehungen noch zusätzlich. Ob indes Kleinsträttl gut beraten war, wenn er Soldaten gegenüber dem Keller in Schutz nahm, die das ihnen zustehende Besoldungsholz veräußerten, um an etwas Geld zu kommen, erscheint fraglich.[8]

Kleinsträttl litt zweifellos darunter, dass er auf der Festung baulich und waffentechnisch wenig bewirken, d. h. verbessern konnte, vielmehr mit den zunehmend stärker zu Tage tretenden vielen Mängeln leben musste. Eberhard III. hatte dafür durchaus Verständnis, aber er konnte dem Hauptmann nur einen Bruchteil der für eine Modernisierung der Festung erforderlichen Mittel zur Verfügung stellen. Immerhin hörte er auf ihn. Als Kleinsträttl im März 1651 gegen das Ablassen des Eglosheimer Sees protestierte, weil so dem Betreiber der dort erst vor kurzem errichteten Pulvermühle buchstäblich das Wasser abgegraben wurde, untersagte ein herzoglicher Befehl die Trockenlegung des Sees.[9]

Um die bautechnische Befähigung Kleinsträttls sinnvoll zu nutzen, beauftragte der Herzog 1655 den Hauptmann mit dem Bau einer Windmühle als Ersatz für die antiquierte Rossmühle. Kleinsträttl machte sich sofort ans Werk. Im Juni desselben Jahres durfte er seinem Landesherrn sowie Bausachverständigen in Stuttgart ein von ihm gefertigtes Modell vorstellen und erläutern. Doch trotz des herzoglichen Plazets kam der Bau der Mühle nur schleppend voran. Der Hohenasperger Keller stellte keine ausreichenden Mittel bereit. Kleinsträttl durfte die Rossmühle abbrechen und die noch brauchbaren Materialien für den Bau der Windmühle verwenden. Anfang 1657 kam Eberhard III. selbst auf den Hohenasperg, um sich ein Bild von den Baufortschritten zu machen. Er schickte Kleinsträttl zum Eisenwerk nach Königsbronn, um dort das benötigte Eisen zu bestellen und um so lange in der Schmelzhütte zu bleiben, bis es angefertigt war. Im Lauf des Jahres 1657 konnte dann die Mühle vollends erbaut und in Betrieb genommen werden. Die rechte Hand Kleinsträttls bei der Ausführung dieses Bauprojekts war Zeugwart Josef Möhrer.[10]

Hauptmann Kleinsträttl hatte inzwischen das Vertrauen seines Herzogs erworben und wurde von diesem auch zu anderen Bauprojekten auf dem Befestigungssektor sowie zu größeren kartographischen Arbeiten im Land herangezogen. Von der strengen Präsenz auf dem Hohenasperg wurde er entbunden. Doch hatte er nach seinen Reisen stets wieder dorthin zurückzukehren und die ihm obliegenden militärischen Aufgaben zu erfüllen. So musste er in unregelmäßigen Abständen Musterungen der Kompanien zu Pferd und Fuß vornehmen, zu denen der Herzog stets persönlich erschien. Hierbei hatte er für den Landesherrn ein „Lauberhüttlein“ zu errichten und anschließend diesen sowie die höheren Offiziere auf dem Hohenasperg zu bewirten. Der wenig anregende Dienst auf der Festung verleidete ihm mehr und mehr. Eine Anhebung seiner Stelle und andere „Veränderungen“, die er erhofft hatte, waren unterblieben. Der Herzog war anscheinend nicht mehr sonderlich gut auf ihn zu sprechen. Dies wurde im Frühjahr 1667 offenkundig, als der Fürst für Kleinsträttls Anliegen keinerlei Verständnis zeigte und ihn wiederholt mit entsprechenden Anträgen abwies. Er zog die Konsequenzen: Im Sommer 1668 kam er um seinen Abschied ein und verließ Württemberg. Sein Nachfolger wurde Hauptmann Andreas Heilmann von der Festung Hohenneuffen.[11]

1660 befanden sich auf dem Hohenasperg an Geschützen eine Dreiviertel-Kartaune, sechs halbe Kartaunen, vier Zwölfpfünder, ein Achtpfünder, drei Sechspfünder, ein Fünfpfünder, elf Dreipfünder, sechs kurze Dreipfünder, vier Zweipfünder, neun Einpfünder, ein Dreiviertelpfünder, insgesamt fünf Mörser, darunter zwei alte Metallmörser, außerdem ein mäßiger Vorrat an Granaten (gefüllte und ungefüllte), an Eisen- und Steinkugeln sowie Kartätschen und Handgranaten. In den folgenden acht Jahren wurde die Geschützausstattung vermehrt und modernisiert.[12]

Die zunehmend stärker hervortretende expansive Politik König Ludwigs XIV. von Frankreich veranlasste Herzog Eberhard III. Ende der 1660er Jahre den lange vernachlässigten Landesfestungen durch größere Baumaßnahmen in der Landesverteidigung wiederum die ihnen zukommende wichtige Funktion zuzuweisen. 1669/70 waren zu diesem Zweck für die Festung Hohenasperg 5000 fl vorgesehen. Hier leitete die Ausbau- und Modernisierungsarbeiten Baumeister Matthias Weiß. Er durfte 1669 zur Errichtung des Neuen Bollwerks neben den ihm zur Verfügung gestellten Soldaten täglich noch 30 Lohnarbeiter beschäftigen.[13]

Auch Sträflinge, die zu „Arbeiten in herrschaftlichen Gebäuen“ verurteilt waren, konnte er dazu heranziehen. Die Verhängung von Festungsarbeitsstrafen erfolgte damals recht häufig; sie lieferte den Festungen billige Arbeitskräfte, zumal die Sträflinge für ihre Haft- und Verpflegungskosten selbst aufzukommen hatten. 1672 beispielsweise mussten zwei junge Männer aus Wangen bei Cannstatt (Stuttgart-Wangen) und aus Ruit auf herzoglichen Befehl wegen der Annahme fremder Kriegsdienste je vier Wochen Arbeitsstrafe auf dem Hohenasperg ableisten. Am Ende ihrer Strafzeit stellte ihnen dann die Leitung der Festung die üblichen Haft- und Verpflegungskosten in Rechnung. Dies bedeutete für wenig bemittelte Untertanen, und um solche handelte es sich hier, eine empfindliche Strafverschärfung. Neben solchen Arbeitssträflingen gab es allerdings auch Delinquenten höherer Stände auf der Festung, die Vergehen abzubüßen hatten. Sie erhielten eine Vorzugsbehandlung. Gerne erfüllte etwa Herzog Eberhard III. die Bitte des Pfalzgrafen Christian bei Rhein, zwei junge Jägerburschen wegen begangener Misshandlung etliche Wochen auf dem Hohenasperg zu inhaftieren. Welcher Art diese Misshandlungen waren und gegen wen sie sich richteten, wird nicht gesagt.[14]

Für das Heranschaffen der Baumaterialien und für Handlangerdienste musste der Baumeister in größerer Zahl Hand- und Fuhrfroner verwenden, Männer aus der näheren Umgebung der Festung; sie erhielten für ihre Tätigkeit keinen Lohn, da die ländliche Bevölkerung in größerem oder geringerem Maß zu solchen Frondiensten verpflichtet war.[15] Um den Fuhrfronern einen Anreiz zu geben, sagte die Rentkammer Anfang 1673 je Tag und Froner neben der üblichen Verpflegung mit einem Pfund Brot und einem Maß Wein je Pferd und Tag noch einen Vierling Hafer zu. Stärker fiel allerdings ins Gewicht, dass sie den Städten und Ämtern, die solche Fuhrfronen bei Steintransporten leisteten, in Aussicht stellte, sie in diesem Jahr von Jagdfronen zu verschonen.[16]

Da die Hand- und Fuhrfroner nicht über Gebühr mit Arbeiten belastet werden konnten, 1673 aber in großem Umfang Baumaterialien auf den Hohenasperg geschafft werden mussten, rief die Regierung Anfang des Jahres die Ämter im näheren und weiteren Umkreis des Berges zu freiwilligen Fuhrdiensten auf: Cannstatt, Waiblingen, Brackenheim, Vaihingen an der Enz, Sachsenheim, Leonberg, Marbach, Bottwar, Mundelsheim, Besigheim, Bietigheim, Asperg und Beilstein. Sie versprach eine angemessene Bezahlung. Die genannten Ämter verpflichteten sich daraufhin am 23. Januar 1673 zur Bereitstellung von 240 Wagen und 109 Karren. Jedes dieser Fuhrwerke bewältigte an einem Tag drei Transporte. Dies hieß, dass (theoretisch) täglich 720 Fuhren Steine und 327 Fuhren Sand auf den Berg gebracht werden konnten. Leider ließ sich die Rentkammer mit der Bezahlung der Fuhren viel Zeit. So warteten die Fuhrleute noch auf ihr Geld für Transporte des Vorjahrs, und dies „mit großem Verlangen". „Die schaffenden Leut zu Asperg" machten am 10. Februar 1673 nicht weniger als 2000 fl an ausstehenden Arbeitsverdiensten geltend. Nach der Entscheidung des Herzogs sollte dieser Betrag mit dem an Invocavit in Stuttgart anfallenden Umgeld verrechnet werden. Für die Bezahlung der Steinmetzen, Maurer, Steinbrecher und „der gemeinen Schanzer" sowie der Kosten für die Baumaterialien kamen die Landstände, die Landschaft, auf. Zusätzlich zu ihrem Lohn erhielten „die schaffenden Personen" wie bisher Brot und Wein.[17]

Im Mai 1673 kritisierte der Kommandant der Festung die allzu zögerlichen Fortschritte der Fortifikationsarbeiten. Er regte an, dass die Ämter wiederum zur Übernahme freiwilliger Fuhren aufgefordert werden sollten. Der Herzog stimmte seinem Vorschlag zu und erließ ein entsprechendes Ausschreiben. Daraufhin erklärten sich 20 Ämter bereit, insgesamt 891 Transporte mit vierspännigen Pferdewagen und 392 Karrenfuhren zu übernehmen, um so baldmöglichst die dringend benötigten Baumaterialien – Steine und Sand – auf den Berg zu schaffen.[18]

Durch die Baumaßnahmen im Außenbereich der Festung wurden vor allem die angrenzenden Weinberge stark in Mitleidenschaft gezogen. Einige Asperger Bürger baten deshalb, dass ihnen das Land „ihre an den Fortifikationsgebäuden gelegenen Weingartstücklein" abkaufte, die durch die Bauarbeiten bereits „verderbt" seien oder dies noch würden. Die Rentkammer ging auf ihre Bitte ein und erwarb zur Erweiterung der Festungswerke 3 Morgen 1 Viertel Weingärten in den Vorderen Bergen zum Preis von 585 fl.[19]

Am 2. Juli 1674 starb, knapp 60 Jahre alt, Herzog Eberhard III. Ihm folgte sein 27-jähriger Sohn Wilhelm Ludwig auf den Herzogsstuhl. Der junge Fürst suchte sein Land durch eine Neutralitätspolitik aus der kriegerischen Verwicklung zwischen dem expansiven Frankreich und dem Reich herauszuhalten. Doch dies nützte wenig. Württemberg wurde wiederholt von den Truppen des französischen Marschalls Turenne heimgesucht, und es hatte außerdem unter den Durchzügen von Kampfverbänden des Schwäbischen Kreises und des Kaisers zu leiden.[20] Um nicht gänzlich der Willkür der kriegführenden Mächte preisgegeben zu sein, setzte Wilhelm Ludwig mit Nachdruck den Ausbau der Landesfestungen fort. Auch gelang es ihm, trotz des Widerstands der Landstände das von seinem Vater geschaffene kleine stehende Heer, wenn er es schon nicht vergrößern konnte, in seiner seitherigen Stärke zu erhalten.[21]

Für den weiteren Ausbau der Landesfestungen stand ihm ein anerkannter Experte zur Seite: Andreas Kieser, der Anfang der 1650er Jahre, wie schon erwähnt, Zeugwart oder Zeugleutnant auf dem Hohenasperg gewesen war. Herzog Eberhard III. hatte Kieser sehr geschätzt und sich häufig seines Rats bedient. Um ihn nicht zu verlieren, hatte er ihn zum Kapitän (Hauptmann) über eine „Kompanie zu Fuß unter dem gelben oder vom Holtz'schen Regiment" ernannt und ihn 1656/57 mit „Fortifikationsarbeiten" auf dem Hohentwiel betraut.[22] Da er ihn für weitaus befähigter hielt als den derzeitigen Kommandanten der Festung Hohenasperg, Kleinsträttl, hatte er ihm 1660 diese Kommandantenstelle sowie die Beförderung zum Oberstleutnant angeboten, doch Kieser hatte damals die Rückkehr in den Dienst seiner Heimatstadt Frankfurt am Main vorgezogen. Dort hatte er als Major der Artillerie einen bedeutenden militärischen Wirkungskreis erlangt, der die leitende Funktion über das kleine Truppenkorps der Reichsstadt eingeschlossen hatte. Besonders gereizt haben dürfte ihn jedoch, dass ihm auf den Gebieten des Geschütz- und Befestigungswesens sowie auf den mit diesen zusammenhängenden Forschungs- und Entwicklungsmöglichkeiten großzügige Arbeitsbedingungen zugestanden worden waren.[23]

1674, kurz vor seinem Tod, war es Eberhard III. gelungen, Kieser, den die Stadt Frankfurt bei der Beförderung übergangen hatte, wieder in württembergische Dienste zu ziehen. Der Herzog ernannte ihn zum „Oberstleutnant über die Artillerie“. Die wichtigste Funktion Kiesers aber war die Inspektion der Festungen. In seine Zuständigkeit fiel die Führung eines Inventars über die Geschütze, die Munitionsvorräte und das sonstige Kriegsgerät. Mängel, die er feststellte, hatte er im Benehmen mit dem jeweiligen Festungskommandanten abzustellen. Das Bauwesen und die Verproviantierung der Festungen behielt sich der Herzog selbst vor, doch sollte Kieser auch diese Bereiche im Blickfeld behalten und die von ihm hier entdeckten Mängel und Schäden melden. Ferner wurde ihm die Aufsicht über die Zeugwarte, die Büchsenmeister, die Ingenieure, die Feuerwerker, die Minierer (Minensachverständige, Experten für das Anlegen von Stollen und unterirdischen Gängen) und über das sonstige Artilleriepersonal auf den Festungen, in den Berghäusern und im Feld übertragen. Er sollte auf Wunsch Feuerwerker, Büchsenmeister, Petardiere (Spezialisten für Sprengmörser) und dergleichen Artilleristen gegen eine kleine Vergütung unterrichten und ausbilden, bei Hoffesten und in Anwesenheit fremder Gäste Feuerwerke veranstalten.

Im Kriegsfall wurde er mit dem Kommando über die Artillerie samt Munition und Zubehör betraut. Außerdem oblag ihm dann als tüchtigem und erfahrenem Ingenieur das Anlegen von Schanzen sowie die Errichtung von anderen Werken und Bauten, die Verantwortung für die Pulvermühlen, für den Vorrat an Pulver, Salpeter und dergleichen Materialien. Pulverma-

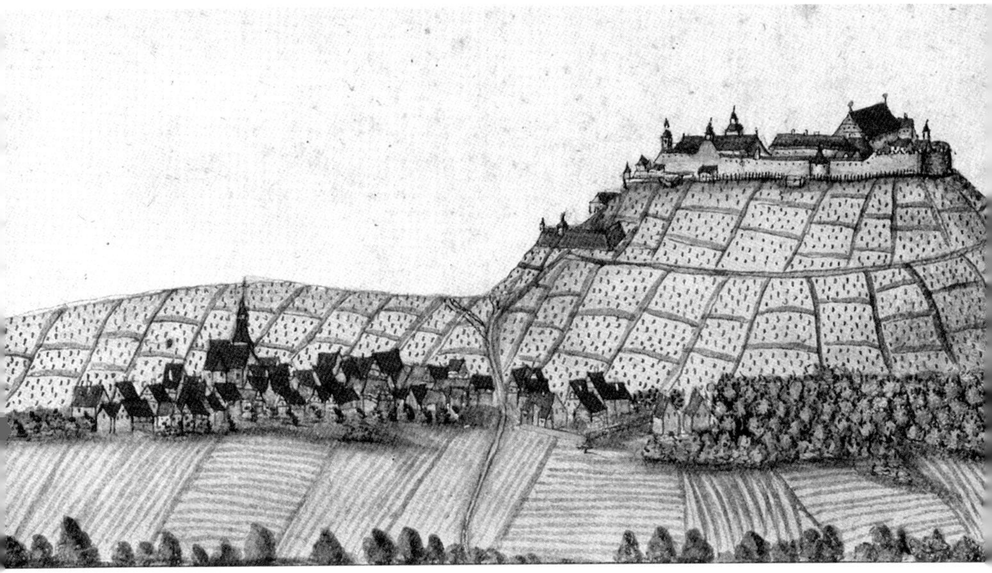

Die Festung Hohenasperg mit dem Dorf Asperg im Jahr 1685 (Kieser'sches Forstkartenwerk).

cher und Salpetersieder hatten sich mit ihren Anliegen an ihn zu wenden. Ohne sein Wissen durfte weder Pulver noch Salpeter außer Landes verkauft werden. Unbrauchbare Geschütze oder sonstiges schadhaftes Kriegsgerät waren nach Stuttgart zu bringen, wo sie eingeschmolzen oder verschrottet wurden. Die Auslieferung neuer Geschütze und „gegossener Arbeiten" hatte Kieser nicht nur schriftlich zu bestätigen, sondern diese auch mit Gewicht und Bezeichnung ins Inventar aufzunehmen. Eine besondere Auszeichnung war es, dass ihm die Anwartschaft auf die nächste frei werdende Kompanie „der im Wartgeld stehenden Landesdefension" zugesagt wurde. Einen Jahresbetrag von 50 fl bekam er ab sofort, d. h. er wurde so behandelt, wie wenn er die Kompanie schon besäße.[24]

Bereits am 4. September 1674, also zwei Monate nach der Regierungsübernahme Herzog Wilhelm Ludwigs, legte Oberstleutnant Kieser einen Bericht über den Zustand der Festung Hohenasperg vor und unterbreite-

te Verbesserungsvorschläge.[25] Der junge Landesherr scheint von diesem Bericht recht angetan gewesen zu sein. Er befahl, die erforderlichen Baumaßnahmen unverzüglich durchzuführen. Mit den Dörfern des Amts Markgröningen wurden im Frühjahr 1675 die Stellung von Wagen, die mit vier Pferden bespannt waren und sich für den Transport von Steinen eigneten, vereinbart. Die Rentkammer bot zunächst je Wagen und Tag 24 kr an, für die Pferde jeweils ein Viertel Hafer. Die Fuhrleute hatten 30 kr gefordert, diesen Taglohn aber nicht durchsetzen können. Die Steine wurden im Rotenackerwald gebrochen.[26]
Oberstleutnant Kieser verfolgte mit kritischem Sachverstand den Hohenasperger „Fortifikationsbau". Er befriedigte ihn nicht. In seinem Bericht vom 23. Juli 1675 unterbreitete er dem Herzog erneut Verbesserungsvorschläge und kündigte ihm die Vorstellung eines Modells an. Seiner Ansicht nach ließen sich mit geringen Kosten die Festungsanlagen wesentlich verbessern. Eine Verstärkung der Befestigung des Hohenaspergs, so schrieb er, könnte durch den Bau zweier Bollwerke erreicht werden.[27] Dem Herzog leuchteten seine Vorschläge ein. 1675/76 wurden auf dem Hohenasperg das Wilhelm-Ludwig-Bollwerk und zwei Schnecken (Wendeltreppen) erbaut sowie weitere Sicherungsarbeiten durchgeführt. Das in einfachen strengen klassischen Architekturformen gestaltete neue Tor, das Löwentor, mit toskanischen Säulen, Triglyphenfries und Dreiecksgiebel mit dem herzoglichen Wappen sowie der von dort ausgehende gewölbte Gang erinnern noch heute an den unter Herzog Wilhelm Ludwig durchgeführten Ausbau der Festung.[28]
Leider zwang die ungünstige wirtschaftliche Lage des Herzogtums die Regierung bereits im Frühjahr 1676, die Baumaßnahmen auf dem Hohenasperg „bis auf künftig hoffende verbesserliche Zeiten" im Wesentlichen einzustellen. In einem Dekret vom 11. April jenes Jahres genehmigte der Herzog zwar die von Kieser angeregte „Beischaffung" von 800 bis 1000 „tannenen" Palisaden aus dem Reichenberger Forst „zur Besetzung der Festung", d. h. zur besseren Sicherung der Festung nach außen, ebenso akzeptierte er den Kieser'schen Vorschlag, das vom Einsturz bedrohte schadhafte Gewölbe – um welches Gewölbe es sich handelte, wird nicht gesagt – zu reparieren. Sonst aber hatten die „Fortifikationsarbeiten" zu ruhen.

Das 1675/76 auf Veranlassung von Herzog Wilhelm Ludwig von Württemberg errichtete Löwentor (Zeichnung von Paul Müller, Asperg).

Wegen des in der Fron durchzuführenden Transports der Palisaden vom Reichenberger Forst auf den Hohenasperg sollte übrigens den benachbarten Ämtern „beweglich zugesprochen“ werden, d.h. die fronpflichtigen Bauern sollten die Transporte nach Möglichkeit ohne Bezahlung durchführen.[29]

Die Bauleitung auf dem Hohenasperg hatte während der Jahre 1669 bis 1676 der aus Kassel stammende Baumeister Matthias Weiß inne. Er stand viele Jahre in württembergischen Diensten und leistete nach dem Urteil Werner Fleischhauers als Architekt Beachtliches. Beispielsweise errichtete er den Stuttgarter Prinzenbau. Ihm verdankt Württemberg den Anschluss an die Entwicklung der neueren Bauformen der Zeit. Seine Ausbildung im „Rechnen“ wie auch in der Geometrie und dem Fortifikationswesen hatte er in den 1650er Jahren durch Andreas Kieser erhalten, mit dem er dann in den Jahren 1674 bis 1676 eng zusammenarbeitete. Die Vorschläge, die Kieser zum Ausbau der Festung Hohenasperg machte, dürften mit Weiß abgestimmt gewesen sein. Vor Kieser hatte die militärische Aufsicht über das Festungsbauwesen in Württemberg Oberst Schocket (auch Schoquetz geschrieben), ein Lothringer aus Metz, geführt. Unterstützt wurde Weiß bei den „Fortifikationsarbeiten“ von dem Bauinspektor Hauptmann Georg Friedrich Arnold, der von Hohenurach hierher versetzt worden war, und dem Weiß das fachliche Rüstzeug vermittelt hatte. Zuvor war in dieser Funktion als Obermeister des Hohenasperger Bauwesens der Steinmetz Wolf Acher tätig gewesen.

Geplant war Ende der 1660er Jahre, die Befestigungsanlagen des Hohenaspergs aus dem 16. und frühen 17. Jahrhundert mit einem Gürtel von Bastionen zu umgeben. Eine Vorstellung davon vermittelt der von Matthias Weiß gezeichnete Grundriss aus dem Jahr 1669, den Theodor Bolay im Bildanhang zu seinem Buch über den Hohenasperg veröffentlicht hat. Gebaut wurden indes lediglich die Bastionen an der Südfront zum Schutz des Haupteingangs.[30]

Bereits am 23. Juni 1677 starb überraschend der erst 30-jährige Herzog Wilhelm Ludwig. Er hinterließ eine schwangere Frau und zwei Töchter sowie einen neun Monate alten Sohn Eberhard Ludwig. Eine dritte Tochter wurde viereinhalb Monate nach seinem Tod geboren. Die vormund-

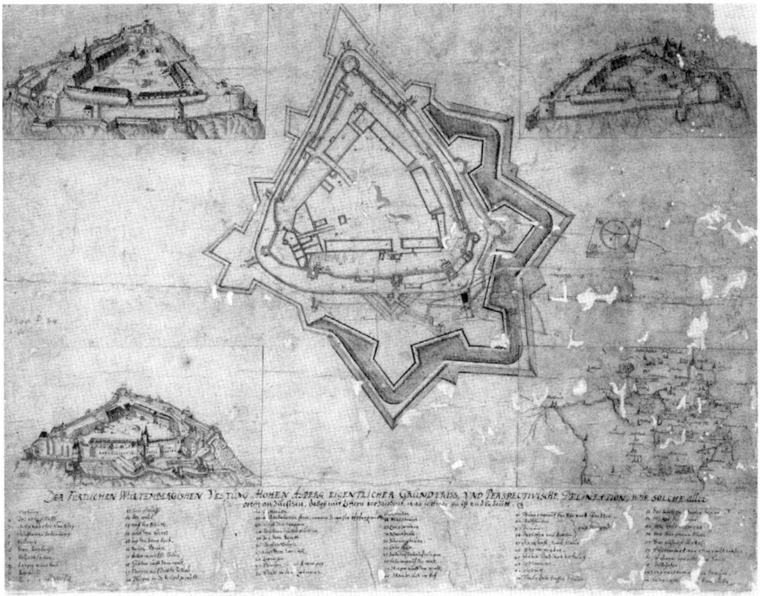

Von Baumeister Matthias Weiß 1669 gefertigte Planskizzen von der Festung Hohenasperg.

schaftliche Regierung übernahm der Bruder Wilhelm Ludwigs, Herzog Friedrich Carl (1652–1698), der Begründer der Linie Württemberg-Winnental.[31]

Die Einstellung der Bauarbeiten auf dem Hohenasperg im Frühjahr 1676 wirkte sich wenig günstig aus. 1680 befanden sich Teile der Festung in einem schlechten Zustand. Baumeister Weiß wurde mit der Durchführung der dringlichsten Reparaturen beauftragt. Weiß verschaffte sich einen genauen Überblick über die erforderlichen Arbeiten. In einem Gutachten bezifferte er die Kosten auf insgesamt 3052 fl 22 kr. Der Rentkammer reichte diese gutachtliche Äußerung nicht; sie wünschte einen detaillierten Kostenvoranschlag. Herzog-Administrator Friedrich Carl stellte sich der Rentkammer zur Seite. Weiß hielt eine grundlegende Modernisierung der Festung für unerlässlich. Er wollte sie „in bessere Perfektion bringen".

Allein, er fand dafür weder bei der Rentkammer noch beim Administrator Gehör. Es fehle das Geld, erklärten die Rentkammerräte.[32]
Mitte der 1670er Jahre war Württemberg von einer feindlichen Invasion nicht unmittelbar bedroht. Deshalb wurden im Juni 1676 eine Kartaune, zwei Zwölfpfünderkanonen, zwei Metallböller und anderes Kriegsgerät an die östlich des Rheins gelegene Festung Philippsburg ausgeliehen, die kurz zuvor durch die Reichsarmee nach längerer Belagerung von den Franzosen erobert worden war. Doch schon im September desselben Jahres wurden die entliehenen Geschütze und sonstigen Waffen zurückgegeben.[33] Um für den Fall eines französischen Einfalls, mit dem in zunehmendem Maß zu rechnen war, gewappnet zu sein, wurden 1677 und 1678 die Munitions- und Pulvervorräte auf dem Hohenasperg vermehrt, zusätzliche Waffen auf den Berg geschafft.[34]
Bis 1674 blieb Andreas Heilmann (auch Hail(en)mann) Kommandant des Hohenaspergs.[35] Über ihn ist nur wenig bekannt. Im Mai 1671 erlaubte ihm Herzog Eberhard III., die Hochzeit seiner Tochter auf der Festung zu feiern und dazu 15 „nächste Blutsverwandte“ einzuladen. Dass diese Hochzeit innerhalb der Mauern der sonst streng nach außen abgeschotteten Festung stattfand, war eine höchst seltene, vielleicht sogar eine einmalige Ausnahme im 17. Jahrhundert. Freilich, alle Hochzeitsgäste standen in herzoglichen Diensten.[36]
Unter Oberstleutnant Thomas Hopff oder Hof(f), der von 1674 bis zu seinem Tod 1681 die militärische Leitung der Festung innehatte, bestand die Besatzung außer dem Kommandanten aus einem Leutnant, einem Wachtmeister, einem Zeugwart, einem Sergeanten, vier Korporalen, einem Feuerwerker, einem Hausschneider, einem Trommelschläger, einem Gefreiten und 28 „Gemeinen“. Um die Gesundheit des vermutlich schon über 60-jährigen Oberstleutnants war es 1680 bereits schlecht bestellt. Der Herzog-Administrator bewilligte ihm deshalb eine Sauerbrunnen- und Badekur an einem nicht genannten Ort. Zur Hin- und Rückreise durfte er zwei herrschaftliche Pferde benutzen. Während seiner Abwesenheit führte Leutnant Ruetenstein das Kommando.[37]
Der Kommandant der Jahre 1681 bis 1688, Johann Schappart oder Schappert, scheint ein herrischer Offizier gewesen zu sein. Dass er den Keller auf

dem Hohenasperg als einen Angehörigen der Garnison betrachtete und entsprechend behandelte, trug ihm im März 1687 eine Rüge von Herzog-Administrator Friedrich Carl ein. Dieser untersagte ihm audrücklich, weiterhin Briefe zu „erbrechen“, zu öffnen, die an den Keller gerichtet waren oder die dieser an seine Untergebenen abschickte.[38]

Die kampflose Übergabe der Festung und ihre teilweise Zerstörung durch die Franzosen

Nachdem die Franzosen im Pfälzer Erbfolgestreit im September 1688 die Kurpfalz und Mainz in ihre Hand gebracht hatten, suchten sie sich auch des Herzogtums Württemberg zu bemächtigen. Mitte Oktober 1688 standen sie bei Lauffen am Neckar. Da die Truppen des Schwäbischen Kreises in Ungarn und das 1686 dem Herzog-Administrator von den Landständen bewilligte kleine stehende Heer, die so genannten Haustruppen, im Sold Venedigs in Griechenland gegen die Türken kämpften, war Württemberg der französischen Invasion wehrlos ausgeliefert.[39]
Im September 1688, nachdem die Franzosen den Feldzug mit der Belagerung der Reichsfestung Philippsburg begonnen hatten, berief Herzog-Administrator Friedrich Carl den Großen Ausschuss der Landschaft nach Stuttgart ein. Von der Einberufung eines Plenarlandtags sah er wegen der Bedrohung durch die französischen Streitkräfte ab. Als sich dann der Engere Ausschuss der Landschaft am 3./13. Oktober zur Vorbereitung der Versammlung des Großen Ausschusses in Stuttgart einfand, erwartete ihn eine böse Überraschung. Am Vortag hatte nämlich der französische Gesandte am württembergischen Hof, Juvigny, gegenüber Württemberg eine Forderung von 100 000 Reichstalern geltend gemacht und diese damit begründet, dass der Administrator auf eigene Kosten für Wilhelm von Oranien, der im Begriff war, Jakob II. vom englischen Königsthron zu verdrängen, ein Regiment Reiter geworben habe. Da Frankreich der Widersacher des Oraniers war, sah es in der Aktion Friedrich Carls, mit der dieser einem seiner Söhne die Stelle eines Obersten verschaffen wollte, einen Affront.

Sehr wahrscheinlich hätten die Franzosen auch ohne diese unglückliche Provokation durch den Administrator Württemberg nicht verschont. So aber hatten sie einen ihnen sehr passenden Grund. Die Aufregung der Landschaftsvertreter war groß. Der Administrator hatte sich leichtfertig über die Interessen des Landes hinweggesetzt. Der Große Ausschuss der Landschaft schloss sich dem Verlangen Frankreichs an, die noch nicht nach Holland in Marsch gesetzten sechs Kompanien Söldner im Land zurückzuhalten. Andererseits verweigerte er Friedrich Carl jede finanzielle Entschädigung für die ihm aus dem Werbegeschäft entgehenden Gelder. Zu einem Zeitpunkt, da das Herzogtum wehrlos französischen Streifkorps preisgegeben war, wiesen die Landschaftsvertreter auch die weiteren Forderungen des Administrators nach mehrwöchigen Beratungen ab, nämlich einen beträchtlichen Beitrag zu dem bislang ausschließlich durch die Rentkammer finanzierten Unterhalt der Festungen Hohenasperg und Hohentwiel zu leisten, das Volksaufgebot, die Landmiliz, in eine gut ausgebildete, militärisch brauchbare Truppe unter dem Kommando von angeworbenen Berufsoffizieren umzuwandeln und schließlich der Rentkammer einen zusätzlichen Zuschuss von einigen tausend Gulden zu gewähren. Der Große Ausschuss scheute sich nicht, in deutlichen Worten das dem Land schädliche Verhalten Friedrich Carls anzuprangern.
Der so hart Getadelte war empört. Er verließ noch am gleichen Tag das bedrohte Herzogtum. Über Nürnberg reiste er nach Regensburg, das er zu seinem vorläufigen Aufenthalt wählte. Dorthin begleitete ihn auch der elfjährige Erbprinz Eberhard Ludwig. Nach den schlimmen Erfahrungen mit der auf den Hohenasperg in vermeintliche Sicherheit gebrachten Kunstkammer im Dreißigjährigen Krieg lagerte man einen Teil der jetzigen Kunstkammer sowie andere wertvolle Gegenstände gleichfalls in das für sicher gehaltene Regensburg aus. Als einziges Mitglied des württembergischen Fürstenhauses lehnte die verwitwete Herzogin Magdalena Sibylla eine Flucht ab. Sie blieb in Stuttgart zurück.
Indes war der Große Ausschuss der Landschaft ebenso wenig wie der Administrator der brisanten politischen Situation gewachsen. Er erklärte die Frage eines finanziellen Beitrags zum Unterhalt der Festungen für einen dem Plenarlandtag obliegenden Verhandlungsgegenstand. Mit Hilfe des

Kaisers – für die Landstände eine bittere Demütigung – setzte Friedrich Carl in den Jahren 1689 und 1690 dann doch landständische Zahlungen für den Ausbau der Landesfestungen und für die Schaffung einer militärisch verwendbaren Truppe auf der Basis des Volksaufgebots durch.[40]

Zuvor aber, im Herbst und Frühwinter 1688, erlebte Württemberg einen Einfall der Kriegsmacht König Ludwigs XIV. mit all seinen schrecklichen Begleiterscheinungen. Das Land war dem Übermut der französischen Armee wehrlos preisgegeben. Am 11. Dezember (am 1. Dezember nach dem in den protestantischen Territorien des Reiches noch gültigen alten Julianischen Kalender) wurde Oberst Marivault im Auftrag des Generals Fouquière bei Herzogin Magdalena Sibylla in Stuttgart vorstellig. Er verlangte die sofortige Übergabe der Festung Hohenasperg. Sollte dies nicht geschehen, drohte er, werde die Festung gewaltsam in Besitz genommen und der Kommandant, falls er auch nur den geringsten Widerstand leiste, aufgehängt. Außerdem würden an demselben Tag tausend Reiter in die Stadt Stuttgart einrücken und sie wie eine im Kampf eroberte Stadt behandeln. Nun befand sich die Festung Hohenasperg in einem schlechten Zustand und vermochte einer längeren Belagerung nicht stand zu halten. Daher willigte die Herzogin in die kampflose Übergabe der Festung und traf mit Oberst Marivault eine Übereinkunft. Diese sicherte dem Kommandanten mit der gesamten Besatzung freien Abzug zu. Allerdings hatte der Kommandant eidlich zu versprechen, dass er nicht gegen den König von Frankreich dienen werde. Außerdem sollte die Festung mit sämtlichen Geschützen, sonstigen Waffen und Munitionsvorräten entsprechend einem Verzeichnis vom Tag der Übergabe an das Herzogtum Württemberg zurückgegeben werden, sobald die französischen Generale eine Räumung des Hohenaspergs für angebracht hielten. Herzogin Madalena Sibylla schickte noch am 11. Dezember eine von ihr und den Regimentsräten unterzeichnete Anordnung an Kommandant Friedrich Heinrich Keller: Es sei ihr wohl bekannt, dass Keller strenge Anweisungen habe, nur die ihm vom Herzog-Administrator erteilten Befehle zu befolgen, allein, die Lage habe sich grundlegend gewandelt. Deshalb hätten sie und die Regimentsräte im Bestreben, ein größeres Unglück zu verhindern, beschlossen, sich der Gewalt zu beugen und den Franzosen die Festung zu überlassen, d. h. der

Kommandant habe sie ihnen zu übergeben. Die alleinige Verantwortung dafür übernehme sie.
Doch der auf den Hohenasperg entsandte Geheimrat von Menzingen vermochte selbst mit eindringlichen Appellen beim Kommandanten nichts zu erreichen. Obristwachtmeister Keller berief sich auf den strengen Befehl des Administrators vom 3. Dezember, die Festung bis aufs Äußerste zu verteidigen und keinen Befehlen außer den seinigen zu gehorchen. Magdalena Sibylla unterrichtete den französischen Gesandten in Stuttgart, Juvigny, über die Weigerung des Kommandanten, die Festung zu übergeben, und sie bat den Gesandten, dies das Land nicht entgelten zu lassen, zumindest aber ihr eine Frist zuzugestehen, damit sie mit dem Administrator Verbindung aufnehmen und diesen bitten könne, den Kommandanten von seinen strengen Anweisungen zu entbinden. Doch Juvigny blieb hart. Er erklärte, wenn der Hohenasperg nicht unverzüglich übergeben werde und auch nur ein einziger Schuss auf die französischen Truppen, die in den nächsten Tagen durch einen starken Belagerungsring die Festung von der Umwelt abschlössen, abgefeuert werde, habe dies der Kommandant zu büßen. Er werde, weil er einen unhaltbaren Ort aus Eigensinn verteidigt habe, vor der Festung aufgehängt, außerdem würden Cannstatt und das halbe Land, ebenso die Residenzstadt Stuttgart niedergebrannt und verheert werden. Dabei werde er, Juvigny, der Erste sein, der die Häuser in Stuttgart anzünde. Diese barbarische Drohung bewog Herzogin Magdalena Sibylla zusammen mit den fünf Geheimen Räten von Bülow, von Menzingen, von Varnbüler, Kurtz und von Rühle Kommandant Keller nochmals eindringlich aufzufordern, um das Land vor schlimmem Unheil zu bewahren, dem Begehren der Franzosen ungesäumt stattzugeben. Hierbei versicherte sie wiederum, sie werde jegliche Verantwortung übernehmen.
Der mit dieser Entschließung auf den Hohenasperg entsandte Kriegsrat Heller, dem als Begleiter der Sekretär des Geheimen Rats Hammerer beigegeben war, vermochte Kommandant Keller nur sehr schwer von der Notwendigkeit einer kampflosen Übergabe der Festung an die Franzosen zu überzeugen. Keller reagierte bestürzt, ja fassungslos. Nach langem Widerstreben fügte er sich schließlich der Anordnung der Herzogin. Allerdings übergab er den Abgesandten aus Stuttgart eine von ihm, zwei Haupt-

leuten, dem Leutnant und dem Fähnrich, also sämtlichen Offizieren der Festungsgarnison, unterzeichnete Erklärung. In ihr stellte er fest, dass er, wenn dies irgendwie möglich gewesen wäre, entsprechend dem Befehl des Herzog-Administrators die Festung bis aufs Äußerste verteidigt hätte. Nun sei aber die Besatzung zu schwach, um einen gewaltsamen Angriff abzuwehren. Zudem bestehe sie größtenteils aus verheirateten Leuten und Bürgern, die weder im Gebrauch der Waffen geübt seien noch über Kriegserfahrung verfügten. Auch habe er die Regierung mehrmals vergeblich darauf hingewiesen, dass die Festung einem Angriff nicht standhalte, dass es an Geld und anderen Vorräten fehle. Schließlich habe die verwitwete Herzogin im Namen des Erb- und Landprinzen von ihm verlangt, die Festung zu übergeben, um die dem Land angedrohte Brandschatzung abzuwenden. Aus allen diesen Gründen akzeptiere er schweren Herzens die von der Herzogin mit der französischen Armee abgeschlossene Übereinkunft, er tue dies jedoch mit dem Vorbehalt, dass er wegen Nichtbefolgung des ihm vom Herzog-Administrator erteilten Befehls nicht zur Verantwortung gezogen und dass seine Ehre nicht angetastet werde. Zuletzt bat er, ihm für den Abzug eine mehrtägige Frist einzuräumen, vor allem um 50 Eimer Wein, die ihm gehörten, fortschaffen zu können, auch von der ihm auferlegten Verpflichtung, nicht gegen den König von Frankreich zu dienen, abzusehen, zumal er, um sein Fortkommen zu sichern, Militärdienste annehmen müsse, wo auch immer sie ihm angeboten würden.
Die Herzogin konnte den am 12. Dezember in Cannstatt weilenden General Montclar dazu bewegen, dass den Wünschen des Kommandanten Rechnung getragen, ihm sogar zugestanden wurde, dass seine Frau, die „sich in den Wochen befand" (im Kindsbett), so lange sie wollte, auf dem Hohenasperg bleiben durfte. Der württembergischen Regierung erlaubte der General, die auf dem Hohenasperg vorhandenen Wein- und Getreidevorräte abzutransportieren. Auch sicherte er zu, dass Stuttgart von Einquartierungen und allen sonstigen Lasten befreit bleibe. Am Tag darauf, am 13. Dezember, wurde in Cannstatt die endgültige Übereinkunft durch General Montclar und durch die württembergischen Bevollmächtigten von Reischach und Heiland unterzeichnet. Unmittelbar darauf besetzten 200 Franzosen die Festung Hohenasperg.[41]

In dem Vertrag über die Übergabe der Festung Hohenasperg an den König von Frankreich vom 13. Dezember 1688 wurde u.a. zugesichert: Der Kommandant, die Offiziere und alle weiteren Angehörigen der Besatzung dürften ihre Waffen und sonstigen Habseligkeiten beim Abzug mit sich nehmen. Ebenso erhielten die Untertanen ihr auf den Hohenasperg geflüchtetes Gut zurück. Der auf dem Berg amtierende Keller war in seinen Dienstgeschäften nicht zu behindern, und er konnte sich in der Festung, aber auch außerhalb frei bewegen. Die Rückgabe der Festung an das Regierende Haus Württemberg erfolgte nach der Freigabe durch die französische Armee mit allen Geschützen, sonstigen Waffen und der Munition.[42]
Herzog-Administrator Friedrich Carl hatte im fernen Regensburg von der militärisch-politischen Entwicklung in Württemberg keine Ahnung. Am 14. Dezember schickte er einen Durchhalte-Ukas nach Stuttgart. In ihm befahl er, dass nicht nur die Festung Hohenasperg mit etlichen hundert Mann Besatzung, sondern dass auch die anderen Festungen, also der Hohentwiel, Schorndorf, Hohenneuffen und Hohenurach mit hinreichender Mannschaft sowie mit allen sonstigen Bedürfnissen versehen würden, damit sie gegen einen feindlichen Angriff gewappnet seien, und er wiederholte seine frühere Warnung, dass er, falls seine Anordnungen nicht strengstens befolgt würden, die Geheimen Räte von ihm oder vom Kaiser zu „schwerer Verantwortung“ gezogen würden. Doch der Ukas langte erst in Stuttgart an, nachdem sich die verwitwete Herzogin und ihre Berater dem Willen der übermächtigen französischen Kriegsmacht gebeugt hatten, der Württemberg auf Gedeih und Verderben ausgeliefert war.[43]
Am 21. Dezember besichtigte General Montclar den Hohenasperg.[44] Er dürfte über die kampflose Inbesitznahme der wichtigsten württembergischen Festung große Genugtuung empfunden haben. Dass indes die Festung Schorndorf dank der mutigen Haltung der dortigen Frauen die Tore nicht öffnete, registrierten die französischen Besatzer mit höchstem Unwillen. Das Land hatte dafür schwer zu büßen.[45] Auch an ihr Versprechen, die Stadt Stuttgart schonen zu wollen, wenn ihnen die Festung Hohenasperg kampflos übergeben werde, hielten sich die Franzosen nicht. Am 30. Dezember erschienen 200 französische Dragoner vor den Toren der Stadt und begehrten Einlass. Die Bürger wiesen sie ab, zogen die Sturmglocke

und rüsteten sich zur Verteidigung. Obwohl ihnen die Regierung und der Magistrat in der Hoffnung, sich mit den Franzosen friedlich einigen zu können, die geforderten Waffen verweigerten, leisteten sie mit den wenigen ihnen zur Verfügung stehenden Gewehren Widerstand und fügten den in immer größerer Zahl herandrängenden feindlichen Truppen empfindliche Verluste zu. Nach zweistündigem Kampf gelang es den Franzosen, das Hauptstätter Tor zu öffnen, in die Stadt einzudringen und den Widerstand der Bürger zu brechen.

Es war ein Glück, dass der Befehlshaber der französischen Truppen, General Peysonel, ein besonnener und ehrenhafter Mann war. Er machte Herzogin Magdalena Sibylla im Schloss seine Aufwartung. Aufgebracht über das Verhalten der Stuttgarter, erklärte er der Herzogin, nur seine Hochachtung für sie habe ihn davon abgehalten, die widerspenstige Stadt in Brand zu stecken. Dennoch sicherte er ihr zu, seine Soldaten vom Plündern abzuhalten und die Stadt tunlichst zu schonen. Indes waren die 2500 Franzosen, die Stuttgart in ihre Gewalt gebracht hatten, nach dem verlustreichen Kampf gegen die Bürger nicht in Zucht zu halten. Sie erpressten von den Einwohnern hohe Summen und hielten sich an deren Hab und Gut schadlos. Vereinzelt beteiligten sich an den Plünderungen auch übel beleumundete Stuttgarter.

Am 30. Dezember erschien General Montclar. Er war mit der glimpflichen Behandlung Stuttgarts nicht einverstanden und ließ sofort 800 Meter Stadtmauer einreißen, auch erlegte er der Stadt eine Kontribution von 30 000 fl auf, die aber auf die Bitte von Bürgermeister Jakob Fischer und Prälat Johann Osiander von Hirsau und anscheinend durch die Vermittlung von General Peysonel auf die Hälfte ermäßigt wurde. Die Absicht Montclars, die Stadt einzuäschern, wurde durch einen Fuhrmann vereitelt, der die auf Befehl des Generals Mélac von Esslingen herbeizutransportierenden Pechkränze und anderes Brennmaterial heimlich in Cannstatt beiseite schaffte. Freilich war damit nur Zeit gewonnen, die Gefahr einer Niederbrennung der Stadt war nicht gebannt. Ehe jedoch weiteres Unheil über die Stuttgarter Bürgerschaft hereinbrach, rückten am 2. Januar 1689 aus dem Krieg gegen die Türken zurückkehrende Truppen des Schwäbischen Reichskreises unter dem Oberbefehl des Markgrafen Karl Gustav

von Baden-Durlach heran. Die Franzosen räumten die Stadt, einen erheblichen Teil des Plünderungsguts mit sich führend.[46]
Der französische Kommandant des Hohenaspergs, Fouquière, nutzte seine bewaffnete Macht, um die Bevölkerung der Umgebung zu tyrannisieren. Von der Stadt Marbach verlangte er die Zahlung beträchtlicher Geldsummen und drohte, falls sich die Bürgerschaft nicht gefügig zeigte, die Zerstörung der Stadt an. Durch eine geschickte Verzögerungstaktik gelang es, den Kommandanten etliche Tage bis zum Eintreffen der Kreistruppen hinzuhalten und so den üblen Erpressungsversuch zu vereiteln.[47]
Bereits am 1. Januar 1689 räumten die Franzosen überstürzt den Hohenasperg und zogen sich zusammen mit den anderen französischen Streitkräften, die es auf eine kriegerische Konfrontation mit den schwäbischen Kreistruppen, die durch Truppen anderer Reichskreise und kaiserlicher Kampfverbände verstärkt wurden, nicht ankommen lassen wollten, rasch nach Westen zurück und gaben das Herzogtum frei.[48]
Vor ihrem Abzug steckten die Franzosen das Zeughaus in Brand, zerstörten einen Teil der Festungsanlagen und sprengten dann den an der Nordostecke der Festung stehenden Pulverturm in die Luft. Ihr Plan, auch die Geschütze abzutransportieren, misslang indes großenteils. Die winterliche Witterung verhinderte vor allem die Mitnahme der Kanonen schweren Kalibers. Ein Unbrauchbarmachen dieser Geschütze vergaßen sie bei ihrem überstürzten Abzug, so dass die württembergische Artillerie sofort wieder über sie verfügen konnte. Am 3. Januar rückte die herzogliche Kavallerie vorsichtig bis Ditzingen vor und nahm dann auch den Hohenasperg in Besitz.[49]

Der Hohenasperg büßt endgültig seine Funktion als Bollwerk der Landesverteidigung ein

Im Mai 1689 besichtigte Herzog-Administrator Friedrich Carl die teilweise zerstörte Festung Hohenasperg. Das Fazit, zu dem er gelangte, war niederschmetternd: Ein Wiederaufbau erfordert zu hohe Kosten. Die Befestigungsanlagen sind daher „nach und nach vollends abzuwerfen und zu ruinieren". Seinen Standpunkt teilten auch sachkundige Offiziere. Nach ihrem Urteil besaß die Festung nur einen geringen Verteidigungswert, da sie leicht zu erobern war. Die für einen Wiederaufbau benötigten Gelder könnten sinnvollerweise anderweitig verwendet werden. Der Herzog-Administrator und seine Ratgeber wollten daher die noch auf dem Berg vorhandene Artillerie einschließlich Munition und sonstigen Materialien teils auf den Hohentwiel, teils nach Schorndorf verbringen lassen. Die zersprungenen Kanonen aber waren, soweit dies erfolgversprechend erschien, zur Reparatur in das Stuttgarter Zeughaus zu transportieren. Die „Fortifikation" selbst sollte gänzlich abgetragen werden – es war von „rasieren" die Rede. Nur die herrschaftlichen Kellereigebäude sollten erhalten „und mit einer geringen Mauer beschlossen bleiben".[50] Diese herzogliche Entscheidung bedeutete das Todesurteil für die Festung Hohenasperg.

Der Herzog-Administrator beließ es nicht bei Worten. Bereits am 26. Mai 1689 befahl er den Abtransport der Kanonen und der Munition. Auf ihn sollte die Demolierung der Festung folgen.[51] Am 4. Juni legten Baumeister, Bauverwalter und Werkmeister der Rentkammer ihr Gutachten über die „Demolierung" mit einem Kostenvoranschlag vor. Darin äußerten sie Bedenken, ob die Beseitigung der Befestigungsanlagen von Vorteil sei. Der Berg, so stellten sie fest, sei von Natur mit Felsen und Klippen „dergestalten befestigt und aus der Ebene herausgewachsen", dass eine gänzliche Beseitigung der „Fortifikation", die es einem „feindlichen Volk" unmöglich mache, sich in Kriegszeiten wieder hierher zurückzuziehen und zu verschanzen, nur mit „erschröcklich hohen Unkosten" und mit dem Ruin der noch auf dem Berg befindlichen Gebäude durchgeführt werden könne. Unerlässlich sei bei einer solchen „Demolierung", dass der Festungsgraben mit Mauersteinen ausgefüllt werde. Dazu würden aber große Steinmengen benötigt. Wenn man die Gebäude auf dem Hohenasperg erhalten wolle, müsse bei der „Demolierung" der Festung vorsichtig zu Werke gegangen werden. Dies heiße indes, dass ein Teil der Festungsanlagen von der Zerstörung ausgenommen bleibe und dass hier weiterhin mit hohen Kosten eine Garnison zu unterhalten sei.

Schließlich komme dem Hohenasperg für viele württembergische Städte und Flecken auch als Hochwacht eine wichtige Bedeutung zu. Deshalb müsste eine mit mehreren Personen besetzte Hochwacht auf dem Berg verbleiben, damit bei Feuersbrünsten sofort die üblichen Feuerzeichen, d. h. die üblichen Schüsse aus zwei oder drei Stücken, also Kanonen, abgefeuert werden könnten. Gegen einen Abriss von Gebäuden und Unterkünften auf dem Hohenasperg spreche auch, dass gegenwärtig die Nachfrage nach „Losamentern", Wohnungen, groß sei, nachdem die Franzosen eine große Zahl von Städten und Dörfern eingeäschert hätten. Ferner sei daran zu denken, dass nach der Wiederkehr besserer Zeiten für den Wiederaufbau der zerstörten Wohnplätze neben dem nach Bissingen auf der Enz herangeflößten Holz der Bedarf an Bausteinen enorm sein werde. Hierfür aber stehe auf dem Hohenasperg ein günstiges Baumaterialienreservoir zur Verfügung. Die Bausachverständigen der Rentkammer deuteten damit an, dass der Hohenasperg, wenn man ihn einfach dem Verfall preisgab, statt ihn zu demolieren, wie übrigens auch andere im Land nicht mehr genutzte Bauten, insbesondere Burgen, für die Bewohner der durch den Krieg heimgesuchten Städte und Dörfer der Umgebung ein idealer Steinbruch sei.

Für den Fall, dass der Herzog-Administrator trotz der vorgebrachten Bedenken weiterhin auf einer „Demolierung" der Festung bestand, rieten die Gutachter, für die Abbrucharbeiten Froner aus den benachbarten Städten und Dörfern heranzuziehen und diesen täglich ein Stück Brot und einen Trunk (Wein) zu reichen. Auf solche Weise könnten hohe Kosten eingespart werden. – Auf Geldentschädigungen hatten Froner keinen Anspruch. Für die Beaufsichtigung und Leitung der Abbrucharbeiten empfahlen die Sachverständigen den derzeitigen Festungskommandanten.[52]

Nach einer gutachtlichen Äußerung der Rentkammer vom 16. Juni 1689 waren neben einigen Baufacharbeitern (Maurermeistern mit jeweils einem Gesellen) täglich von Montag bis Samstag 150 Handfroner mit Obleuten erforderlich. Außerdem wurden Fuhrfroner für den Abtransport der Geschütze benötigt. Bereits zwei Tage später entschied Herzog-Administrator Friedrich Carl, dass für die Abbrucharbeiten Hand- und Fuhrfroner verwendet werden sollten.[53]

Die Stellungnahme der Rentkammer vom 4. Juni 1689 suchte mit ihrer vorsichtigen und doch eindeutigen Argumentation den Herzog-Administrator von seinem Plan einer Schleifung der Festung Hohenasperg abzubringen. Kosten und die bei einer völligen Beseitigung der Festungsanlagen angerichteten Schäden standen in keinem Verhältnis zu den erhofften Vorteilen. Obgleich der Hohenasperg als Bollwerk der Landesverteidigung militärisch nicht mehr den herausragenden Rang wie früher besaß, wichtige Funktionen unterschiedlicher Art für die nähere und weitere Umgebung kamen ihm auch jetzt und künftig noch zu.

Herzog-Administrator Friedrich Carl beharrte zunächst auf seinem Plan. Am 16. Juni 1689 verfügte er, einen Teil der auf dem Hohenasperg nun überflüssigen Geschütze Kurbayern zum Kauf anzubieten, da dieses Geschütze für seine Artillerie benötigte.[54]

Am 21. Juni 1689 befahl er in einem Dekret, dass am kommenden Montag, dem 26. Juni mit dem Abtransport der Geschütze und mit den Demolierungsarbeiten begonnen werden solle. Vorgesehen war der Einsatz von 150 Handfronern. Eine exakte Übersicht legte fest, wie viele Froner und wie viele Maurer darunter die einzelnen Ämter zu stellen hatten. Für Demolierungsarbeiten und für Transporte wurden von den Ämtern Stuttgart, Leonberg, Markgröningen und Vaihingen an der Enz außerdem 60 Pferde angefordert. Die Kosten für Froner und Pferde, insgesamt knapp 100 000 fl, mussten die Ämter tragen. Lediglich die Verpflegung von zwei Pfund Brot und einem halben Maß Wein je Mann sowie zwei Vierling Hafer je Pferd übernahm die Rentkammer.[55]

Mit dem Dekret vom 21. Juni 1689 brechen die Akten über die vorgesehene Schleifung der Festung Hohenasperg ab. Die so selbstherrlich verfügte „Demolierung“ blieb auf dem Papier. Seit Mitte Mai befand sich der Herzog-Administrator bei der kaiserlichen Armee. In Stuttgart vertrat ihn Herzogin Magdalena Sibylla. Sehr wahrscheinlich wehrten sich die Ämter gegen die ihnen zugemuteten zusätzlichen Lasten, die durch die Froner auf dem Hohenasperg verursacht würden, nachdem sie gerade erst eine französische Invasion mit Plünderungen und Brandschatzungen in schlimmste Bedrängnis gebracht hatte. Die öffentlichen Kassen waren leer. Zudem ging der Krieg weiter, den das Reich gegen Frankreich führte und an dem Württemberg jetzt selbst aktiv beteiligt war.[56] Die durch die Franzosen teilweise zerstörte Festung Hohenasperg behielt eine kleine militärische Besatzung. 1689/90 waren es ein Leutnant, ein Korporal sowie 14 Guardiknechte.[57]

1689 verlagerten sich die Kämpfe in die linksrheinischen Gebiete, und 1690 bis 1692 rückte Belgien in den Mittelpunkt des kriegerischen Geschehens. 1693 jedoch kehrte das blutige Inferno in das Land um den Hohenasperg zurück. Am 16. Juli jenes Jahres überschritt der Dauphin, der französische Kronprinz, mit einer Armee den Rhein bei Philippsburg und stieß rasch nach Osten vor. Am 23. Juli stand er mit dem Gros seiner Truppen in Oberriexingen. Noch an demselben Tag besetzte der französische General Urelles mit 400 Mann kampflos die Festung Hohenasperg. Die aus dem nordbadischen Raum heranrückende Armee des Marschalls de Lorge vereinigte sich am 25. Juli mit der des Dauphin. Bis Ende August blieb nun der Raum zwischen Vaihingen an der Enz, Gerlingen, Hohenasperg, Marbach und Besigheim das Zentrum der Operationen einer 65 000 Mann starken französischen Heeresmacht. Der Dauphin schlug sein Hauptquartier in Eglosheim auf.[58] Die Reichstruppen unter dem Oberbefehl von Markgraf Ludwig Wilhelm von Baden-Baden, dem berühmten „Türkenlouis", hatten zwischen Ilsfeld, Neckarwestheim und Ottmarsheim verschanzte Stellungen bezogen und erwarteten dort den Feind. Die zügellosen französischen Scharen steckten Marbach und Großbottwar in Brand, plünderten und brandschatzten andere Orte. In Möglingen steckten sie 35 Gebäude einschließlich des Rathauses in Brand, in Oßweil 42 und in Bissingen 21 Häuser. In den Dörfern um den Hohenasperg wurde durch die kampierenden Franzosen die ganze Ernte vernichtet. Nur Eglosheim kam einigermaßen glimpflich davon, weil sich dort das Hauptquartier des Dauphins befand. Ein großer Teil der Bevölkerung im Amt Markgröningen, das allein Schäden in Höhe von 329 557 fl erlitt, wie auch in den Nachbarbezirken entzog sich den Quälereien der feindlichen Besatzer durch die Flucht. Allenthalben herrschten nach dem Abzug der Franzosen Not und Elend. Im Winter steigerten sich diese noch. Es kam zu einer katastrophalen Hungersnot. Truppendurchzüge und militärische Einquartierungen bedrückten die Bevölkerung noch zusätzlich. Es verwundert daher nicht, wenn man in den Bietigheimer Annalen den gequälten Wunsch lesen konnte: „Wollte Gott, man dürfte keine Soldaten mehr sehen!"[59]

Der kaiserliche Heerführer Markgraf Ludwig Wilhelm von Baden-Baden rechnete 1694 mit einem neuen Einfall nach Südwestdeutschland durch die Franzosen. Er drängte deshalb auf die unverzügliche Wiederherstellung der Ende 1688 zerstörten Festungswerke auf dem Hohenasperg, und dies geschah innerhalb kurzer Zeit wenigstens notdürftig. Die Dörfer und Städte der Umgebung hatten bei diesen Baumaßnahmen Hand- und Fuhrfronen zu leisten. In der Tat setzte das von dem Marschall de Lorge befehligte Heer Mitte Juni bei Philippsburg über den Rhein und rückte rasch bis Bruchsal vor. Das Herzogtum Württemberg war akut bedroht. Markgraf Ludwig Wilhelm von Baden-Baden bildete zunächst mit seinem Heer bei Heilbronn eine starke Abwehrfront, ergriff dann aber die Offensive, um das weitere Vordringen des feindlichen Heeres nach Osten und Südosten zu verhindern. Die Franzosen ließen es auf keinen Kampf ankommen, sondern zogen sich am 29. Juni wieder bei Philippsburg auf die linke Rheinseite zurück.[60] Bis zu dem am 30. Oktober 1697 im niederländischen Rijswijk geschlossenen Frieden blieb Württemberg vor weiteren französischen Einfällen verschont.[61]

Herzog-Administrator Friedrich Carl, der seit 1688 mit kurzen Unterbrechungen als kaiserlicher Generalfeldmarschallleutnant am Reichskrieg gegen Frankreich teilnahm, war am 17. September 1692 bei Ötisheim in französische Kriegsgefangenschaft geraten. Dieses Missgeschick nützten seine Gegenspieler in Stuttgart, Herzogin Magdalena Sibylla und der Geheime Rat, um beim Kaiser die Mündigkeitserklärung des erst 16-jährigen Erbprinzen Eberhard Ludwig durchzusetzen. Diese erfolgte am 20. Januar 1693. Der aus der Gefangenschaft entlassene bisherige Herzog-Administrator musste am 1. Februar 1693 bei seiner Rückkehr nach Stuttgart überrascht zur Kenntnis nehmen, dass er als Regent nicht mehr gebraucht wurde. Damit er diese Amtsenthebung als nicht zu kränkend empfand, besänftigte ihn die Landschaft durch eine großzügige Geldzuwendung, und der Kaiser in Wien ernannte ihn zum Generalfeldmarschall. Diese hohe Funktion im kaiserlichen Militärdienst bot einen gewissen Ersatz für die verlorene Administratorswürde. Am 20. Dezember 1698 starb Friedrich Carl an der Syphilis.[62]

Der junge Herzog Eberhard Ludwig zeigte für die Festung Hohenasperg wenig Interesse. Nachdem die Festungsanlagen 1693 notdürftig wieder hergestellt waren, machte der Hohenasperg in den folgenden Jahren und Jahrzehnten keine Schlagzeilen mehr. Der Herzog erweiterte den alten Tiergarten im Bonholz am Nordfuß des Berges, um dort weißes Damwild halten zu können.[63] Vermutlich hat er dann und wann beim Besuch des Tiergartens auch kurz die Festung besichtigt. An ihren Ausbau und ihre zeitgemäße Modernisierung dachte er aber sicher nicht. Ihn beschäftigte seit den ersten Jahren des 18. Jahrhunderts sein Großprojekt Ludwigsburg: zunächst der Schlossbau, dann im Anschluss daran die Anlage einer Stadt. Bereits 1718 erhielt seine Neugründung das Stadtrecht, er machte sie zu seiner Residenz und neben Stuttgart und Tübingen zur dritten Hauptstadt des Herzogtums. Im folgenden Jahr wurde Ludwigsburg Mittelpunkt eines Amtsbezirks, der aus einem städtischen Oberamt und einem Amtsoberamt bestand. Das städtische Oberamt umfasste neben Ludwigsburg die Orte Asperg, Hoheneck, Neckarweihingen, Kornwestheim und Zuffenhausen, die württembergischen Lehen Aldingen, Heutingsheim, Geisingen, Stammheim und Zazenhausen sowie die Hälfte von Beihingen. Das Amtsoberamt mit Sitz in Markgröningen deckte sich mit dem seitherigen Amt Markgröningen. Den Orten Asperg, Hoheneck und ebenso Markgröningen bestätigte der Herzog ausdrücklich ihre städtischen Privilegien. 1722 wurde das Amt (Mark-)Gröningen in vermindertem Umfang wieder hergestellt. 1724 erklärte Herzog Eberhard Ludwig die Stadt Ludwigsburg zu seiner alleinigen und ständigen Residenz, und drei Jahre später verlegte er sämtliche Regierungsbehörden von Stuttgart dorthin.[64] Dies bedeutete für das Land um den Hohenasperg grundlegende Veränderungen. Ludwigsburg wurde vor allem auf Kosten von Markgröningen zu einem beherrschenden Zentrum. Die Festung Hohenasperg blieb von diesen Veränderungen unberührt. Nach dem Tod Eberhard Ludwigs im Oktober 1733 erhielt übrigens Stuttgart seinen Rang als herzogliche Residenz und als erste Hauptstadt des Herzogtums zurück.[65]

Während des Spanischen Erbfolgekriegs (1701–1713), in dem Frankreich einer vom Kaiser und England angeführten Koalition gegenüberstand, blieben die Festung Hohenasperg und die in ihrer Nähe gelegenen Dörfer von Kriegshandlungen, von Plünderungen und Brandschatzungen ver-

Blick vom Dorf Asperg auf die Festung Hohenasperg um 1850. Links am Fuß des Berges die Asperger Michaelskirche.

schont, allerdings nicht von Truppendurchzügen. Der Durchmarsch der Kampfverbände erfolgte aber diszipliniert. Selbst bei kürzeren Aufenthalten kam es in der Umgebung der Feldlager zu keinen schlimmeren Übergriffen auf die Bevölkerung. Im Juni 1704 nahmen englische Truppen, vorwiegend Artillerie, die zahlreiches Kriegsgerät sowie Schiffsbrücken (Pontons) mit sich führten, von Heidelberg aus ihren Weg über Wiesloch, Sinsheim, Kleingartach und Brackenheim zum Hohenasperg. Am 15. und 16. Juni legten sie eine zweitägige Rast ein und schlugen zu diesem Zweck ein Lager am Fuß des Berges auf.[66] Zwei Monate darauf, am 13. August 1704, besiegten der englische Feldherr John Churchill von Marlborough und der kaiserliche Feldherr Prinz Eugen von Savoyen die vereinigten französischen und bayerischen Streitkräfte in der Schlacht bei Höchstädt an der Donau und zwangen die Franzosen zur Räumung Süddeutschlands.

Der obere Zugang zum Hohenasperg mit Teilen des inneren Festungsrings in den 1950er Jahren.

In arge Bedrängnis kam das Herzogtum Württemberg im Frühsommer 1707. Mit einer Armee von etwa 40000 Mann fiel der französische Marschall Villars Ende Mai/Anfang Juni jenes Jahres in das Herzogtum ein. Am 2. Juni lagerte er mit einem Teil seiner Truppen bei Vaihingen an der Enz und stieß dann rasch weiter nach Osten vor. Den Hohenasperg umging er. Am 8. Juni besetzte er Stuttgart. Um Raub und Brandschatzung in Grenzen zu halten, verpflichtete sich die herzogliche Regierung auf Veranlassung der auf das Wohl ihres schutzlosen Landes bedachten Herzogin-Mutter Magdalena Sibylla bis zum 31. Oktober 1707 zur Bezahlung einer Kontribution von einer Million Gulden. Dies hielt jedoch die französischen Generäle keineswegs von Übergriffen und Gewalttaten ab.[67] Unter Plünderungen und Brandschatzungen hatten vor allem Cannstatt sowie etliche andere in der Nähe Stuttgarts gelegene Orte und das Remstal zu leiden. Da die Franzosen das Land um den Hohenasperg Anfang Juni auf ihrem Weg nach Stuttgart und in den Osten des Landes zügig durchquert hatten, war es hier kaum zu schlimmen Übergriffen gekommen. Die Ge-

genoffensive der vom Markgrafen von Bayreuth befehligten Reichstruppen veranlasste den Marschall Villars bereits Ende Juni 1707 zum eiligen Rückzug in Richtung Oberrhein. Zu neuen Vorstößen französischer Armeen nach Württemberg im Spanischen Erbfolgekrieg kam es danach nicht mehr.[68]

Mit dem Beginn einer längeren Friedensperiode im Jahr 1713 kehrte auf dem Hohenasperg der triste Alltag ein. Die Besatzung blieb zahlenmäßig gering. Zu ihren Friedensaufgaben zählte beispielsweise die Beobachtung der näheren und weiteren Umgebung, um bei der Entstehung von Bränden durch das Abfeuern der Lärmkanonen unverzüglich warnen und so das Feuer raschestens bekämpfen sowie größere Schäden verhindern zu können. Für die „Lermen-Stück", die Lärmkanonen, war 1732 der „Connetable" Johann Wilhelm Baumann zuständig; er besaß eine Ausbildung als Artillerist.[69] Das Instandhalten der Waffen, insbesondere der Geschütze, sowie Schieß- und sonstige militärische Übungen dürften nach wie vor eine Rolle gespielt haben. Zu baulichen Reparaturen auf der Festung wurden weiterhin die Ämter im näheren und weiteren Umkreis herangezogen. Sie hatten je nach Bedarf eine größere oder geringere Zahl von Hand- und Fuhrfronern zu stellen. Das Beischaffen von Baumaterialien und der Abtransport von Bauschutt und Erdaushub erfolgte durch bäuerliche Pferdefuhrwerke. Für Fuhren, die sie nicht in natura leisteten, wurden Städten und Ämtern Geldbeträge in Rechnung gestellt.[70]

Dass die Festung Hohenasperg für die Landesverteidigung zu einem guten Teil ihre Bedeutung eingebüßt hatte, legt eine Verfügung von 1729 nahe. Nach ihr wurden dem Leibdragonerregiment „in die Inspektion" aus dem Geschützbestand der Festung zwei Zwölfpfünder-Kartaunen, vier Sechspfünder-Falkonen, ein sechspfündiges „Hagel-Stück" (Hagelkanone) und ein dreipfündiges „Regimentsstück" übergeben.[71] Diese Inspektion oder Aufsicht dürfte eine weitgehende Verfügungsgewalt des Regiments über diese Geschütze bedeutet haben.

Am 31. Oktober 1733 starb Herzog Eberhard Ludwig. Der kränkelnde Erbprinz Friedrich Ludwig war dem Vater schon zwei Jahre im Tod vorausgegangen. Die Nachfolge fiel an Carl Alexander, den 49-jährigen Sohn des einstigen Herzog-Administrators Friedrich Carl, des Begründers der Linie

Württemberg-Winnental, der Anfang der 1690er Jahre mit seinen militärischen Reformplänen gescheitert war. Carl Alexander, der langjährige Kampfgefährte des Prinzen Eugen von Savoyen, hatte sich in hervorragender Weise als kaiserlicher General ausgezeichnet und war zeitweise Statthalter von Serbien gewesen. Er gehörte zweifellos zu den kraftvollsten württembergischen Herrscherpersönlichkeiten. Seine hohe politisch-militärische Befähigung konnte er freilich während der dreieinhalb Jahre, die ihm als regierendem Herzog beschieden waren, nicht voll zur Geltung bringen.

Bei seinem Regierungsantritt sah er sich als Soldat mit einer besonders herausfordernden Situation konfrontiert. Im kurz zuvor ausgebrochenen Polnischen Erbfolgekrieg standen sich Frankreich und der Kaiser gegenüber. Eberhard Ludwig hatte neutral bleiben wollen, zumal der Streit um die polnische Krone für Württemberg ohne Belang war. Carl Alexander indes stellte sich dem Kaiser zur Seite. Mit geringer Mühe erlangte er im Schwäbischen Reichskreis wie im Reich mit dem Rang eines Generalfeldmarschalls die angestrebten höchsten Befehlshaberstellen. Im Feldzug gegen die Franzosen tat er sich durch persönliche Tapferkeit hervor. Das vom Feind belagerte Philippsburg vermochten er und sein Mitfeldherr, Prinz Eugen von Savoyen, zwar nicht zu entsetzen. Doch gelang es ihm, sein Herzogtum durch vorsorgliche Verteidigungsmaßnahmen (Ettlinger Linien, Schanzen auf dem Kniebis) vor einer französischen Invasion zu bewahren.[72]

Nach Friedensschluss im Oktober 1735 wollte der Herzog Württemberg auf Dauer zu einem wehrhaften Land machen, das im Kriegsfall zumindest für die Zeit, bis zu der es von anderen Reichsständen und insbesondere vom Kaiser massiv militärisch unterstützt werden konnte, militärisch in der Lage war, einer französischen Invasion standzuhalten. Er beabsichtigte deshalb ein 12000 Mann starkes Heer unter Waffen zu behalten und das Herzogtum zusätzlich durch ein System gut ausgebauter Festungen zu schützen. Hierbei kam dem Hohenasperg eine wichtige Funktion zu. Diese Festung wollte er nicht nur modernisieren, sondern auch vergrößern. Zu diesem Zweck ließ er Weinberge ankaufen. Durch General Wolf, der ihm aus Österreich nach Württemberg gefolgt war, und durch Geheimrat

Georg Bernhard Bilfinger ließ er Pläne ausarbeiten, die dann aber doch nicht zur Ausführung gelangten.
Neben dem Hohenasperg sollten vor allem auch die „festen Plätze“ Hohentwiel, Hohenneuffen, Vaihingen an der Enz und Lauffen am Neckar nach den neuesten festungstechnischen Erkenntnissen ausgebaut, mit zahlenmäßig starken, artilleristisch geschulten Besatzungen belegt und mit modernen Geschützen ausgestattet werden. Zudem wollte Carl Alexander sämtliche Bergschlösser neu befestigen lassen. Sogar die Teck, der Hohenstaufen und der Württemberg, so plante er, sollten mit Kanonen oder wenigstens mit Wallmusketen versehen werden.
Die Landstände widersetzten sich den Plänen des selbstbewussten, ja selbstherrlichen Herzogs – und dies nicht zuletzt auch deshalb, weil sie große finanzielle Belastungen auf das Land zukommen sahen. Doch Carl Alexander beharrte auf seiner Wehrkonzeption und begann, sie umgehend in die Tat umzusetzen. Die Mittel hierfür beschaffte er sich auf einem teilweise recht zweifelhaften Weg. Leider raffte ihn bereits am 12. März 1737 ein jäher Tod dahin. Die von ihm initiierte Reform des württembergischen Wehrwesens fand bis auf finanziell nicht sonderlich aufwändige Einzelprojekte ein jähes Ende.[73] Zum prunkvollen Leichenbegängnis Carl Alexanders, der seine letzte Ruhestätte in der Gruft unter der Ludwigsburger Schlosskirche erhielt, mussten übrigens „20 Feldstücke“, 20 Kanonen, vom Hohenasperg kurzfristig nach Ludwigsburg gebracht werden, um dort bei der Trauerfeier mit ihrem Salut den verstorbenen Fürsten zu ehren.[74]
Schon vor dem Ende des Polnischen Erbfolgekriegs hatte Herzog Carl Alexander am 22. Juli 1735 befohlen, die „Fortifikationsarbeit“ auf dem Hohenasperg und in Lauffen am Neckar mit äußerster Intensität zu betreiben. Ein Jahr später, am 26. Juli 1736, hatte er den für den Festungsbau verantwortlichen Beamten auf dem Hohenasperg und in Lauffen am Neckar 1500 fl zugewiesen, und er hatte angeordnet, diese Gelder nach der „Anleitung der dirigierenden Ingenieurs“ zu verwenden.[75]
Auch nach dem Tod Herzog Carl Alexanders wurde der Ausbau der Festung Hohenasperg fortgeführt. Im Mai 1738 bekam Hauptmann Wolff zu diesem Zweck 1000 Reichstaler aus der Kriegskasse. Zwei Monate später protestierten Bürgermeister und Gericht des Dorfes Asperg gegen die pro-

jektierte Errichtung neuer „Werke“ außerhalb des bisherigen Festungsbereichs. Besonders wehrten sie sich gegen die Abtretung von Privatgrundstücken, damit für diese Werke ein hinreichend großes Bauareal zur Verfügung stand.[76] Es scheint indes, dass die Asperger mit ihrem Einspruch Erfolg hatten, und dies deshalb, weil offenbar allenfalls Mittel für „Fortifikationsarbeiten“ an den bestehenden Festungsanlagen bewilligt wurden. Diese Arbeiten wurden im Übrigen auch 1739 und in den folgenden Jahren fortgesetzt. 1744 befanden sich etliche „Werker“ im Bau; sie konnten aber voraussichtlich erst im nächsten Jahr vollendet werden. Major und Oberbaudirektor Christoph David von Leger errechnete dafür einen Gesamtkostenaufwand von 4000 fl.[77]

Nach der Mitte der 1740er Jahre dürften kaum noch „Fortifikationsarbeiten“ durchgeführt worden sein. Die Baumaßnahmen der Folgezeit beschränkten sich im Wesentlichen auf Ausbesserungsarbeiten. Im Juni 1749 berichtete Keller Georg Friedrich Woelfflin, dass eine Kasematte eingefallen sei und dass die Wallmauer einen großen Sprung aufweise. Auch zuvor schon habe man Schäden an der Festung festgestellt. Diese seien zum Teil auf die Baumaßnahmen der Jahre 1738 bis 1740 zurückzuführen.[78]

VII. Festung, Staatsgefängnis und zeitweilig auch Besserungsanstalt

Der Hohenasperg von der Mitte des 18. Jahrhunderts bis zum endgültigen Verlust seines Festungsstatus 1883

Dieses Schlusskapitel will keine Geschichte der Strafgefangenen, weder der bekannten und berühmten noch der fast namenlosen, bieten. Dafür gibt es eine Fülle wichtiger Bücher und Zeitschriftenaufsätze. Hier soll lediglich geschildert werden, wie sich die Festung Hohenasperg durch die ihr seit Mitte des 18. Jahrhunderts zugewiesene Funktion als eine staatspolitisch privilegierte Straf- und Besserungsanstalt wandelte, wie das Militärische mehr und mehr zurücktrat, wie es zuletzt nur noch äußere Form war, wie sich der Strafvollzug auf „Württembergs höchstem Berg" kaum noch von dem anderer Haftanstalten des Landes unterschied.

Die im 18. Jahrhundert zeitweise zahlenmäßig starke Garnison auf dem Hohenasperg betreute seit 1721 ein eigener Garnisonsprediger. Allerdings blieb der Keller, der auf der Festung weiterhin seinen Amtssitz hatte, mit seinen Angehörigen der Pfarrei des Dorfes Asperg zugeteilt.[1] 1738 wurde für die damals 20 Soldatenkinder eine eigene Schule errichtet. Zuvor hatten diese die Schule drunten im Dorf besuchen müssen. Die Schule im Dorf Asperg reichte aber für die stetig anwachsende Zahl der Kinder nicht mehr aus. Hinzu kam, dass die schlecht besoldeten Soldaten häufig das Schulgeld für ihre Kinder nicht bezahlen konnten. Auch war der Weg von der Festung hinab ins Dorf besonders im Winter für die Jungen und Mädchen sehr beschwerlich, so bei hohem Schnee, bei Eis oder bei aufgeweichtem morastigem Untergrund nach langen Regenfällen. Zum ersten Lehrer wurde der Unterprovisor Pfeiffer aus dem Dorf Asperg bestimmt, der zuvor schon das Amt des Vorsingers (Vorsängers) in der Hohenasperger Garnisonskirche versehen hatte. Als Entlohnung für den Schuldienst auf der Festung erhielt er im Jahr etliche Scheffel Dinkel.[2]

Unzulänglich war die Wasserversorgung der Festung. Die Zisterne, die sich auf dem Berg befand, und der wenig ergiebige „Quellbronn" (Quellbrunnen) vermochten den Wasserbedarf der Garnison und der wachsenden Zahl der Festungsgefangenen nicht zu decken. Ein Teil des Wassers musste deshalb mit großem zeitlichem Aufwand und erheblichen Kosten vom Dorf Asperg herauftransportiert werden. Um den Tiefbrunnen besser zu nutzen, schlug Keller Georg Friedrich Woelfflin im August 1739 vor, ihn mit einem „Gumpwerk", einem Pumpwerk, auszustatten. Die Rentkammer begrüßte die Initiative des Kellers.[3] Offenbar wurde das Pumpwerk auch installiert. Dennoch dürfte der chronische Wassermangel auf der Festung dadurch nicht behoben worden sein.

1752 war der Hohenasperg noch immer recht gut mit Geschützen unterschiedlicher Art und unterschiedlichen Kalibers versehen, so mit sechs Viertelkartaunen, acht „Falkaune" (Falkana), zwei „Schlängle", sieben „Regimentsstück", 18 Haubitzen, einem Mörser, zwei metallenen und elf eisernen Doppelhaken sowie zwei eisernen „Katzenköpf" (Mörser, Böller). Einige der Geschütze waren schon recht alt, so die zwei „Schlängle", die aus den Jahren 1557 und 1625 stammten, andere jedoch Neukonstruktionen der ersten Hälfte des 18. Jahrhunderts. Ein Teil der Geschütze befand sich indes nicht auf dem Hohenasperg, sondern in Ludwigsburg. Ein „Falkaun" war nach Rotenberg abgegeben worden (wahrscheinlich dem Rotenberg, auf dem die Ruine der Stammburg der Herzöge von Württemberg stand).[4] Nach einem Inventar von 1754 war ein Teil der Geschütze, aus denen Eisen- oder Steinkugeln im Gewicht von zwei bis zwölf Pfund abgefeuert wurden, reparaturbedürftig.[5] Auf der Festung dürfte danach ein gewisser Schlendrian geherrscht haben. Man legte anscheinend nur noch geringen Wert auf eine zweckentsprechende artilleristische Ausbildung der Festungsbesatzung, auf häufige Übungen am Geschütz, auf eine sorgsame Wartung der schweren Waffen. Immerhin befahl damals der Herzog, die Geschütze zu reparieren, damit sie im Ernstfall eingesetzt werden könnten.[6]

1755 kam es auf der Festung zu einer Militärmeuterei, an der sich 40 Mann beteiligten. Die Gründe, die zu diesem Aufruhr führten, dürften in der Unzufriedenheit der Soldaten mit ihrer Behandlung, dem bedrückenden Festungsalltag und den insgesamt schlechten Lebensbedingungen gelegen haben. Die obersten Kommandostellen griffen hart durch. Sie setzten gegen die Meuterer Kavallerie ein. Etlichen der Aufrührer gelang die Flucht. Die Reiter nahmen sofort die Verfolgung auf. Sie holten einen Teil der Flüchtigen zwischen Markgröningen und Schwieberdingen ein und hauten die Wehrlosen brutal nieder. Der Anführer der Meuterer und zwei seiner Komplizen wurden am 21. Juli 1755 abends sechs Uhr an der Linde im Festungshof mit dem Strang hingerichtet. Die ganze Garnison hatte dem grausigen Schauspiel beizuwohnen. Zwei weitere in den Aufstand verwickelt gewesene Soldaten wurden erschossen. Zehn Jahre später diente die Linde wieder als Galgen. Am 2. November 1765 wurde ein Soldat an ihr aufgehängt. Er hatte einen Korporal, der ihn in Urlaub begleitete, im Wald bei Ilsfeld angefallen und zu töten versucht. Die Linde galt hinfort als die „juristische Linde". Sie stand noch lange. Erst 1958 wurde sie durch einen Sturm gefällt.[7]

Die Garnison auf dem Hohenasperg wechselte in der zweiten Hälfte des 18. Jahrhunderts wiederholt die Waffengattung, und ebenso änderte sich ihre zahlenmäßige Stärke. Anfang 1761 übernahm eine Artillerieabteilung die Festung. 1769 versah auf ihr eine Kompanie Infanterie des Garnisonsregiments Gabelenz den militärischen Dienst. Der Kommandant General Philipp Friedrich von Rieger hatte in den Jahren 1772 bis 1782 ein 700 Mann starkes Infanteriebataillon zur Verfügung. 1784 befanden sich auf dem Hohenasperg insgesamt 1328, im Jahr 1792 noch 820 und 1793 lediglich 264 Menschen. Der Löwenanteil der Festungsinsassen waren in den beiden erstgenannten Jahren Soldaten. 1793 hingegen stand der größte Teil der Garnison im Feld. Auf der Festung waren vor allem Familienangehörige der Offiziere und Mannschaften zurückgeblieben. Gezählt wurden in jenem Jahr 14 Offiziere, neun Unteroffiziere, 18 „Gemeine" (einfache Soldaten), 76 Frauen, 93 Kinder, zwei Festungsarrestanten und 26 Festungssträflinge („Galioten und Schellenwerker") sowie 26 sonstige zur Garnison gehörende Personen.[8]

Die Reihe der berühmten politischen Gefangenen des Hohenaspergs im 18. und 19. Jahrhundert beginnt mit Joseph Süß Oppenheimer, dem genialen Geheimen Finanzrat und Kabinettsfiskal, dem Hauptratgeber von Herzog Carl Alexander. Süß Oppenheimer wurde nach dem Tod seines

Herzog Carl Eugen von Württemberg (1728–1793). Er regierte von 1744 bis 1793. Unter ihm wurde die Festung Hohenasperg endgültig zum Staatsgefängnis.

herzoglichen Gönners verhaftet, 1737/38 auf dem Hohenasperg eingekerkert und endete als Opfer eines offenkundigen Justizmords am 4. Februar 1738 am Stuttgarter eisernen Galgen.[9]

Der junge Herzog Carl Eugen, der 1744 bereits im Alter von 16 Jahren für mündig erklärt worden war und die Regierung des Herzogtums übernommen hatte, übte in den ersten Jahrzehnten seiner Herrschaft ein schlimmes Willkürregiment aus. Wortführer der Landstände, die dagegen die Stimme erhoben, büßten mit Festungshaft. Einer von ihnen war der Tübinger Oberamtmann Johann Ludwig Huber. Er wurde 1764 ein halbes Jahr unter ebenso harten wie demütigenden Bedingungen auf dem Hohenasperg gefangen gehalten. Mit acht Jahren Haft (1756–1764) zunächst auf dem Hohentwiel, dann auf dem Hohenasperg hatten die berühmte Sängerin Marianne Pirker und ihr Mann, der Kammervirtuose Franz Pirker, zu büßen. Marianne hatte die Herzogin Friederike, die Frau Carl Eugens, eine geborene Markgräfin von Brandenburg-Bayreuth, deren Vertrauen, ja besondere Gunst sie besaß, vermutlich über ehebrecherische Verfehlungen des Herzogs informiert.[10]

In der Erinnerung der Nachwelt geblieben ist der zehnjährige Zwangsaufenthalt des Dichters Christian Friedrich Daniel Schubart auf dem Hohenasperg (1777–1787), anfänglich in bedrückender und quälender Einzelhaft. Schubart hatte sich den Zorn des Herzogs wegen seiner spitzen Feder und seiner scharfen Zunge zugezogen.[11] Carl Eugen sprach Anfang 1777 von der „sehr losen und gotteslästerlichen Schreibart" des „davongejagten" Ludwigsburger Stadtorganisten, dieses „unwürdigen und ansteckenden Glieds", von dem „die menschliche Gesellschaft zu reinigen", er seit langem entschlossen sei.[12]

In den 1770er und 1780er Jahren kam übrigens Carl Eugen in Begleitung seiner Geliebten und späteren zweiten Frau Franziska von Hohenheim häufig auf den Hohenasperg. Er stieg im Kommandantenbau ab, zu dessen erstem Stock eine schöne, 1853 allerdings abgebrochene Freitreppe hinaufführte. Der Herzog schenkte der Festung eine Feuerspritze, die sich noch bis zum Ersten Weltkrieg auf dem Berg befand.[13]

Im 18. Jahrhundert saßen auf dem Hohenasperg wie in den anderen Landesfestungen stets auch Gefangene ein, die wegen unterschiedlicher, meist

Der Festungstrakt, in dem der Dichter Christian Friedrich Daniel Schubart inhaftiert war, nach einem Aquarell um 1820.

schwerer Delikte, so Diebstahl, Straßenraub, Wilderei zu längeren Haftstrafen verurteilt waren und die harte Arbeit „in herrschaftlichen Gebäuen“ leisten mussten. Diese Sträflinge hießen Schellenwerker, und dies wegen der mit Schellen versehenen Kappe, die sie zunächst alle, später allerdings nur noch die Wilderer tragen mussten.[14] Zu dreimonatigem Schellenwerken auf dem Hohenasperg wurde in den 1770er Jahren beispielsweise ein Mann aus Mühlhausen an der Würm wegen „abergläubischer Kuren und Segenssprecherei“ verurteilt.[15] Die Arbeitssträflinge waren damals zumindest als Hilfskräfte für Instandhaltungsarbeiten im Festungsbereich wichtig, wenn nicht unentbehrlich.

Die Reichsstadt Esslingen und auch andere kleinere, bis Anfang des 19. Jahrhunderts politisch eigenständige geistliche und weltliche Territorien des Mittleren Neckarraums, so noch 1804 verschiedene reichsritter-

schaftliche Herrschaften, sahen in der nahen Festung Hohenasperg jetzt weniger eine militärische Einrichtung als eine auch ihnen nützliche Strafvollzugs- und Besserungsanstalt. 1796 etwa ersuchte der Esslinger Magistrat die württembergische Regierung um die Verwahrung eines zu acht Jahren Festungsstrafe verurteilten Bürgers hinter den Hohenasperger Festungsmauern. In Stuttgart entsprach man der Bitte der Reichsstadt „mit Vergnügen", allerdings machte man zur Bedingung, dass die jährlichen Verpflegungskosten in Höhe von 100 fl Esslingen übernehme, wobei die Reichsstadt selbstverständlich diese Kosten dem Sträfling in Rechnung stellen konnte.[16] Im gleichen Jahr erhielt die Reichsstadt Esslingen von der württembergischen Regierung die Erlaubnis, gegen Kostenersatz einen Jurastudenten wegen Schuldenmachens und unsittlichen Verhaltens auf die Bitten der Eltern und eines Onkels zur Besserung auf den Hohenasperg zu verbringen. Der Student hatte sich mit einem „verrufenen Weibsbild" nicht nur eingelassen, sondern sich mit diesem auch heimlich „kopulieren" (trauen) lassen.[17] Am 24. März 1802 bedankte sich Karl Freiherr von Kniestädt in Heutingsheim (Stadt Freiberg am Neckar) bei Herzog Friedrich II. für die Übernahme des zu zwei Monaten Festung wegen „asotischen Lebenswandels" verurteilten Friedrich Bader junior in den Strafvollzug auf dem Hohenasperg.[18]
Die Inhaftierung von schwierigen jungen Leuten des gehobenen Bürgerstands und des Adels auf dem Hohenasperg zum Zweck der Besserung wurde übrigens auch zur Zeit König Friedrichs von besorgten Eltern wiederholt in Anspruch genommen. Unverantwortliches Schuldenmachen war damals gleichfalls ein Grund für einen zeitlich befristeten Festungsarrest. So wurden 1801 dem Steinhauerobermeister Georg Friedrich Jordan aus Winterbach wegen „Überschuldung" drei Wochen Haft auf dem Hohenasperg angedroht.[19]
Der Ende 1797 zur Regierung gelangte Herzog Friedrich II., der nachmalige Kurfürst und König, konnte mit Hilfe Napoleons, der ihn in gleicher Weise wie die Kurfürsten von Baden und Bayern in seine militärische Gefolgschaft zwang, Württemberg nach Fläche und Einwohnerzahl nahezu verdoppeln. Nach jahrelangen Auseinandersetzungen mit den altwürttembergischen Landständen ermöglichte ihm die Eingliederung zuvor poli-

tisch eigenständiger geistlicher und weltlicher Territorien sowie die Annahme der Königswürde Anfang 1806 die Beseitigung des dualistischen Ständestaats und die Errichtung eines absolutistischen Regiments. Der Festung Hohenasperg wies Friedrich eine wichtige Funktion bei der Durchsetzung seines Herrschaftskonzepts zu. Sie blieb streng militärisch organisiert. Für die Landesverteidigung längst ohne Bedeutung, diente sie der inneren Sicherung des monarchischen Obrigkeitsstaats. Dies spiegelte sich in den Kategorien der Gefangenen wider, die hier inhaftiert waren. An erster Stelle standen wie bisher die Staatsgefangenen, also die politischen Gefangenen, die sich dem Herrscherwillen des Souveräns widersetzt, die gegen die von ihm getroffenen außen- wie auch innenpolitischen Entscheidungen opponiert, die auf den ihnen übertragenen hohen Ämtern in Regierung, Verwaltung oder Gerichtswesen versagt, schließlich auch solche die die Erwartungen des Monarchen nicht erfüllt hatten. Eine zweite Kategorie bildeten die „Arrestanten von Stand", die sich gegen die Gesetze vergangen hatten, aber bei der Strafverbüßung eine gewisse Vorzugsbehandlung genossen. Ferner diente die Festung wie früher als Besserungsanstalt für missratene oder haltlose Menschen aus den gehobenen Gesellschaftsschichten. Der Anstoß zu ihrer Aufnahme in zeitweiligen Festungsgewahrsam ging gewöhnlich von ihren Familien aus.
Von den drei ersten Kategorien streng unterschieden waren drei weitere Kategorien von Häftlingen. Sie hatten während des Strafvollzugs auf der Festung schwere körperliche Arbeit zu leisten. Die erste Kategorie bildeten hier die Schellenwerker oder, wie sie jetzt hießen, die Galioten (genannt nach einer besonders harten Form der Freiheitsstrafe, der Galeerenstrafe). Sie wurden zu Arbeiten wie dem Wege- und Straßenbau in und außerhalb der Festung herangezogen. Zu den von ihnen verrichteten Tätigkeiten auf dem Hohenasperg gehörten das Tragen von Erde in die herrschaftlichen Weinberge und von Wasser vom Dorf Asperg auf die Festung, die Gebäudereinigung sowie Handlangerarbeiten bei Baumaßnahmen.
Neben den Galioten rangierten die Vaganten, also Menschen ohne festen Wohnsitz und ohne feste Arbeit, die Polizeiverordnungen übertreten oder sonstwie gegen die öffentliche Ordnung verstoßen hatten. Durch strenge Aufsicht und harte Arbeit sollten sie an Zucht und Ordnung gewöhnt

werden. König Friedrich hielt die Einreihung unverheirateter Vaganten und Landstreicher mit achtjähriger Dienstzeit ins Militär und die Zuweisung der Nichttauglichen unter ihnen an die Arbeitskompanie auf dem Hohenasperg für ein geeignetes Mittel zur Disziplinierung und zugleich zur Bekämpfung der zur Landplage gewordenen Nichtsesshaften. Allein, im Oktober 1807 berichtete der Festungskommandant, der größte Teil der Vaganten und Bettler in der Arbeitskompanie sei wegen Alters und Kränklichkeit den dienstlichen Anforderungen der Kompanie nicht gewachsen. Der König ordnete daraufhin an, dass solche mitunter sogar pflegebedürftigen Menschen dieser Kompanie nicht mehr zugeführt werden sollten.

Die schwierigste Gruppe waren die Separatisten, protestantische Extremisten, die sich dem Obrigkeitsstaat mit seinem Gewissenszwang nicht unterordnen, sondern ihre eigenen religiösen Wege gehen wollten. König Friedrich sah in dieser gewaltlosen Bewegung eine Gefahr. Er suchte durch Festungshaft mit Zwangsarbeit für die Männer und durch Zuchthaus für die Frauen den Widerstand „dieser religiösen Sektierer" zu brechen. Allein, sein gewaltsames Vorgehen bewirkte das exakte Gegenteil. Die Zahl der Separatisten wuchs stetig. Jahrelange Haft auf dem Hohenasperg schreckte sie nicht, sie nahmen diese als ihnen von Gott auferlegte Prüfung auf sich.[20]

Am 16. Juni 1808 erließ Generalleutnant Alexander von Rau, der mit Genehmigung des Königs die Funktion des Festungskommandanten von Stuttgart aus versah, eine Instruktion für die Garnison Hohenasperg. Sie ähnelte in manchen ihrer Bestimmungen den Artikelbriefen des 16. Jahrhunderts. 1808 lag auf der Festung ein Bataillon, das aber aus allenfalls noch bedingt dienstfähigen Männern vorgerückten Alters bestand. Sein Kommandeur hatte bei der Besetzung der Wachen und Posten, bei sonstigen Vorkommnissen im Bataillon den Festungskommandanten zu unterrichten, und er durfte nur mit seinem Einverständnis ein Kommando absenden, mit dem Bataillon ausrücken oder eine sonstige militärische Entscheidung treffen. Die Verantwortung für die Gefangenen auf der Festung stand dem Platzhauptmann zu. Brauchte dieser Unterstützung, musste er sie in Abwesenheit des Festungskommandanten beim Bataillonskommandanten anfordern.

In den Räumen und Gängen der Kasernen hatte der Bataillonskomman-

dant auf größtmögliche Reinlichkeit zu achten. Zu diesem Zweck beauftragte er einen Hauptmann und einen Leutnant mit der täglichen Inspektion. Die beiden Offiziere sorgten auch dafür, dass die Möbel und sonstigen Einrichtungsgegenstände pfleglich behandelt wurden. Die Soldaten mussten insbesondere im Dienst „ordentlich und reinlich angezogen" sein. Zwar war gegenüber den Angehörigen des Bataillons wegen „ihres hohen Alters und ihrer Gebrechlichkeit" eine gewisse Nachsicht angebracht, doch sollten die Montierungsstücke in ordentlichem Zustand sein, sie durften daher bei Arbeiten keinesfalls „mit Gewalt verdorben werden". Für den tadellosen Zustand der Armaturstücke, der Waffen- und Ausrüstungsgegenstände, sowie des Lederwerks der Mannschaft waren die „Capitäns" (Hauptleute) verantwortlich. Der Bataillonskommandant hatte allmonatlich sämtliche Gegenstände zu überprüfen.
Kein Offizier durfte unerlaubt eine Nacht außerhalb der Festung zubringen. Wenn Unteroffiziere und „Gemeine" für mehrere Tage Urlaub erhielten, so durfte dadurch der Kriegskasse kein Nachteil erwachsen. Überhaupt war auf eine strenge Dienstauffassung zu sehen. Dies galt ganz besonders für die Durchführung von Wachdiensten, für die die dazu befohlenen Soldaten exakte Anweisungen bekommen sollten. Die tragende Säule des Dienstes bildete die Subordination. Befehle mussten deshalb ohne „einiges Raisonnement", also widerspruchslos, befolgt werden. Allerdings konnten Untergebene, wenn sie meinten, dass die Anordnung, die sie erhalten hatten, nicht korrekt war, sich nach Ausführung des Befehls beschweren, und wenn diese ihre Beschwerde begründet war, sollte ihnen auch ihr Recht zuteil werden.
Unteroffiziere und „Gemeine" durften sich nach acht Uhr abends nicht mehr beim Marketender oder in einem anderen Wirtshaus aufhalten. Wer nach dieser Zeit von einer Patrouille noch dort angetroffen wurde, musste auf die Wache gebracht und am nächsten Tag je nach Tatbestand bestraft werden. Sorgsam waren Brandverhütungsmaßnahmen zu beachten. In jedem Zimmer mussten Tag wie Nacht stets mindestens zwei „Gölten" (Gefäße) mit Wasser bereitstehen.
Bei Einbruch der Dämmerung wurde das Festungstor geschlossen, und es durfte danach niemand mehr herein- oder hinausgelassen werden. Aus-

nahmen bildeten Boten des Königs. Doch auch ihre Personalien mussten genau überprüft werden, ehe ihnen das Tor geöffnet wurde. Das übliche Öffnen und Schließen des Tors erfolgte durch einen Unteroffizier und zwei Mann der Wache. Die Schlüssel selbst verwahrte der Platzhauptmann.
Ohne persönliche Erlaubnis des Königs erhielt kein fremder Offizier Zutritt zu der Festung. Weitere bindende Anordnungen für das dienstliche Verhalten und die Ordnung auf dem Hohenasperg waren in den Befehlsbüchern verzeichnet, deren Einsicht nachdrücklich empfohlen wurde. Militärkommandos durften nur dann in die Festung eingelassen werden, wenn die mit ihrer Leitung betrauten Offiziere die Berechtigung dazu nachwiesen. Unbekannten, vor allem aber verdächtig erscheinenden Personen war erst nach sorgsamer Prüfung und möglichst auch mit Zustimmung des Platzhauptmanns der Zugang zu gestatten. Besucher von Arrestanten benötigten in jedem Fall die Erlaubnis des Platzhauptmanns. Sie durften sich nur unter Aufsicht mit diesen unterhalten. Die aus- und eingehende Post der Häftlinge unterlag der Kontrolle durch den Platzhauptmann. Über alle Fremden auf der Festung musste ein Passantenrapport geführt werden, der jeweils am Abend dem Kommandanten und dem Platzhauptmann zu übergeben war. Die Nacht über durfte auf der Festung ein Fremder lediglich bleiben, wenn ihm dies der Kommandant und der Platzhauptmann gestatteten. Sträflinge benötigten zum Verlassen der Festung, beispielsweise zu auswärtigen Arbeitseinsätzen, jeweils einen vom Platzhauptmann unterschriebenen Pass.
Brach im Festungsbereich ein Brand aus, wurden sofort sämtliche Gefangene in eine der Kasematten unter dem Tor gebracht. Das sie bewachende Militärkommando erhielt je Mann sechs scharfe Patronen.[21] Um die Feuersgefahr auf dem Berg zu vermindern, war 1799 auf dem Dach des Pulverturms ein „Wetter-Ableiter“, ein Blitzableiter, installiert worden.[22] Auch andere Bauten im Festungsbereich wurden nach und nach mit Blitzableitern ausgestattet. Um ausreichend Platz für die stark angewachsene Garnison zu haben, ließ König Friedrich die alte Kaserne abreißen und an ihrer Stelle den so genannten Kasernenbau errichten, der noch heute vorhanden ist.[23]
Der dienstliche Alltag der Soldaten auf dem Hohenasperg war wie früher

recht eintönig: Posten, Wachen, Aufsicht über die Gefangenen bildeten ihre Haupttätigkeit. Die Instandhaltung der Waffen und die Übung in ihrem Gebrauch beschränkte sich auf Infanteriewaffen: Gewehre, Pistolen, Bajonette. Einen veralteten Geschützpark gab es wohl noch, aber er war militärisch nutzlos. Wichtig waren lediglich noch die Lärmkanonen, die bei der Wahrnehmung von Feuersbrünsten in der Umgebung des Berges abgefeuert wurden. Die regulären Geschütze dienten vornehmlich dem höfischen Zeremoniell. Sie gaben Ehrensalven ab, wenn der König oder andere hochgestellte Persönlichkeiten, so 1809 Kaiser Napoleon mit König Friedrich, dem Hohenasperg einen Besuch abstatteten.[24]

Mehr noch als im 18. Jahrhundert erlangte der Hohenasperg im 19. Jahrhundert den Ruhm, das Gefängnis für Persönlichkeiten zu sein, die mit dem monarchischen Obrigkeitsstaat in Konflikt gerieten, die gegen Fürstenwillkür aufbegehrten und die für eine freiheitliche Gestaltung der Gesellschafts- und Staatsordnung eintraten. Vor 1806 waren dies führende Vertreter der Landstände, danach Männer wie der ehemalige Amtsbürgermeister der Reichsstadt Reutlingen Johann Jakob Fetzer (1760–1844) oder der evangelische Geistliche Immanuel Hoch (1788–1856), ebenso wegen revolutionärer Äußerungen die Tübinger Jurastudenten Karl Reichenbach und August Georgii.[25]

Überhart war die Reaktion König Friedrichs auf den Aufstand in der neu in das Königreich Württemberg eingegliederten Deutschordensstadt Mergentheim und ihrem Landgebiet 1809. Dort war es wegen der Rekrutenaushebung zu gewaltsamen Ausschreitungen gekommen. Der König ließ die Stadt militärisch besetzen. Dabei verloren etwa 30 Menschen ihr Leben. Sechs an den Ausschreitungen beteiligte Männer wurden durch ein Kriegsgericht zum Tod verurteilt und einige Tage danach durch Erhängen oder Erschießen hingerichtet. Weitere zu mehrjährigem bis lebenslangem Gefängnis verurteilte „Aufrührer“ hatten ihre Strafen auf dem Hohenasperg zu verbüßen. Unbarmherzig blieb König Friedrich auch gegenüber Oberstleutnant Otto Friedrich Wilhelm von Wolff (1744–1819) und Generalmajor Georg Bernhard Bilfinger (1728–1825). Beide hatten am 1. Mai 1800 die Festung Hohentwiel entgegen dem ausdrücklichen herzoglichen Befehl dem französischen General Vandamme übergeben. Die zunächst durch ein Kriegsgericht in Dinkelsbühl zum Tod verurteilten Offiziere hatte Herzog Friedrich zu lebenslänglichem Gefängnis begnadigt. Wolff blieb als Ehrloser bis zum Tod König Friedrichs im Oktober 1816 auf dem Hohenasperg eingekerkert, der hochbetagte Bilfinger in der Gerichtsschreiberei im Dorf Asperg gleichfalls bis zum Herbst 1816 interniert.[26]

Mit unerbittlicher Strenge wachte der König über die Disziplin seiner Armee. Im Juli 1815 war es unter den Offizieren des zweiten Bataillons des zweiten Infanterieregiments Herzog Wilhelm nach der siegreichen Beendigung des zweiten Feldzugs gegen Napoleon in dem französischen Dorf Juzennecourt zu einem Wirtshausstreit gekommen. Dabei hatten sich einige Offiziere schwerer Insubordinationsvergehen schuldig gemacht. Ein Kriegsgericht verurteilte den Hauptangeklagten, den 27-jährigen Hauptmann Friedrich Ludwig Julius Graf von Zeppelin, zum Tod durch Erschießen, mehrere andere Offiziere zu mehrmonatigen bis mehrjährigen Festungsstrafen. Die Todesstrafe an Graf Zeppelin wurde schon wenige Tage später vollstreckt. Die anderen verurteilten Offiziere kamen zur Strafverbüßung auf den Hohenasperg. Der König hatte ihre Strafen noch dadurch verschärft, dass er ihre umgehende Entlassung aus dem Militärdienst verfügte.[27]

Großes Aufsehen erregte 1808 die kühne Flucht des jungen Leutnants Karl von François aus der Festung Hohenasperg. Der heißblütige Offizier war wegen Majestätsbeleidigung und Insubordination auf Befehl des Königs vor ein Kriegsgericht gestellt worden. Dieses hatte ihn zum Tod durch Erschießen verurteilt, doch hatte ihn der Monarch „nach Erstehen der Todesangst“ zu lebenslanger Gefängnishaft begnadigt. Der nachmalige preußische General schaffte es, nach sorgsamer Vorbereitung, exakter Erkundung der Fluchtwege und durch kaltblütiges Täuschen der Wachen vom Hohenasperg zu entfliehen und sich außerhalb Württembergs in Sicherheit zu bringen.[28]

In zwei Fällen rettete König Friedrich durch die zeitweilige Inhaftierung auf dem Hohenasperg Napoleongegnern das Leben. Der eine war der „Gastgeber“ Peter Heinrich Merckle in Neckarsulm, der andere der Führer der Vorarlberger Aufständischen Dr. Schneider, der sich 1809 nach der gewaltsamen Niederschlagung der Erhebung in Vorarlberg den Truppen

des württembergischen Kronprinzen ergab. Merckle wie Schneider hätten mit ihrer Hinrichtung rechnen müssen, wären sie in die Hände der Franzosen und damit Napoleons gefallen. Merckle hatte sich 1806 an der Verbreitung der anonymen franzosenfeindlichen Flugschrift „Deutschland in seiner tiefsten Erniedrigung", die der Nürnberger Buchhändler Johann Philipp Palm verlegt hatte, maßgeblich beteiligt. König Friedrich indes hatte sich mit allem Nachdruck bei Napoleon für die Freilassung des Gastwirts, seines Untertans, der bereits von den Franzosen verhaftet worden war, eingesetzt und diese auch erreicht. Statt der Todesstrafe, die Merckle in gleicher Weise wie dem Buchhändler Palm sicher gewesen wäre, kam der Neckarsulmer nach vierwöchiger Haft auf dem Hohenasperg wieder frei. Ähnlich erging es auch Dr. Schneider.[29]
So sehr König Friedrich darauf sah, dass die Strafjustiz Vergehen und Verbrechen streng und ohne Ansehen der Person ahndete, so meinte er, die Todesstrafe sollte nur in Ausnahmefällen angewandt werden. Wiederholt begnadigte er beispielsweise Offiziere, die wegen schwerster Dienstverfehlungen zum Tod verurteilt worden waren. Die Auffassung Napoleons, Menschen, die wie die Separatisten den absolutistischen monarchischen Obrigkeitsstaat christlicher Prägung ablehnten, einfach erschießen zu lassen, teilte er nicht. Dieser Rat des Kaisers der Franzosen beim Besuch des Hohenaspergs 1809[30], dürfte ihn, auch wenn er sich dazu nicht äußerte, empört haben. Nach seiner Ansicht hatte auch ein absolutistisch regierender Monarch keinesfalls das Recht, nach eigenem Gutdünken die Todesstrafe zu verhängen.
Nach der Regierungsübernahme durch König Wilhelm I., den Sohn König Friedrichs, am 30. Oktober 1816 schrumpfte die Zahl der Gefangenen auf dem Hohenasperg. Die Separatisten erhielten ihre Freiheit zurück. Ein Großteil von ihnen wanderte nach dem Osten aus, um sich im Süden des riesigen Zarenreiches, einige Gruppen im heutigen Georgien, niederzulassen. Auch die wegen schwerer Delikte inhaftierten Offiziere wurden jetzt amnestiert.[31] Oberhofintendant und Hofkammerpräsident von Maucler kam 1817 die Zahl von 468 Festungssträflingen verhältnismäßig gering vor, nachdem wenige Jahre zuvor der Hohenasperg noch mit 900 bis 1000 Strafgefangenen belegt gewesen war.[32] Doch auch diese 468 Gefangenen –

es handelte sich damals ausschließlich um Arbeitssträflinge, um Galioten – bereiteten dem Kommandanten Probleme, weil er nur die Hälfte von ihnen beschäftigen konnte. 186 Mann rückten zur Arbeit auf die Strafplätze in Stuttgart, Ludwigsburg und Monrepos aus. Doch weigerten sich diese Strafplätze, weitere Galioten aufzunehmen. In der Festung selbst vermochte eine kleinere Zahl von Gefangenen mit Wassertreten (vermutlich die Betätigung der Pumpe des Tiefbrunnens), mit Arbeiten in der Häftlingsmenage (Häftlingsküche) und mit anderen Arbeiten beschäftigt zu werden. Etliche Häftlinge waren arbeitsunfähig, einige andere nur für leichtere Arbeiten tauglich. 50 Gefangene waren derzeit krank. Für rund 200 Gefangene ließ sich keine Arbeit finden.

Der Müßiggang aber wirkte sich nach Meinung des Kommandanten auf die „Moralität“ und die Gesundheit der Sträflinge nachteilig aus. Als höchst problematisch bezeichnete er es, dass beim Strafvollzug kein Unterschied zwischen Schwerverbrechern und vergleichsweise harmlosen Gesetzesübertretern gemacht wurde. Mit seinem Vorschlag, künftig nur noch Schwerverbrecher auf der Festung zu verwahren, scheint er indes keinen Erfolg gehabt zu haben. Am 1. Januar 1819 befanden sich noch 328 Zivilsträflinge auf dem Hohenasperg, und im Oktober 1820 waren es einschließlich der auswärtigen Arbeitsplätze sieben Festungsarrestanten und 371 Festungssträflinge. Auf dem Hohenasperg wurden die Gefangenen u. a. mit Wasserholen im Dorf Asperg beschäftigt, außerhalb der Festung mit Arbeiten in den königlichen Gärten in Ludwigsburg und Stuttgart sowie bei „Kameralamtsbauten“ (Brücken- und Straßenbau, staatliche Gebäude usw.) in Heilbronn und Friedrichshall.

Oberste Instanz in Polizeiangelegenheiten der Festungsgefangenen war das Kriegsministerium in Stuttgart, dessen Verwaltungsabteilung nunmehr auch die Verpflegung der Gefangenen oblag.[33] 1821 unterschied man beim Strafvollzug auf der Festung „drei Grade“: bloßer Festungsarrest, Festungsstrafe innerhalb der Festung und Festungsarbeit. Abgesehen vom Festungsarrest, der von staatlichen Behörden bis zur Höchstdauer von vier Wochen verfügt werden konnte, fiel die Verurteilung zu Festungsstrafen ausschließlich in die Strafkompetenz der Gerichtshöfe.[34]

Nach wie vor besaß der Hohenasperg auch die Funktion einer Besserungsanstalt für missratene Söhne des Adels und des gebildeten Bürgertums. So wurde 1818 der 34-jährige Sohn des Geheimen Archivars Erbe in Stuttgart, ein ehemaliger Offizier, wegen unordentlichen Lebenswandels, wegen Alkoholexzessen und anderen Verfehlungen auf Bitten des Vaters und auf dessen Kosten vom König für zunächst ein halbes Jahr in die Festung Hohenasperg eingewiesen und mit Schreibarbeiten für die dortige Kasernenverwaltung beschäftigt. 1819 wurde die „Detention" des jungen Erbe um ein Jahr verlängert.[35]

Obwohl der Hohenasperg nach wie vor als Landesfestung galt, spielte er bei Überlegungen, die Landesverteidigung den Anforderungen der Zeit und den veränderten militärischen Verhältnissen anzupassen, keine Rolle mehr. Weder König noch Kriegsministerium dachten an eine Modernisierung seiner Befestigungsanlagen. Er war und blieb eine Art privilegierte Strafanstalt unter militärischer Regie.[36] Glücklicherweise aber konnte so im Wesentlichen der bauliche Zustand der Festung aus dem 16. und 17. Jahrhundert bewahrt werden.

Die Katholiken unter den Soldaten und unter den Häftlingen machten 1819 neben der evangelischen die Errichtung einer katholischen Garnisonspfarrei erforderlich. In sie waren bis zum Bau der Laurentiuskirche 1888 in Bietigheim auch die dortigen Katholiken eingepfarrt.[37]

Das Heer, das König Friedrich unterhielt, überstieg bei weitem die wirtschaftlichen Möglichkeiten des kleinen Königreichs. König Wilhelm I. verminderte es daher auf etwa die Hälfte. Die Infanterie bestand seit der Heeresreform von 1817 aus acht Linienregimentern und zwei Garnisonskompanien (einem Garnisonsbataillon). Die Garnisonskompanien bekamen ihre Garnison auf dem Hohenasperg und mussten Aufgaben der Gefangenenbewachung und -betreuung übernehmen.[38] Freilich oblag der Infanterie in den 1820er Jahren auch die Bewachung der zivilen Strafanstalten: der Arbeitshäuser Markgröningen und Gotteszell sowie der Militärstrafanstalt Stuttgart. Allein das Wachkommando in Gotteszell erforderte ständig 60 Soldaten, außerdem einen Unteroffizier und einen Leutnant. Das Kommando wurde alle drei Monate abgelöst.[39]

Das Strafedikt vom 17. Juli 1824 beschränkte die Inhaftierung von Straftätern auf dem Hohenasperg auf männliche Festungssträflinge ersten und

Die Festung Hohenasperg von der Ostseite.
Zeichnung aus der Mitte des 19. Jahrhunderts.

zweiten Grads. Ebenso kamen Festungsarrestanten weiterhin auf den Hohenasperg. Die Festungssträflinge ersten Grads erhielten dieselbe Verpflegung wie die Soldaten, die Festungssträflinge zweiten Grads eine geringfügig schlechtere. Eine königliche Entschließung vom 1. April 1828 trug den Forderungen der Landstände Rechnung: Künftig hatten bemittelte Festungssträflinge vollen Ersatz für ihre Unterhaltskosten zu leisten. Da aber diese Kosten auf der Festung besonders hoch lagen, sollten unbemittelte Festungssträflinge in das Arbeitshaus Ludwigsburg verlegt, dort aber getrennt von anderen Gefangenen untergebracht werden. Die Zahl der Strafgefangenen in der Zivilfestungsarrest- und -strafanstalt Hohenasperg sank stark. 1827 waren hier noch zwölf, Mitte 1839 nur noch zehn Strafgefangene untergebracht.[40]

Die Gefangenenbewachung war bei den Soldaten verständlicherweise verhasst. Dennoch wurden erst 1850 die Garnisonskompanien aufgelöst. Von jetzt an bildeten 163 Mann, angeführt von drei Offizieren, der Garnisonen Ludwigsburg und Stuttgart die Besatzung des Hohenaspergs; sie wurden alle vier Monate abgelöst. 1849 wurde für straffällig gewordene Soldaten eine Straf- oder Disziplinarkompanie errichtet; sie erhielt ihre Garnison auf dem Hohenasperg. 1850 bestand sie aus 83 Mann.[41]

In den 1850er Jahren war das kleine württembergische Heer in überalterten Formen erstarrt. Um insbesondere in der Infanterie einen neuen Geist heimisch zu machen, die Beweglichkeit der Truppe, ihre Anpassung an taktische Gegebenheiten und ihre Leistungsfähigkeit zu steigern, wurden 1859 zwei von jungen tüchtigen Offizieren geführte Jägerbataillone errichtet. Eines erhielt seine Garnison in Wiblingen bei Ulm, das andere auf dem Hohenasperg.[42] Das Bataillon blieb zehn Jahre auf dem Berg. Anschließend lag auf der Festung, unterbrochen lediglich durch den Deutsch-Französischen Krieg 1870/71, im Wechsel jeweils ein Bataillon des Infanterie-Regiments Nr. 3 „Altwürttemberg", das seit der Bismarck'schen Reichsgründung die Nummer 121 führte, ab 1879 dann Teile des Infanterie-Regiments Nr. 122 (4. Württembergisches). Wie schon 1796 diente der Hohenasperg 1870/71 und dann nochmals 1914 bis 1918 als Lager für kriegsgefangene Franzosen.

Am 1. April 1883 schließlich verließ das 3. Bataillon des Infanterie-Regiments Nr. 122 mit militärischem Zeremoniell die Festung. Künftig bildete Ludwigsburg die Garnison des Gesamtregiments. Die Soldaten, die den Dienst auf dem Hohenasperg stets als eine Art Strafdienst empfunden hatten, gaben sich erleichtert. Die Großgarnison Ludwigsburg, das schwäbische Potsdam, stand beim württembergischen Militär in ungleich besserem Ruf als die Festung Hohenasperg mit ihrer Strafanstalt. An Stelle des seitherigen Festungskommandanten und Bataillonskommandeurs, des Oberstleutnants Karl Alexander von Baur, übernahm die Leitung der nunmehrigen Zivilfestungsstrafanstalt der Leiter des Zuchthauses Ludwigsburg, Direktor von Sichart.

Ein gutes Jahr nach dem Abzug des Militärs verlieh die Stadt Asperg Oberstleutnant von Baur das Ehrenbürgerrecht. Gemeinderat und Bürgerausschuss begründeten ihren Beschluss vom 23. Mai 1884 damit, dass sich der letzte Festungskommandant stets wohlwollend und hilfsbereit gegen die Stadt Asperg und ihre Bewohner gezeigt habe. Der nachmalige Oberst blieb mit Asperg verbunden. Er wählte den städtischen Friedhof zu seiner letzten Ruhestätte.[43]

Ihren legendären Ruf als Gefängnis für Vorkämpfer einer freiheitlichen Staats- und Gesellschaftsordnung in Württemberg und Deutschland erlangte die Festung Hohenasperg in der Epoche des Vormärz und in der Zeit der Reaktion nach dem Scheitern der Revolution von 1848/49. Damals wurden dem Berg Namen beigelegt wie Demokraten- oder Jammerbuckel, Tränen- oder Höllenberg, Schwäbischer Schicksalsberg oder Herrenberg, Hausberg der schwäbischen Intelligenz.[44] Die Reihe bekannter Persönlichkeiten, die damals für kürzere oder längere Zeit hier inhaftiert war, führte der geniale Nationalökonom Friedrich List an, der 1824/25 hier wegen „Ehrenbeleidigung und Verleumdung der Regierungs-, Gerichts- und Verwaltungsbehörden und Staatsdiener Württembergs“ einen Teil seiner „Festungsstrafe mit angemessener Beschäftigung“ verbüßte, bis er zur „Auswanderung nach Amerika begnadigt“ wurde. Ihm folgten auf Betreiben der Mainzer Zentraluntersuchungskommission des Deutschen Bundes Tübinger Burschenschaftler, von denen etliche später im öffentlichen, im politischen, im kulturellen und wissenschaftlichen Leben Herausragendes leisteten. Unter ihnen befand sich auch der Privatdozent Karl August Hase, der nachmalige Professor der Theologie und wirkliche Geheimrat in Jena.[45]

Die französische Julirevolution von 1830 wirkte stark auf Südwestdeutschland. Radikale politische Ideen gewannen in liberalen bürgerlichen Kreisen, unter den Studenten in Tübingen und im Militär Anhänger. Diese wollten das Joch des monarchischen Obrigkeitsstaats abschütteln und ihn durch einen demokratischen Volksstaat ersetzen. Durch ein im März 1833 in Wannweil bei Tübingen entdecktes Flugblatt kam die württembergische Regierung den revolutionären Aktivisten auf die Spur. Besonders gefährlich erschien ihr die von dem Reiteroberleutnant Ernst Ludwig (Louis) Koseritz in Ludwigsburg, vielleicht einem unehelichen Sohn König Wilhelms I., und einigen Vertrauten geplante militärische Verschwörung, die das württembergische Heer gegen König Wilhelm I. aufwiegeln und Württemberg zur Republik machen wollte. Koseritz, der durch inhaftierte Studenten auf dem Hohenasperg mit revolutionärem Gedankengut in Berührung gekommen war, hatte allerdings für seine Umsturzpläne im Militär wenig Unterstützung gefunden und war mit ihnen bereits gescheitert, als er und seine Mitverschwörer festgenommen wurden. In einem spektakulären Prozess in Ludwigsburg im März 1835 wurden er und sein engster Vertrauter, Feldwebel Lehr, zum Tod durch Erschießen verurteilt, dann aber „nach Erstehen der Todesangst" auf dem Richtplatz begnadigt und nach Amerika abgeschoben. Die übrigen an der Verschwörung beteiligten Militärangehörigen erhielten längere Festungsstrafen, die sie auf dem Hohenasperg abzusitzen hatten. Koseritz hatte übrigens beabsichtigt gehabt, die militärische Erhebung damit zu beginnen, dass er sich mit Hilfe der beiden Garnisonskompanien in den Besitz der beiden Pulvertürme auf dem Hohenasperg setzte, während die beiden in Ludwigsburg garnisonierten Infanterie-Regimenter, die er für seine Ziele zu gewinnen hoffte, das dortige Arsenal stürmen sollten.

Die führenden Köpfe der bürgerlichen Mitverschwörer waren der Stuttgarter Buchhändler Gottlob Franckh, der Student der Arzneiwissenschaft Georg David Hardegg aus Ludwigsburg-Eglosheim, der spätere Mitbegründer der württembergischen Templersiedlungen in Palästina, der Rechtskonsulent Ernst Schreiber in Heilbronn, der Lithograph Franz Malté in Stuttgart, der Maler Friedrich Ludwig Groß, der Goldarbeiter Albert Krauß, der Apothekergehilfe Gottlieb Heinrich Mayer sowie der Komponist Ernst Friedrich Kauffmann, alle vier aus Ludwigsburg. Sie wurden nach einem langwierigen aus Sicherheitsgründen auf dem Hohenasperg geführten Prozess zu hohen Festungsstrafen verurteilt, die indes eine Revisionsinstanz Anfang 1839 milderte (Franckh und Hardegg statt 14 nur noch neun Jahre). In einem in Tübingen stattfindenden dritten Prozess standen 74 Burschenschaftler vor Gericht – nach ihrem Anführer Adolf Helfferich auch der Helfferich-Prozess genannt. Die meisten Angeklagten mussten für die Dauer von vier Wochen bis 18 Monaten auf die Festung Hohenasperg. Unter ihnen befanden sich der Theologiestudent Berthold Auerbach, der spätere bekannte Heimatdichter, und der Medizinstudent Theodor Mögling, der Freischarenführer in Baden im Jahr 1849.[46]

So hart die Urteile gegen die Burschenschaftler und vor allem gegen die in

Verbindung mit Oberleutnant Koseritz stehenden zivilen und militärischen „Hochverräter" waren, über ihre Behandlung auf dem Hohenasperg brauchten sich die politischen Gefangenen im Allgemeinen nicht zu beklagen. Der Strafvollzug war, von wenigen Ausnahmen abgesehen, human und großzügig. Die zu niedrigen Strafen Verurteilten hatten Festungsfreiheit, d.h. sie konnten sich innerhalb der Festung frei bewegen. Die Studenten nutzten die Zeit zum ernsthaften Studium oder zu honorierten schriftstellerischen und sonstigen Arbeiten. Dies tat auch ein Teil der anderen Gefangenen. Da der Schriftverkehr mit der Außenwelt völlig frei war, unterhielten die meisten Inhaftierten eine rege Korrespondenz mit Freunden und Verwandten. Der Komponist Kauffmann durfte sich sogar sein Klavier auf den Hohenasperg bringen lassen.

Besuche von nahen Verwandten und von Bekannten brachten Abwechslung in den Festungsalltag. Mitleid hatten die Gefangenen mit den sie bewachenden Soldaten, denen es erheblich schlechter ging als ihnen. Der Student Helfferich schrieb: „Die Soldaten haben es so erbärmlich schlecht, sie desertieren in Scharen. Tausendmal lieber Bewachter als Bewacher." Freilich sehnten die Gefangenen, die für ihre Haft- und Verpflegungskosten selbst aufkommen mussten, die Wiedererlangung der Freiheit herbei. Diese erhielten schließlich im Herbst 1841 im Rahmen einer Amnestie anlässlich des 25-jährigen Regierungsjubiläums König Wilhelms I. mit ihrer uneingeschränkten bürgerlichen Rehabilitierung auch diejenigen politischen Gefangenen zurück, die zu langjährigen Festungsstrafen verurteilt worden waren.[47]

Schon während der Revolution von 1848/49 und erst recht nach deren Scheitern bildete der Hohenasperg gewissermaßen ein Bollwerk und eine Zwingburg der Gegenrevolution, zumal seit Mitte 1849 das zentrale politische Untersuchungsgefängnis für Württemberg hier seinen Sitz hatte.[48]

Zu den ersten gegen die staatliche Ordnung gesetzwidrig Aufbegehrenden, die 1848 als streng bewachte Militärsträflinge auf den Hohenasperg kamen, gehörten Soldaten und Unteroffiziere des 8. Infanterie-Regiments, das seine Garnison in Heilbronn hatte. In der einstigen freien Reichsstadt am Neckar herrschte im Frühjahr 1848 ein aufrührerischer Geist, und das revolutionäre Feuer erfasste auch einen Teil des dort befindlichen Militärs.

Soldaten verweigerten ihren Vorgesetzten den Gehorsam, verbrüderten sich mit aufmüpfigen Bürgern, etliche ließen sich zur offenen Rebellion hinreißen. König Wilhelm I. befahl sofortiges hartes Durchgreifen. Das Regiment wurde mit starker militärischer Eskorte nach Ludwigsburg gebracht, vorübergehend entwaffnet, der Regimentskommandeur abgelöst, die Haupträdelsführer verhaftet und auf den Hohenasperg gebracht. Nach langwieriger Untersuchung wurden 72 Angehörige des Regiments zu Festungsarbeitsstrafen bis zu sechs Jahren oder zu strengstem Arrest verurteilt.[49]

Auf der Festung Hohenasperg herrschte seit dem Scheitern der Revolution 1849 bei den vielen hier festgesetzten Gefangenen und den zahlreichen Untersuchungshäftlingen drangvolle Enge. Die Zellen waren überbelegt, die sanitären Einrichtungen völlig unzureichend. Hinzu kam, dass sich die Arrestlokale im Arsenalbau in einem miserablen baulichen Zustand befanden. Frisches Trinkwasser mussten die Gefangenen auf eigene Kosten – wahrscheinlich aus dem Dorf Asperg – herbeischaffen lassen.[50]

Die Häftlinge wurden recht unterschiedlich behandelt. Die Untersuchungsgefangenen durften täglich eine halbe Stunde bis eine Stunde auf dem Wall spazieren gehen. Einmal im Monat war der Besuch eines nahen Verwandten erlaubt. In ihrem Briefwechsel nach außen waren die Häftlinge nicht beschränkt, doch wurde ihre Post kontrolliert. Sie konnten Zeitungen abonnieren und die Bibliothek benutzen, auch sich schriftstellerisch betätigen. Bei den verurteilten Häftlingen wurde zwischen Festungsstrafgefangenen und Festungsarrestanten unterschieden. Arrestanten mit Strafen bis zu drei Monaten durften sich innerhalb der Festung frei bewegen und auch die drei Gastwirtschaften hier besuchen. Arrestanten mit längeren Strafzeiten war ein täglicher Spaziergang auf dem inneren Wall ohne Begleitung für die Dauer von zwei Stunden zugestanden.[51]

Die Untersuchungshaft zog sich nicht selten viele Monate, manchmal einige Jahre hin, ehe es zum Prozess kam, so bei dem Gaildorfer Glasfabrikanten Gottlieb Rau, der im September 1848 in Rottweil eine schon nach wenigen Tagen gescheiterte republikanische Erhebung gegen den König und die liberale Regierung in Stuttgart organisiert hatte. Rau und seine Mitverschworenen mussten eine mehr als zwei Jahre dauernde strenge

Untersuchungshaft über sich ergehen lassen, ehe Ende März 1851 das Schwurgericht in Rottweil über sie hohe Zuchthausstrafen auf der Festung verhängte. Bis zu seiner dem König abgerungenen „Begnadigung zur Auswanderung nach Amerika" im April 1853 war Rau dann wieder auf dem Hohenasperg inhaftiert.[52] Der Agitator Joseph Fickler aus Konstanz, der die Württemberger im Frühjahr 1849 für die republikanische Erhebung in Baden gewinnen wollte, hatte das Pech, von der Regierung in Stuttgart festgenommen und auf den Hohenasperg gebracht zu werden, ehe er den übernommenen Auftrag ausführen konnte.[53]

Eine aufsehenerregende Flucht gelang dem Reichstagsabgeordneten von Öls in Schlesien, Gustav Adolf Rösler, nach seiner eigentümlichen gelben Kleidung der „Reichskanarienvogel" genannt. Er war Anfang Juli 1849 von der „Reichsregentschaft" mit geheimen Aufträgen nach Württemberg geschickt, aber in Sulz am Neckar verhaftet und gleichfalls auf dem Hohenasperg festgesetzt worden. Mit Hilfe seiner klugen jungen Frau und einer Reihe von Gesinnungsgenossen schaffte er es im Februar 1850, die Wachen zu überlisten, aus der Festung zu entfliehen und sich außerhalb Deutschlands in Sicherheit zu bringen. Schon gut zwei Monate später gelang auch dem findigen und unerschrockenen Apotheker Dr. Albert Frech aus Ingelfingen die Flucht aus der Festung.[54]

Der größte Prozess in Württemberg gegen Anhänger der revolutionären Bewegung 1848/49 war der so genannte Becher-Prozess, der 1851/52 im Ludwigsburger Schloss stattfand. Er erhielt seinen Namen von dem württembergischen Parlamentarier und Mitglied der vom Rumpfparlament im Juni 1849 gewählten Reichsregentschaft August Heinrich Becher. Das ihm vorausgegangene mehr als zweijährige Ermittlungsverfahren hatte jedes gewaltsame Aufbegehren einbezogen, das sich gegen die von der Regierung Römer angeordnete Auflösung des Rumpfparlaments, des nach Stuttgart übergesiedelten Rests der Frankfurter Nationalversammlung, gerichtet hatte, ebenso alle Bestrebungen, die die Reichsverfassung mit Gewalt hatten durchsetzen wollen. Hierunter fielen auch die Reutlinger Pfingstversammlung, die lokalen Unruhen in Heilbronn, im Schwarzwald und in Oberschwaben, schließlich die Beteiligung von Württembergern an der badischen Erhebung im Frühjahr und Frühsommer 1849. Angeklagt wur-

den insgesamt 147 Männer. Verurteilt wurde aber nur der kleinere Teil von ihnen. Die Freigesprochenen kamen mit einer kürzeren oder längeren Untersuchungshaft davon. Die Verurteilten mussten außer ihrer Untersuchungshaft noch zwischen acht Monaten und mehr als zwei Jahren Festungshaft auf dem Hohenasperg auf sich nehmen. Die höchste Strafe mit zweieinhalb Jahren erhielt Julius Haußmann aus Blaubeuren, Sohn eines Ludwigsburger Apothekers und Stammvater mehrerer Generationen herausragender Politiker.[55]
Bereits in den Jahren 1849 bis 1851 war eine Anzahl von Angehörigen des linken revolutionären Spektrums, unter ihnen Fürst Konstantin von Waldburg-Zeil, der Kaufmann und Redakteur Wilhelm Binder, die Redakteure Karl Ignaz Schabet und Karl Beischlag sowie der Weinsberger Arzt Theobald Kerner, der Sohn des Dichters Justinus Kerner, wegen Aufruhrs bzw. Aufforderung zum Aufruhr, wegen Majestätsbeleidigung oder Beleidigung der königlichen Regierung zu längeren Freiheitstrafen verurteilt worden, die sie sämtlich auf dem Hohenasperg zu verbüßen hatten.[56]
Nach der Freilassung der letzten Achtundvierziger Mitte der 1850er Jahre war, wenn man so sagen darf, die große Zeit des Demokratenbuckels vorbei. Politische Oppositionelle und Querdenker machten auch jetzt noch die Bekanntschaft der Bergfeste, so Karl Mayer der 1863/64 zusammen mit Ludwig Pfau und Julius Haußmann die demokratische Volkspartei gegründet hatte. Mayer soll nach einem Eintrag im Häftlingsregister des Hohenaspergs von 1870 mindestens sechsmal hier inhaftiert gewesen sein. Im Mai 1868 hielt die Volkspartei wegen des gerade wieder einmal auf der Festung einsitzenden profilierten Politikers sogar auf dem Wallgraben des Hohenaspergs eine Landesausschusssitzung ab, die die Kandidaten für die Landtagswahl aufstellte. Zum Wahlkampf bekam Mayer, der im Wahlbezirk Besigheim für die Volkspartei kandidierte und gerade eine Strafe wegen Beleidigung des preußischen Königs verbüßte, „Urlaub“, und er errang durch sein glänzendes Rednertalent einen überwältigenden Wahlsieg. Mayer und auch Pfau hatten sich nach dem Scheitern der Revolution von 1848/49 übrigens einer harten Bestrafung und damit einer früheren Bekanntschaft mit dem Hohenasperg durch die Flucht ins Ausland entzogen. Sie waren erst 1863 nach einer Amnestie in die Heimat zurückgekehrt. Frei-

Teile der nordöstlichen Festungsanlage, im Mittelpunkt der Schubartturm, in den 1950er Jahren.

lich, die Festungshaft wegen „Pressvergehen" und ehrenrührigen Äußerungen, zu der Mayer in den 1860er Jahren wiederholt verurteilt wurde, war gewöhnlich auf wenige Wochen beschränkt.[57]

In der Regel keine politischen Hintergründe hatten die Mensuren und Duelle, für die damals zahlreiche Tübinger Studenten Festungshaft erhielten. Der Gerichtshof der württembergischen Universitätsstadt am Neckar legte seinen Urteilen „feste Sätze" zugrunde. Für eine Mensur gab es zwei, für ein Duell drei Monate Festung. Die Studenten schreckte dies offensichtlich wenig. Sie traten ihre Strafe auf dem Berg, versehen mit ausreichend „Lern- und Trinkstoff", an. Der Hohenasperg ermöglichte ihnen die Gelegenheit zu intensiver Arbeit, also intensivem Studium.[58] Offiziere und andere Staatsbürger, die sich duelliert hatten, bekamen damals und auch noch später gleichfalls Festungsstrafen zudiktiert.[59]

Auch nachdem der Hohenasperg im ausgehenden 19. Jahrhundert seinen Status als Landesfestung endgültig verloren hatte und er eine Zweiganstalt des Männerzuchthauses Ludwigsburg geworden war, blieb er weiterhin in einer Art Nebenfunktion bis zum Ende des monarchischen Staats im November 1918 Festungsstrafanstalt. Studenten und andere Staatsbürger, die gegen das Mensur- und Duellverbot verstoßen hatten, saßen ihre Strafen weiterhin auf dem Hohenasperg ab.[60]

Mit dem endgültigen Verlust seines Festungsstatus im Jahr 1883 begann für den Hohenasperg ein neuer Abschnitt seiner wechselvollen Geschichte. Die einst militärisch genutzten Gebäude (Kasernen, Kasematten, Türme usw.) dienten jetzt ausschließlich dem Strafvollzug. Im Volksmund wurde der Hohenasperg zum höchsten Berg Württembergs. Ein Großteil der damaligen Gefangenen saß hier wegen schwerer Verbrechen ein. Für sie öffneten sich daher erst nach vielen Jahren wieder die Tore der Strafanstalt.

In der Zeit des Nationalsozialismus wurden auf dem Hohenasperg auch Gegner des Regimes gefangen gehalten. Der bekannteste unter ihnen war der frühere württembergische Staatspräsident Eugen Bolz (1881–1945), der nach übelsten Anpöbelungen durch fanatische Hitler-Gefolgsleute in Stuttgart vorübergehend hier inhaftiert war. 1940 richtete das NS-Regime auf dem Hohenasperg ein Durchgangslager für Sinti und Roma ein. Diese aus rassischen Gründen verfolgten Menschen gingen im Osten, wohin sie deportiert wurden, meist an den Folgen brutalster Zwangsarbeit zugrunde.

Im Frühjahr 1945 wurde Württemberg Kriegsgebiet. Bis an die Enz in Bietigheim vorgestoßene französische Kampfverbände beschossen den Hohenasperg. Es gab mehrere Verwundete, auch entstanden Gebäudeschäden. Am 21. April besetzten die Franzosen die Strafanstalt, ließen die Häftlinge frei und nahmen das Bewachungspersonal gefangen. Zweieinhalb Monate später wurden sie von den Amerikanern abgelöst, zu deren Besatzungsgebiet nunmehr ganz Nordwürttemberg und ganz Nordbaden gehörten. Die US-Militärregierung machte den Hohenasperg zu einem Internierungslager für Mitglieder der NSDAP, für Angehörige des diplomatischen Dienstes und für deutsche Schiffsbesatzungen, die aus dem Ausland nach Deutschland repatriiert worden waren. 1947 gab die US-Besatzungsmacht den Hohenasperg an die deutsche Verwaltung zurück. Zunächst als Zweigstelle des Zuchthauses Ludwigsburg, wurde die einstige Festung am 1. April 1948 zur eigenständigen Strafanstalt erhoben. 1949 be-

Aktuelles Luftbild vom Hohenasperg. Das Foto vermittelt einen ausgezeichneten Eindruck von der Gesamtanlage der Renaissance-Festung.

stimmte dann die Landesregierung den Hohenasperg zum Zentralkrankenhaus für den Strafvollzug (Justizvollzugskrankenhaus) in Württemberg-Baden (seit 1952 Baden-Württemberg).[61]

Anmerkungen

I. Götterberg und Fürstensitz, Hochadelsburg und Herrschaftszentrum

1 Beschreibung des Oberamts Ludwigsburg S. 13.
2 Vor- und Frühgeschichte im Kreis Ludwigsburg S. 121 (Jörg Biel).
3 Ebd.
4 Ebd.
5 Ebd. S. 51–67 (Jörg Biel); Rüdiger Krause, Vor- und Frühgeschichte in der Geschichte der Stadt Marbach am Neckar Bd. I S. 25.
6 Vor- und Frühgeschichte im Kreis Ludwigsburg S. 121–126 (Jörg Biel), 181–187 und 271–274 (Britta Rabold).
7 Ebd. S. 67 f. (Jörg Biel); Oscar Paret, Die Vor- und Frühgeschichte S. 63 und Abbildungen Tafel 9 und 10.
8 HStAS: A 313 Bü 9; Werner Fleischhauer, Renaissance im Herzogtum Württemberg S. 62.
9 Vor- und Frühgeschichte im Kreis Ludwigsburg S. 51 und 124 (Jörg Biel).
10 Ebd. S. 271–274 (Britta Rabold).
11 Ebd. S. 62–66 (Jörg Biel).
12 Ebd. S. 52–58, 61 und 182–188 (Jörg Biel); Simone Stork, Vor- und Frühgeschichte. In: Der Kreis Ludwigsburg (1994) S. 76–80.
13 Vor- und Frühgeschichte im Kreis Ludwigsburg S. 188 f. (Jörg Biel).
14 Ingo Stork, Vor- und Frühgeschichte. In: Möglingen S. 31.
15 Vor- und Frühgeschichte im Kreis Ludwigsburg S. 70 (Jörg Biel).
16 Ebd. S. 70 f.; Ingo Stork S. 31.
17 Vor- und Frühgeschichte im Kreis Ludwigsburg S. 126 (Jörg Biel).
18 Ingo Stork S. 31.
19 Simone Stork, Vor- und Frühgeschichte S. 83–88.
20 Lexikon der Antike (Leipzig 1977) S. 520.
21 Oscar Paret, Württemberg in vor- und frühgeschichtlicher Zeit S. 408.
22 Vor- und Frühgeschichte im Kreis Ludwigsburg S. 126 (Jörg Biel).
23 Ebd. S. 93–97 (Ingo Stork).
24 Ebd. S. 98 ff. (Ingo Stork).
25 Ebd. S. 100 (Ingo Stork); Simone Stork S. 90 f.
26 Hermann Römer, Markgröningen I S. 40.
27 Albrecht Gühring, Vom Regierungsantritt Herzog Christophs … In: Möglingen S. 98 f.
28 Vor- und Frühgeschichte im Kreis Ludwigsburg S. 109 (Ingo Stork) und 126 (Jörg Biel). Mit Laiernweg ist die Ludwigsstraße gemeint (Theodor Bolay, Chronik der Stadt Asperg S. 24).
29 Hagen Keller, Germanische Landnahme S. 249.
30 Lutz Reichardt, Ortsnamenbuch des Stadtkreises Stuttgart und des Landkreises Ludwigsburg S. 163. Reichardt führt den Namen Weihenberg allerdings auf einen ehemaligen Weissenburger Klosterhof zurück.
31 Ingo Stork S. 34; Hermann Römer, Bietigheim S. 17.
32 Hagen Keller, Die Alemannenzeit S. 206.
33 Lutz Reichardt S. 12 f.
34 Heinz Bardua, Kreis- und Gemeindewappen im Regierungsbezirk Stuttgart S. 39.
35 Alfons Zettler, Politische Geschichte Alemanniens im Karolingerreich S. 308–327.
36 Beschreibung des Oberamts Leonberg S. 264–267; Hermann Römer, Markgröningen I S. 36.

37 Beschreibung des Oberamts Leonberg S. 266.
38 Johann Caspar Zeuss, Traditiones Possessionesque Wizenburgenses S. 156; Württembergisches Urkundenbuch VI S. 498 f.
39 Ebd. S. 499.
40 Gustav Bossert, Urkirche Asperg S. 73 (Blätter für Württ. Kirchengeschichte 1886).
41 Württembergische Geschichtsquellen Bd. II S. 278 f.; Hermann Römer, Das Land um den Asperg S. 87.
42 Ich kann deshalb die undatierte Aufzeichnung über den Besitz und die Einkünfte des Klosters Weissenburg nicht, wie dies beispielsweise Hermann Römer tut (Das Land um den Asperg S. 87 f.) als die Stiftung Gozberts im Jahr 819 betrachten.
43 Württembergisches Urkundenbuch IV S. 330 f.
44 Alois Seiler, Studien S. 235 ff.
45 Württembergisches Urkundenbuch VI S. 498 f.; Blätter für Württ. Kirchengeschichte 1886 S. 73 (Gustav Bossert); Hermann Römer, Das Land um den Asperg S. 87 f.
46 Paul Sauer, Geschichte des Kreises Ludwigsburg S. 96.
47 Hermann Römer, Das Land um den Asperg S. 91; Deutsche Literaturgeschichte. Von den Anfängen bis zur Gegenwart (6. Auflage 2001) S. 17 f.
48 Blätter für Württ. Kirchengeschichte 1886 S. 73 f. (Gustav Bossert).
49 Aus Weissenburger Quellen S. 274–278.
50 Hermann Römer, Das Land um den Asperg S. 88 f.
51 Möglingen. Die Pforte zum Strohgäu (Arnold, Vöhingen) S. 36.
52 Aus Weissenburger Quellen S. 291 f.; Hermann Römer, Das Land um den Asperg S. 90.
53 Beschreibung des Oberamts Ludwigsburg S. 175 f.; Hermann Römer, Markgröningen I S. 51 f.
54 Alois Seiler S. 144 f. und 168; Blätter für Württ. Kirchengeschichte 1886 S. 73 (Gustav Bossert).
55 Beschreibung des Oberamts Leonberg S. 267; Hermann Römer, Markgröningen I S. 40.
56 Christoph Friedrich von Stälin, Württembergische Geschichte I S. 568.
57 Lexikon der deutschen Geschichte S. 706, 1164 und 1241 f.
58 Wilhelm Kurze, Adalbert und Gottfried von Calw S. 247–282.
59 Eglosheim S. 41 (Martin Burkhardt).
60 Ebd. S. 41 f.; Christoph Friedrich von Stälin II S. 370 ff.; Lexikon der deutschen Geschichte S. 1171.
61 Christoph Friedrich von Stälin II S. 375; Beschreibung des Oberamts Leonberg S. 267; Hermann Römer, Bietigheim S. 35.
62 Württembergisches Urkundenbuch II S. 209 ff.
63 Hermann Römer, Das Land um den Asperg S. 94 f.
64 Christoph Friedrich von Stälin II S. 425–451; Hermann Römer, Das Land um den Asperg S. 94 f.; Der Landkreis Tübingen. Amtliche Kreisbeschreibung I S. 213–217; Handbuch der Historischen Stätten Baden-Württembergs S. 361.
65 Württembergisches Urkundenbuch II S. 270 ff.
66 Ebd. IV S. 76 f.
67 Ebd. S. 243 f.
68 Ebd. V S. 96, 333 und 339; Der Landkreis Tübingen I S. 215 und 217.
69 Christoph Friedrich von Stälin III S. 707 f.
70 Württembergisches Urkundenbuch VII S. 25; Steinheim an der Murr. Jubiläumsschrift 1953 S. 53; Heimatbuch der Stadt Steinheim an der Murr S. 64.
71 Württembergisches Urkundenbuch VII S. 64.
72 Ebd. S. 98 f.
73 Ebd. S. 150.

74 Ebd. S. 167, 203, 221, 241 f. und 360.
75 Ebd. VIII S. 394 f.
76 Ebd. S. 66 ff. und 270 f.
77 Handbuch der baden-württembergischen Geschichte I,2 S. 47–52; Das Haus Württemberg S. 20 ff. und 47 f.; Hermann Römer, Das Land um den Asperg S. 96.
78 Das Haus Württemberg S. 14 f.; Markgröningen 779 bis 1979 S. 13.
79 Karl von Martens, Geschichte der … kriegerischen Ereignisse S. 38; Hermann Römer, Markgröningen I S. 98–101; Der Landkreis Tübingen I S. 211–214.
80 Hermann Römer, Markgröningen I S. 98; Das Haus Württemberg S. 48.
81 Der Landkreis Tübingen I S. 211–217.
82 Württembergisches Urkundenbuch III S. 306 f. und VII S. 280.
83 Ebd. II S. 74 f. und 110 f.
84 HStAS: H 101/2 Bd. 2 und H 101 Bd. 1071; Paul Sauer, Tamm S. 22 f.
85 Ebd. S. 24 f.
86 Württembergisches Städtebuch S. 146; Handbuch der Historischen Stätten Baden-Württembergs S. 463.
87 Das Haus Württemberg S. 20–24.
88 Beschreibung des Oberamts Leonberg S. 264 ff.
89 Württembergisches Urkundenbuch VII S. 428.
90 Ebd. S. 454.
91 Ebd. VIII S. 272.
92 Ebd. S. 140 f.
93 Ebd. S. 141.
94 Christoph Friedrich von StälinIII S. 708.
95 Ebd.
96 Württembergische Regesten 7822.
97 Das Haus Württemberg S. 23 ff.
98 Ebd. S. 26–29; Eugen Schneider, Württ. Geschichte S. 19–23; Paul Sauer, Marbach im Mittelalter und zu Beginn der Neuzeit S. 145.
99 Eugen Schneider, Württ. Geschichte S. 20–23.
100 Württembergische Regesten 6488; Christoph Friedrich von Stälin III S. 110 f.
101 Eugen Schneider, Württ. Geschichte S. 23.
102 Württembergische Regesten 6481.
103 Christoph Friedrich von Stälin III S. 707; Hermann Römer, Das Land um den Asperg S. 106.
104 Ebd. S. 708.
105 Württembergische Regesten 6914; Beschreibung des Oberamts Marbach S. 168.
106 Württembergische Regesten 6482.
107 Ebd. 6915; Das Haus Württemberg S. 27 und 29 f.; Beschreibung des Oberamts Marbach S. 168.
108 Württembergische Regesten 6916.
109 Christoph Friedrich von Stälin III S. 708; Irmgard Knoll, Die Grafen von Asperg S. 25 f.
110 Hermann Römer, Markgröningen I S. 47 und Hermann Römer, Bietigheim S. 22.
111 Württembergisches Urkundenbuch III S. 319 und 418, X S. 373.
112 Württembergische Regesten 8889.
113 Württembergisches Urkundenbuch IX S. 447 f. und 451 f., X S. 350.
114 Ebd. XI S. 440 f.
115 Esslinger Urbar von 1304 S. 81.
116 Württembergische Regesten 6481.
117 Württembergische Regesten 6485.
118 Altwürttembergische Urbare S. 134–151.
119 Württembergische Regesten 6485.
120 Sebastian Locher, Regesten zur Geschichte der Grafen von Veringen S. 138.
121 Theodor Bolay, Der Hohenasperg S. 13.
122 Württembergische Regesten 8741.
123 Beschreibung des Oberamts Ludwigsburg S. 332; HStAS: H 101/2 Bd. 4.
124 Hans-Rudolf Schömmel, Straßendörfer im Neckarland S. 75.
125 Willi Müller, Zur Namensforschung und Siedlungsgeschichte S. 22 ff.

II. Unter der Herrschaft der Grafen von Württemberg

1 Christoph Friedrich von Stälin III S. 111–116.
2 Ebd. S. 125–130; Eugen Schneider, Württ. Geschichte S. 24 ff.
3 Paul Friedrich Stälin, Zwei Gedichte des 14. Jahrhunderts zur Geschichte der Grafen von Württemberg S. 1–6.
4 Hermann Römer, Markgröningen I S. 108.
5 Eugen Schneider, Württ. Geschichte S. 26 f.
6 Christoph Friedrich von Stälin III S. 133; Hermann Römer, Das Land um den Asperg S. 108.
7 Beschreibung des Oberamts Ludwigsburg S. 178.
8 Beschreibung des Oberamts Leonberg S. 624.
9 Eugen Schneider, Württ. Geschichte S. 28 ff.; Das Haus Württemberg S. 29 f. (Wilfried Schöntag).
10 Württembergische Regesten 6084 und 6086.
11 Hermann Römer, Das Land um den Asperg S. 107 und 109.
12 Hermann Römer, Markgröningen I S. 105–119; Paul Sauer, Festvortrag „1200 Jahre Markgröningen" S. 23 f.
13 Ebd. S. 24.
14 Heinz Bardua, Kreis- und Gemeindewappen in Baden-Württemberg, Bd. 1 Regierungsbezirk Stuttgart S. 24.
15 Eugen Schneider, Württ. Geschichte S. 30–44; Das Haus Württemberg S. 33–36 (Markus Müller, Eberhard II., der Greiner) und S. 36 f. (Wilfried Schöntag, Ulrich IV.).
16 Historische Stätten von Baden-Württemberg S. 83 f.; Römer/Hehl, Bissingen S. 60.
17 Hermann Römer, Das Land um den Asperg S. 109.
18 Altwürttembergische Urbare.
19 Ebd. S. 36 f.; Robert Kretzschmar, Möglingen im Mittelalter und zu Beginn der frühen Neuzeit S. 72.
20 Rudolf Frey, Ludwigsburg und sein Bezirk S. 161.
21 Altwürttembergische Urbare S. 61.
22 Für die folgenden Ausführungen: Altwürttembergische Urbare S. 134–142.
23 Altwürttembergische Lagerbücher V S. 4.
24 Altwürttembergische Urbare S. 45.
25 Paul Sauer, Tamm S. 114.
26 Altwürttembergische Urbare S. 136; Beschreibung des Oberamts Ludwigsburg S. 154 und 213; Otto von Alberti, Württ. Adels- und Wappenbuch I S. 309 f.
27 Württembergische Regesten 6483.
28 Otto von Alberti II S. 690; Beschreibung des Oberamts Ludwigsburg S. 307.
29 Hans-Martin Maurer, Die landesherrliche Burg S. 181; Theodor Bolay, Der Hohenasperg S. 95.
30 Württembergische Regesten 8889.
31 Altwürttembergische Urbare S. 137.
32 Württembergisches Urkundenbuch II S. 271 f.
33 Alois Seiler S. 168.
34 Hermann Römer, Bietigheim S. 52; A.L. Reyscher, Kriegsgesetze XIX/1 S.1.
35 Ebd. S. 2.
36 So am 13. Juni 1384. Württembergische Regesten 14232.
37 Christoph Friedrich von Stälin III S. 418.
38 Das Haus Württemberg S. 39–42 (Matthias Miller).
39 Hans-Martin Maurer, Von Graf Eberhard dem Milden bis zur Landesteilung S. 22 f.
40 Ebd. S. 24; Paul Sauer, Marbach im Mittelalter und zu Beginn der frühen Neuzeit S. 152 f.
41 Hans-Martin Maurer, Von Graf Eberhard dem Milden bis zur Landesteilung S. 24.
42 Hermann Römer, Bietigheim S. 68 und 83.

43 Paul Sauer, Marbach im Mittelalter und zu Beginn der frühen Neuzeit S. 154.
44 Ebd.; Hans-Martin Maurer, Graf Eberhard im Bart S. 25.
45 Hermann Römer, Das Land um den Asperg S. 113; Hermann Römer, Bietigheim S. 68 f.
46 Ebd. S. 69; Walter Grube, Der Stuttgarter Landtag S. 11–18; Hans-Martin Maurer, Graf Eberhard im Bart S. 25.
47 Paul Sauer, Marbach im Mittelalter und zu Beginn der frühen Neuzeit S. 156.
48 Theodor Bolay, Der Hohenasperg S. 15.
49 Theodor Bolay, Chronik der Stadt Asperg S. 29; Paul Sauer, Marbach im Mittelalter und zu Beginn der frühen Neuzeit S. 156 f.
50 Hermann Römer, Bietigheim S. 83.
51 Paul Sauer, Marbach im Mittelalter und zu Beginn der frühen Neuzeit S. 157.
52 Christoph Friedrich von Stälin IV S. 13 und 20; Theodor Bolay, Der Hohenasperg S. 15.
53 Hans-Martin Maurer, Die landesherrliche Burg S. 57 ff.
54 Ebd. S. 60.
55 Ebd. S. 59 f.
56 Hermann Römer, Bietigheim S. 83; Hans-Martin Maurer, Die landesherrliche Burg S. 65.
57 Theodor Bolay, Der Hohenasperg S. 17 (Zeichnung Dürer).
58 A.L. Reyscher, Sammlung Altwürttembergischer Statutarrechte S. 104.
59 Hans-Martin Maurer, Die landesherrliche Burg S. 34.
60 A.L. Reyscher, Sammlung Altwürttembergischer Statutarrechte S. 104.
61 HStAS: A 313 Bü 16; A 602 (Württembergische Regesten) U 6486.
62 Robert Kretzschmar S. 180.
63 Württembergische Regesten 1047.
64 Ebd. 8879.
65 Ebd. 8880 und 8881.

III. Zwischen Württemberg und Österreich

1 Theodor Bolay, Der Hohenasperg S. 16; Theodor Bolay, Chronik der Stadt Asperg S. 3–34 (Ausführliche Inhaltsangabe).
2 Das Haus Württemberg S. 103 (Horst Carl, Herzog Ulrich).
3 Eugen Däs, Das Asperger Heimatbuch S. 22.
4 Hermann Römer, Das Land um den Asperg S. 117.
5 Theodor Bolay, Der Hohenasperg S. 16.
6 Hans-Martin Maurer, Die frühe Neuzeit bis zum Dreißigjährigen Krieg S. 84.
7 Theodor Schön, Die Staatsgefangenen auf dem Hohenasperg S. 4; Walter Grube, Der Stuttgarter Landtag S. 102 f. und 105.
8 Hans-Martin Maurer, Die frühe Neuzeit bis zum Dreißigjährigen Krieg S. 85.
9 A.L. Reyscher, Kriegsgesetze XIX/1 S. XI.
10 Hermann Römer, Markgröningen I S. 260.
11 Hans-Martin Maurer, Die landesherrliche Burg S. 84.
12 Hans-Martin Maurer, Die frühe Neuzeit bis zum Dreißigjährigen Krieg S. 86 f.
13 Karl von Martens S. 172 ff.
14 Ebd. S. 173; Beschreibung des Oberamts Ludwigsburg S. 176 f.
15 Theodor Bolay, Der Hohenasperg S. 95.
16 Christoph Friedrich von Stälin IV S. 180 f.
17 Hermann Römer, Bietigheim S. 83 f.
18 Karl von Martens S. 170 und 173 ff.

19 Ebd. S. 173 f.
20 M. Biffart, Geschichte der württembergischen Veste Hohenasperg S. 11.
21 Hermann Römer, Das Land um den Asperg S. 136.
22 Robert Kretzschmar S. 83.
23 Hermann Burkhardt, Eglosheim zu Beginn der Neuzeit S. 130.
24 Robert Kretzschmar S. 83.
25 Theodor Bolay, Der Hohenasperg S. 17.
26 Hermann Römer, Markgröningen I S. 236.
27 HStAS: A 313 U 2.
28 Christoph Friedrich von Stälin IV S. 180 f.; Karl von Martens S. 174.
29 Hermann Römer, Das Land um den Asperg S. 119.
30 Christoph Friedrich von Stälin IV S. 177 und 181.
31 Hermann Römer, Das Land um den Asperg S. 119; Hermann Römer, Markgröningen I S. 189.
32 Hermann Römer, Das Land um den Asperg S. 120; Hermann Burkhardt, Eglosheim zu Beginn der Neuzeit S. 130.
33 Ebd. S. 130 f.; Hermann Römer, Das Land um den Asperg S. 120.
34 Ebd. S. 120; Hermann Römer, Markgröningen I S. 237.
35 Hermann Römer, Das Land um den Asperg S. 120; Hans-Martin Maurer, Die frühe Neuzeit bis zum Dreißigjährigen Krieg S. 87.
36 Hans-Martin Maurer, Die landesherrliche Burg S. 124 f.
37 HStAS: A 313 Bü 2; M. Biffart S. 154–158; A.L. Reyscher, Kriegsgesetze XIX/1 S. 18–22; Hans-Martin Maurer, Die landesherrliche Burg S. 124 f. und 131.
38 Bosl. Franz. Hofmann, Biographisches Lexikon zur deutschen Geschichte I Sp. 674 f.
39 Für das Folgende, soweit keine andere Quelle erwähnt ist: Altwürttembergische Lagerbücher V S. 2–14.
40 HStAS: A 313 Bü 4 und 16.
41 Altwürttembergische Lagerbücher V S. 9 f.
42 Hermann Römer, Markgröningen I S. 159.
43 HStAS: H 101/2 Bd. 4 S. 26a.
44 Theodor Bolay, Chronik der Stadt Asperg S. 38.
45 Württembergische Regesten 1047.
46 Hermann Römer, Neues Unterasperg S. 38 f.
47 Ebd.
48 Eugen Schneider, Württ. Geschichte S. 130–133.
49 Hermann Burkhardt, Eglosheim zu Beginn der Neuzeit S. 131.
50 Karl von Martens S. 221.
51 Christoph Friedrich von Stälin IV S. 292 Anm. 2.
52 Ebd. S. 292.
53 Hermann Römer, Markgröningen I S. 242.
54 HStAS: A 313 U 6.
55 Für das Folgende, soweit nichts anderes genannt: Gustav Bossert, Hans Halm S. 358–376.
56 M. Biffart S. 15 f.
57 Walter Grube, Der Stuttgarter Landtag S. 159 ff.
58 Lexikon der deutschen Geschichte S. 244.
59 Christoph Friedrich von Stälin IV S. 328; Hermann Römer, Markgröningen I S. 244.
60 Ebd.
61 Walter Grube, Der Stuttgarter Landtag S. 124.
62 HStAS: A 313 Bü 3; Theodor Bolay, Der Hohenasperg S. 95.
63 HStAS: A 313 Bü 3.
64 Ebd.
65 Eugen Schneider, Württ. Geschichte S. 133–139; Römer/Hehl, Bissinger Heimatbuch S. 23.
66 Karl von Martens S. 243.
67 Eugen Schneider, Die Wiedereroberung S. 52.
68 Karl von Martens S. 245.

69 Hermann Römer, Markgröningen I S. 244.
70 Christoph Friedrich von Stälin IV S. 370.
71 Hermann Römer, Markgröningen I S. 244.
72 Eugen Schneider, Die Wiedereroberung S. 52; Hermann Römer, Markgröningen I S. 245; Paul Sauer, Tamm S. 60; Hermann Burkhardt, Eglosheim in der frühen Neuzeit S. 132.
73 Eugen Schneider, Die Wiedereroberung S. 52.
74 Ebd. S 52 f.
75 Hermann Römer, Markgröningen I S. 245.
76 Eugen Schneider, Die Wiedereroberung S. 53.
77 Ebd.; M. Biffart S. 158 f.; Christoph Friedrich von Stälin IV S. 370 f.; Karl von Martens S. 276.
78 Hermann Burkhardt, Eglosheim in der frühen Neuzeit S. 132.
79 Eugen Schneider, Württ. Geschichte S. 141.
80 Walter Grube, Der Stuttgarter Landtag S. 176 f.
81 Christoph Friedrich von Stälin IV S. 374.
82 Theodor Bolay, Der Hohenasperg S. 22.
83 HStAS: A 313 Bü 4 und 16.
84 Theodor Bolay, Chronik der Stadt Asperg S. 317.
85 HStAS: H 102/48 Bd. 6.
86 Der Landkreis Ludwigsburg S. 176.
87 Christoph Friedrich von Stälin IV S. 379.
88 Hans-Martin Maurer, Die landesherrliche Burg S. 95.
89 Ebd. S. 101 f.; Werner Fleischhauer, Die Renaissance S. 24.
90 Hans-Martin Maurer, Die landesherrliche Burg S. 102; Werner Fleischhauer, Die Renaissance S. 22.
91 Hans-Martin Maurer, Die landesherrliche Burg S. 91 und 179.
92 Ebd. S. 88; Werner Fleischhauer, Die Renaissance S. 24 und 260; Hermann Römer, Markgröningen I S. 247.
93 Hans-Martin Maurer, Die landesherrliche Burg S. 88.
94 Theodor Bolay, Der Hohenasperg S. 22 f.
95 Altwürttembergische Lagerbücher V S. 3.
96 Theodor Bolay, Der Hohenasperg S. 23; Thomas Schulz, Die Mühlen im Landkreis Ludwigsburg S. 49 und 206.
97 Hans-Martin Maurer, Die landesherrliche Burg S. 93 f.
98 HStAS: A 313 Bü 4.
99 Ebd.
100 Hans-Martin Maurer, Die landesherrliche Burg S. 129 und 131 f.
101 Theodor Bolay, Der Hohenasperg S. 95; Walther Pfeilsticker, Neues Württembergisches Dienerbuch §§ 2431–2435.
102 Hans-Martin Maurer, Die landesherrliche Burg S. 128 f.
103 Ebd. S. 124 f.
104 A.L. Reyscher, Kriegsgesetze XIX/1 S. 38–44.
105 Hans-Martin Maurer, Die landesherrliche Burg S. 125.
106 Ebd. S. 126.
107 Ebd. S. 127 f.
108 A.L. Reyscher, Kriegsgesetze XIX/1 S. 33–36; Hans-Martin Maurer, Die landesherrliche Burg S. 136.
109 M. Biffert S. 18.
110 Theodor Bolay, Der Hohenasperg S. 26.
111 HStAS: A 313 Bü 4.
112 M. Biffart S. 21; Werner Fleischhauer, Die Renaissance S. 24.
113 HStAS: A 313 Bü 4.
114 Eugen Schneider, Württ. Geschichte S. 148 ff.
115 Paul Sauer, Marbach im Mittelalter und zu Beginn der frühen Neuzeit S. 212.
116 Martin Brecht und Hermann Ehmer, Südwestdeutsche Reformationsgeschichte S. 287.
117 Karl von Martens S. 272 f.; HStAS: A 313 Bü 5.
118 Hermann Römer, Markgröningen I S. 248; Günther Bentele, Das Bietigheimer Hornmoldhaus S. 17–27.

119 Karl von Martens S. 272; Eugen Schneider, Württ. Geschichte S. 150; Walter Grube, Der Stuttgarter Landtag S. 192.
120 HStAS: A 313 Bü 5.
121 Ebd.; Karl von Martens S. 275.
122 HStAS: A 313 Bü 4.
123 Hermann Römer, Das Land um den Asperg S. 125 f.
124 HStAS: A 313 Bü 5.
125 Hermann Römer, Das Land um den Asperg S. 125 f.; Hermann Römer, Markgröningen I S. 248 f.
126 HStAS: A 206 Bü 169.
127 Ebd. Bü 168.
128 HStAS: A 313 Bü 5.
129 Hermann Römer, Markgröningen I S. 249; Hermann Römer, Das Land um den Asperg S. 126.
130 Hermann Römer, Bietigheim S. 106.
131 Hermann Römer, Markgröningen I S. 248.
132 Theodor Bolay, Chronik der Stadt Asperg S. 45.
133 Paul Sauer, Tamm S. 68 ff.
134 Hermann Römer, Markgröningen I S. 274 f.; Hermann Burkhardt, Eglosheim in der frühen Neuzeit S. 137.
135 Paul Sauer, Tamm S. 70.
136 Christoph Friedrich von Stälin IV S. 500.
137 Walter Grube, Der Stuttgarter Landtag S. 199 ff.
138 A.L. Reyscher, Kriegsgesetze XIX/1 S. 45 f.
139 HStAS: A 313 Bü 5; A.L. Reyscher, Kriegsgesetze XIX/1 S. 47 f.
140 HStAS: A 313 Bü 6.
141 Christoph Friedrich von Stälin IV S. 537 Anm. 1.
142 Walter Grube, Der Stuttgarter Landtag S. 202.
143 HStAS: A 313 Bü 6.
144 Hermann Römer, Markgröningen II S. 3.
145 A.L. Reyscher, Kriegsgesetze XIX/1 S. 57 ff.; M. Biffart S. 171 ff.
146 Paul Sauer, Tamm S. 70 f.; Theodor Bolay, Chronik der Stadt Asperg S. 49–53.
147 A.L. Reyscher, Kriegsgesetze XIX/1 S. 59.
148 HStAS: A 313 Bü 8.
149 HStAS: A 313 Bü 9; Werner Fleischhauer, Die Renaissance S. 24.
150 Christoph Friedrich von Stälin IV S. 785 Anm. 2.
151 Karl von Martens S. 277.
152 HStAS: A 313 Bü 3 und 7.

IV. Vom Augsburger Religionsfrieden bis zum Beginn des Dreißigjährigen Kriegs (1555–1618)

1 Werner Fleischhauer, Die Renaissance S. 25.
2 Ebd. S. 25 f.
3 Hans-Martin Maurer, Die landesherrliche Burg S. 103.
4 Werner Fleischhauer, Die Renaissance S. 26.
5 HStAS: A 313 Bü 8.
6 Werner Fleischhauer, Die Renaissance S. 26.
7 Ebd. S. 49.
8 Ebd. S. 194.
9 Ebd. S. 151.
10 Hans-Martin Maurer, Die landesherrliche Burg S. 106 und 108.
11 Ebd. S. 106; HStAS: A 313 Bü 11.
12 Hans-Martin Maurer, Die landesherrliche Burg S. 106.
13 Ebd. S. 106 f.
14 Ebd. S. 108 f.
15 Ebd. S. 109; HStAS: A 313 Bü 9.
16 HStAS: A 206 Bü 176.
17 HStAS: A 313 Bü 9; Walther Pfeilsticker § 3029.

18 HStAS: A 313 Bü 9; Walther Pfeilsticker §§ 1612, 2432 und 2755.
19 A.L. Reyscher, Kriegsgesetze XIX/1 S. 64–69.
20 Ebd. S. 91 und 103.
21 Theodor Bolay, Chronik der Stadt Asperg S. 49–52.
22 Ebd. S. 48; Beschreibung des Oberamts Ludwigsburg S. 177.
23 Albrecht Gühring, Vom Regierungsantritt Herzog Christophs bis zum Ausbruch des Dreißigjährigen Kriegs. In: Möglingen S. 91.
24 Hermann Römer, Markgröningen I S. 157 f.
25 HStAS: H 102/2 Bd. 4.
26 Hermann Burkhardt, Eglosheim: Wälder, ein See und die Jagd S. 162.
27 HStAS: A 313 Bü 16.
28 HStAS: H 101/2 Bd. 4.
29 HStAS: A 313 Bü 16.
30 HStAS: A 313 Bü 9 und H 101/2 Bd. 4.
31 Ebd.
32 Christoph Friedrich von Stälin IV S. 677 f.; Hermann Römer, Markgröningen II S. 5.
33 Das Haus Württemberg S. 108–111 (Franz Brendle) und 115 (Manfred Rudersdorf).
34 Ebd. S. 114 ff (Manfred Rudersdorf, Herzog Ludwig).
35 Ebd. S. 139–142 (Dieter Stievermann, Friedrich I.).
36 Ebd. S. 142–146 (Axel Gotthard, Johann Friedrich).
37 Werner Fleischhauer, Die Renaissance S. 53 f.
38 Ebd. S. 238.
39 Hans-Martin Maurer, Die landesherrliche Burg S. 97.
40 HStAS: A 313 Bü 10.
41 Ebd. Bü 11.
42 Hans-Martin Maurer, Die landesherrliche Burg S. 117 f.
43 Ebd. S. 118 f.
44 Ebd. S. 120 f.
45 Ebd. S. 121.
46 HStAS: A 206 Bü 140.
47 Für das Folgende: Walther Pfeilsticker §§ 2431–2434; Theodor Bolay, Der Hohenasperg S. 95; HStAS: A 313 Bü 9.
48 HStAS: A 313 Bü 11.
49 HStAS: A 206 Bü 178.
50 Ebd. Bü 177.
51 HStAS: A 313 Bü 7.
52 HStAS: A 206 Bü 184.
53 Ebd. Bü 195; Hans-Martin Maurer, Die landesherrliche Burg S. 117.
54 Walther Pfeilsticker § 2431.
55 HStAS: A 206 Bü204.
56 HStAS: A 313 Bü 9; A.L. Reyscher, Kriegsgesetze XIX/1 S. 103.
57 HStAS: A 206 Bü 204.
58 HStAS: A 313 Bü 10.
59 Ebd. Bü 11.
60 Hans-Martin Maurer, Die landesherrliche Burg S. 122 f.; HStAS: A 206 Bü 195.
61 Hans-Martin Maurer, Die landesherrliche Burg S. 123 f.; Herman Niethammer, Kraft Graf von Hohenlohe S. 239.
62 Hans-Martin Maurer, Die landesherrliche Burg S. 124.
63 Theodor Bolay, Der Hohenasperg S. 28.
64 HStAS: A 206 Bü 192.
65 Ebd. Bü 174; A 313 Bü 10 und 11.
66 Werner Fleischhauer, Die Renaissance S. 439.
67 Albrecht Gühring, Vom Regierungsantritt Herzog Christophs bis zum Ausbruch des Dreißigjährigen Kriegs. In: Möglingen S. 106.
68 HStAS: A 202 Bü 2344 und A 313 Bü 10 und 11.
69 HStAS: A 206 Bü 179.
70 Ebd. Bü 195 und A 313 Bü 9.
71 HStAS: A 206 Bü 202.
72 Ebd. Bü 194.
73 Christoph Friedrich von Stälin IV S. 800.
74 Werner Fleischhauer, Die Renaissance S. 224.

75 HStAS: A 206 Bü 190.
76 Ebd. Bü 185.
77 Ebd. Bü 199.
78 Hans-Martin Maurer, Die landesherrliche Burg S. 136.
79 Ebd. S. 110 f.oHStAS: A 206 Bü 179.
81 Ebd. Bü 206.
82 Ebd. Bü 204; Theodor Bolay, Der Hohenasperg S. 28 f.
83 HStAS: A 206 Bü 179.
84 Ebd. Bü 206; Hans-Martin Maurer, Die landesherrliche Burg S. 129 f.
85 HStAS: A 313 Bü 10.
86 Theodor Bolay, Der Hohenasperg S. 29 f.
87 Walther Pfeilsticker § 2209.
88 HStAS: A 313 Bü 10.
89 Walter Grube, Der Stuttgarter Landtag S. 274 f.
90 Ebd. S. 277 f. und 283.

V. Der Dreißigjährige Krieg (1618–1648)

1 Hans-Martin Maurer, Die landesherrliche Burg S. 83.
2 M. Biffart S. 26.
3 Karl von Martens S. 290.
4 Paul Sauer, Revolution und Volksbewaffnung S. 9–12.
5 Ludwig Heyd, Geschichte der vormaligen Oberamtsstadt Markgröningen S. 63.
6 HStAS: A 202 Bü 3444.
7 Ebd.
8 Ebd.
9 Ebd.
10 Ebd.; Werner Fleischhauer, Die Renaissance S. 435.
11 HStAS: A 202 Bü 2344.
12 Ebd.
13 Eugen Schneider, Württ. Geschichte S. 223 f.
14 Ebd. S. 224 f.; Karl Weller, Württ. Geschichte (1957) S. 108.
15 Eugen Schneider, Württ. Geschichte S. 225 f.
16 HStAS: A 202 Bü 2344.
17 Eugen Schneider, Württ. Geschichte S. 226 f.
18 Hermann Römer, Markgröningen II S. 61.; Albrecht Gühring, Krieg und Frieden. In: Möglingen S. 139; Willi A. Boelcke, Kornwestheim S. 72.
19 Theodor Bolay, Chronik der Stadt Asperg S. 65.
20 Eugen Schneider, Württ. Geschichte S. 238; Hermann Römer, Markgröningen II S. 65; Das Haus Württemberg S. 191 (Harald Schukraft, Julius Friedrich).
21 Ludwig Heyd S. 63; Eugen Schneider, Württ. Geschichte S. 246; Hermann Römer, Markgröningen II S. 68; Hermann Römer, Bietigheim S. 132.
22 HStAS: A 206 Bü 208.
23 Walther Pfeilsticker § 2434.
24 Ebd.
25 Hans-Martin Maurer, Die württembergischen Höhenfestungen S. 269.
26 HStAS: A 202 Bü 2345.
27 Hermann Römer, Markgröningen II S. 68; Eugen Schneider, Württ. Geschichte S. 246; Stefan Benning, Das Jahrhundert der Kriege S. 320; Albrecht Gühring, Krieg und Frieden. In: Möglingen S. 139.
28 Stefan Benning S. 321.
29 M. Biffart S. 33 f.; Karl von Martens S. 329; Hermann Römer, Das Land um den Asperg S. 143.
30 M. Biffart S. 30; Theodor Bolay, Der Hohenasperg S. 30 ff.
31 M. Biffart S. 33; Theodor Bolay, Der Hohenasperg S. 30; Hermann Römer, Markgröningen II S. 63 f.
32 M. Biffart S. 30.
33 Ebd. S. 31–35; Karl von Martens S. 358 f.; Theodor Bolay, Der Hohenasperg S. 31.

34 Hermann Römer, Markgröningen II S. 69.
35 Hans-Martin Maurer, Die württembergischen Höhenfestungen S. 271.
36 Hermann Römer, Markgröningen II S. 68.
37 Werner Fleischhauer, Die Renaissance S. 239.
38 Willi A. Boelcke S. 73 f.
39 Theodor Bolay, Der Hohenasperg S. 31 und 34; Hans-Martin Maurer, Ruhm und Fall des Hohenasperg S. 106.
40 Hermann Römer, Markgröningen II S. 70 f.; Hermann Römer, Bietigheim S. 133; Stefan Benning S. 321.
41 Wendel Bilfinger, Wahrhafte Beschreibung S. 197–380.
42 Hermann Römer, Das Land um den Asperg S. 143.
43 Karl von Martens S. 364.
44 Paul Sauer, Tamm S. 113.
45 Karl von Martens S. 366; Hermann Römer, Markgröningen II S. 71.
46 Paul Sauer, Tamm S. 113.
47 Ebd. S. 113 f.
48 Theodor Bolay, Chronik der Stadt Asperg S. 63.
49 Paul Sauer, Tamm S. 114.
50 Theodor Bolay, Der Hohenasperg S. 32 f.; Hans-Martin Maurer, Dokumente zur Belagerung des Hohenasperg 1634/35 S. 121 f.
51 Albrecht Gühring, Krieg und Frieden im 17. Jahrhundert. In: Geschichte der Stadt Marbach am Neckar S. 333.
52 Hermann Burkhardt, Eglosheim zu Beginn der Neuzeit S. 140.
53 Theodor Bolay, Der Hohenasperg S. 31; Hans-Martin Maurer, Dokumente zur Belagerung des Hohenasperg 1634/35 S. 119 ff.
54 Hermann Römer, Das Land um den Asperg S. 145 f.
55 Hans-Martin Maurer, Dokumente zur Belagerung des Hohenasperg 1634/35 S. 115; Theodor Bolay, Der Hohenasperg S. 32.
56 Paul Sauer, Tamm S. 116 f.
57 Hermann Burkhardt, Eglosheim zu Beginn der Neuzeit S. 141; Theodor Bolay, Der Hohenasperg S. 33.
58 Paul Sauer, Tamm S. 116 f.
59 Hermann Römer, Das Land um den Asperg S. 145 f.; Hermann Römer, Markgröningen II S. 50 f. und 71 f.
60 Hermann Römer, Markgröningen II S. 74 f.; Hans-Martin Maurer, Dokumente zur Belagerung des Hohenasperg 1634/35 S. 123–130.
61 Karl von Martens S. 379 f.
62 Hans-Martin Maurer, Dokumente zur Belagerung des Hohenasperg 1634/35 S. 122 f.
63 Theodor Bolay, Der Hohenasperg S.36.
64 Hans-Martin Maurer, Die württembergischen Höhenfestungen S. 278.
65 Ebd. S. 277; Hermann Burkhardt, Eglosheim zu Beginn der Neuzeit S. 142.
66 Paul Sauer, Tamm S. 117; Karl von Martens S. 381.
67 Theodor Bolay, Chronik der Stadt Asperg S. 64; Albrecht Gühring, Krieg und Frieden. In: Möglingen S. 131.
68 Hans-Martin Maurer, Die württembergischen Höhenfestungen S. 277 f.
69 Hans-Martin Maurer, Dokumente zur Belagerung des Hohenasperg 1634/35 S. 123 ff. und 128.
70 Ebd. S. 125 f.
71 M. Biffart S. 50; Theodor Bolay, Chronik der Stadt Asperg S. 64.
72 Albrecht Gühring, Krieg und Frieden. In: Möglingen S. 131.
73 Hermann Römer, Das Land um den Asperg S. 146.
74 Hermann Burkhardt, Eglosheim zu Beginn der Neuzeit S. 143.
75 Hans-Martin Maurer, Dokumente zur Belagerung des Hohenasperg 1634/35 S. 128 ff.
76 Hans-Martin Maurer, Die württembergischen Höhenfestungen S. 279.
77 Hans-Martin Maurer, Dokumente zur Belagerung des Hohenasperg 1634/35 S. 131 f.

78 Hermann Römer, Das Land um den Asperg S. 145 ff.
79 Ebd. S. 146; M. Biffart S. 54 f.
80 Hans-Martin Maurer, Dokumente zur Belagerung des Hohenasperg 1634/35 S. 135.
81 Ebd. S. 136 ff.
82 M. Biffart S. 58.
83 Hans-Martin Maurer, Ruhm und Fall des Hohenasperg S. 108; Hans-Martin Maurer, Dokumente zur Belagerung des Hohenasperg 1634/35 S. 136 ff.
84 Ebd. S. 135.
85 Theodor Bolay, Der Hohenasperg S. 35.
86 Hermann Römer, Markgröningen II S. 71 f.; Karl von Martens S. 381.
87 Ebd. S. 381 f.; Hans-Martin Maurer, Die württembergischen Höhenfestungen S. 282 f.
88 Werner Fleischhauer, Die Renaissance S. 239.
89 Hermann Römer, Das Land um den Asperg S. 147; Hans-Martin Maurer, Die württembergischen Höhenfestungen S. 282.
90 Hans-Martin Maurer, Die landesherrliche Burg S. 83.
91 Hermann Burkhardt, Eglosheim zu Beginn der Neuzeit S. 145 f.
92 Paul Sauer, Tamm S. 117 f.
93 Hermann Römer, Markgröningen II S. 75.
94 Theodor Bolay, Chronik der Stadt Asperg S. 64 f.
95 Hermann Römer, Markgröningen II S. 72.
96 Paul Sauer, Affalterbach S. 105.
97 Hermann Römer, Markgröningen II S. 72 f.; Stefan Benning S. 322.
98 Hermann Römer, Bietigheim S. 135.
99 Albrecht Gühring, Krieg und Frieden. In: Möglingen S. 132; Hermann Burkhardt, Eglosheim zu Beginn der Neuzeit S. 144 f.
100 Paul Sauer, Tamm S. 118.
101 Hermann Römer, Markgröningen II S. 75.
102 Albrecht Gühring, Krieg und Frieden. In: Möglingen S. 133.
103 Stefan Benning S. 234.
104 Hermann Burkhardt, Eglosheim zu Beginn der Neuzeit S. 144.
105 HStAS: A 202 Bü 2345; Hans-Martin Maurer, Ruhm und Fall des Hohenasperg S. 97.
106 HStAS: A 202 Bü 2345; Werner Fleischhauer, Barock S. 123.
107 HStAS: A 202 Bü 2345.
108 Albrecht Gühring, Krieg und Frieden. In: Geschichte der Stadt Marbach am Neckar S. 332 f.
109 Theodor Bolay, Der Hohenasperg S. 39.
110 Eugen Schneider, Württ. Geschichte S. 252 f.
111 Ebd. S. 260.
112 HStAS: A 202 Bü 2345.
113 Hermann Römer, Markgröningen II S. 77.
114 Hermann Burkhardt, Eglosheim zu Beginn der Neuzeit S. 145.
115 Karl von Martens S. 457.
116 Hermann Römer, Markgröningen II S. 76 f.
117 Stefan Benning S. 324.
118 Albrecht Gühring, Krieg und Frieden. In: Möglingen S. 146.
119 Hermann Römer, Markgröningen II S. 77.
120 Ludwig Heyd S. 101 ff.
121 Theodor Bolay, Chronik der Stadt Asperg S. 65 f.
122 Karl von Martens S. 480 f.
123 Stefan Benning S. 326 f.
124 Eugen Schneider, Württ. Geschichte S. 269 ff.
125 Hermann Römer, Markgröningen II S. 79.
126 Theodor Bolay, Chronik der Stadt Asperg S. 66.
127 Ebd. S. 66.
128 Paul Sauer, Tamm S. 123–136 und 231; Paul Sauer, Affalterbach S. 106, 111–116 und 202; Albrecht Gühring, Krieg und Frieden. In: Möglingen S. 142, 146 und 152–156, Willi A. Boelcke S. 75.

VI. Die Festung Hohenasperg verliert für die Landesverteidigung mehr und mehr an Bedeutung

1 Robert Uhland, Georg Wilhelm Kleinsträttl S. 167 f.
2 Robert Uhland, Andreas Kieser S. 38–41.
3 Robert Uhland, Georg Wilhelm Kleinsträttl S. 168 ff.
4 Herman Niethammer, Georg Friedrich vom Holtz S. 257–260.
5 Theodor Bolay, Der Hohenasperg S. 39.
6 HStAS: A 202 Bü 2344 und 2345.
7 Ebd. Bü 2345.
8 Robert Uhland, Georg Wilhelm Kleinsträttl S. 171 f.
9 Ebd. S. 171.
10 Ebd. S. 172 f.
11 Ebd. S. 173–193.
12 HStAS: A 313 Bü 12.
13 HStAS: A 202 Bü 2345.
14 Ebd. Bü 2850.
15 HStAS: A 249 Bü 32.
16 Ebd.
17 Ebd.
18 Ebd.
19 Ebd.
20 Das Haus Württemberg S. 162 f. (Joachim Fischer, Wilhelm Ludwig).
21 Ebd. S. 162.
22 Robert Uhland, Andreas Kieser S. 38 ff.
23 Ebd. S. 43.
24 Ebd. S. 46–49.
25 HStAS: A 313 Bü 12.
26 HStAS: A 249 Bü 32.
27 HStAS: A 313 Bü 12.
28 HStAS: A 249 Bü 32; Hermann Römer, Markgröningen II S. 91; Hans-Martin Maurer, Die landesherrliche Burg S. 97 f.; Theodor Bolay, Der Hohenasperg S. 39; Werner Fleischhauer, Barock S. 42.
29 HStAS: A 249 Bü 32.
30 Werner Fleischhauer, Barock S. 17, 42 und 49–53; Theodor Bolay, Der Hohenasperg: Bildanhang (Statt Winckler muss es in der Bildlegende jedoch Weiß heißen).
31 Das Haus Württemberg S. 161 ff (Joachim Fischer, Wilhelm Ludwig und Magdalena Sibylla).
32 HStAS: A 249 Bü 32.
33 HStAS: A 313 Bü 12.
34 Ebd. Bü 12 und 14.
35 Walther Pfeilsticker § 2432.
36 HStAS: A 202 Bü 2844.
37 HStAS: A 313 Bü 12; A 202 Bü 2844 und 2850; Walther Pfeilsticker § 2433.
38 Ebd. § 2434; HStAS: A 202 Bü 2850.
39 Walter Grube, Der Stuttgarter Landtag S. 353; Paul Sauer, Geschichte der Stadt Stuttgart II S. 237.
40 Ebd. S. 237; Walter Grube, Der Stuttgarter Landtag S. 353–360.
41 Karl von Martens S. 507–511.
42 M. Biffart S. 174 f.
43 Karl von Martens S. 511.
44 Ebd. S. 514.
45 Ebd. S. 513 ff.
46 Paul Sauer, Geschichte der Stadt Stuttgart II S. 237.
47 Albrecht Gühring, Krieg und Frieden: In: Geschichte der Stadt Marbach am Neckar S. 343.
48 Karl von Martens S. 519 f.
49 Albrecht Gühring, Krieg und Frieden. In: Möglingen S. 136.
50 HStAS: A 202 Bü 2050.
51 HStAS: A 249 Bü 33.
52 Ebd.
53 Ebd.
54 Ebd.
55 Ebd.
56 Walter Grube, Der Stuttgarter Landtag S. 358 f.
57 Walther Pfeilsticker § 2441.
58 Karl von Martens S. 531.
59 Albrecht Gühring, Krieg und Frieden: In: Möglingen S. 164; Hermann Burkhardt, Eglosheim zu Beginn der Neuzeit S. 153 f.; Hermann Römer, Markgröningen II S. 98; Hermann Römer, Bietigheim S. 150.

60 Karl von Martens S. 545 f.; Hermann Römer, Bietigheim S. 150; Hermann Burkhardt, Eglosheim zu Beginn der Neuzeit S. 154.
61 Karl von Martens S. 546 f.
62 Das Haus Württemberg S. 169 (Dieter Stievermann, Eberhard Ludwig), S. 237 (Christoph Eberlein, Friedrich Carl).
63 Hermann Römer, Markgröningen II S. 122.
64 Ebd. S. 112; Paul Sauer, Geschichte [des Kreises Ludwigsburg] bis zum Ende des Zweiten Weltkriegs S. 128 f.
65 Ebd. S. 129.
66 Karl von Martens S. 588; Hermann Römer, Markgröningen II S. 102.
67 Hermann Römer, Bietigheim S. 151; Paul Sauer, Geschichte der Stadt Stuttgart III S. 25 f.
68 Karl von Martens S. 605–613.
69 HStAS: A 248 Bü 2589.
70 Ebd. Bü 2590.
71 Ebd. Bü 2591.
72 Paul Sauer, Herzog Carl Alexander S. 172 f.
73 Ebd. S. 173 f.; Eugen Schneider, Württ. Geschichte S. 347; HStAS: A 202 Bü 2346; M. Biffart S. 71.
74 HStAS: A 248 Bü 2591.
75 HStAS: A 202 Bü 2346.
76 Ebd.
77 Ebd.
78 Ebd.

VII. Festung, Staatsgefängnis und zeitweilig auch Besserungsanstalt

1 Beschreibung des Oberamts Ludwigsburg S. 178; Theodor Bolay, Der Hohenasperg S. 42.
2 Ebd.; HStAS: A 248 Bü 2594.
3 Ebd. Bü 2593.
4 Ebd. Bü 2591.
5 Ebd. Bü 2581.
6 Ebd. Bü 2591.
7 M. Biffart S. 79 und 82; Theodor Bolay, Der Hohenasperg S. 43.
8 Ebd. S. 43.
9 Ebd. S. 42.
10 Ebd. S. 44–48.
11 Ebd. S. 51–55.
12 HStAS: A 313 Bü 16 (Ordre Herzog Carl Eugens vom 18. Januar 1777 an Klosteramtmann Scholl in Blaubeuren).
13 M. Biffart S. 79; Theodor Bolay, Der Hohenasperg S. 43.
14 Paul Sauer, Im Namen des Königs S. 97 ff.
15 HStAS: A 202 Bü 2347.
16 HStAS: A 206 Bü 9081.
17 HStAS: A 202 Bü 2347.
18 Ebd. Bü 2348.
19 HStAS: A 206 Bü 9080.
20 Theodor Bolay, Der Hohenasperg S. 61 ff.; Paul Sauer, Im Namen des Königs S. 26; HStAS: A 213 Bü 9079.
21 M. Biffart S. 175–181.
22 HStAS: A 248 Bü 2590.
23 Erwin Haas, Die sieben württembergischen Landesfestungen S. 49.
24 Theodor Bolay, Der Hohenasperg S. 63.
25 Ebd. S. 57 f. und 63 f.; Eberhard Sieber, „Die Gogs" S. 4.
26 Theodor Bolay, Der Hohenasperg S. 57–60; Walter Grube, Der Stuttgarter Landtag S. 469 und 477 ff.; Paul Sauer, Der schwäbische Zar S. 278 f.
27 Theodor Bolay, Der Hohenasperg S. 64 f.; Paul Sauer, Der schwäbische Zar S. 413 f.
28 Theodor Bolay, Der Hohenasperg S. 62; Paul Sauer, Der schwäbische Zar S. 269.
29 Eugen Schneider, Württ. Geschichte S. 450; Theodor Schön, Die Staatsgefangenen auf Hohenasperg S. 45 f.; Theodor Bolay, Der Hohenasperg S. 59; Paul Sauer, Der schwäbische Zar S. 252 und 281.

30 Theodor Bolay, Der Hohenasperg S. 63.
31 Ebd. S. 63 und 65; Peter Haigis / Gert Hummel, Schwäbische Spuren im Kaukasus.
32 Paul Sauer, Im Namen des Königs S. 57.
33 Ebd. S. 56 ff., 60 und 62.
34 Ebd. S. 47.
35 Ebd. S. 61.
36 Paul Sauer, Das württembergische Heer S. 63–67.
37 Hermann Römer, Bietigheim S. 231.
38 Paul Sauer, Das württembergische Heer S. 23.
39 Ebd. S. 38.
40 Paul Sauer, Im Namen des Königs S. 80, 86, 101 und 107.
41 Paul Sauer, Das württembergische Heer S. 152; Eberhard Sieber, Ein Gefangenentagebuch S. 84; M. Biffart S. 150.
42 Paul Sauer, Das württembergische Heer S. 171 f.
43 Theodor Bolay, Der Hohenasperg S. 56, 83 ff. und 96; Oscar Paret, Ludwigsburg und das Land um den Asperg S. 340; Theodor Bolay, Chronik der Stadt Asperg S. 337 f.
44 Eberhard Sieber, „Die Gogs …“ S. 3; Horst Brandstätter, Asperg. Ein deutsches Gefängnis S. 9.
45 Theodor Bolay, Der Hohenasperg S. 67–70.
46 Ebd. S. 70–74; Theodor Schön S. 65–75; Heinrich Gaese, Ludwigsburger Affären S. 68–83.
47 Eberhard Sieber, „Die Gogs“ S. 9 f.
48 Eberhard Sieber, Ein Gefangenentagebuch S. 84 f.
49 Paul Sauer, Das württembergische Heer S. 116–121.
50 Eberhard Sieber, Ein Gefangenentagebuch S. 84 f.; Albrecht Krause und Erich Viehöfer, Auf den Bergen ist Freiheit S. 28 ff.
51 Ebd. S. 30.
52 Paul Sauer, Gottlieb Rau S. 78–97.
53 Theodor Schön S. 78.
54 Ebd. S. 79–90; Theodor Bolay, Der Hohenasperg S. 75 f. und 78 f.
55 Albrecht Krause und Erich Viehöfer S. 23–25; Theodor Bolay, Der Hohenasperg S. 79 f.
56 Ebd. S. 76–79; Theodor Schön S. 90–94.
57 Hermann Römer, Bietigheim S. 220; Die F.D.P. / DVP in Baden-Württemberg und ihre Geschichte S. 25 f. und 63 f.; Horst Brandstätter S. 105 ff.
58 Eberhard Sieber, „Die Gogs“ S. 3.
59 Johannes Autenrieth, Der Hohenasperg S. 54 ff.
60 Ebd.; Paul Sauer, Im Namen des Königs S. 222.
61 Theodor Bolay, Der Hohenasperg. 86–91; Der Kreis Ludwigsburg S. 281.

Quellen und Literatur

Ungedruckte Quellen

Hauptstaatsarchiv Stuttgart (HStAS)
A 202 Geheimer Rat: Akten 1640–1806.
A 206 Oberrat: Ältere Ämterakten 1500–1748.
A 213 Oberrat: Jüngere Ämterakten (Spezialakten) 1476–1817.
A 248 Rentkammer: Generalakten 1501–1806.
A 249 Rentkammer: Ämterakten (Spezialakten) 1557–1807.
A 313 Asperg, Festung und Kellerei 1519–1805.
A 602 Württembergische Regesten 1301–1500.
H 101 Weltliche Lagerbücher der Oberämter (um 1350–1805).
H 102/48 Lagerbücher der Geistlichen Verwaltung Markgröningen.

Gedruckte Quellen und Literatur

Alberti, Otto von: Württembergisches Adels- und Wappenbuch Bd. I und II. Stuttgart 1889–1916.

Altwürttembergische Lagerbücher aus der österreichischen Zeit 1520–1534 Bd. V: Ämter Asperg, Bietigheim, Besigheim, Markgröningen, Leonberg und Vaihingen. Bearbeitet von Thomas Schulz (Veröffentlichungen der Kommission für geschichtliche Landeskunde in Baden-Württemberg. Reihe A, 27. Bd.). Stuttgart 1989.

Altwürttembergische Urbare aus der Zeit Graf Eberhards des Greiners. Bearbeitet von Karl Otto Müller (Württembergische Geschichtsquellen 23). Stuttgart 1934.

Asperg. Ein deutsches Gefängnis. Zusammengestellt von Horst Brandstätter. Berlin 1978.

Aus Weissenburger Quellen. In: Württembergische Geschichtsquellen Bd. II (Stuttgart 1895) S. 263–354.

Autenrieth, Johannes: Der Hohenasperg. Aufzeichnungen eines Strafanstaltenkommissars. Hg. Von Rolf Autenrieth. Bietigheim-Bissingen 2000.

Bardua, Heinz: Kreis- und Gemeindewappen im Regierungsbezirk Stuttgart. Stuttgart 1987.

Benning, Stefan: Das Jahrhundert der Kriege. In: Bietigheim 789–1989 (Bietigheim-Bissingen 1989) S. 318–390.

Bentele, Günther: Das Bietigheimer Hornmoldhaus. Bietigheim-Bissingen 1979.

Beschreibung des Oberamts Leonberg. Hg vom Württ. Statistischen Landesamt. Zweite Bearbeitung. 1. und 2. Bd. Stuttgart 1930.

Beschreibung des Oberamts Ludwigsburg. Hg. von dem Königlichen statistisch-topographischen Bureau. Stuttgart 1859.

Beschreibung des Oberamts Marbach. Hg. vom Königlichen statistisch-topographischen Bureau. Stuttgart 1866.

Bietigheim 789–1989. Beiträge zur Geschichte von Siedlung, Dorf und Stadt. Bietigheim-Bissingen 1989.
Biffart, M.: Geschichte der württembergischen Feste Hohenasperg und ihrer merkwürdigsten Gefangenen. Stuttgart 1858.
Bilfinger, Wendel: Wahrhaffte Beschreibung, was sich mit der namhafften Vöstung Hohen-Asperg, deroselben Ploquierung, Belägerung und endtlichen Übergaab von dem Augusto des 1634 Jars biss zum Augusto folgenden 1635 Jars fürnämblich zugetragenn. In: Johann Christoph Schmidlin. Beyträge zur Geschichte des Herzogthums Wirtemberg. Erster Teil (Stuttgart 1780), S. 197–380.
Binder, Wilhelm: Zwei Jahre auf Hohen-Asperg 1850/51. Reutlingen 1868.
Boelcke, Willi A.: Kornwestheim. Vom Alemannendorf zur Industriestadt. Kornwestheim 1972.
Bolay, Theodor: Chronik der Stadt Asperg. Bietigheim 1978.
Bolay, Theodor: Der Hohenasperg. Vergangenheit und Gegenwart. Bietigheim 1972.
Bosl/Franz/Hofmann: Biographisches Lexikon zur deutschen Geschichte. 3 Bde. 2 Aufl. München 1995.
Bossert, Gustav: Hans Halm, der Stadtschreiber von Aalen, und Sebastian Emhart, der Burgvogt von Asperg. Ein Beitrag zur Vorgeschichte der Rückkehr des Herzogs Ulrich. In: Württ. Jahrbücher für Statistik und Landeskunde Jg. 1913 S. 358–376.
Bossert, Gustav: Urkirche Asperg. In: Blätter für Württ. Kirchengeschichte 1886 S. 73f.
Brandstätter, Horst s. Asperg.
Brecht, Martin und Hermann Ehmer; Südwestdeutsche Reformationsgeschichte. Stuttgart 1984.
Burkhardt, Hermann: Eglosheim zu Beginn der Neuzeit. In: Eglosheim. Ein Ort im Wandel der Jahrhunderte (Ludwigsburg 1991) S. 110–156.
Burkhardt, Hermann: Eglosheim: Wälder, ein See und die Jagd. In: Eglosheim. Ein Ort im Wandel der Jahrhunderte (Ludwigsburg 1991) S. 157–178.
Däs, Eugen: Asperger Heimatbuch. Heimatgeschichte von Asperg und Hohenasperg. Asperg 1931.
Das Haus Württemberg. Ein biographisches Lexikon. Hg. von Sönke Lorenz, Dieter Mertens, Volker Press (†). Stuttgart 1997.
Der Kreis Ludwigsburg. 2. Aufl. Stuttgart 1994.
Der Landkreis Tübingen. Amtliche Kreisbeschreibung Bd. I. Tübingen 1967.
Deutsche Literaturgeschichte. Von den Anfängen bis zur Gegenwart. 6. Aufl. Stuttgart 2001.
Die F. D. P./DVP in Baden-Württemberg und ihre Geschichte. Hg. von Paul Rothmund und Erhard R. Wien (Schriften zur politischen Landeskunde Baden-Württembergs Bd. 4). Stuttgart 1979.
Eglosheim. Ein Ort im Wandel der Jahrhunderte. Hg. im Auftrag der Stadt Ludwigsburg von Hermann Burkhardt. Ludwigsburg 1991.
Elias, Otto-Heinrich: Eine tollkühne Flucht vom Hohenasperg. Beiträge zur Landeskunde 1991 Heft 6 S. 7–10.
Esslinger Urbar von 1304 s. Raisch, Herbert.
Fleischhauer, Werner: Die Renaissance im Herzogtum Württemberg (Sonderveröffentlichung der Kommission für geschichtliche Landeskunde in Baden-Württemberg). Stuttgart 1971.
Fleischhauer, Werner: Der Barock im Herzogtum Württemberg (Sonderveröffentlichung der Kommission für geschichtliche Landeskunde in Baden-Württemberg). Stuttgart 1958.

Frey, Rudolf: Ludwigsburg und sein Bezirk. In: Paret, Oscar: Ludwigsburg und das Land um den Asperg (Ludwigsburg 1934) S. 157–204.
Gaese, Heinrich: Ludwigsburger Affären und Prozesse im deutschen Vormärz. In: Ludwigsburger Geschichtsblätter 23/1971 S. 68–83.
Geschichte der Stadt Marbach am Neckar. Bd. 1 (bis 1871). Ubstadt-Weiher 2002.
Grube, Walter: Der Stuttgarter Landtag 1457–1957. Von den Landständen zum demokratischen Parlament. Stuttgart 1957.
Gühring, Albrecht: Krieg und Frieden im 17. Jahrhundert (1618–1692). In: Geschichte der Stadt Marbach am Neckar Bd. 1 S. 327–460.
Gühring, Albrecht: Krieg und Frieden im 17. Jahrhundert (1618–1692). In: Möglingen S. 129–162.
Gühring, Albrecht: Vom Regierungsantritt Herzog Christophs bis zum Beginn des Dreißigjährigen Kriegs (1550–1618). In: Geschichte der Stadt Marbach am Neckar Bd. 1 S. 231–326.
Gühring, Albrecht: Vom Regierungsantritt Herzog Christophs bis zum Ausbruch des Dreißigjährigen Kriegs (1550–1618). In: Möglingen S. 91–128.
Haas, Erwin: Die sieben württembergischen Landesfestungen Hohenasperg, Hohenneuffen, Hohentübingen, Hohenurach, Hohentwiel, Kirchheim/Teck, Schorndorf. Reutlingen 1996.
Haigis, Peter und Gert Hummel: Schwäbische Spuren im Kaukasus. Auswandererschicksale. Metzingen 2002.
Handbuch der Baden-Württembergischen Geschichte I Teil 1: Von der Urzeit bis zum Ende der Staufer. Stuttgart 2001.
Handbuch der Historischen Stätten Baden-Württemberg. Hg. von Prof. Dr. Max Miller (†) und Dr. Gerhard Taddey. 2. Aufl. Stuttgart 1980.
Hase, Karl von: Ideale und Irrtümer. Jugenderinnerungen. Leipzig 1904.
Heimatbuch der Stadt Steinheim an der Murr. Steinheim an der Murr 1980.
Heyd, L[udwig] F[riedrich]: Geschichte der vormaligen Oberamtsstadt Markgröningen mit besonderer Rücksicht auf die allgemeine Geschichte Wirtembergs. Stuttgart 1829.
Hoch, Immanuel: Geschichte der württembergischen Veste Hohenasperg und ihrer merkwürdigsten politischen und anderen Gefangenen. Stuttgart 1838.
Keller, Hagen: Germanische Landnahme und Frühmittelalter. In: Handbuch der Baden-Württembergischen Geschichte Bd. I (2001) S. 191–296.
Knoll, Irmgard: Die Grafen von Asperg – ein Zweig der Pfalzgrafen von Tübingen. In: Ludwigsburger Geschichtsblätter 46/1992, S. 11–35.
Krause, Albrecht und Erich Viehöfer: Auf den Bergen ist Freiheit. Der Hohenasperg und das Gericht über die Revolution. Stuttgart 1998.
Krause, Rüdiger: Zur Vor- und Frühgeschichte der Stadt Marbach. In: Geschichte der Stadt Marbach am Neckar Bd. 1 S. 17–36.
Kretzschmar, Robert: Möglingen im Mittelalter und zu Beginn der frühen Neuzeit. In: Möglingen S. 57–90.
Kurze, Wilhelm: Adalbert und Gottfried von Calw. In: Zeitschrift für Württ. Landesgeschichte 1965 S. 241–308.
Lexikon der Antike. Leipzig 1977.
Lexikon der deutschen Geschichte. Personen. Ereignisse. Institutionen. Von der Zeitenwende bis zum Ausgang des 2. Weltkriegs. Hg. von Gerhard Taddey. Stuttgart 1977.

Locher, Sebastian: Regesten der Geschichte der Grafen von Veringen. Mitteilungen des Vereins für Geschichte und Altertumskunde in Hohenzollern 2–5 (1868–1872).
Ludwigsburg und das Land um den Asperg. Ein Heimatbuch für den Bezirk Ludwigsburg. Hg. von Oscar Paret. Ludwigsburg 1934.
Maier, Ulrich: Demokraten auf dem Hohenasperg – Ein Belegungsplan aus dem Jahr 1848. In: Archivnachrichten Nr. 7/Okt. 1993.
Markgröningen 779 bis 1979. Bd. I und II. Markgröningen 1979.
Martens, Karl von: Geschichte der innerhalb der gegenwärtigen Gränzen des Königreichs Württemberg vorgefallenen kriegerischen Ereignisse vom Jahr 15 vor Christi Geburt bis zum Friedensschlusse 1815. Stuttgart 1847.
Maurer, Hans-Martin: Die frühe Neuzeit bis zum Dreißigjährigen Krieg. In: Geschichte Württembergs in Bildern 1083–1918 (Stuttgart 1992) S. 84–99.
Maurer, Hans-Martin: Die württembergischen Höhenfestungen nach der Schlacht bei Nördlingen. In: Zeitschrift für Württ. Landesgeschichte Jg. XXVI/1967 S. 264–315.
Maurer, Hans-Martin: Die landesherrliche Burg in Württemberg im 15. und 16. Jahrhundert. Studien zu den landesherrlich-eigenen Burgen, Schlössern und Festungen Veröffentlichungen der Kommission für geschichtliche Landeskunde. Reihe B 1.Bd.). Stuttgart 1958.
Maurer, Hans-Martin: Dokumente zur Belagerung des Hohenasperg im Jahr 1634/35. In: Ludwigsburger Geschichtsblätter 24/1972 S. 113–143.
Maurer, Hans-Martin: Graf Eberhard im Bart. In: Geschichte Württembergs in Bildern 1083–1918 (Stuttgart 1992) S. 25–29.
Maurer, Hans-Martin: Ruhm und Fall des Hohenasperg – Das Drama der ersten Landesfestung im Dreißigjährigen Krieg. In: Ludwigsburger Geschichtsblätter 24/1972 S. 97–111.
Maurer, Hans-Martin: Von Graf Eberhard dem Milden bis zur Landesteilung. In: Geschichte Württembergs in Bildern 1083–1918 (Stuttgart 1992) S. 22–25.
Möglingen. Pforte zum Strohgäu. Hg. von Albrecht Gühring. Möglingen 2000.
Müller, Willi: Zur Namensforschung und Siedlungsgeschichte In: Ludwigsburger Geschichtsblätter 15/1963 S. 22–28.
Niethammer, Herman: Georg Friedrich vom Holtz (1597–1666). In: Schwäbische Lebensbilder Bd. II (Stuttgart 1941) S. 242–261.
Niethammer, Herman: Kraft VII. Graf von Hohenlohe-Langenburg (1582–1641). In: Schwäbische Lebensbilder Bd. III (Stuttgart 1942) S. 236–247.
Paret, Oscar, Die Ur- und Frühgeschichte. In: Paret, Oscar: Ludwigsburg und das Land um den Asperg (Ludwigsburg 1934) S. 49–80.
Paret, Oscar: Ludwigsburg und das Land um den Asperg. Ludwigsburg 1934.
Paret, Oscar: Württemberg in vor- und frühgeschichtlicher Zeit (Veröffentlichungen der Kommission für geschichtliche Landeskunde Reihe B Bd. 17). Stuttgart 1961.
Pfeilsticker, Walther: Neues Württembergisches Dienerbuch. Bd. I und II. Stuttgart 1957 und 1963. Registerband Stuttgart 1993.
Raisch, Herbert: Das Esslinger Urbar von 1304 (Esslinger Studien Schriftenreihe Bd. 2). Esslingen 1966.
Reichardt, Lutz: Ortsnamenbuch des Stadtkreises Stuttgart und des Landkreise Ludwigsburg (Veröffentlichungen der Kommission für geschichtliche Landeskunde in Baden-Württemberg Reihe B 101. Bd.). Stuttgart 1982.
Reyscher, August Ludwig: Sammlung Altwürttembergischer Statutar-Rechte. Tübingen 1834.

Reyscher, August Ludwig: Vollständige, historisch und kritisch bearbeitete Sammlung der württembergischen Gesetze XIX 1–3: Kriegsgesetze von Kapff. Stuttgart und Tübingen 1828–1851.
Römer, Hermann, Das Land um den Asperg vom Mittelalter bis zur Gründung von Ludwigsburg. In: Paret, Oscar: Ludwigsburg und das Land um den Asperg (Ludwigsburg 1934) S. 81–156.
Römer, Hermann: Geschichte der Stadt Bietigheim an der Enz [zitiert: Bietigheim]. Stuttgart 1956.
Römer, Hermann: Markgröningen im Rahmen der Landesgeschichte I: Urgeschichte und Mittelalter. Markgröningen 1933 [zitiert: Römer, Hermann, Markgröningen I].
Römer, Hermann: Markgröningen im Rahmen der Landesgeschichte 1550–1750 (Ludwigsburger Geschichtsblätter XI/1930) [zitiert: Römer, Hermann, Markgröningen II].
Römer, Hermann, Neues über die Anfänge von Unterasperg. In: Hie gut Württemberg IV,6 (1953).
Römer/Hehl: Bissinger Heimatbuch. Bissingen an der Enz 1955.
Sattler, Christian Friedrich: Geschichte des Herzogthums Würtenberg unter der Regierung der Graven. Theil I–IV. 2. Aufl. Tübingen 1773–1777.
Sattler, Christian Friedrich: Geschichte des Herzogthums unter der Regierung der Herzogen. Theil I bis XIII. Tübingen 1769–1783.
Sauer, Paul: Affalterbach 972–1997. Weg und Schicksal einer Gemeinde in 1025 Jahren. Affalterbach 1997.
Sauer, Paul: Das württembergische Heer in der Zeit des Deutschen und des Norddeutschen Bundes (Veröffentlichungen der Kommission für geschichtliche Landeskunde in Baden-Württemberg. Reihe B 5. Bd.). Stuttgart 1958.
Sauer, Paul: Der schwäbische Zar. Friedrich, Württembergs erster König. Stuttgart 1984.
Sauer, Paul: Geschichte der Stadt Stuttgart. Bd. II. Stuttgart 1993.
Sauer, Paul: Geschichte des Kreises Ludwigsburg. In: Der Kreis Ludwigsburg (1994) S. 95–141.
Sauer, Paul: Gottlieb Rau und die revolutionäre Erhebung in Württemberg. Stuttgart 1998.
Sauer, Paul: Herzog Carl Alexander (1733–1737). In: Geschichte Württembergs in Bildern 1083–1918 (Stuttgart 1992) S. 172–174.
Sauer, Paul: Im Namen des Königs. Strafgesetzgebung und Strafvollzug im Königreich Württemberg 1806 bis 1871. Stuttgart 1984.
Sauer, Paul: 1200 Jahre Markgröningen. In: Markgröningen 779 bis 1979 Bd. II (1979) S. 21–27.
Sauer, Paul: Marbach im Mittelalter und zu Beginn der frühen Neuzeit. In: Geschichte der Stadt Marbach am Neckar Bd. 1 S. 145–230.
Sauer, Paul: Revolution und Volksbewaffnung. Die württembergischen Bürgerwehren im 19. Jahrhundert, vor allem während der Revolution von 1848/49. Ulm 1976.
Sauer, Paul: Tamm, Geschichte einer Gemeinde. Tamm 1980.
Schneider, Eugen: Die Wiedereroberung des Landes durch Herzog Ulrich. In: Aus der württembergischen Geschichte (Stuttgart 1926) S. 47–53.
Schneider, Eugen: Württembergische Geschichte. Stuttgart 1896.
Schömmel, Hans-Rudolf: Straßendörfer im Neckarland (Tübinger geographische Studien Bd. 63). Tübingen 1975.
Schön, Theodor: Die Staatsgefangenen auf Hohenasperg. Stuttgart 1899.
Schulz, Thomas: Die Mühlen im Landkreis Ludwigburg. Remshalden-Buoch 1999.

Seiler, Alois: Studien zu den Anfängen der Pfarrei- und Landdekanatsorganisation in den rechtsrheinischen Archidiakonaten des Bistums Speyer (Veröffentlichungen der Kommission für geschichtliche Landeskunde in Baden-Württemberg, Reihe B 10. Bd.). Stuttgart 1959.
Sieber, Eberhard: „Die Gogs auf dem Aschperg". Tübingen und die Festung Hohenasperg im 19. Jahrhundert. In: Attempto Heft 37/38 (Tübingen 1970) S. 3–13.
Sieber, Eberhard: Ein Gefangenentagebuch vom Hohenasperg. In: Ludwigsburger Geschichtsblätter 23/1971 S. 84–112.
Stälin, Christoph Friedrich von: Wirtembergische Geschichte Teil I bis IV. Stuttgart und Tübingen 1841–1873.
Stälin, Paul Friedrich: Zwei Gedichte des 14. Jahrhunderts zur Geschichte der Grafen von Württemberg. In: Württ. Vierteljahrshefte für Landesgeschichte 1883 S. 1–6.
Steinheim an der Murr. Jubiläumsschrift 1953. Hg. von Willi Müller. Steinheim an der Murr 1953.
Stork, Ingo: Aus der Vor- und Frühgeschichte Möglingens. In: Möglingen S. 25–34.
Stork, Simone: Vor- und Frühgeschichte. In: Der Kreis Ludwigsburg (Stuttgart 1994) S. 67–94. Vor- und Frühgeschichte im Kreis Ludwigsburg. Ludwigsburg 1993.
Uhland, Robert: Andreas Kieser, Kriegsrat, Obristleutnant und Kartograph (1618 – um 1688). In: Lebensbilder aus Schwaben und Franken Bd. XIV (Stuttgart 1980) S. 36–71.
Uhland, Robert: Georg Wilhelm Kleinsträttl. Hauptmann auf Hohenasperg. Zeichner und Kartograph. In: Veröffentlichungen der Kommission für geschichtliche Landeskunde in Baden-Württemberg Reihe B 46. Bd. S. 165–192.
Weller, Karl: Württembergische Geschichte. Stuttgart 1957.
Wirtembergisches Urkundenbuch (Württembergisches Urkundenbuch). Hg. vom Staatsarchiv Stuttgart. Bd. I bis XI. Stuttgart 1849–1913.
Württembergische Geschichtsquellen. Im Auftrag der Württembergischen Kommission für Landesgeschichte hg. von Dietrich Schäfer. Bd. III. Stuttgart 1895.
Württembergische Regesten von 1301 bis 1500. Erster bis Dritter Teil. Hg. vom Württembergischen Staatsarchiv bzw. Hauptstaatsarchiv in Stuttgart. Stuttgart 1916, 1927 und 1940.
Württembergisches Städtebuch. Unter Mitwirkung der Kommission für geschichtliche Landeskunde in Baden-Württemberg und des Statistischen Landesamts Baden-Württemberg hg. von Prof. Dr. Erich Keyser. Stuttgart 1962.
Wunder, Bernd: Der Administrator Herzog Friedrich Karl von Württemberg (1652–1698). In: Zeitschrift für Württ. Landesgeschichte 30 (1971) S. 117–163.
Zettler, Alfons: Politische Geschichte Alemanniens im Karolingerreich. In: Handbuch der Baden-Württembergischen Geschichte Bd. I Teil 1 (Stuttgart 2001) s. 299–356.
Zeuss, Johann Caspar (Hg.): Traditiones Possessionesque Wizenburgenses. Codices duo cum supplementis. Speyer 1842.

Ortsregister

Kursive Seitenzahlen verweisen auf Abbildungen.

Personenregister

Kursive Seitenzahlen verweisen auf Abbildungen.

Bildnachweis

Gertrud Bolay, Asperg: S. 111, 266 – Deutsches Landwirtschaftsmuseum Hohenheim: S. 94 – Erhard Hehl, Tiefenbronn: S. 116, 287 – Hauptstaatsarchiv Stuttgart (alle Rechte vorbehalten): S. 55, 119, 124, 131, 202, 235, 239 – Haus der Geschichte Baden-Württemberg, Sammlung Metz: S. 277 – © Landesmedienzentrum BW: Titelbild, S. 59, 76, 128, 140, 195, 221, 264 – Wolfgang Läpple, Asperg: S. 255 – Paul Müller, Asperg: S. 237 – Arno Gerhard Sauer, Tamm: S. 256, 285 – Staatliche Museen Preußischer Kulturbesitz, Kupferstichkabinett: S. 83 – Württembergische Landesbibliothek Stuttgart: Frontispiz, S. 171 – Württembergisches Landesmuseum Stuttgart: S. 185